Svenja Schröder

Soziologie + Thermodynamik = Soziophysik
Zur Poetisierung der Wärmelehre um 1800

D1722099

Svenja Schröder

Soziologie + Thermodynamik = Soziophysik

Zur Poetisierung der Wärmelehre um 1800

iudicium

**Bibliografische Information
der Deutschen Nationalbibliothek**

Die Deutsche Nationalbibliothek verzeichnet diese Publikation
in der Deutschen Nationalbibliografie; detaillierte bibliografische Daten
sind im Internet über http://dnb.d-nb.de abrufbar.

Zugl. Dissertation an der Technischen Universität Dortmund, 2020

ISBN 978-3-86205-554-8

Inhalt

„[...] those concepts of statistical physics, whose relevance
is not only particular to physics but is much more universal!"[1]

1. Interdisziplinarität durch Wärme

Der Begriff der Wärme beschränkt sich nicht auf einen Diskurs, sondern findet sowohl Berücksichtigung im Alltag als auch in vielfältigen wissenschaftlichen Disziplinen. Insofern ist zwar die Aussage von Charles Percy Snow, die er im Rahmen
seiner 1959 gehaltenen Vorlesung artikulierte, als richtig zu werten, wonach sich
die Naturwissenschaften und die Geisteswissenschaften unter anderem in ihrer
Fachterminologie und Methodik unterscheiden und dadurch unvereinbar seien.[2]
Allerdings sollten die „zwei Kulturen" keine Separierung erfahren, weil durch gemeinsame Untersuchungsgegenstände eine Verknüpfung dieser erfolgen kann.
Gerade interdisziplinäre Forschungen beweisen die gelungene Zusammenführung
verschiedener Teilaspekte. Auch Wolfgang Weidlich als Begründer der Soziophysik bezieht sich in seinem 1991 erschienenen Artikel *Physics and Social Science – the
approach of synergetics* explizit auf Snow und widerspricht darin dessen Auffassung
von den zwei Kulturen. Weidlich vertritt die Ansicht, dass eine Verknüpfung zwischen zwei augenscheinlich konträren Disziplinen möglich sei, um ein vollständig
neues Forschungsgebiet zu entwerfen, von dem beide Wissenschaftsbereiche profitieren können. Auch im Rahmen dieser Arbeit liegt erstmals die Rezeption naturwissenschaftlichen Wissens aus dem Bereich der Wärmelehre um 1800 anhand ausgewählter Primärtexte von Achim von Arnim, Heinrich von Kleist[3], Clemens Brentano, Jean Paul, E. T. A. Hoffmann und Joseph von Eichendorff im Fokus einer literaturwissenschaftlichen Betrachtung. Das erste Ziel dieser Arbeit fokussiert daher
die Frage, inwiefern die Autoren der Romantik die Erkenntnisse aus der Wärmelehre für ihre literarischen Texte nutzten und diese bei Bedarf für ihr jeweiliges
poetisches Konzept adaptieren. Die Wahl der Wärmelehre begründet sich einerseits mit der hohen Verknüpfungsleistung des Wärmebegriffs. Andererseits liegen
überwiegend Publikationen zur literarischen Verarbeitung der Elektrizität[4] und

---

[1] Weidlich, „Physics and social science – the approach of synergetics", 1991: 3.
[2] Snow, „Die zwei Kulturen", 1969 [1959]: 12.
[3] Kleist gilt als Sonderfall, der nicht als reiner Romantiker anzusehen ist, aber bedingt durch
    seine Kontakte und der zeitlichen Nähe als Autor der romantischen Schule geführt wird.
[4] Einen wichtigen Beitrag zum Themengebiet der Poetisierung der Elektrizität erlangte Mi-
    chael Gampers *Elektropoetologie. Fiktionen der Elektrizität 1740–1870*, 2009. Daneben sind
    noch Benjamin Specht mit seiner Monographie *Physik als Kunst. Die Poetisierung der Elekt-
    rizität um 1800*, 2010 oder die Arbeit von Mary Fairclough *Literature, electricity and politics
    1740–1840*, 2017 zu nennen.

des Experiments um 1800[5] oder Arbeiten zu naturwissenschaftlichen Wissensbeständen innerhalb der Gegenwartsliteratur vor[6], sodass die Wahl der Thematik eine Forschungslücke schließt.

Als Zugang für diese Untersuchung dient die interdisziplinäre Methode der Soziophysik, die gesellschaftliche Systeme und deren Dynamiken mithilfe von aus der Physik abgeleiteten Modellen untersucht. Lediglich Jürgen Schröder wendete in seinem 2003 erschienenen Artikel *Kleists Novelle ,Der Findling'. Ein Plädoyer für Nicolo* in einem überschaubaren und simplen Maß die Soziophysik auf die Figurenkonstellation an. Das zweite Ziel dieser Arbeit besteht nun darin, eine tiefergehende Anwendung soziophysikalischer Modelle, Modifikationen sowie unterschiedliche Darstellungsweisen und verschiedene Komplexitätsstufen dieser Modelle aufzuzeigen. Die Anwendung interdisziplinärer Ansätze, wie der Soziophysik, kann zu neuen Erschließungsmethoden im Bereich der Narration und insbesondere der Figurenkonstellation führen. Physikalische Konzepte sind daher nicht nur alleine für die Naturwissenschaften von Bedeutung, sondern sind universal einsetzbar, wie Weidlich im aufgeführten Eingangszitat argumentiert.

Der Fokus liegt zwar auf der Poetisierung der Wärmelehre, allerdings sind einzelne Phänomene der Wärme ebenso relevant für die Optik, sodass verschiedene Inhalte des genannten physikalischen Bereichs in die Analysen mit einfließen. Beispielsweise laufen bestimmte Reaktionen nur dann erfolgreich ab, wenn die Edukte in einem farbigen Glasgerät einer Wärme- und Lichtquelle ausgesetzt sind. So erfolgt beispielhaft die Entfärbung von „schwefelblausaurem Eisenoxydul im Brennpunkte des Hohlspiegels in wenigen Minuten."[7] Die gemeinsame Betrachtung der Wärme und des Lichts ist zusätzlich auf die in der naturwissenschaftlichen Forschung um 1800 angenommenen Verwandtschaft zwischen ihnen zurückzuführen, weil Licht seinen Ursprung und seine Repräsentanz im Feuer hat und umgekehrt.[8]

Das Licht und das Feuer besitzen zudem die gleichen Bedeutungen und Funktionen, teilweise mit polaren Zügen. In diesem Zusammenhang repräsentiert sowohl

---

[5] Zur weiteren Lektüre bieten sich unter anderem an: Daiber, *Experimentalphysik des Geistes. Novalis und das romantische Experiment*, 2001, die Sammelbände von Gamper über *Experiment und Literatur I bis III*, 2009 bis 2011 sowie der Beitrag von Krause/Pethes, „Zwischen Erfahrung und Möglichkeit. Literarische Experimentalkulturen im 19. Jahrhundert", 2005.

[6] Gerade die Poetisierung der Naturwissenschaften bei Robert Musil oder Thomas Mann ist häufig Gegenstand der Forschung. So beispielhaft bei Kassung, *Entropie-Geschichten. Robert Musils ,Der Mann ohne Eigenschaften' im Diskurs der modernen Physik*, 2001; Bendels, *Erzählen zwischen Hilbert und Einstein. Naturwissenschaft und Literatur in Hermann Brochs ,Eine methodologische Novelle' und Robert Musils ,Drei Frauen'*, 2008; Hoheisel, *Physik und verwandte Wissenschaften in Robert Musils Romanfragment*, 2010 oder Hans Wolfgang Bellwinkels Beitrag „Naturwissenschaftliche Themen im Werk von Thomas Mann", 2004.

[7] Gehler, *Physikalisches Wörterbuch. L.*, 1831: 305.

[8] Löwenbourg, *Handbuch der Zahlen und Symbole. Geschichte, Theorie, Wissen, Praxis*, 1993: 210.

das Licht als auch das Feuer Erleuchtung und Erkenntnis.[9] Ebenso finden sich im Licht und im Feuer das männliche Prinzip, stellvertretend durch die Helligkeit der Sonne, und das weibliche Prinzip, in Form des nächtlichen Mondes, ausgedrückt.[10] Die Verbindung zwischen dem Männlichen und Weiblichen illustriert das Modell der Synthesis, das durch die Vereinigung des Getrennten Neues erschafft. Nicht umsonst repräsentiert dieses Prinzip in der Literatur die Liebe zwischen Mann und Frau. Romantische Literaten und Philosophen wie Novalis oder Friedrich Schlegel waren überzeugt, dass sie in den chemischen Prozessen, die Wärme, Feuer und damit Licht implizieren, ein empirisches Modell gefunden haben, welches das höchste Ziel der romantischen Philosophie darstellte. Es handelt sich dabei um die Verbindung der Extreme und die Vereinigung des ewig Getrennten.[11] Das Feuer und das Licht fügen nicht nur alle heterogenen Elemente zusammen, sie garantieren auch den Übergang vom Sinnlichen zum Nichtsinnlichen.[12] Beide Phänomene sind damit nicht getrennt voneinander zu betrachten, sondern stellen eine Einheit dar. Walter Gebhard ist davon überzeugt, dass das Licht zahlreiche Wissenschaften zusammenzuführen versucht hat und die Kluft zwischen den Geistes- und den Naturwissenschaften überbrücken sollte.[13] Die angenommene Verwandtschaft und Verbindung zwischen dem Licht und dem Feuer impliziert eine derartige Integrationsfunktion ebenso für die Wärmetopik.

Die Vereinigung zweier oder mehrerer Disziplinen stellt keinen neuartigen Forschungsansatz dar, sondern erfolgte bereits um 1800, insbesondere in der Bewegung der romantischen Naturphilosophie. Zu diesem Zweck widmet sich das zweite Kapitel dieser Arbeit mit dem Begriff „um 1800" und bezieht diesen auf den Terminus der Sattelzeit von Reinhart Koselleck. In diesem Zusammenhang erscheint die romantische Naturphilosophie als Umbruchsbewegung, die entgegen der beginnenden Spezialisierung der Wissenschaften eine Zusammenführung sämtlicher Disziplinen zu einer Universalwissenschaft anstrebte. Auf dieser Grundlage skizziert dieses Kapitel die Merkmale der romantischen Naturphilosophie sowie die Einflüsse dieser Bewegung sowohl für die naturwissenschaftliche Gegenwartsforschung als auch für das Schul- und Universitätswesen.

Kapitel 3 behandelt die Entwicklung der Wärmelehre. Hierzu erfolgt eine historische Einordnung der verschiedenen Theorien zur Wärme und zum Licht von den Anfängen im alten Griechenland bis zum 21. Jahrhundert. Die teils konträren Auffassungen zum Licht- und Wärmephänomen um 1800 umfassen darin einen aus-

---

[9] Zerbst/Waldmann, *DuMonts Handbuch Zeichen und Symbole. Herkunft, Bedeutung, Verwendung*, 2003: 128.

[10] Ebd.: 172.

[11] Vgl. Momberger, *Sonne und Punsch. Die Dissemination des romantischen Kunstbegriffs bei E. T. A. Hoffmann*, 1986: 67.

[12] Vgl. ebd.: 35.

[13] Gebhard, „Einleitung: Thema Licht", 1990: 7.

führlicheren Rahmen, um einen genaueren Überblick der zeitgenössischen Forschung zu erhalten, der die nachfolgenden Analysen verständlicher macht.

Das vierte Kapitel dient zur Beschreibung der Soziophysik. In diesem Zusammenhang liegt die Konzeption der genannten Methode in dem Prinzip der Selbstorganisation sowie in der Anwendung mathematischer Formeln begründet, die sowohl die Physik als auch die Soziologie verwenden. Weiterhin thematisiert ein kurzer Überblick die Entwicklung und Etablierung der Soziophysik als Methodik der Sozialforschung. Schließlich erfolgt anhand eines begründeten Methodentransfers die Übertragung soziophysikalischer Modelle auf die Literatur.

Kapitel 5 umfasst die Untersuchungen zum Themenkomplex der Poetisierung der Wärmelehre bei den naturwissenschaftlich gebildeten Autoren Arnim, Kleist und Brentano. Darauffolgend behandelt Kapitel 6 die Analysen zum wissenschaftlichen Hintergrundwissen innerhalb der Primärtexte der informierten Laien[14] Jean Paul, Hoffmann und Eichendorff. Neben der schwerpunktmäßigen Analyse zum Themenkomplex der Poetisierung der Wärmelehre innerhalb der beiden Kapitel beleuchtet ein kurzer Abriss der Biographie die Verbindung des jeweiligen romantischen Autors zu den Naturwissenschaften.

Die romantischen Autoren nutzten für ihre jeweiligen Primärtexte Ideen und theoretische Grundlagentexte verschiedener Wissenschaftler und Literaten, sodass die Untersuchung ebenfalls darauf ausgelegt ist, welches Quellenmaterial den Schriftstellern zur Verfügung stand und welche Prinzipien der romantischen Naturphilosophie in den Texten ersichtlich sind.

Der gewählte Schwerpunkt war entscheidend für die Anzahl der ausgewählten Texte eines Autors. So umfassen insgesamt die Analysen bei den wissenschaftlich studierten Autoren weniger Texte als bei den informierten Laien, weil bereits einschlägige Forschungsliteratur existiert. Brentano und Eichendorff stellen die Schwerpunkte der Untersuchung dar, weil bisher noch keine Sekundärliteratur zum naturwissenschaftlichen Wissen dieser vorliegt. Ausschlaggebend für die Textauswahl waren weniger ästhetische Kriterien, sondern lediglich das Vorkommen der Wärmetopik. Zusätzlich zentriert die Untersuchung Texte, die das zeitgenössische Publikum sowie Literaturwissenschaftler bemängelt haben und in ihrer Forschung keine Berücksichtigung fanden. Die Auswahl der Texte mag wahllos erscheinen, allerdings eröffnet jeder Text einen anderen Umgang mit der Wärme-

---

[14] Der Begriff „Laie" drückt in diesem Zusammenhang aus, dass die drei genannten Autoren ohne geeignete Ausbildung naturwissenschaftliche Praktiken ausübten und naturwissenschaftliche Themen ansprachen. Damit entsprechen sie dem Dilettantismus, der um 1800 überwiegend die nicht berufsmäßige Tätigkeit Adliger mit den Künsten und Wissenschaften umschrieb. Der heutige Sprachgebrauch hingegen setzt dilettantische Arbeiten mit unfachmännischen und fehlerhaften Ausführungen gleich. Um derartigen Missverständnissen entgegenzuwirken, wird der Audruck „Laie" verwendet. Für weiterführende Informationen zum Dilettantismus siehe: Blechschmidt/Heinz, *Dilettantismus um 1800*, 2007.

lehre und offenbart im Kontext mit soziologischen Theorien, Künsten und Wissenschaften vielfältige neue Perspektiven.

Die Anordnung der zu analysierenden Texte folgt zudem einer chronologischen Abfolge, die sich sowohl nach den Erscheinungsjahren als auch nach den Lebensdaten der Autoren richtet. Diese Vorgehensweise soll Unterschiede und mögliche Abhängigkeiten zwischen den Literaten aufdecken.

Die wissenschaftliche Monographie schließt mit einem zusammenfassenden Fazit ab, das den Nutzen und die Anwendbarkeit der Soziophysik vor dem Hintergrund auftretender Kritikpunkte und Unzulänglichkeiten diskutiert. Diese Methodik folgt einem reduktionistischen Literaturbegriff, wodurch das Verhalten einzelner literarischer Figuren sowie gesamter Figurenkonstellationen mithilfe physikalischer Gesetzmäßigkeiten aus der Wärmelehre beschrieben werden. Der Wärmebegriff ist allerdings nicht nur konstitutiv für das Verhalten der literarischen Figuren. Er markiert einen Gegenstand universell verhandelten Wissens, sodass das Schlusskapitel das poetologische Potenzial der Wärme differenziert sowohl für einzelne physikalische Phänomene und Theorien als auch für spezifische wissenschaftliche und künstlerische Disziplinen aufführt.

Um eine Vergleichsbasis zu den anderen Autoren zu ermöglichen, führt das Schlusskapitel bündig für jeden untersuchten Literaten die für ihn spezifischen Charakteristika im Umgang mit der literarischen Verarbeitung der Wärmelehre auf. In diesem Zusammenhang dient die Bezeichnung der heißen und kalten Medien nach Marshal McLuhan, um die Primärtexte abhängig von der Intensität und dem Detailreichtum der verarbeiteten physikalischen Bilder entweder als heiße oder als kalte Texte zu klassifizieren. Das Schlusskapitel umfasst zudem eine Erklärung, warum epische Texte vermehrt bei den Analysen vorkommen.

2. Der Zeitraum um 1800

2.1 Die Begründung einer neuen Denkweise

Für die Geschichtswissenschaft markiert der Zeitraum um 1800 eine besondere Phase, die inmitten der von Reinhart Koselleck geprägten Epochenschwelle zwischen früher Neuzeit und Moderne situiert ist. Diese als *Sattelzeit* deklarierte Übergangszeit findet ihren Anfang um 1750 und endet etwa 1850. Diese Zeiteinteilung ist nach Koselleck objektivierbar, umfasst aber allgemein die Epoche der Aufklärung und die Phase nach der Französischen Revolution. Geschichtliche Ereignisse stehen bei diesem Konzept allerdings nicht im Mittelpunkt, sondern Koselleck verstand die Sattelzeit als historische Transformationsphase, innerhalb derer sich „ein tiefgreifender Bedeutungswandel klassischer Topoi vollzogen"[15] hat. Politische Schlüsselbegriffe wie „Staat" oder „Nation" erfuhren in dieser Periode nicht nur einen Paradigmenwechsel, sondern es entstanden auch Neologismen wie „Imperialismus", die den modernen Sprachgebrauch markieren und auch heute noch in ihrer Semantik gültig sind. Der Bedeutungswandel der politisch-sozialen Sprache erklärt Koselleck mit einer veränderten Zeiterfahrung, die einem stetigen Wandel unterliegt, sodass eine Akzentverschiebung der Begriffsinhalte vorliegt.[16] Die Betonung liegt nun nicht mehr auf dem Statischen, sondern auf dem Zukünftigen.

Neben dem Bedeutungswandel klassischer Topoi ist die Sattelzeit auch durch weitere Veränderungsprozesse gekennzeichnet, wie beispielhaft einem Demographiewandel, eine Herausbildung neuer Kultur- und Denksysteme sowie eine veränderte Wahrnehmung gegenüber wissenschaftlichen Innovationen. Diese Erweiterung des ursprünglichen Konzepts von Koselleck begründet sich insbesondere mit der deutungsoffenen Metapher des Sattels.[17] In diesem Zusammenhang enthalten sowohl der Bergsattel als auch der Reitersattel einen Tiefpunkt zwischen zwei höher gelegenen Bergmassiven beziehungsweise Körperpartien eines Pferdes. Daher konnotiert der Begriff der Sattelzeit eine Tiefphase zwischen zwei höher gelegenen Zeitpunkten, was allerdings der ursprünglich angedachten Bedeutung nach Koselleck widerspricht.

Ein weiterer Kritikpunkt am Konzept der Sattelzeit betrifft die Zeiteinteilung. Die Epoche der Romantik fällt inmitten der angesetzten Zeitspanne. Allerdings markiert sie eine Abwendung von der vorherigen Aufklärung mitsamt ihren Leitgedanken, sodass ein Umbruch in der Denkweise resultierte. Aus diesem Grund müsste eine Setzung des Endpunktes der Sattelzeit bereits um 1800 erfolgen. Im

---

[15] Koselleck, „Einleitung", 1972a: XV.
[16] Koselleck, „Über die Theoriebedürftigkeit der Geschichtswissenschaft", 1972b: 13.
[17] Zur Kritik des Sattelbegriffs siehe: Fulda, „Sattelzeit. Karrriere und Problematik eines kulturwissenschaftlichen Zentralbegriffs", 2016: 3ff.

Rahmen dieser Arbeit repräsentiert der genannte Zeitraum den Inbegriff für ein revolutionäres, wissenschaftlich ertragreiches und vielfältiges, aber auch kontrovers diskutiertes Gedankensystem. Mit der Bezeichnung „um 1800" entstand ein Synonym für eine spezifische Wissenskultur und steht stellvertretend für eine Transformation von Wissensformen, für eine konsequente Historisierung des Wissens sowie Theoretisierung der Geschichte. Dieser Begriff umfasst eine Bewegung, die „in der Geschichte des Wissens eine kontingente Konstitutionsweise aktueller Gegenwart erschließt und den Beginn einer Historisierung unserer selbst anzeigt."[18] Bei dieser Auffassung ist der von Koselleck konstatierte Begriffswandel weniger präsent. Im Fokus liegen stattdessen die Umbrüche innerhalb der wissenschaftlichen Disziplinen, wobei neue wissenschaftliche Arbeits- und Denkweisen entstanden sind, die auch heute noch in der wissenschaftlichen Praxis Verwendung finden. In diesem Zeitraum entwickelten sich weiterhin Wissenschaftszweige wie die Biologie oder Chemie, deren naturwissenschaftliche Entdeckungen bis in die gegenwärtige Forschung spürbar sind.

2.2 Die Merkmale der romantischen Naturphilosophie

Als herausragendes Beispiel für neue Arbeits- und Denkweisen erweist sich die Bewegung der romantischen Naturphilosophie. Um 1800 stand insbesondere die Erforschung von Phänomenen wie der Elektrizität, des Magnetismus oder der Wärme im Mittelpunkt der Naturwissenschaften. Allerdings versagten klassische mechanistische und empirische Verfahren bei der Bestimmung der strukturellen Form und der Beschaffenheit dieser Vorkommnisse. Damit die Forschung die Natur in sämtlichen Aspekten verstehen und Naturphänomene in ihrem Wesen ergründen kann, sprach sich Friedrich Wilhelm Joseph Schelling für eine neuartige Methode aus, die Spekulationen in die Forschung einbezieht und somit als Gegenbewegung zur klassischen empirischen Physik anzusehen ist. Seine Konzeption ist einerseits dadurch gekennzeichnet, dass er bereits bestehende Theorien modifizierte sowie verknüpfte und andererseits die Natur direkt in die Forschung mit einbezog. „Schelling ist nicht der Repräsentant der Naturphilosophie der deutschen Klassik, sondern derjenige, der die romantische Naturphilosophie als Moment des geistigen Gesamtprozesses der Epoche ausbildet."[19]

Die Naturphilosophie Schellings beruht neben philosophischen Axiomen von Johann Gottlieb Fichte oder Gottfried Wilhelm Leibniz auf der Dichotomie zwi-

---

[18] Vogl, „Einleitung", 2010: 10.

[19] Ruben, „Zur Kritik der romantischen Naturphilosophie Schellings", 1977: 134. Zur weiteren Schellingforschung siehe: Heuser-Kessler, *Die Produktion der Natur. Schellings Naturphilosophie und das Paradigma der Selbstorganisation in den Naturwissenschaften*, 1986; Pälike, „Wissenschaftstheoretische Aspekte in Schellings naturphilosophischer Interpretation der Chemie", 1977 oder Bach/Breidbach, *Naturphilosophie nach Schelling*, 2005.

schen der Atomistik und dem Dynamismus, die in Isaac Newtons Mechanik ihren Vorläufer fanden. Newton nahm eine passive Materie an, die durch das Einwirken einer äußeren, aktiven Kraft eine Veränderung in ihrem Bewegungszustand erfährt. Die Atomistik modifizierte diese Annahme insofern, als dass sie Fluida, zähflüssige fließende Substanzen, als Träger dieser Kräfte ansahen[20], sodass die einwirkenden Kräfte selber an materielle Teile gebunden sind. Die Atome können dabei nicht selbst strukturell verändert werden, sondern lediglich der Ort, an dem sie sich befinden. Die atomistischen Theorien waren am weitesten verbreitet, wohl der Tatsache geschuldet, dass sie einfacher zu verstehen waren als die dynamistischen Theorien. Diese Konzepte wandelten die Mechanik Newtons so ab, dass bestimmte Kräfte das Wesen der Materie ausmachen, sodass ein passives Substrat überflüssig wurde.[21] Immanuel Kant umschrieb in seinen *Metaphysischen Anfangsgründen der Naturwissenschaft* (1786) diese Kräfte mit denen der Attraktion und der Repulsion, die für sich selber existierend in der Materie zusammenkommen und diese konstruieren.[22] Die beiden besagten Kräfte halten die gesamte Natur in Bewegung und Naturphänomene wie Licht, Wärme oder Magnetismus sind nur Modifikationen derselben Grundkräfte.

Schelling verpflichtete sich ebenfalls dem Gedanken der dynamistischen Theorien, weil sie tiefer in das Wesen der Naturphänomene eintauchen, widersprach allerdings Kants Auffassung von den zwei konträren Prinzipien, da er eine Einheit der Naturkräfte anstrebte. Er betrachtete die von Kant angenommenen Kräfte vielmehr als die Elemente eines allgemeinen Weltgesetzes.[23] Als Folge daraus nahm er in seiner *Weltseele* (1798) elementare Grundstoffe, wie in der Atomistik, an und führte diese auf die beiden Grundkräfte der Kantischen Dynamik zurück. „Unterschiedliche Verhältnisse der Grundkräfte ergäben verschiedene Qualitäten der durch sie konstituierten Materien."[24] Schelling erarbeitete folglich eine „dynamische Atomistik."[25]

Der Einfluss Kants auf Schelling ist weiterhin daran erkennbar, dass beide den Kern ihres Wissenschaftsbegriffs auf eine explizite Einzelwissenschaft zurückführen. Bei Kant bildete dieser Kern die Mathematik: „Ich behaupte aber, daß in jeder besonderen Naturlehre nur so viel *eigentliche* Wissenschaft angetroffen werden könne, als darin *Mathematik* anzutreffen ist [Hervorhebungen im Original]."[26] Die Mathematik hat bei Schelling einen kontroversen Standpunkt. Einerseits befürwortet er die Mathematik als Modell höherer Ideen und als Zugang zu synthetischen

---

[20] Rüger, „Dualistische Entwürfe zur Einheit der Naturphänomene und die Anfänge der Romantischen Naturphilosophie", 1985: 222.

[21] Vgl. ebd.: 222.

[22] Kant/Pollok, *Metaphysische Anfangsgründe der Naturwissenschaft*, 1997 [1786]: 50ff.

[23] Knittermeyer, *Schelling und die romantische Schule*, 1929: 94.

[24] Rüger 1985: 229.

[25] Hennemann, *Naturphilosophie im 19. Jahrhundert*, 1959: 35.

[26] Kant/Pollok 1997 [1786]: 6.

apriorischen Urteilen.[27] Andererseits ist die genannte Einzelwissenschaft nicht mit seinem dynamistischen Modell vereinbar, weil die Mathematik in dem empirisch-atomistischen Bereich angesiedelt ist, der für Schelling nicht in das Innere der Natur vordringen kann. Zusätzlich war Schelling der Auffassung, dass die Natur nicht mathematisierbar sei. Als Folge übertrug er die Funktion der Mathematik auf die Philosophie, behielt aber die Idee der apriorischen Urteile bei. Diese synthetisch-apriorische Methode der Naturphilosophie soll die analytisch-aposteriorischen Methode der Naturwissenschaften ergänzen, um die Einheit des Gegenstandes *Natur* in methodisch differenter Weise in der Erkenntnis zu konstruieren.[28]

Das Naturbild Schellings als solches beruht ebenfalls auf zwei konträren Annahmen, die während seiner Vorlesungen in Jena zum Vorschein kamen. Einerseits übertrug er die Grundlehren der Fichteschen *Wissenschaftslehre* (1794) auf die Natur und interpretierte gemäß dieser den Menschen als Ich und die Natur als Nicht-Ich. Die Natur ist nur noch ein Objekt seiner erkennenden Rationalität, wodurch die Freiheit und Unabhängigkeit des Menschen gegenüber der Natur erkennbar wird. Das Ich und das Nicht-Ich stehen in einem Wechselverhältnis zueinander. Sobald das Ich sich selbst reflektiert und sich dadurch bestimmt, ist das Nicht-Ich unendlich sowie unbestimmt.[29] Dasselbe gilt auch für den umgekehrten Fall. Andererseits wird Schelling auch der Auffassung Johann Wolfgang Goethes, der für seine Berufung nach Jena verantwortlich war, gerecht, indem er die Natur als lebendige Ganzheit anerkennt, in die der Mensch eingebunden ist und sich als Teil derselben denken soll.[30] Die Vereinbarkeit der transzendentalphilosophischen Gedanken Fichtes mit den naturphilosophischen Elementen Goethes erschien zuerst nicht möglich, wie Schelling auch selber rückblickend in seinem *System des transzendentalen Idealismus* (1800) reflektierte:

> „Was den Verfasser hauptsächlich angetrieben hat, auf die Darstellung des Zusammenhangs, welcher eigentlich eine *Stuffenfolge* [sic!] von Anschauungen ist, durch welche das Ich bis zum Bewußtseyn in der höchsten Potenz sich erhebt, besonderen Fleiß zu wenden, war der Parallelismus der Natur mit dem Intelligenten, auf welchen er schon längst geführt worden ist, und welchen vollständig darzustellen weder der Transscendental- noch der Naturphilosophie allein, sondern nur *beyden Wissenschaften* möglich ist, welche ebendeßwegen die beyden ewig entgegengesetzten seyn müssen, die niemals in Eins übergehen können [Hervorhebungen im Original]."[31]

---

[27] Mutschler, *Spekulative und empirische Physik. Aktualität und Grenzen der Naturphilosophie Schellings*, 1990: 24.

[28] Marks, *Konzeption einer dynamischen Naturphilosophie bei Schelling und Eschenmayer*, 1985: 33.

[29] Fichte, „Grundsätze der gesamten Wissenschaftslehre", 1971 [1794]: 245f.

[30] Vgl. Ishihara, *Goethes Buch der Natur. Ein Beispiel der Rezeption naturwissenschaftlicher Erkenntnisse und Methoden in der Literatur seiner Zeit*, 2005.

[31] Schelling, *System des transzendentalen Idealismus*, 2000 [1800]: 25.

Schelling verknüpfte diese beiden Ansätze im Sinne Leibniz mithilfe einer „prästabilierten Harmonie", die in einer Entwicklung begriffen ist.[32] Dazu ist ein Perspektivenwechsel des Menschen selber notwendig, konstituiert aus der Immanenz des Bewusstseins und der Immanenz des Naturprozesses. Schellings Naturphilosophie besteht demnach in dem prinzipiellen Rechtfertigungsversuch der romantischen Naturanschauung Goethes mit den Mitteln Fichtescher Bewusstseinslehre.

Schellings Bestreben lag allerdings nicht darin, den Idealismus Kants und Fichtes abzuschwächen oder zu denunzieren. Er wollte ihn auf einen bislang unberücksichtigten Gegenstand anwenden und dessen Prinzipien für seine Ideen abwandeln, sodass er durch diese Einheit in das Innere der Natur vordringen konnte. Auch wollte Schelling mit seiner Naturphilosophie die empirische Naturwissenschaft weder ersetzen noch korrigieren. Sein Bemühen lag lediglich darin, die von den positivistischen Wissenschaften gelieferten Theorien und Beobachtungen in einem umfassenden Rahmen zu reproduzieren, um sie verständlich zu machen. „Sein Interesse ist nicht, Erscheinungen in gesetzlicher Verknüpfung darzustellen, physikalische Größen meßbar zu machen und zu mathematisieren; sein Interesse ist, die Verwandtschaft des Menschen mit der Natur bis ins Anorganische zu verfolgen."[33]

Doch gerade dieser fehlende Gedanke der Mathematisierbarkeit ist einer der größten Kritikpunkte an Schellings Naturphilosophie. Er verkürzte seine Rezeption naturwissenschaftlicher Schriften dahingehend, dass er nur diejenigen Aspekte verwendete, die mit seiner dynamistischen Theorie konform gingen.[34] Ungereimtheiten oder Widersprüche benannte Schelling überhaupt nicht. Zusätzlich thematisierte Schelling nur solche Theorien oder Gesetzesmäßigkeiten, die sich vermeintlich nicht mathematisieren ließen.[35] Dabei bewiesen gerade die Wärmelehre und die Optik in ihrer Entwicklung eine exakte Mathematisierung, beispielsweise durch Johann Heinrich Lamberts Pyrometrie oder Pierre Prévost mit seinen Gesetzen zum Wärmeaustausch. In diesem Zusammenhang ist ein weiterer Kritikpunkt an Schellings Vorgehensweise zu benennen. Durch die selektive Sicht der naturwissenschaftlichen Schriften baute er ein oberflächliches und unzureichendes Wissen auf und beharrte auch noch in späteren Jahren auf überholte Theorien.[36]

Schelling pflegte innerhalb der romantischen Schule eine Vielzahl von Bekanntschaften und Briefkontakten, denen er seine naturphilosophischen Leitideen näher brachte. Viele romantische Naturforscher, darunter Gotthilf Heinrich Schubert,

---

[32] Vgl. Leibniz, *Lehr-Sätze über die Monadologie, ingleichen von Gott und seiner Existentz, seinen Eigenschafften und von der Seele des Menschen etc. wie auch Dessen letzte Vertheidigung seines Systematis Harmoniae praestabilitae wider die Einwürffe des Herrn Bayle*, 1720. Die prästabilierte Harmonie drückt nach Leibniz den Zusammenhang zwischen den Monaden aus, die zum Denken fähige „Wesen" darstellen.

[33] Mutschler 1990: 93.

[34] Vgl. ebd.: 95.

[35] Vgl. ebd.: 95.

[36] Siegel, *Geschichte der deutschen Naturphilosophie*, 1913: 220.

Henrik Steffens, Lorenz Oken und Johann Wilhelm Ritter, betrachteten sich als Schüler Schellings oder setzten sich mit dessen Philosophie intensiv auseinander. Im Ganzen sind zwei Hauptströmungen der durch Schellings Ideen beeinflussten romantischen Naturforschung erkennbar. Zur ersten gehörten Autoren wie Novalis und Ritter, die ihre wissenschaftlichen Ansichten innerhalb des Jenaer Romantikkreises der späten 1790er Jahre entwickelten.[37] Dabei beeinflussten sich die Autoren nicht nur gegenseitig im Zeichen einer „Symphysik"[38], sondern standen auch in Wechselwirkung mit den poetischen und philosophischen Projekten der anderen Mitglieder, speziell mit Schlegel. Die zweite Schule entstand um Schelling, der zwar ebenfalls zum Jenaer Kreis zählte, später jedoch den Kontakt mit Naturwissenschaftlern fokussierte, die zwar auch literarische Projekte verfolgten, in erster Linie jedoch als Wissenschaftler unter dem Vorzeichen einer spekulativen Naturphilosophie auftraten. Zu dieser Gruppe gehörten Steffens, Oken und Schubert.

Die romantische Naturforschung ist trotz gleicher Ideen und Vorbilder als eine heterogene Bewegung einzustufen und unterliegt in Abhängigkeit des Standortes, der Ausrichtung oder der fokussierten Arbeitsweise einer variablen Intensität.[39] Dennoch sind gemeinsame Merkmale generierbar, die alle auf den bereits beschriebenen Umbruch in der Denk- und Arbeitsweise münden und in der allgemeinen Abkehr gegenüber der Aufklärung begründet sind. Während der Aufklärung fanden überwiegend rationale und rein empirische Verfahren zur Erkenntnisgewinnung sowie als wissenschaftlich geltende Praktiken der Wissenssicherung oder Wissensgenerierung Verwendung. Um 1800 praktizierten die Forscher dagegen neue Arbeitsmethoden wie die als „unwissenschaftlich" geltende aphoristische und fragmentarische Verfahrensweise, die zu neuen Denkwegen führte, weil sie keinem starren Muster folgte. Stattdessen konnten die Gelehrten ihre Gedanken innerhalb kürzester Zeit niederschreiben und immer wieder neu kombinieren, sodass sich Analogien zwischen Gedankenpfaden ergaben. Zu den größten Sammlungen an fragmentarischen Auflistungen zählen die *Blütenstaub-Fragmente* (1798) und das *Allgemeine Brouillon: Materialien zur Enzyklopädistik* (1798/1799)[40] von No-

---

[37] Höppner, *Natur, Poesie. Romantische Grenzgänger zwischen Literatur und Naturwissenschaft: Johann Wilhelm Ritter, Gotthilf Heinrich Schubert, Henrik Steffens, Lorenz Oken*, 2017: 55.

[38] Novalis verwendete diesen Begriff in dem Brief an Karoline Schlegel vom 9. September 1798. Vgl. Novalis/Kelletat, *Werke und Briefe*, 1962: 397.

[39] Engelhardt, „Natur und Geist, Evolution und Geschichte. Goethe in seiner Beziehung zur romantischen Naturforschung und metaphysischen Naturphilosophie", 1998: 60. Zur weiteren ergänzenden Lektüre siehe: Ehrlich, „Zu Goethes Verständnis der Natur", 2009; Engelhardt, „Wissenschaft und Philosophie der Natur um 1800. Prinzipien, Dimensionen, Perspektiven", 1994; Engelhardt, „Naturforschung im Zeitalter der Romantik", 1997; Köchy, *Ganzheit und Wissenschaft. Das historische Fallbeispiel der romantischen Wissenschaft*, 1997 oder Mandelartz, *Goethe, Kleist. Literatur, Politik und Wissenschaft um 1800*, 2011.

[40] Das Allgemeine Brouillon gilt exemplarisch als Antwort auf die klassische französische Encyclopédie. Für Novalis war das Allgemeine Brouillon allerdings zu undeutlich und

valis sowie die *Sudelbücher* (1764–1799) von Lichtenberg.[41] Novalis verfolgte die Absicht, eine neue Wissenschaftslehre zu implementieren, die die Beschränktheit der Einzelwissenschaften aufhebt. Eine Wissenschaft soll dort anfangen, wo eine Einzelwissenschaft endet. Jede Wissenschaft kann dabei mit einer anderen Wissenschaft gekoppelt und auf eine andere übertragen werden:

> „Enzyklopädistik. Wo eine Kunst und Wissenschaft nicht weiter kann, beschränkt ist, da fängt die andere an und so fort [...]. Die größten Wahrheiten unserer Tage verdanken wir dem Kontakt der lange getrennten Glieder der Totalwissenschaft [...]. Anwendung des Systems auf die Teile – und die Teile auf das System – und der Teile auf die Teile."[42]

Die Einzelwissenschaften sollen ihre je spezifischen Methoden und Konzepte für die anderen Disziplinen nutzbar machen, sodass schlussendlich eine Totalwissenschaft resultiert, die dann vollendet ist,

> „1. Wenn sie auf alles angewandt ist – 2. Wenn alles auf sie angewandt ist – 3. Wenn sie, als absolute Totalität, als Universum betrachtet – sich selbst als absolutes Individuum mit allen übrigen Wissenschaften und Künsten, als relativen Individuen, untergeordnet wird."[43]

Mit seiner Idee der Enzyklopädistik widerspricht er der gängigen Wissensordnung einer Enzyklopädie nach Denis Diderot und Jean-Baptiste le Rond d'Alembert, die Wissen nach epistemologischen Kriterien anordnen.[44]

Lichtenberg plädierte dafür, die aphoristische Methode auf Schulbücher und Lehrwerke zu übertragen, damit Ideen viel leichter entstehen konnten, wie der Aphorismus [175] aus Heft H veranschaulicht:

> „Zu einer allgemein brauchbaren Grundlage zu Vorlesungen sind die meisten Handbücher der Physik zu weitläufig, es fehlt ihnen an der aphoristischen Kürze und der Präzision des Ausdrucks, der zu einem solchen gehört."[45]

---

wendete sich dadurch den Romanen zu. Vgl. Neubauer, „Das Verständnis der Naturwissenschaften bei Novalis und Goethe", 1997: 56; Hegener, *Die Poetisierung der Wissenschaften bei Novalis. Darsgestellt am Prozeß der Entwicklung von Werk und Menschheit. Studien zum Problem enzyklopädischen Welterfahrens*, 1975 oder Maatsch, „'Alle Ideen sind verwandt': Novalis Enzyklopädistik im Kontext", 2007.

[41] Eine dezidiertere und umfassendere Beschreibung und Analyse der Fragmente von Lichtenberg, Novalis, Schlegel und Goethes findet sich bei: Neumann, *Ideenparadiese. Untersuchungen zur Aphoristik von Lichtenberg, Novalis, Friedrich Schlegel und Goethe*, 1976.

[42] Novalis/Wasmuth, *Novalis: Werke, Briefe, Dokumente, Fragmente 1*, 1957 [1798/1799]: 56–60.

[43] Ebd.: 1335.

[44] Vgl. Specht, „Fiktionen von der Einheit des Wissens: Achim von Arnims Meteorologie-Projekt und Hollin's Liebeleben (1802) im Kontext der frühromantischen Enzyklopädistik", 2009: 28.

[45] Lichtenberg/Promies, *Sudelbücher*, 2005 [1764–1799]: 204–208.

Weiterhin galten die Einzelwissenschaften sowie deren Methoden während der Aufklärung als strikt voneinander getrennt. Innerhalb der romantischen Naturphilosophie vollzog sich ein Wechsel, weil sowohl eine Vereinigung der Einzelwissenschaften als auch eine Vereinigung von Empirie und Spekulation vorherrschten. Gerade die Verknüpfung der positivistischen Wissenschaften mit den Künsten gilt als das prägnanteste und relevanteste Merkmal der romantischen Naturphilosophie nach Schelling. Von diesen Ideen beeinflusst, formulierte Schlegel das Prinzip der progressiven Universalpoesie, die die Naturforschung mit den Künsten über die Poesie vereinigen sollte, wie im 116. Athenäums-Fragment hervorgehoben:

> „Die romantische Poesie ist eine progressive Universalpoesie. Ihre Bestimmung ist nicht bloß, alle getrennten Gattungen der Poesie wieder zu vereinigen, und die Poesie mit der Philosophie und Rhetorik in Berührung zu setzen. Sie will, und soll auch Poesie und Prosa, Genialität und Kritik, Kunstpoesie und Naturpoesie bald mischen, bald verschmelzen, die Poesie lebendig und gesellig, und das Leben und die Gesellschaft poetisch machen. […] denn in einem gewissen Sinn ist oder soll alle Poesie romantisch sein."[46]

Zur Generierung der angestrebten Universalität schlug Schlegel einen mehrstufigen Prozess vor. Zuerst muss ein romantischer Roman die gegensätzlichen Gattungen Lyrik, Epik und Dramatik vereinen. Erst dann können die Gegensätze in Poesie und Philosophie, Rhetorik und Poesie sowie später Kunst- und Naturpoesie eine Einheit bilden:

> „Die ganze Geschichte der modernen Poesie ist ein fortlaufender Kommentar zu dem kurzen Text der Philosophie: Alle Kunst soll Wissenschaft, und alle Wissenschaft soll Kunst werden; Poesie und Philosophie sollen vereinigt sein."[47]

Diese Verbindung soll allerdings nicht abrupt erfolgen, sondern langsam im Sinne einer längerfristigen Verschmelzung, wobei sich die Wissenschaften gegenseitig durchdringen sollen. Ein harmonisches Ineinandergreifen ohne gegenseitiges Ausschließen von Kunst- und Naturpoesie initiiert die Arabeske, die, zur Naturpoesie gehörig, ein Künstler aufgreift, intentional verändert und schließlich zu einem Kunstwerk formt.[48] Bei der progressiven Universalpoesie steht aus dem Grund nicht nur das endgültige Kunstwerk im Mittelpunkt, sondern auch die Reflexion über die Entstehung von Kunst.[49] Die Kunst erfüllt bei Schlegels Konzept die Aufgabe, aus dem Chaos sinnvolle Strukturen zu bilden und damit die Universalität

---

[46] Schlegel, „Fragmente (Athenäums-Fragmente)", 2011 [1798]: 32f.

[47] Ebd.: 32f.

[48] Briese, *Die Universalpoesie von Friedrich Schlegel*, 2012: 33.

[49] Die Darstellung der Idee der Kunst im Gesamtwerk hat Schlegel zur Aufgabe der progressiven Universalpoesie gemacht. Vgl. Benjamin, *Der Begriff der Kunstkritik in der deutschen Romantik*, 2008: 99 und Behler, „Friedrich Schlegels Theorie der Universalpoesie", 1985 [1957].

der Strukturen herbeizuführen. Dieses soll zunächst in der Poesie ablaufen.[50] So muss sowohl der Literat als auch der Naturwissenschaftler aus gegebenen Informationen und Ansätzen ein zusammenhängendes Ganzes bilden. Erst dann gilt das Produkt als Kunstwerk:

> „Je mehr die Poesie Wissenschaft wird, je mehr wird sie auch Kunst [...]. Denn in der Philosophie geht der Weg zur Wissenschaft nur durch die Kunst, wie der Dichter im Gegenteil erst durch Wissenschaft ein Künstler wird [...]."[51]

> „So wie es das Ziel der W[issen]sch[aft] ist, K[unst] zu werden; so muß auch K[unst] endlich W[issen]sch[aft] werden."[52]

In diesem Zusammenhang folgt eine weitere neue Praktik der experimentellen Naturbeobachtung, wonach unsichtbare physikalische Prozesse ästhetisch anmutende Bilder entwerfen, die durch ihre Anschaulichkeit neues Wissen generieren.[53] Als Beispiele für derartige dissipative Strukturen gelten die sogenannten Lichtenbergschen Figuren oder die Chladnischen Klangfiguren. Bei ersteren handelt es sich um faden-, baum- oder sternförmige Konstrukte, die nach Entladungen elektrischer Hochspannungen in oder auf isolierenden Materialien, den sogenannten Dielektrika, resultieren. Per Zufall hat sie Lichtenberg entdeckt, nachdem sich Staub auf der Oberfläche einer elektrisch aufgeladenen Isolatorplatte absetzte. Durch Anlegung einer äußeren Energiezufuhr entwickelten sich natürlich anmutende Konstrukte, wie in der folgenden Abbildung[54] dargestellt:

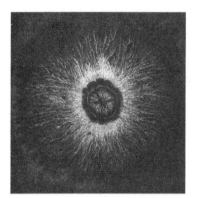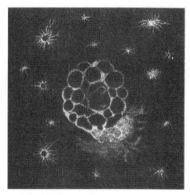

Abbildung 1: Niederschläge auf Lichtenbergs Elektrophor

---

[50] Huge, *Poesie und Reflexion in der Ästhetik des frühen Friedrich Schlegel*, 1971: 98.
[51] Schlegel 2011 [1798]: 51, 56.
[52] Schlegel, „Aus den Fragmenten zur Poesie und Literatur", 2011 [1797]: 103.
[53] Sprenger, „Sternenstaub. Zur Anschaulichkeit elektrischer Phänomene Ende des 18. Jahrhunderts", 2014: 39.
[54] Lichtenberg, „Erste Abhandlung allgemeine Experimente enthaltend über eine neue Methode, die Natur und die Bewegung der elektrischen Materie zu erforschen", 2018 [1777]: 7, 10.

Weitere ästhetisch anmutende wissenschaftliche Experimente repräsentieren die Klangfiguren von Ernst Florens Friedrich Chladni. Dieser hat unter Einwirkung von Musik und Sand die Eigenfrequenz biegesteifer Platten sichtbar gemacht. In Abhängigkeit bestimmter Töne entstanden so verschiedene Klangfiguren mit prägnanten Mustern, wie folgende Abbildung demonstriert:

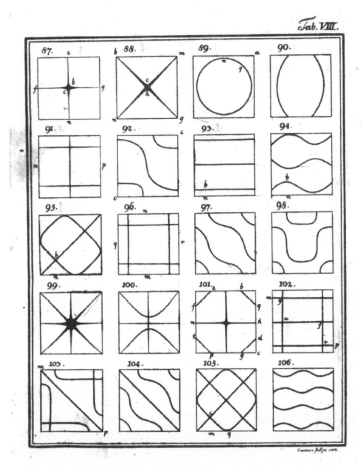

Abbildung 2: Beispiele für Klangfiguren auf quadratischen Platten[55]

Chladni beschrieb seine Vorgehensweise zur Erzeugung seiner Klangfiguren folgendermaßen:

„Zur deutlichen Darstellung einer jeden Schwingungsart, deren eine Scheibe fähig ist, wird erwartet, daß man eine oder mehrere Stellen, die in Ruhe

---

[55] Chladni, *Entdeckungen über die Theorie des Klanges*, 1787: 93.

bleiben, mit den Fingern oder auf andere Art halte, den Rand der Scheibe an einer Stelle, wo ungefähr die Mitte eines schwingenden Theiles ist, mit dem Violinbogen rechtwinklig streiche, und wenn man verlangt, daß die Knotenlinien sichtbar werden sollen, auf die horizontal gehaltene Oberfläche der Scheibe etwas Sand streue, wird auf den festen Linien aber ruhig bleibt und sich anhäuft."[56]

Die mathematische Berechnung der Klangfiguren stellte die Forscher um 1800 vor großen Schwierigkeiten. Siméon Denis Poisson stellte zwar die richtige Differentialgleichung auf, aber erst Gustav Kirchhoff gelang es, auch die endgültigen Randbedingungen für eine Platte mit freiem Rand zu formulieren.

Derartige ästhetisch anmutende Experimente entstanden teilweise zufällig, entwickelten sich aber auch aus der Verknüpfung von empirischen und spekulativen Ideen. Nicht bloß Spekulation oder Empirie, sondern das richtige Verhältnis beider führte nach Schelling zu einer höheren Erkenntnis und zu einem tieferen Verständnis der Natur. „Die Naturphilosophie hat weiter nichts zu thun, als daß sie das Unbedingt-Empirische in diesen Actionen anerkennt. Denn der Empirismus zur Unbedingtheit erweitert ist ja Naturphilosophie."[57] Diese empirisch-spekulative Vorgehensweise betrieben romantische Naturforscher wie Steffens, Ritter oder Oken mit einer außergewöhnlichen Intensität, die teilweise sogar körperliche Konsequenzen nach sich zog. So erblindete Ritter zeitweise nach seinen Selbstexperimenten mit der Voltaschen Säule oder nahm nur noch einzelne Facetten wahr, nachdem er 20 Minuten mit offenen Augen in die Sonne starrte. Steffens wiederum betrieb zwar keine selbstzerstörerischen Selbststudien, lehnte dennoch die rein empirische Vorgehensweise strikt ab, die nach seiner Meinung eine „fremde verstümmelte Sprache [darstellt]", die das eigene Denken einengt.[58] Aus diesem Grund war für ihn nicht die empirische Vorgehensweise wissenschaftlich, sondern die Spekulation, indem sie durch die Einbeziehung mehrerer Gedankenstränge und Denkrichtungen zu vermehrten, universalen Erkenntnissen führte: „Wie das Wissen spekulativ wird, durch die Anschauung der Universalität, so wird die Spekulation wissenschaftlich durch eine Anschauung der Individualität."[59] Die spekulative Hypothesenbildung machte daher das eigentliche produktive Moment im wissenschaftlichen Forschungsprozess aus und war verantwortlich für den wissenschaftlichen Fortschritt.

Aus dieser Verknüpfung von spekulativen und empirischen Verfahren ergab sich das in der romantischen Naturphilosophie neubegründete Verfahren des (polaren) Analogiendenkens. Auf der Grundlage von wissenschaftlich fundierten

---

[56] Chladni, *Die Akustik*, 1802: 118.
[57] Schelling, *Erster Entwurf eines Systems der Naturphilosophie*, 2001 [1799]: 87.
[58] Steffens, *Polemische Blätter zur Förderung der speculativen Physik*, 1829: 6.
[59] Steffens, *Grundzüge der philosophischen Naturwissenschaft. Zum Behuf seiner Vorlesungen*, 1806: 36.

Kenntnissen folgte eine Hypothese, die das Konträre abzubilden versuchte. Diese als Urpolarität oder ursprüngliche Duplizität bekannte Kraft ist nach Schelling allumfassend. Er setzte in diesem Sinne als erwiesen voraus, dass das Licht zum einen die erste und positive Ursache der allgemeinen Polarität sei und zum anderen, dass kein Prinzip Polarität erregen könne, ohne in sich selbst eine ursprüngliche Duplizität zu besitzen.[60] Als herausragendes Beispiel für polares Denken ist Ritter zu nennen, der auf allen naturwissenschaftlichen Gebieten mit enormer Belesenheit, Experimentierfreude sowie handwerklichem Geschick seine Untersuchungen ableitete.[61] Seine wohl bekannteste Entdeckung basiert auf der im Jahre 1800 von Friedrich Wilhelm Herschel veröffentlichten Versuchsdurchführung, wonach Thermometer, die er in das Newtonsche Spektrum der Sonne hielt, vom violetten Ende des Spektrums zum roten Endbereich eine Temperaturerhöhung erfuhren, deren Maximum außerhalb des sichtbaren Bereichs lag. Er schlussfolgerte daraus, dass eine Lichtstrahlung unabhängig von der Wärmestrahlung existiere, die über den sichtbaren Teil des Lichtspektrums hinausgehe. Auf diese Weise entdeckte Herschel die Infrarot-Strahlung. Sämtliche Naturforscher waren von dieser Beobachtung überrascht, allerdings vermutete lediglich Ritter, dass am violetten Ende des Spektrums ebenfalls eine unsichtbare Strahlung existieren müsse. So führte er 1801 den folgenden Versuch durch, mit dem er seine Annahme über die Existenz der ultravioletten Strahlung bewies:

> „Einen etwa acht Zoll langen Streifen starkes weißes Papier überstrich ich mit feuchtem, aber erst bereitetem Hornsilber und ließ im dunklen Zimmer das reinliche Spektrum des Prismas in der Entfernung von fünfzig bis sechzig Zoll von diesem auf dessen Mitte fallen. Das Hornsilber fing zuerst und äußerst schnell in einer beträchtlichen Entfernung vom äußersten Violett nach außen an, schwarz zu werden; erst darauf folgte das im Violett selbst nach [...]. Beim Herausnehmen des Streifens aus der Brechungsebene fand ich die stärkste Schwärzung in der Entfernung eines guten halben Zolles vom äußersten Violett; weiter nach außen nahm sie ab und hörte in einer Entfernung von reichlich anderthalb Zoll vom äußersten Violett ganz auf [...]."[62]

Doch nicht nur die Optik profitierte vom polaren Denken Ritters. Auch der Magnetismus und die Akustik bereicherte er durch seine Entdeckungen und Hypothesen. Eine Übersicht über Ritters Polaritäten liefert die folgende Auflistung:[63]

---

[60] Schelling/Baumgarten/Durner, *Von der Weltseele: eine Hypothese der höhern Physik zur Erklärung des allgemeinen Organismus*, 2000 [1798]: 92.

[61] Teichmann, „Johann Wilhelm Ritter – ein romantischer Physiker", 1997: 335.

[62] Ritter, *Entdeckungen zur Elektrochemie, Bioelektrochemie und Photochemie*, 1986 [1798–1809]: 119.

[63] Berg/Germann, „Ritter und Schelling – Empirie oder Spekulation", 1977: 93.

←	Lichtzerlegung	→		
ultraviolett	violett		rot	ultrarot
unsichtbar		sichtbar		unsichtbar
kalt				warm
Reduktionsseite an negativer Kathode:				Oxydationsseite an positiver Anode:
Wasserstoff	←	Wasserelektrolyse	→	Sauerstoff
Bläuliches Licht				Rötliches licht
Bildverkleinerung	←	Auge	→	Bildvergrößerung
Tiefer g-Ton	←	Ohr	→	Hoher g-Ton
Geruchsabnahme	←	Nase	→	Niesreiz
sauer	←	Zunge	→	alkalisch
Versteifung	←	Hand	→	Lockerung
Nordpol	←	Magnet	→	Südpol

Ein weiteres oberstes Ziel der romantischen Naturphilosophie stellte die Einheit zwischen Mensch und Natur dar. Sie ergibt sich zum einen durch die besagten (polaren) Analogiensysteme oder durch die dazugehörigen Gedankenexperimente, die beispielhaft das menschliche Denken mit dem Galvanismus gleichsetzen.[64] Als weiterer Zugang zur Herstellung der genannten Einheit dient zum anderen die neubegründete Verbindung aus Organik und Anorganik, wobei Elemente aus der belebten Natur mit Elementen aus der unbelebten Natur gekoppelt werden. Exemplarisch sind hierfür der Kristall oder der Dianenbaum zu nennen. Kristalle, insbesondere Edelsteine, vereinen sämtliche Gegensätze und stehen unmittelbar vor dem Übergang in die lebendige Form der einfachen Organismen.[65] Es handelt sich bei der Betrachtung der Kristalle und Edelsteine jedoch keineswegs um eine reine Betrachtung der Schönheit und Vollkommenheit, sondern um eine „heilig-unheilige Faszination von etwas nicht Geheurem."[66] Die kostbaren Gesteine repräsentieren einen Grenzfall zwischen der Mineral- und Metallwelt und scheinen die sonst vorhandene Linie zwischen dem Organischen und dem Anorganischen zu überwinden, sodass sich die Romantiker in einem ambivalenten Verhältnis gegenüber diesen positionierten.[67] Darüber hinaus gelingt der Natur in Gestalt der perfekten Edelsteine eine vollendete Formschönheit, die dem Menschen trotz größter Anstrengung nur teilweise gelingt.

Für die Sichtbarmachung von unsichtbaren Vorgängen in der Natur oder im menschlichen Organismus bediente sich Ritter des Dianenbaums, dessen wach-

---

[64] Daiber, „Die Suche nach der Urformel: Zur Verbindung von romantischer Naturforschung und Dichtung", 2000: 85.

[65] Wetzels, *Johann Wilhelm Ritter, Physik im Wirkungsfeld der deutschen Romantik*, 1973: 69.

[66] Wernecke/März, *Kristall. Metapher der Kunst: Geist und Natur von der Romantik zur Moderne: Ausstellung vom 31. August bis zum 16. November 1997*, 1997: 70.

[67] Ebd.: 70.

sende Dendriten das zentrale Nervensystem und die Funktionen des Denkens repräsentieren.[68] Zur Entstehung des *arbor dianae*, oder auch „Metallgewächs", so eine Bezeichnung um 1800, wird Silber unter Zugabe von wenigen Tropfen Quecksilber in einer zumeist konzentrierten Salpetersäure aufgelöst.[69] Diese Lösung kristallisiert aus, indem eine vegetabile Struktur resultiert, die in immer feinere Spitzen austreibt und der Struktur von Ästen gleicht, wie die folgende Abbildung 3 verdeutlicht.

Abbildung 3: Dianenbaum bei normaler und 50facher Vergrößerung (rechts)[70]

Obwohl der Dianenbaum bereits um 1800 bekannt war, fand die Versuchsbeschreibung desselben erst ab dem späteren 19. Jahrhundert Aufnahme in Wissenschaftsbüchern.[71]

Erst in der Begegnung mit der Natur wird sich der Mensch seines Urzustandes bewusst und soll in diesen zurückkehren, sodass erneut eine harmonische Einheit resultiert. Hinter dieser Vorstellung liegt der monistische Gedanke begründet, der die Einheit von Natur und Geist fordert. Natur und Geist sind nicht zwei verschiedene Wesen, sondern eins: „[...] der Geist entwickelt und verwirklicht sich in der Natur; die Natur realisiert die Gesetze des Geistes."[72]

Oberstes Ziel der romantischen Naturphilosophie nach Schelling war die vollständige Enträtselung der Naturgeheimnisse, wobei Forscher diese sowohl sinnlich erfassen als auch mithilfe von mathematischen Formeln erklären sollten. Damit dieses Vorhaben gelingt, sind nicht nur polare Analogiensysteme und die Vernet-

---

[68] Weltzien, „Elektrisches Menetekel. Ritters Abbreviaturen einer allgemeinen Schrift", 2009: 205.

[69] Zu einer vollständigen Beschreibung des Dianenbaums, siehe Arendt, *Lehrbuch der organischen Chemie nach den neuesten Ansichten der Naturwissenschaft, auf rein experimenteller Grundlage. Für höhere Lehranstalten und für den Selbstunterricht*, 1875: 268.

[70] Abbildung entnommen aus: Fischer/Novotny/Schedy/Oetken, „Das Silberbaum-Paradoxon. Verblüffende Effekte bei der Elektrolyse von Salzlösungen", 2018: 193.

[71] Weltzien 2009: 204.

[72] Hennemann 1959: 37.

zung aus empirischen und spekulativen Methoden zu betrachten, sondern auch die ständige Entwicklung der Natur. Damit dieses Prinzip der Potenzierung gelingt, ist eine Betrachtung sämtlicher Erkenntnisse und Erfindungen aus früheren Epochen ratsam. Dabei ist ausschlaggebend, dass die Gelehrten nicht nur die äußeren Erscheinungen, Apparate und Formeln berücksichtigen, sondern auch die Denkweise, die Vorstellungen zu einem Gegenstand sowie die Herleitungen zu einem Experiment oder einer Theorie. Eine Geschichte ist damit immer eine Ideengeschichte.[73] Als Resultat erscheint die Natur nicht statisch, sondern ist immer in einer Genese begriffen, die die Erkenntnisse früherer Epochen widerspiegelt. Eine Historisierung der Natur ist daher stets mit der Historisierung des Wissens zu verknüpfen.[74]

Trotz der Errungenschaften der romantischen Naturphilosophie übten vor allem rein empirisch vorgehende Wissenschaftler Kritik an der spekulativen Vorgehensweise und lehnten die Bewegung ab. So warnte der Botaniker Matthias Jakob Schleiden seine Kollegen:

> „Was aus allem diesem folgt, ist nämlich, dass sich die Naturwissenschaft, welche sich auf dem Boden der Wirklichkeit, der Erfahrung bewegt, gar nicht auf Schelling einlassen kann und darf, wenn sie nicht ein wesensloses Gespenst mit Degen und Pistolen angreifen und sich dadurch lächerlich machen will."[75]

Ebenfalls die spekulative Vorgehensweise kritisierend, äußert sich Justus von Liebig: „Die Thätigkeit, das Wirken der Naturphilosophie war die Pestilenz, der schwarze Tod des Jahrhunderts."[76]

Die romantische Naturphilosophie, insbesondere die spekulative Vorgehensweise, galt nach den Empirikern als eine Behinderung des Fortschritts, als eine Gefährdung der neuzeitlichen Entwicklung.[77] Die spekulative Vorgehensweise galt als Schwärmerei ohne empirische und experimentelle Basis. Als Negativbeispiel ist Okens Theorie vom Licht anzusehen, weil er nur eine intuitive Vorstellung dieses Naturphänomens formulierte. Er führte weder empirische Beweise für seine Theorie an, noch berücksichtigte er den Grundsatz, wonach sich jeder Forscher für eine wissenschaftliche Vorgehensweise tragfähigen und gültigen Grundprinzipien verpflichten muss.[78] Weiterhin galten Erkenntnisse nur dann als wissenschaftlich und relevant, wenn objektive Experimente oder empirische Erfahrungen diese verifi-

---

[73] Engelhardt 1998: 69.
[74] Ebd.: 69.
[75] Schleiden, *Schelling's und Hegel's Verhältniß zur Naturwissenschaft*, 1844: 51.
[76] Liebig, „Ueber das Studium der Naturwissenschaften und über den Zustand der Chemie in Preussen", 1874 [1840]: 24.
[77] Engelhardt, *Historisches Bewußtsein in der Naturwissenschaft. Von der Aufklärung bis zum Positivismus*, 1979: 177.
[78] Berg, „Das nicht irdische, aber kosmisch materielle Element: Lorenz Okens Idee zu einer Theorie des Lichts", 2017: 188.

zierten oder sie auf gesichertem Wissen aufbauen. Alle anderen Errungenschaften fanden keine Berücksichtigung oder erhielten Kritik, so auch die durch Spekulation generierten Vorstellungen und Erkenntnisse:

> „Weil nämlich alle sichere und gefestigte Erkenntnis eines unbekannten Sachverhalts nur aus Dingen geschöpft und hergeleitet werden kann, die zuvor sicher erkannt worden sind, wird man zuerst diese Dinge von Grund auf als ein solides Fundament errichten müssen, auf dem dann später das ganze Gebäude menschlicher Erkenntnis so aufzubauen ist, dass es nicht von sich zusammenbricht oder durch den kleinsten Anstoß von außen zerfällt [...]. Denn die wahren Prinzipien der Wissenschaften müssen so klar und gewiß sein, daß sie keines Beweises bedürfen, daß sie der Gefahr allen Zweifelns entzogen sind und daß ohne sie nichts anderes bewiesen werden kann."[79]

Schließlich betrafen die Kritiken auch die teilweise zweifelhaften Praktiken der romantischen Naturforscher. Im Besonderen wurde Ritters Arbeitsweise mit seinen Selbstexperimenten, Wünschelrutengängen oder Forschungen zum Siderismus abgelehnt. Das Überhandnehmen der Spekulationen, die Missachtung des wissenschaftlichen Grundsatzes sowie die zweifelhaften Praktiken einiger Naturforscher endeten in einem Misskredit der romantischen Naturphilosophie. Neben diesen Kritikpunkten führte schließlich die atomistische Annahme von Jöns Jakob Berzelius zu einem Niedergang der romantischen Naturphilosophie. Im Gegensatz zu den Naturphilosophen verneinte er die Einflüsse zweier sich abstoßender und anziehender Kräfte auf die Materie und zentrierte stattdessen die Existenz von Atomen.[80]

2.3 Die Einflüsse der romantischen Naturphilosophie

Obwohl Zeitgenossen die Bewegung der romantischen Naturphilosophie kontrovers diskutierten und sie nur einen Zeitraum von 1797 bis in die 1830er umfasste, ist ihr Einfluss bis in die heutige wissenschaftliche und didaktische Praxis spürbar. Nach 1830 widmeten sich die Naturwissenschaften wieder verstärkt dem Empirismus, doch noch mehrere Jahrzehnte nach der romantischen Naturphilosophie wendeten Forscher vereinzelt auch spekulative Verfahren an, um zu neuen Erkenntnissen zu gelangen. So vermochte erst die moderne Physik mit der Quantenmechanik den bei Schelling rein spekulativen Gedanken zu erfassen und mit der Relativitätstheorie zu einem experimentell nachprüfbaren Naturgesetz zu erheben.[81] Den wissenschaftlich größten Erfolg erzielte die Verbindung aus Spekulation und empirischen Erkenntnisgewinn durch die Entdeckung des Elektromagne-

---

[79] Spinoza, *Descartes' Prinzipien der Philosophie in geometrischer Weise dargestellt. Mit einem Anhang, enthaltend Gedanken zur Metaphysik*, 2005 [1871]: 3, 29.

[80] Snelders, „Über den Einfluß des Kantianismus und der romantischen Naturphilosophie auf Physik und Chemie in Deutschland zu Beginn des 19. Jahrhunderts", 1997: 776.

[81] Hennemann 1959: 36.

tismus, dessen Bestandteile Elektrizität und Magnetismus zuvor als separat und unvereinbar galten.[82] Die spekulativen Ideen dienen heutzutage in einem vermehrten Ausmaß dazu, um nach der Weltformel oder der „großen Vereinigung", der *Grand Unification Theory,* zu suchen.[83]

Für die rein empirisch vorgehenden Physiker besitzt die romantische Naturphilosophie keine Nachfolge. Allerdings sind die überwiegenden Einflüsse dieser Bewegung nicht in den theoretischen und empirischen Naturwissenschaften wie Physik oder Chemie zu suchen, sondern in den praktischen, sich mit dem Menschen befassenden Naturwissenschaften wie der Psychotherapie, der Tiefenpsychologie oder der Psychoanalyse, die bereits in der Romantik durch den Mesmerismus und Somnambulismus erste Korrelationen zwischen Medizin und Naturphilosophie generierten.[84] Weiterhin gilt die Anthroposophie als Erbe der Naturphilosophie[85], welche die Elemente des deutschen Idealismus und Weltanschauungen Goethes mit naturwissenschaftlichen Erkenntnissen koppelt.

Während um 1800 der direkte Einfluss der romantischen Naturphilosophie auf den schulischen Physikunterricht eher gering einzuschätzen war, vermittelten Gelehrte das romantische, spekulative Gedankengut hingegen an den Universitäten.[86] Thesen von Kant oder Schelling beeinflussten zwar auch den Schulunterricht, allerdings beschränkten sich die Lehrenden dabei auf gesicherte Erkenntnisse. Zudem enthielten nur wenige Lehrbücher naturphilosophisches Gedankengut, weil angesichts der vielfältigen Forschungsansätze kein allgemeingültiger Konsens herrschte, welche Theorien und Inhalte explizit Aufnahme in Lehrbüchern fanden.

An den Universitäten war hingegen das Dilemma zwischen Spekulation und gesichertem Wissen nicht präsent. Dozierende vermittelten empirisch nachgewiesene Fakten, um eine Basis für naturwissenschaftliches Wissen zu schaffen. Mithilfe der Spekulation sollten sich die Studierenden mit Hypothetischem oder Kontroversem auseinandersetzen, argumentieren, welche Theorie wahrscheinlicher oder glaubwürdiger ist, oder gegebenenfalls neue Hypothesen bilden.

Die romantische Naturphilosophie ist als eine rein deutsche Bewegung aufzufassen und weltweit einzigartig, weil sie als einzige philosophische Bewegung versuchte, die naturwissenschaftlichen Vorstellungen nicht nur zu interpretieren, sondern auch weiterzuentwickeln oder zu erschaffen.[87] Vergleichbare internationale

---

[82] Berg, „Die romantische Naturphilosophie im Licht physikalischer Ergebnisse", 2007: 257.

[83] Vgl. ebd.: 259.

[84] Marquard, *Transzendentaler Idealismus, romantische Naturphilosophie, Psychoanalyse,* 1987: 163, 170.

[85] Pross, „Lorenz Oken – Naturforschung zwischen Naturphilosophie und Naturwissenschaft", 1991: 44.

[86] Lind, „Der Einfluss der romantischen Naturphilosophie auf die Physikdidaktik", 1995: 716. Weitere Einblicke in die Didaktik um 1800 finden sich in: Lind, *Physik im Lehrbuch 1700–1850. Zur Geschichte der Physik und ihrer Didaktik in Deutschland,* 1992.

[87] Berg 2007: 260.

Strömungen, die die Einheit der verschiedenen wissenschaftlichen Disziplinen an-
strebten, finden sich in der Physikotheologie Englands oder im Katholizismus
Frankreichs.[88] David M. Knight bezweifelt allerdings den direkten Einfluss der romantischen Erkenntnisse auf die internationalen Forschungen, insbesondere in
England.[89] Demgegenüber ist zu konstatieren, dass die Wirkung der spekulativen
Vorgehensweise bis beispielsweise in die Niederlande zu spüren war und die Wissenschaftler wie Pieter van Musschenbroek oder Herman Boerhaave zu Weiterent-
wicklungen und Verbesserungen ihrer Theorien und Apparate veranlasste. Dennoch gingen sie eher empirisch und rational vor und nur wenige galten als „echte"
Naturphilosophen.[90]

---

[88] Breidbach, „Schellings spekulative Physik", 2009: 224.
[89] Knight, „German Science in the Romantic Period", 1975: 170f.
[90] Snelders, „Romanticism and dutch scientists", 1994: 176f.

3. Historischer Überblick über die Optik und die Wärmelehre

3.1 Von den Anfängen im antiken Griechenland bis zum 18. Jahrhundert

Das Wesen sowohl der Wärme als auch des Lichts sowie deren Zusammenhang fand bereits während der griechischen Antike in naturwissenschaftlichen Überlegungen Berücksichtigung. So nahm bereits Aristoteles in seiner *Metaphysica* (348–322 v. Chr.) und seiner *Physica* (347 v. Chr.) an, dass die Wärme ein eigenes Element darstellt, dessen Teilchen unendlich klein und hochgradig beweglich sind.[91] Allen Theorien von Aristoteles ist gemeinsam, dass sie die Ursache aller Wärmeerscheinungen auf das Feuer zurückführen, das Bestandteil der von ihm weiterentwickelten Vier-Elemente-Lehre ist. Das Feuer bildet zusammen mit der Luft, der Erde und dem Wasser die vier Grundelemente oder Elementarkörper mit den für sie je spezifischen Eigenschaften, aus denen sich alle anderen Stoffe bilden.[92] Die folgende Abbildung illustriert sowohl die Eigenschaften als auch die Beziehungen der vier Grundelemente untereinander:

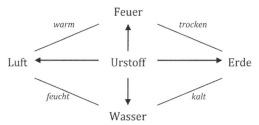

Abbildung 4: Die vier Urstoffe und deren Eigenschaften nach Aristoteles[93]

Während die Wärme und das Feuer nach Aristoteles stoffliche Natur besitzen, handelt es sich bei dem Licht um kein selbstständig existierendes Naturphänomen, dessen Existenz lediglich auf der Anwesenheit des Feuers oder eines anderen ähnlichen Stoffes beruht, der sich über Bewegungen fortpflanzt.[94]

Erste exakte Versuche zur Wirkung der Luft im Zusammenhang mit der Wärme führte der Mathematiker Heron von Alexandrien 300 Jahre nach Aristoteles durch.[95] So entwickelte er beispielhaft erste maschinelle und technische Apparatu-

---

[91] Vgl. Aristoteles, *Metaphysik*, 1961 [348–322 v. Chr.] und Aristoteles, *Physik. Vorlesung über Natur. Erster Halbband*, 1987 [347 v. Chr.].

[92] Aristoteles 1961 [348–322 v. Chr.]: 58ff.

[93] Abbildung entnommen aus: Köthner, *Aus der Chemie des Ungreifbaren. Ein Blick in die Werkstätten moderner Forschung*, 1906: 4.

[94] Wilde, *Geschichte der Optik, vom Ursprunge dieser Wissenschaft bis auf die gegenwärtige Zeit. Erster Theil. Von Aristoteles bis Newton*, 1968: 7.

[95] Köthner 1906: 5.

ren, die sich die ausdehnende Wirkung der Wärme auf die Luft zu Nutze machten. Die folgende Abbildung 5 führt in diesem Zusammenhang Herons Mechanismus zum Öffnen einer Tempeltür auf:

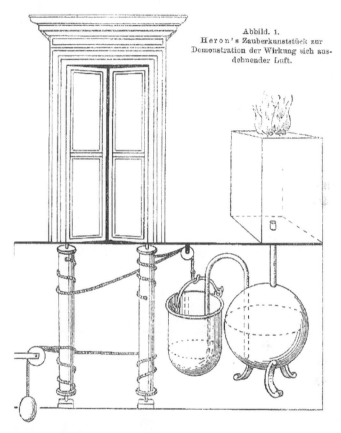

Abbild. 1.

Heron's Zauberkunststück zur Demonstration der Wirkung sich ausdehnender Luft.

Abbildung 5: Herons Zauberstück zur Demonstration der Wirkung sich ausdehnender Luft[96]

Auf einem Altar, der in der Abbildung durch einen geschlossenen und damit luftdichten Kasten repräsentiert wird, entzündet ein Tempeldiener ein Opferfeuer. Die so entstehende Wärme dehnt die Luft aus, sodass eine mit Wasser gefüllte Kugel unter dem Boden durch ein Verbindungsrohr Druck erfährt. Der größere Platzbedarf der Luft führt zu einer Verdrängung einer entsprechenden Menge Wasser aus der Kugel. Infolgedessen fließt das Wasser in ein zweites Gefäß, das über ein Seilsystem mit der Tür verbunden ist. Das herabsinkende Gefäß übt eine Zugkraft aus, sodass sich die Tür öffnet. Sobald das Opferfeuer erlischt, schließt sich die Tür wieder, weil sich die Luft im Altar zusammenzieht und das Wasser aus dem Gefäß

---

[96] Abbildung entnommen aus: ebd.: 6.

wieder ansaugt. Allerdings dauerte es nach Herons mechanistischen Erfindungen knapp 2000 Jahre, bis sich weitere große Erfolge im Bereich der mechanischen Wärmelehre vollzogen und dabei Namen wie Richard Trevithick und insbesondere dessen Nachfolger James Watt fielen, die die ersten funktionsfähigen Dampflokomotiven und Dampfmaschinen entwickelten.[97]

Die Grundlagen für optische Technologien befinden sich ebenfalls in der griechischen Antike. So entwickelten die Philosophen Demokrit, Pythagoras und Aristoteles verschiedene Theorien zum Wesen des Lichts.[98] Ebenso die Phänomene der geradlinigen Lichtausbreitung, das Reflexionsgesetz, das Euklid 300 v. Chr. in seinem Buch *Katoptrik* beschrieb, oder die Beugung, wie in Platons *Staat* (381 v. Chr.) erwähnt, waren bekannt.[99] Weiterhin stammen von dem griechischen Wissenschaftler Claudius Ptolemäus die ersten Tabellen, die den Zusammenhang zwischen dem Einfalls- und Brechungswinkel veranschaulichen. Bevor Roger Bacon im 13. Jahrhundert die Gesetze der Spiegelung und der Brechung des Lichts beschrieb, entdeckte bereits der arabische Gelehrte Alhazen im 11. Jahrhundert die Reflexion an gekrümmtem Spiegeln sowie die Lichtbrechung in der Atmosphäre. Weitere fortschrittliche Entdeckungen und Erfindungen blieben danach allerdings aus. Diesen Sachverhalt erkennt auch Károly Simonyi, wenn er in seiner Arbeit *Kulturgeschichte der Physik. Von den Anfängen bis 1990* (1995) schreibt, dass das Wissen über Licht zu Beginn des 17. Jahrhunderts im Wesentlichen noch das Gleiche gewesen ist, welches bereits Ptolemäus zusammenfasste und Alhazen ergänzte und weiterentwickelte.[100] Dennoch erwiesen sich auch die Entdeckungen Bacons als hilfreich für die geometrische Optik, weil deren Anwendung zur Erfindung des Fernrohrs durch den niederländischen Optiker Hans Lippershey und zur Erfindung des Mikroskops durch Hans und Zacharias Janssen zu Beginn des 17. Jahrhunderts führte. Beide Konstruktionen gaben der Optik neue Anstöße, die Johannes Keppler zum Bau des Kepplerschen Fernrohres veranlasste, das zwei anstatt einer Sammellinse besitzt.[101] Galileo Galilei perfektionierte das in den Niederlanden entwickelte Fernrohr, indem er jeweils eine Sammel- und eine Zerstreuungslinse verwendete. Keppler erkannte weiterhin, dass die Intensität von Lichtpunkten mit dem Quadrat der Entfernung abnimmt und führte Versuchsreihen zum Brechungsgesetz durch, wonach Einfalls- und Brechungswinkel des Lichts nicht proportional zueinander sind. Eine Einkleidung in mathematische Formeln gelang ihm allerdings nicht. Erst durch Willebrord van Roijen Snell erfolgte die quantitative Beschreibung des Brechungswinkels, die auch heute noch unter der Bezeichnung Snelliussches Brechungsgesetz Verwendung findet:

---

[97] Kober, „Ein Dämon erzählt aus der Geschichte der Thermodynamik", 1999: 2.
[98] Hecht, *Optik*, 2014: 1.
[99] Ebd.: 1.
[100] Simonyi, *Kulturgeschichte der Physik. Von den Anfängen bis 1990*, 1995: 226.
[101] Ebd.: 226.

$$n_1 \sin(\delta_1) = n_2 \sin(\delta_2) \qquad (1)$$

n_1, n_2 = Brechungsindices ausgesuchter Medien
δ_1, δ_2 = Einfalls- und Ausfallswinkel

Das Gesetz beschreibt die Richtungsänderung einer ebenen Welle oder eines Lichtstrahls beim Übergang von einem Medium in ein anderes. Das Lot und die Richtung des einfallenden Stahls bestimmen den Einfallswinkel des Lichts beziehungsweise der Welle, während der Brechungswinkel von den Brechungsindices des Mediums abhängt.

Später erfuhr das Prinzip und das dazugehörige Gesetz durch Pierre de Fermat eine Erweiterung durch das Minimalprinzip oder Fermatsche Prinzip, wonach die Ausbreitung des Lichts von A nach B in der kürzesten Strecke erfolgt.

3.2 Das Zeitalter der Imponderabilien

Den Zeitraum von 1780 bis 1815 umschrieb Ferdinand Rosenberger als das Zeitalter der Imponderabilien.[102] Bei den Imponderabilien handelt es sich um stofflich gedachte, aber unwägbare Gegebenheiten, die die zeitgenössischen Forscher von den wägbaren, ponderablen Grundstoffen der Materie abgrenzten. Sie galten weiterhin als chemische Stoffe, die Verbindungen mit ponderablen Stoffen eingehen, bei denen sie keine messbare Gewichtsveränderung hervorrufen, und sind ebenso aus den Verbindungen entfernbar. Sie sind zwar unabhängig von jedem Stoff, begleiten aber stets das Materielle.[103] Zu den Imponderabilien zählten die Elektrizität, der positive sowie der negative Magnetismus, das Licht und schließlich die Wärme. Das Hauptkennzeichen dieser stofflich gedachten Gegebenheiten war die Unwägbarkeit. Dieses Kriterium akzeptierte die Forschung für sämtliche Imponderabilien, außer für die Wärme, weil die meisten Naturwissenschaftler die Wärme als materiellen Stoff ansahen, der sich im Körper fixiert.[104] Allerdings impliziert gerade die Fixierung im Körper, dass sich der Stoff auch wiegen lässt, weshalb die Wärme eigentlich nicht zu den Imponderabilien zählen dürfte. Bedingt durch diese Diskrepanz führten Forscher Versuche durch, die die Anzahl der Imponderabilien verringern und die Wärme lediglich als Modifikation des Lichts auffassen sollten.[105] Die Vertreter der dynamischen Theorie von Stoffen, beispielsweise Alexander Nicolaus Scherer, kritisierten an dem Konzept der Imponderabilien zusätzlich, dass die Annahme imponderabler Stoffe zur Erklärung der Qualitäten wie Licht oder Wärme überflüssig sei, weil sie keine Wirkungen spezifischer Grundstoffe

---

[102] Rosenberger, *Geschichte der Physik in Grundzügen mit synchronistischen Tabellen der Mathematik, der Chemie und beschreibenden Naturwissenschaften sowie der allgemeinen Geschichte. III: Geschichte der Physik in den letzten Jahren,* 1965: 3.

[103] Steffens, *Beyträge zur inneren Naturgeschichte der Erde,* 1801: 92.

[104] Gehler, *Physikalisches Wörterbuch. W-Wae,* 1841: 104.

[105] Steffens 1829: 96.

darstelle, sondern koexistente Phänomene der verschiedenen Verbindungen ponderabler Stoffe zueinander.[106] Autoritäten wie Newton übernahmen die Idee der Imponderabilien, sodass dieses Prinzip trotz der dargestellten Kritikpunkte eine weitreichende Popularität aufwies.[107]

Die Forschung konnte die Elektrizität sowie den positiven und den negativen Magnetismus zu den jeweils anderen Imponderabilien abgrenzen. Diese Abgrenzung gelang allerdings nicht bei der Wärme und dem Licht, sodass ab der Mitte des 18. Jahrhunderts ebenso die verschiedenen Theorien zum Verhältnis des Lichts und der Wärme die Forschung dominierten. Wichtig ist hierbei anzumerken, dass sich die Theorien zu den beiden Naturerscheinungen in besonderem Maße bedingen. Neue Vorstellungen zum Wesen des Lichts führten im gleichen Zuge auch zu neuen Theorien zum Wesen der Wärme und umgekehrt. Der Grund für diese gegenseitige Beeinflussung liegt darin begründet, dass die Wissenschaften sowie deren Teildisziplinen damals noch nicht klar voneinander abgegrenzt waren. Bedingt durch diesen Zustand resultierte ein Nebeneinander verschiedener Theorien zum selben Naturphänomen. Thomas Kuhn verwendet für diesen Sachverhalt den Begriff *vorparadigmatisch.*[108]

Die von Herschel zu Beginn des 19. Jahrhunderts entdeckte Strahlungswärme implizierte eine Verwandtschaft zwischen dem Licht und der Wärme, die von diesem Zeitpunkt an im besonderen Interesse der Forschung stand. Die Forscher haben durch die angenommene Verwandtschaft dem Licht und der Wärme dieselben Eigenschaften zugeschrieben, sodass eine Theorie gleichzeitig beide Phänomene erklären sollte.

Allgemein unterschieden Forscher zwischen der Korpuskulartheorie und der Undulationstheorie. Erstere vertritt die Auffassung, dass die Naturphänomene aus materiellen Teilchen bestehen, die sich mit größerer Geschwindigkeit geradlinig ausbreiten. Letztere stellt die Naturphänomene als Schwingungen dar, die der Äther, eine elastische Vermittlerinstanz, überträgt. Bis 1820 dominierte die Korpuskulartheorie des Lichts, die auch den Teilchencharakter der Wärme implizierte.[109] Erst Augustin Jean Fresnels Forschungen zum Wellencharakter des Lichts führten zu einem Umschwung, der bis in die 1860er Jahre anhielt und die Idee der durch den Äther übermittelten Licht- und Wärmewellen zentrierte. Diese „Wellentheorie

---

[106] Durner, „Theorien der Chemie", 2000: 50.

[107] Fox, *The caloric theory of gases. From Lavoisier to Regnault*, 1971: 17.

[108] Vgl. Kuhn, *Die Struktur wissenschaftlicher Revolutionen*, 1997: 32. Kamphausen/Schnelle haben die romantische Naturphilosophie auf weitere moderne Wissenschaftstheorien von Max Weber, Kuhn, Niklas Luhmann, Karl Popper, Pierre Duhem oder Imre Lakatos bezogen und kommen zu dem Ergebnis, dass die besagte Bewegung nur vereinzelt den thematisierten Konzepten entspricht. Vgl. Kamphausen/Schnelle, *Romantik als naturwissenschaftliche Bewegung, Zur Entwicklung eines neuen Wissenschaftsverständnisses*, 1982.

[109] Brush, *Die Temperatur der Geschichte. Wissenschaftliche und kulturelle Phasen im 19. Jahrhundert*, 1987: 10.

der Wärme" sorgte für einen nahtlosen Übergang zur modernen Wärmetheorie, welche in der Wärme eine Form von Energie sieht.[110] Dieser Umschwung führte zu einer kurzfristigen Rettung der Theorie von den Imponderabilien und dem modifizierten Äther, aber letztendlich verdrängte die Idee von der Verwandlung der mechanischen Kraft die beiden Konzepte, weil sie bestimmte Prinzipien, wie beispielhaft die von Kant postulierte Dynamik, nicht erklären konnten.[111]

Die lange Zeitspanne bis zum Aufkommen der Undulationstheorie lässt sich darauf zurückführen, dass Autoritäten wie Newton die Forschung mit ihren Ausführungen stark beeinflussten, sodass zeitgleich oder früher veröffentlichte Theorien keine Berücksichtigung fanden. Zwar konnte die Korpuskulartheorie Phänomene wie die Lichtausbreitung oder Reflexion erklären, allerdings besaß sie auch Fehler, wie sich exemplarisch anhand Newtons *Opticks* (1704) beweisen lässt. Seine Theorie besagt zum ersten aufgeführten Phänomen, dass das Licht aus winzigen Teilchen, den sogenannten Korpuskeln, besteht, die leuchtende Körper, wie beispielsweise die Sonne, mit großer Geschwindigkeit in alle Richtungen aussenden und sich schließlich im leeren Raum geradlinig fortbewegen. Newton war damit ein Vertreter der Emanationstheorie, wobei Emanation so viel wie „Ausströmen" bedeutet.

Das zweite Phänomen der Reflexion erklärt die Korpuskulartheorie insofern, dass zwischen den Teilchen der Oberfläche des spiegelnden Mediums und den Korpuskeln abstoßende Kräfte wirken. Abbildung 6 verdeutlicht, dass die Korpuskeln in dem gleichen Winkel reflektiert werden, wie sie sich auch den Teilchen der Oberfläche angenähert haben.

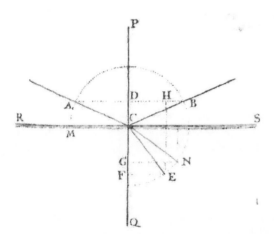

Abbildung 6: Darstellung der Reflexion und Beugung nach Newton[112]

---

[110] Ebd.: 10.

[111] Rosenberger 1965: 14.

[112] Abbildung entnommen aus: Newton, *Optik oder Abhandlung über Spiegelungen, Brechungen, Beugungen und Farben des Lichts*, 2001 [1704]: 8.

Um die Beugung zu erklären, nahm Newton zwischen den Korpuskeln und dem brechenden Medium anziehende Kräfte an, die allerdings im Widerspruch zu den abstoßenden Kräften bei der Reflexion stehen. Er versuchte dieses Paradoxon mit den sogenannten „Anwandlungen" oder „Fits" zu erklären, wonach die Lichtteilchen stets periodisch zwischen der „Anwandlung leichten Durchgangs"[113] oder der „Anwandlung leichter Reflexion"[114] wechseln. Je nachdem, in welchem Zustand es sich befindet, wird das Teilchen gebrochen oder reflektiert. Beim Übergang von einem optisch durchlässigen zu einem optisch dichteren Medium sollten die Korpuskeln beschleunigt werden, damit die Brechung entlang des Lots exakt ermittelbar ist. Hierbei ist wichtig anzumerken, dass die Geschwindigkeitskomponente CS parallel zur Spiegeloberfläche aus Abbildung 6 konstant bleibt, während sich die Geschwindigkeitskomponente CQ senkrecht zur Spiegeloberfläche vergrößert. Es resultiert daraus eine größere Lichtgeschwindigkeit als in der Luft. Richtigerweise muss die Lichtgeschwindigkeit aber abnehmen, wie die Undulationstheorie wahrheitsgemäß erklärt. Obwohl die Newtonsche Korpuskulartheorie des Lichts demnach auch Unzulänglichkeiten besaß, hat sie dennoch die Forschung um 1800 dominiert und Naturwissenschaftler sowie Naturphilosophen in ihren weiteren Theorien geprägt. So nahmen exemplarisch auch Johann Heinrich Voigt, Antoine Laurent de Lavoisier, Adair Crawford, Jean-André Deluc oder Herman Boerhaave einen materiellen Lichtstoff an. Allen materiellen Lichttheorien waren gemeinsam, dass sie das Licht als aus kleinen Teilchen bestehend betrachten, die sich geradlinig und gleichförmig in alle Richtungen ausbreiten und sämtliche Körper durchdringen können, dabei allerdings keine bleibenden körperlichen Auswirkungen hervorrufen. Diese Lichtteilchen können in größeren Abständen aufeinander folgen und sich gegenseitig beim Durchdringen eines Mediums behindern.

Der größte Gegner der atomistischen Korpuskulartheorie war Leonhard Euler, der das Licht als durch den Äther fortgepflanzte Schwingungen oder Erschütterungen ansah.[115] Der Äther stellt eine höchst feine, flüssige und dabei elastische Materie dar, die allerwärts ausgebreitet vorliegt.[116] Der Äther ist vergleichbar mit der Luft, allerdings noch unendlich feiner und dünner als dieselbe.[117] Die Aufgabe des Fluidums besteht darin, die Licht- oder Wärmewellen zu vermitteln und weiter zu transportieren. Die Reichweite bei diesem Transport ist allerdings begrenzt und

---

[113] Ebd.: 186ff.

[114] Ebd.: 186ff.

[115] Euler, *Briefe an eine deutsche Prinzessin über verschiedene Gegenstände aus der Physik und Philosophie*, 1986 [1768]: 23.

[116] Lichtenberg, *Vorlesungen zur Naturlehre. Lichtenbergs annotiertes Handexemplar der vierten Auflage von Johann Christian Polykarp Erxleben: „Anfangsgründe der Naturlehre" (1772)*, 2005 [1784]: 344. Eine Genese sowie Publikationsgeschichte der *Anfangsgründe der Naturlehre* findet sich in Kleinert, „Physik zwischen Aufklärung und Romantik: Die „Anfangsgründe der Naturlehre" von Erxleben und Lichtenberg", 1980.

[117] Euler 1986 [1768]: 23.

nur über geringe Entfernungen möglich. Der dynamischen Theorie verpflichtend, erfüllt das Licht auch mit seiner angenommenen höchsten Feinheit einen kompletten Raum. Beim Durchdringen eines Mediums blockieren sich zudem die einzelnen Lichtschwingungen nicht.

Im Gegensatz dazu hegte Schelling Zweifel gegenüber der Annahme, dass das Licht ein materieller Grundstoff sei.[118] Für ihn bildete zwar das Licht das elementare Prinzip, weil es allgegenwärtig, an der Bildung sämtlicher Stoffe beteiligt sowie für die Konstruktion der gesamten Materie verantwortlich ist.[119] Allerdings war er kein Verfechter der Korpuskulartheorie. Entsprechend seiner „dynamischen Atomistik" versuchte er, die Korpuskular- und die Undulationstheorie zu versöhnen. Dieses gelang ihm, indem er die Fortpflanzung des Lichts im Raum durch die fortschreitende lokale Zersetzung der Luft beschrieb.[120] Mithilfe dieser „chemischen" Zersetzungstheorie ist sowohl der korpuskulare als auch der undulatorische Aspekt des Lichts aufgehoben. Bereits René Descartes nahm eine Kombination aus beiden Theorien an, indem er das Licht als eine Bewegung eines Stoffes auffasste, der aus kleinen, unelastischen und die Fasern der Netzhaut affizierenden Kügelchen besteht.[121]

Obwohl die Forschungen zum Licht und zur Wärme grob zwischen der Korpuskular- und der Undulationstheorie tendierten, existierte eine Vielzahl von Theorien, die sowohl das Wesen des Lichts und der Wärme als auch die Verwandtschaft der beiden Naturphänomene teils konträr diskutierten. Die Schwierigkeit lag vor allem darin, eine allgemeingültige Beschreibung über die richtige und exakte Struktur des Lichts und der Wärme zu definieren. Somit konnten die Forscher lediglich Annahmen und Vermutungen über die richtige Beschaffenheit der beiden Phänomene formulieren: „[...] weil es [das Licht] aber eine der allerschwersten Materie ist, so kan [sic!] mans nicht weiter als auf Muthmassungen bringen."[122] Die Auswirkungen des Lichts sind zwar sichtbar und spürbar, dennoch waren die Naturforscher nur zu reinen Beschreibungen und Worterklärungen imstande:

„Licht [...] ist überhaupt dasjenige, was dergestalt in unsere Augen würcket, daß wir dadurch einen Begriff von Sachen ausser uns erlangen; oder kürzer zu reden, was die um uns stehenden Sachen sichtbar macht [...]. Diese Erklärung ist nur eine blosse Wort-Erklärung, dadurch man zwar erkennen kann, wenn es licht und finster ist, die aber das Wesen und die Beschaffenheit des Lichts gar

---

[118] Schelling, *Ideen zu einer Philosophie der Natur*, 1911 [1797]: 190f.

[119] Dietzsch, „Vom Licht als das zeugende Prinzip und das Göttliche in der Natur (Schelling)", 2017: 22.

[120] Rüger 1985: 228.

[121] Descartes/Tripp, *Le Monde ou Traité de la lumière. Die Welt oder Abhandlung über das Licht*, 1989 [1664]: 111.

[122] Walch, *Philosophisches Lexicon*, 1726: 1627.

nicht erklärt. Die definitio realis oder diejenige, die die innere Beschaffenheit desselben erkläret, ist viel schwerer zu finden, und hat denen Naturkundigen sehr viel zu schaffen gemacht."[123]

Dieselbe Unkenntnis der Naturforscher über die Beschaffenheit und Struktur des Lichts ließ sich auch für die Wärme deklarieren:

„Die Physiker sind nicht einer Meinung über die Natur der Wärme. Mehrere unter ihnen betrachten sie als eine Flüssigkeit, welche in der ganzen Natur verbreitet ist, und welche die Körper mehr oder weniger durchdringt, je nach dem Grade der Temperatur und der ihnen eigenen Fähigkeit, sie zurückzuhalten [...]. Andere Physiker glauben, dass die Wärme Nichts ist, als das Ergebnis unmerklicher Bewegungen der Moleküle der Materie."[124]

In Anbetracht der Unkenntnis über die wahre Struktur und Natur sowohl der Wärme als auch des Lichts war das Aufstellen einer allgemeingültigen Theorie und Definition unmöglich:

„Eine Wärme-Theorie und Licht-Theorie ist nichts, als eine eigentlich wahre Natur-Philosophie, ein ideelles Construiren der Natur. Die Materialität des Lichts und der Wärme zu läugnen, und dennoch die Ansicht der neuern Natur-Philosophie zu bekämpfen, ist ein ungeheurer Widerspruch, weil man dann nothwendig einen unmittelbaren Conflict, zwischen einen materienlosen Geist auf der einen und einer geistlosen Materie auf der andern Seite, d. h. einen Conflict zwischen zwey völlig heterogenen Welten setzen muß. Ich führe dieses hier an, weil man daraus ansieht, warum ich weder eine Theorie des Lichts, noch eine Theorie der Wärme liefere; sie ist nämlich das Höchste, und lässt sich auf einen empirischen Standpunkt gar nicht geben."[125]

Steffens deutete bereits bei dem obigen Zitat an, dass rein empirische Verfahren die wahre Natur der Wärme und des Lichts nicht erklären können. Es bedarf aus diesem Grund ebenso spekulativer Verfahren, um die Beschaffenheit und Struktur der Naturphänomene annähernd zu beschreiben.

Beeinflusst durch die Korpuskulartheorie des Lichts dominierten um 1800 die Theorien, die einen materiellen Wärmestoff annahmen, der bei allen körperlich gedachten Vorgängen und Veränderungen anwesend war[126] und je nach Funktion eine unterschiedliche Bezeichnung erhielt:

---

[123] Zedler, *Grosses vollständiges Universal-Lexicon aller Wissenschaften und Künste*, 1732: 825.

[124] Lavoisier/Laplace, *Zwei Abhandlungen über die Wärme. Aus den Jahren 1780 und 1784. Mit 13 Figuren im Text*, 1892: 5.

[125] Steffens 1801: 271.

[126] Rosenberger 1965: 14.

„Wärme nennen wir die physische Ursache einer solchen Beschaffenheit der Körper, vermöge welcher sie in unserem Körper eine gewisse Empfindung erzeugen, wonach sie warm heißen, oder thermoskopische Körper so afficieren, daß wir auf ihre Anwesenheit daraus schließen und zuweilen ihre Identität danach bestimmen […]. Ist sie in den Körpern in geringer Intensität vorhanden, so nennen wir dieselben kalt, und bezeichnen die physische Ursache der Kälte."[127]

Gehler bezog sich bei seiner Definition auf die Auswirkungen der Wärme und das Verhältnis zur Kälte. Hierbei ist relevant zu erwähnen, dass die Wärme und die Kälte keine Gegensätze bilden, sondern eher relativen und subjektiven Eindrücken unterliegen, weil jede Person diese unterschiedlich wahrnimmt.[128]

Im Gegensatz dazu wies Franz Xaver von Baader explizit auf einen materiellen Wärmestoff hin, der allgegenwärtig ist, sich gleichmäßig verteilt sowie schließlich sämtliche Körper und Räume beim Durchdringen erwärmt.[129] Um seine Theorie zu bestätigen, führte er die tierische Wärmeerzeugung oder die Mischung chemischer Stoffe auf, die belegen, dass Wärme auch ohne Vibrationen und Bewegungen über den Äther vermittelt werden können.[130] Daneben nennt er die kalten Effervescenzen, die sich als Produkt bei einer chemischen Auflösung bilden. Sie kommen ohne Bewegung aus, wodurch sich das Reaktionsgefäß nicht erwärmt, sondern abkühlt.

Friedrich Albrecht Carl Gren spezifizierte die Merkmale des Wärmestoffs, indem er ihn zusätzlich als ungemein fein und subtil, elastisch, flüchtig, flüssig und um vieles leichter als Luft beschrieb.[131] Zudem bezog er sich auf die Auswirkungen des Wärmestoffs. Bei ausreichender Wärmezufuhr dehnen sich Körper bis zu einem gewissen Grad aus.[132] Außerdem ruft die Wärme ein Schmelzen, also Flüssigmachen, eines Körpers hervor sowie ein Verdunsten und schließlich eine Gasbildung.[133] Jeder Körper ist von diesen Auswirkungen betroffen und umgekehrt auch zur Vermittlung der Wärme fähig.[134]

---

[127] Gehler 1841: 52.

[128] Die Quantifizierung der Begrifflichkeiten „warm" und „kalt" geschah erst im 17. Jahrhundert, als auch in anderen Gebieten die moderne wissenschaftliche Begriffsbildung einsetze. Vgl. Müller, *Grundzüge der Thermodynamik mit historischen Anmerkungen*, 1994: 2. Anzumerken ist weiterhin, dass der Körper unterschiedliche, getrennte Rezeptoren für das Kälte- und Wärmebefinden besitzt. Es sind 10-mal mehr Rezeptoren für Kälte bekannt als für Wärme, die zudem dichter liegen und sich näher an der Hautoberfläche direkt unter der Epidermis befinden, wodurch Kälte schneller wahrgenommen werden kann. Vgl. Roth/Stahl, *Mechanik und Wärmelehre. Experimentalphysik – anschaulich erklärt*, 2016: 516.

[129] Baader, *Vom Wärmestoff, seiner Vertheilung, Bindung und Entbindung, vorzüglich beim Brennen der Körper. Eine Probeschrift*, 1786: 31.

[130] Ebd.: 18.

[131] Gren, *Grundriß der Naturlehre*, 1788: 194ff.

[132] Ebd.: 183.

[133] Ebd.: 184.

[134] Ebd.: 209.

Kant entwickelte eine Vielzahl verschiedener Theorien zum Wesen eines Wärmestoffs, die sich allgemein entweder auf die Emanations- oder Undulationstheorie zurückführen lassen. So handelt es sich bei dem Wärmestoff einerseits um einen allverbreiteten, nicht flüssigen und nicht elastischen Körper, der sämtliche Objekte durchdringen und expandieren kann.[135] Kant bezeichnete den Wärmestoff als einen Elementarstoff, der gewisse Phänomene erklären kann und von dem aus alle bewegenden Kräfte der Materie stammen.[136] Andererseits setzte er den Wärmestoff mit dem Äther gleich und nahm einen Wärmeäther an, der ebenfalls allverbreitet und alldurchdringend war und apodiktisch begründet werden sollte.[137]

Beim Merkmal der Durchdringung widersprach Ernst Gottfried Fischer, da er annahm, dass die Wärmematerie eben nicht als Materie alle anderen Substanzen durchdringen kann, weil sie auch undurchdringlich sein muss.[138] Nur durch Anziehung der Wärmeteilchen kann die Wärmematerie den Körper durchdringen und ihn so erwärmen.[139]

Simultan zum Wärmestoff nahmen einige Naturforscher die Existenz eines Kältestoffs an. So beschrieb Peter Joseph Macquer einen Kältestoff von salziger Natur, der zwischen die Teilchen der liquiden Substanz eindringt, sobald sich der Wärmestoff entfernt. Auf diese Weise stört der Kältestoff deren Zusammenhalt sowie Mobilität und disponiert die Substanz in den Eiszustand.[140]

Die Wärme kann sich entweder direkt im Körper durch Zufuhr oder Ableitung des Wärmestoffs entwickeln oder durch äußere Wärmeerzeugung. Darunter zählt die Erwärmung durch Sonnenstrahlen, ebenso wie mechanische Kräfte wie das Zusammendrücken oder Reiben eines Körpers, Chemismus in Form von chemischen Reaktionen oder vegetabilische und animalische Lebensprozesse.[141] Bei der Reibung von Körpern aneinander gilt zudem, dass die Wärmeentwicklung zunimmt, je härter die Körper sind, je stärker sie gegeneinander drücken und je schneller sie sich gegeneinander bewegen.[142]

Im Gegensatz dazu entsteht Kälte oder mindere Wärme dadurch, dass der Zufluss an Wärmematerie gemindert ist, der Wärmestoff vermehrt oder beschleunigt ausströmt oder, dass die Wärmematerie vollständig gebunden ist.[143] Die Wärmeabgabe kann durch Überführung der Wärme in eine andere Form, Isolierung des

---

[135] Kant, *Opus postumum I. Erste Hälfte*, 1936: 49.
[136] Kant, *Opus postumum II. Zweite Hälfte*, 1938: 267.
[137] Kant 1936: 237.
[138] Fischer, *Lehrbuch der mechanischen Naturlehre. Erster Theil*, 1837 [1805]: 375f.
[139] Ebd.: 376.
[140] Macquer/Leonhardi, *Chymisches Wörterbuch oder Allgemeine Begriffe der Chymie nach alphabetischer Reihenfolge*, 1781–1783: 190f.
[141] Gehler 1841: 127.
[142] Lichtenberg 2005 [1787]: 487.
[143] Baader 1786: 51.

warmen Körpers oder Abstandsvergrößerung zu kalten Objekten verhindert werden.[144]

Die Übertragung von Wärme kann durch Konvektion, oder auch Wärmeströmung, durch Wärmestrahlung oder durch Wärmeleitung erfolgen. Bei der Konvektion überträgt ein strömendes Fluid die Wärme, wobei die Wärme Teilchencharakter annimmt.[145] Bei der Wärmestrahlung handelt es sich um Strahlen, die sämtliche Körper emittieren können. Diese Übertragung der Wärme von einem wärmeren Medium zu einem kühleren Medium kann auch in größerer Entfernung stattfinden, solange sich kein fester Körper zwischen ihnen befindet. Bei Wärmestrahlen handelt es sich demnach um

„gerade Linien, welche von einem Punkte des erwärmten Körpers nach allen Richtungen hin gehen, auf denen die Wärme sich mit unbestimmbar großer Geschwindigkeit in der Art fortpflanzt, dass jede körperliche Substanz, die von ihnen getroffen wird, die Wirkung derselben offenbart; Wärmestrahlen werden von polierten Flächen nach dem Gesetze des elastischen Stoßes zurückgeworfen."[146]

Bei der Reflektion der Wärmestrahlung gilt, dass diejenigen Körper, die am meisten Wärme ausstrahlen, am wenigsten in ihrer Oberfläche reflektieren.[147] Daraus folgt eine Erhöhung der Temperatur, sobald der Körper die Wärme nicht abgibt.

Bei der Wärmeleitung oder Konduktion strömt der Wärmestoff von einem wärmeren Körper durch Berührung zu einem kälteren Körper, wobei generell Metalle als effektivste Wärmeleiter gelten. Dieser Prozess geschieht solange, bis sich das thermometrische Gleichgewicht einstellt und beide Körper annähernd über die gleiche Temperatur verfügen. Bei größerer Entfernung dient ein tropfbares Fluid oder die reine Luft als Mittler zur Wärmeübertragung.[148] In Abhängigkeit von der Struktur des Körpers erfolgt die Wärmeleitung schneller oder langsamer. Dichtere Körper kühlen einen wärmeren Körper schneller ab, weil sie eine größere Masse besitzen und damit dem Wärmestoff mehr Berührungspunkte zur Aufnahme bieten.[149] Daneben benannte Jean Baptiste Joseph Fourier noch drei weitere Eigenschaften eines Körpers, die Einfluss auf die Wärmeleitung nehmen. Darunter zählte er die Wärmekapazität eines Körpers und sowohl sein inneres als auch sein äußeres Leitungsvermögen.[150] Fourier galt als wichtiger Forscher und Wegbereiter auf dem Gebiet der Wärmeausbreitung und stellte nicht nur allgemeine Formeln in Form von Differentialgleichungen für die Wärmeausbreitung auf, sondern be-

---

[144] Lichtenberg 2005 [1787]: 501.
[145] Fischer 1837 [1805]: 506.
[146] Ebd.: 487.
[147] Vgl. ebd.: 498.
[148] Gehler 1841: 483.
[149] Baader 1786: 59.
[150] Fourier/Weinstein, *Analytische Theorie der Wärme*, 1884 [1822]: 5.

schrieb in seinem Werk *Théorie analytique de la chaleur* (1822) dezidiert die Wärme-übertragung bei verschiedenen Körperformen.

Damit die Wärmeleitung besser vorstellbar ist, sahen die Forscher den Wärme-stoff generell als flüssigen, imponderablen, sich rastlos bewegenden Stoff an, der von einem Körper zum anderen fließt. Er erhielt von Lavoisier den Namen *calorique* oder von Black die Bezeichnung *caloricum*.[151] Seine Partikel stoßen sich gegenseitig ab, während gleichzeitig die Teilchen der gewöhnlichen ponderablen Materie diese anziehen, wobei die Anziehungskraft von der Qualität der Materie und dem Aggregatzustand abhängig ist.[152]

Damit die Wärme nicht nur qualifizierbar, sondern auch quantifizierbar und damit vergleichbar ist, setzte die Forschung technische Apparate, wie beispielsweise das Thermometer, das Thermoskop oder das Pyrometer, ein. Als Erfinder des Thermometers gilt der niederländische Mechaniker, Alchemist und Physiker Cornelis Jacobszoon Drebbel, obwohl vor ihm auch andere Erfinder ähnliche Geräte bauten.[153] Die Wirkung seines Thermometers beruhte darauf, dass in einer Glasröhre Quecksilber vorliegt, das sich durch die Wirkung der Wärme ausdehnt und innerhalb der Glasröhre ansteigt.[154] Der Stand des Quecksilbermeniskus zeigt die exakte Temperatur an. Quecksilber zeichnet sich durch eine gleichförmig Ausdehnung und eine hohe, gleichbleibende Reinheit aus. Besagtes Element kann auch bei einer großen Empfindlichkeit die mitgeteilte Wärme wieder abgeben und im Gegensatz zu anderen Stoffen in hohen Graden erwärmt werden, bevor es siedet.[155] Der Temperaturbereich des Quecksilbers liegt zwischen -38 °C und 350 °C. Bei Zugabe von Thalium ist der Gefrierpunkt des Quecksilbers und damit der Einsatzbereich eines Thermometers bis -58 °C erweiterbar. Dieses von Drebbel genutzte Prinzip findet auch heutzutage noch bei klassischen Thermometern Verwendung, allerdings mit der Modifikation, dass Alkohole das giftige Quecksilber ersetzten.

Mit der Erfindung des Thermometers konnten die Forscher erstmalig die exakte Temperatur messen und damit die Menge des angesammelten und ausgetauschten Wärmestoffes. Die zuvor genutzten Wärmemesser konnten lediglich nachweisen, dass sich überhaupt eine Wärmeübertragung vollzog, allerdings nicht, in welcher Menge.[156]

Die bis zur Erfindung der Thermometer eingesetzten Thermoskope nutzen nicht die Wärmeausdehnung bestimmter flüssiger Stoffe zur Messung der Wärme, sondern die Wärmeausdehnung der Luft, sodass sie eher zu den Barometern zählten. Zusätzlich dienten sie lediglich dazu, zwei Wärmegrade zu vergleichen, unab-

---

[151] Simonyi 1995: 358.
[152] Vgl. ebd.: 358.
[153] Fischer 1837 [1805]: 417.
[154] Ebd.: 417.
[155] Gren 1788: 198.
[156] Baader 1786: 95.

hängig von jeglicher Exaktheit, da sie im Gegensatz zu den Thermometern über keine Temperaturskala verfügten.[157]

Bedingt durch die Tatsache, dass Quecksilber ab Temperaturen über 350 °C siedet, erwiesen sich Apparate als hilfreich, die zuverlässig größere Grade der Hitze anzeigten. Dazu verwendete die Forschung sogenannte Pyrometer, um eine gleichförmige Zu- und Abnahme der Wärme anzuzeigen.[158] Die Konstruktionen waren allerdings um 1800 noch sehr unvollkommen und unpräzise, sodass häufig Fehler zu beklagen waren. Im Gegensatz zu Thermometern handelt es sich bei den Pyrometern um berührungslos messende Apparate, die eine Flüssigkeit enthalten und die von Körpern ausgesendete Wärmestrahlung messen.[159]

Um 1800 gab es noch keine einheitliche Regelung für Temperaturskalen, sodass mehrere Skalen gleichzeitig Verwendung fanden. Die zum besagten Zeitraum gängigsten in Europa genutzten Skalen waren Grad Réaumur °R und Grad Celsius °C sowie Grad Fahrenheit °F in Amerika. Sowohl die Réaumur- als auch die Celsius-Skala nutzen als Fixpunkte jeweils den Gefrier- und den Siedepunkt von Wasser. Der Bereich zwischen diesen beiden Fixpunkten erstreckte sich über 100 gleich große Abschnitte, wobei die Nummerierung mit 0 begann und bei 100 endete.[160] Die drei vorgestellten Skalen sind leicht untereinander konvertierbar und damit vergleichbar, weil 180 °F, 80 °R und 100 °C entsprechen.[161]

Im Jahr 1848 führte William Thompson Baron Kelvin in einer Arbeit zur Carnotschen Wärmetheorie die nach ihm benannte absolute Temperaturskala ein, die sich 1968 zur allgemeingültigen SI-Basiseinheit etablierte.[162] Baron Kelvin zentrierte bei seiner Temperaturskala noch die absolute Temperatur, die auf dem physikalisch begründeten absoluten Nullpunkt von -273,15 °C basiert. Dabei entspricht eine Temperatur von -273,15 °C umgerechnet 0 K. Erst 1948 wurde die Kelvin-Skala anhand des Tripelpunkts des Wassers neu festgelegt.

Um die verschiedenen physikalischen Vorgänge und Auswirkungen der Wärme erklären zu können, waren verschiedene Arten des besagten Naturphänomens notwendig. Um den Übergang von Wärme zwischen Körpern erklären zu können, unterschieden die Forscher zwischen der gebundenen und der freien Wärme beziehungsweise Wärmematerie.[163] Die gebundene Wärme ist im Körper fest angebunden und kann nicht entweichen. Sie trägt nicht zur Erwärmung des Körpers bei. Im Gegensatz dazu ist die freie Wärme nur locker am Körper angebunden, kann dementsprechend den Körper verlassen und einen sich nähernden zweiten Körper erwärmen. Die freie Wärme ist verantwortlich für das Wärmegefühl und für die Aus-

---

[157] Burkhardt, *Die absolute Temperatur. Ein Beitrag zur Geschichte der Wärmelehre*, 1912: 3.
[158] Gren 1788: 208.
[159] Ebd.: 208.
[160] Ebd.: 203.
[161] Ebd.: 203.
[162] Burkhardt 1912: 4.
[163] Baader 1786: 38.

wirkungen auf das Thermometer. Die Summe der freien und der gebundenen Wärme ergibt die absolute Wärme, die die gesamte Menge der in einem Körper enthaltenen Wärmematerie zu einem bestimmten Zeitpunkt angibt.[164] Diese kann in Abhängigkeit von der Schnelligkeit der Wärmeabgabe und Wärmeaufnahme stets variieren.

Crawford entwickelte eine andere Definition für die absolute Wärme. Nach ihm handelt es sich dabei um die Wärme an sich in einem Körper, ohne Berücksichtigung der Auswirkungen und Veränderungen, die sie hervorruft.[165] Die relative Wärme hingegen drückt explizit die mit der Wärme einhergehenden Veränderungen und Wirkungen aus.[166] Crawford unterschied drei Modifikationen der relativen Wärme.[167] Die sensible Wärme ist diejenige, die ein Mensch direkt empfindet und das Gefühl von Wärme hervorruft. Mit *temperature of heat* bezeichnete Crawford die Wärme, deren Volumen sich im Körper vermehrt, also durch ein Thermometer messbar ist. Schließlich ermöglichte die *comparative heat* den quantitativen Vergleich der absoluten Wärme. Zwei Körper können über die gleiche sensible Wärme verfügen, allerdings über eine unterschiedliche absolute Wärme.[168]

In Abhängigkeit von der Dichte und Beschaffenheit nehmen Körper unterschiedlich schnell Wärme auf und erfahren dadurch eine schnellere oder langsamere Erwärmung. In diesem Zusammenhang drückt die spezifische Wärme aus, dass unterschiedliche Körper zu gleicher Erwärmung ungleiche Wärmequantitäten benötigen.[169]

Bei seiner Arbeit zu der spezifischen Wärme entdeckte Black die latente Wärme. Dabei handelt es sich um die Energiemenge, die notwendig ist, um einen festen Körper ohne Temperaturerhöhung von dem festen in den flüssigen beziehungsweise von dem flüssigen in den gasförmigen Zustand zu überführen. Unter Freisetzung der latenten Wärme erreicht der Stoff seinen ursprünglichen Aggregatzustand.[170] Sobald der Körper den Aggregatzustand ändert, wird der Wärmestoff gebunden.

Johann Heinrich Voigt unterschied fünf Arten von Wärme, die größtenteils den gängigen Definitionen entsprachen. Auch bei ihm handelt es sich bei der absoluten Wärme um die Gesamtmenge des im Körper enthaltenen Wärmestoffs. Ebenso die spezifische Wärme drückt nach Voigt aus, dass unterschiedliche Körper unterschiedliche Wärmemengen benötigen, um die gleiche Temperatur zu erreichen. Weiterhin entspricht seine Beschreibung der latenten Wärme der von Black. Die

---

[164] Lichtenberg 2005 [1787]: 513.
[165] Crawford, *Experiments and Observations on Animal Heat, and the Inflammation of Combustible Bodies. Being an Attempt to Resolve These Phaenomena Into a General Law of Nature*, 1787: 6.
[166] Ebd.: 6.
[167] Ebd.: 6.
[168] Ebd.: 8.
[169] Fischer 1841: 425f.
[170] Black, *Lectures on the elements of chemistry*, 1806: 351.

sensible Wärme erhielt dagegen durch Voigt eine neue Ausrichtung. Nach ihm ist die sensible oder empfindbare Wärme diejenige aus dem Körper austretende Wärme, die sich beim Menschen durch das Frieren bemerkbar macht.[171] Neu hinzu kommt die thermometrische Wärme, die direkt aus dem Körper in ein Thermometer tritt und dadurch die Wärmeveränderung anzeigt.[172]

Für die Erklärungen der verschiedenen Wärmearten und die mit der Wärme verbundenen Phänomene sind sowohl die Teilchen- als auch die Wellentheorie notwendig. Über die Vor- und Nachteile dieser liefert die folgende Tabelle eine Übersicht:

Tabelle 1: Unterscheidung Teilchen- und Wellentheorie der Wärme[173]

	Wärme-leitung	Wärme-strahlung	Latente Wärme	Reibungs-wärme	Quantität
Wärmesubstanztheorie	Ja	ja	ja	nein	ja
Kinetische Theorie	Ja	nein	nein	ja	nein

Tabelle 1 verdeutlicht, dass die Wärmesubstanztheorie mehr Phänomene erklärt und damit brauchbarere Arbeitshypothesen liefert als die Kinetische Theorie, sodass folglich vermehrt der Teilchencharakter der Wärme und des Lichts angenommen wurde.

Während um 1800 die Forscher angesichts der wahren Struktur der Wärme und des Lichts noch weitestgehend einheitliche Theorien vertraten, divergierten ihre Theorien über das Verhältnis zwischen dem Licht und der Wärme in erheblichem Maße. Dabei lassen sich die Wissenschaftler und ihre Lehrmeinungen in vier verschiedenen Gruppen einordnen.

Eine Annahme besagt, dass das Licht und die Wärme vollkommen identisch sind. Im direkten Gegensatz dazu stellen das Licht und die Wärme Gegensätze dar. Nach einer weiteren Auffassung handelt es sich bei den beiden Naturphänomenen um Modifikationen des einen vom anderen. Die letzte Ansicht bezieht äußere Einflüsse mit ein, um zu verdeutlichen, dass zuerst nur eines von den beiden Naturphänomenen existiert, welches sich durch Bewegung oder durch mechanische Beanspruchung in das jeweilige andere Naturphänomen verwandelt. Lavoisier ist beispielhaft der ersten Kategorie zuzuordnen, weil er den Wärme- sowie den Lichtstoff als identisch erachtet.[174] Crawford schränkte die gleiche Identität von Licht und Wärme dahingehend ein, dass Licht und Wärme von der gleichen Ursache abstammen, genau wie deren jeweilige Erscheinung des Leuchtens und Wärmens.

---

[171] Voigt, *Versuch einer neuen Theorie des Feuers, der Verbrennung, der künstlichen Luftarten, des Athmens, der Gärung, der Electrizität, der Meteoren, des Lichts und des Magnetismus,* 1793: 208.
[172] Ebd.: 201f.
[173] Tabelle entnommen aus: Simonyi 1995: 360.
[174] Lavoisier, *Traité élémentaire de chimie,* 1864 [1789]: 694.

Licht und Wärme sind daher in vielen Phänomenen zugleich verbunden und gemeinsam auftretend.

Macquer, Gren, Lichtenberg oder Euler vertreten dagegen in konträrer Position, dass Licht und Wärme nicht identisch sind und dass es sich um zwei eigenständige Stoffe handelt. Euler merkte zwar an, dass beide Naturphänomene sich durch Schwingungen des Äthers fortpflanzen, jedoch führte er die Bewegung auf unterschiedliche Schwingungen zurück. Jean Paul Marat erläuterte dezidiert die Unterschiede zwischen dem Licht und der Wärme, die in Tabelle 2 in komprimierter Form aufgeführt sind:

Tabelle 2: Unterscheidung Licht und Wärme nach Marat[175]

Licht	Wärme
Wirkt auf das Gesicht	Wirkt auf das Gefühl
Zugegen bei starker Hitze	Nicht immer zugegen bei hellem Licht
Durchdringt nicht alle Körper	Durchdringt alle Körper
Weicht nicht dem Stoße der Luft	Weicht dem Stoße der Luft
Großer Wirkungskreis	Kleiner Wirkungskreis
Größere Fortpflanzungsgeschwindigkeit	Geringere Fortpflanzungsgeschwindigkeit
Ausbreitung geradlinig	Ausbreitung nach allen Seiten
Kurze Verweildauer am Körper	Bleibt länger im Körper bemerkbar
Durchdringt Körper spurlos	Erwärmt Körper beim Durchgang

Gren führte als zusätzliches Unterscheidungsmerkmal zwischen dem Licht und der Wärme an, dass die menschlichen Augen das Erhellen von Gegenständen als direkte Auswirkung der Lichtmaterie wahrnehmen können. Die Wärmematerie sowie deren Auswirkungen sind allerdings für die Augen nicht ersichtlich.[176]

Christoph Girtanner und Schelling sind Vertreter der dritten Kategorie, wonach Licht und Wärme Modifikationen des jeweils anderen darstellen. Girtanner war der Überzeugung, dass Licht eine reine Modifikation der Wärme sei.[177] Schelling widersprach dagegen Girtanner. Für ihn ist die Wärme eine Modifikation der Lichtmaterie. Aber umgekehrt ist das Licht keine Modifikation der Wärme. Daher sind Licht und Wärme für Schelling nicht identisch:

„Dies scheint nun der Fall mit Wärme und Licht zu sein. Wärme ist eine Modifikation der Körper, die durch Licht bewirkt werden kann, oder Wärme ist der nächste Zustand, in welchen das Licht übergeht, sobald es aufhört Licht zu sein (oder – was dasselbe ist – denn wodurch anders kennen wir das Licht als durch unsere Empfindung? – sobald es aufhört auf Auge zu wirken). Allein hier tut

---

[175] Marat/Weigel, *Physische Untersuchungen über das Feuer*, 1782: 63–68.
[176] Gren 1788: 225.
[177] Girtanner, *Anfangsgründe der antiphlogistischen Chemie*, 1792.

sich doch eine Schwierigkeit hervor, die uns nicht erlaubt, sogleich eine Identität der Licht- und Wärmematerie zu behaupten. Denn wären sie identisch, so müßte umgekehrt auch Licht als bloße Modifikation der Wärme betrachtet werden können; dies ist aber, wie mir dünkt, schlechterdings unmöglich."[178]

Sobald Kant nicht von einem existierenden Wärmestoff ausging, handelt es sich dabei nur um eine dem Lichtstoff adhärierende Eigenschaft.[179] Er ist demnach kein besonderer Stoff, sondern ein Verhältnis des Lichtstoffs zu den Körpern.[180]

Macquer, Deluc oder Descartes sind der letzten Kategorie zuzuordnen, wonach Licht beziehungsweise Wärme erst durch chemische oder mechanische Einflüsse aus dem jeweils anderen entstehen. Macquer postulierte, dass Wärme die Folge einer vorangegangenen Zerlegung des Lichts sei.[181] Physikalische Objekte emittieren die Wärme, weil ein anderer Bestandteil des Lichts bereits im Körper vorliegt.[182] Nach Delucs Auffassung sind Lichtteilchen ständig in Bewegung und vereinigen sich mit einer anderen Substanz, der angenommenen Feuermaterie, zu dem Wärmstoff.[183] Bei seiner These ist zu berücksichtigen, dass das Licht seine Leuchtkraft verliert, sobald es sich mit einem Stoff zur Wärme verbindet. Umgekehrt kann die Wärme zwar einen Körper erwärmen, aber nicht leuchten. Dem widersprach Macquer, indem nach seiner Auffassung der Lichtstoff nur leuchten und somit das reine Licht erzeugen kann, wenn er sich mit dem Wärmestoff verbindet.[184] Bei Fischer findet sich eine weitere Auslegung der Verbindung von Licht und Wärme. Die mit der Lichtentwicklung verbundene Erhitzung benennt er als Glühen, während die Lichtentwicklung ohne Wärme als Phosphoreszenz bekannt ist.[185]

Für Carl Wilhelm Ostwald Scheele ist das Verhältnis von Wärme und Licht von dem hypothetischen Stoff Phlogiston[186] abhängig. Dieser nach Georg Ernst Stahl eingeführte Stoff entweicht allen brennbaren Körpern bei der Verbrennung, während er umgekehrt bei der Erwärmung in besagte Stoffe eindringt. Je mehr Phlogiston ein Stoff somit enthält, umso brennbarer ist er. Nach Scheele ist zunächst reine Wärme vorhanden, die als Produkt aus der Verbindung von Luft und Phlogiston resultiert. Die Wärmeteilchen verbinden sich in einem weiteren Schritt mit Phlogis-

---

[178] Schelling 1911 [1797]: 405. Zur weiteren Bedeutung des Lichts bei Schelling siehe Frigo, „Von der spekulativen Rolle des Lichts in Schellings Naturphilosophie", 2010.

[179] Kant 1936: 381.

[180] Ebd.: 381.

[181] Macquer/Leonhardi 1781–1783: 617.

[182] Ebd.: 617.

[183] Deluc, *Neue Ideen über die Meteorologie. Zweyter Theil*, 1788: 262f.

[184] Macquer/Leonhardi 1781–1783: 622.

[185] Fischer 1837 [1805]: 564.

[186] Auch über die wahre Natur des Phlogistons wurde spekuliert, wobei unterschiedliche Theorien über die Beschaffenheit desselben entstanden. Einen Überblick über die Annahmen verschiedener Naturforscher findet sich in: Köthner 1906: 42.

ton zur strahlenden Hitze. Nehmen diese Teilchen wiederum noch mehr Phlogiston auf, entsteht Licht.[187]

Richard Kirwan widerspricht in seiner Arbeit *An essay on phlogiston, and the constitution of acids* (1789) unter anderem der Auffassung Scheeles, wonach zum einen die Luft und zum anderen das Phlogiston für die Erwärmung oder später die Verbrennung zuständig seien. Die Neuerung ist, dass Kirwan Phlogiston mit seinem Begriff der *inflammable air* gleichsetzt, die in komprimierter Form in sämtlichen metallischen Körpern vorhanden und für ihre Verbrennung verantwortlich ist.[188]

Daneben existieren noch Theorien, die das Licht als das Produkt aus der Verbindung des Phlogistons mit dem Wärmestoff ansahen[189] und Theorien, bei denen Phlogiston selbst als die reine Wärmematerie angesehen wird.[190] Zudem waren Hypothesen bekannt, die die Wärme als das Negativprinzip des Phlogistons betrachten[191] und schließlich Auffassungen, wonach das Licht lediglich die erste Modifikation des Phlogistons sei.[192]

Mit der Verbrennung ist untrennbar das Feuer verbunden. Doch auch diesbezüglich entstanden um 1800 kontroverse Theorien. Im Allgemeinen sind zum einen Theorien auszumachen, die das Feuer als einen zusammengesetzten, materiellen Stoff ansehen, der als Produkt zweier oder mehrerer Edukte entsteht. Im Gegensatz dazu bildeten sich Theorien, die das Feuer selbst als einen reinen, elementaren Stoff ansahen. Zum anderen existierten Hypothesen, nach denen sich das Feuer erst nach einem längeren Prozess durch bestimmte Luftarten oder Stoffe bildet, die sich mit einem brennbaren Körper verbinden beziehungsweise mit einem daraus austretenden Bestandteil.

Zur ersten Kategorie zählen Gren, Deluc, Lichtenberg oder Voigt. Grens Auffassung ist von der simpelsten und ursprünglichsten Art, weil sie das Feuer als Resultat aus dem Zusammenspiel von Licht und Wärme beschreibt:

> „Der Grund, warum ich dieß glaube ist, weil ich beim Verbrennen der Körper nicht allein Wärme fühle, sondern auch Licht sehe, und weil mich also meine Sinne von dem Daseyn beider Stoffe bei ihrer Entwicklung überzeugen."[193]

Nach Deluc ist das Licht ebenfalls ein Bestandteil des Feuers und die einfachste Zusammensetzung desselben. Im Gegensatz zu Grens Auffassung verbindet es sich nicht mit der Wärme, sondern mit der ihm unbekannten Feuermaterie. Bei Deluc hat das Feuer auch eine flüssige Beschaffenheit, was der um 1800 postulierten Theorie der imponderablen, tropfbaren Flüssigkeiten entspricht:

---

[187] Scheele, *Chemische Abhandlung von der Luft und dem Feuer*, 1894 [1777]: 58.
[188] Kirwan, *An essay on phlogiston, and the constitution of acids*, 1789: 168.
[189] Richter, *Über die neuern Gegenstände der Chymie*, 1793.
[190] Fischer 1837 [1805]: 211.
[191] Crawford 1787.
[192] Priestley, *Experiments and Observations on different kinds of Air*, 1774–1786.
[193] Gren 1788: 407.

„Diese [das Feuer] Flüssigkeit ist kein Element, keine unzerstörbare Substanz, es ist aus dem Lichte, als keiner wärmeleitenden Flüssigkeit und aus einer bloß schweren Substanz zusammengesetzt, die sich von dem Licht durch bloßen Drucke losmacht [...]. Ich werde Feuermaterie diejenige Substanz heißen, welche mit dem Licht das Feuer ausmacht. Diese Substanz ist mir, als vom Lichte abgesondert, und allein existierend, unbekannt."[194]

Bei der Vereinigung des Lichts mit der Feuermaterie verlieren die genannten Stoffe ihre jeweils typischen Eigenschaften. Während das Licht die Leuchtkraft verliert, ist die Feuermaterie nicht mehr zur Erwärmung fähig. Anders als beim Licht ist allerdings der Verlust der erwärmenden Eigenschaft die Ursache für die von Deluc beschriebene Unbekanntheit.[195]

Bei Voigt erfährt die Entstehung des Feuers sowohl eine Erotisierung als auch eine Anthropomorphisierung, indem er einen männlichen Brennstoff $+F$ und einen weiblichen Brennstoff $-F$ annahm, die bei einer Verbindung den gepaarten Brennstoff F ergeben. Seine Beschreibung dieses Vorgangs erinnert an die körperliche Vereinigung zweier Individuen:

„Indem nämlich der weibliche Brennstoff den männlichen zieht, und dieser anfangs folgt; [...] so reißt sich auch der männliche Brennstoff, nach seiner Annäherung an den weiblichen, wieder los und folgt seiner ihm eigenthümlichen Ausdehnungskraft; er wird aber gleich darauf wieder aufs neue gezogen, und so geht das Spiel bis zur ruhigen Paarung ununterbrochen fort."[196]

„Uebrigens halte ich die Benennung selbst in so fern für adequat, weil beyde bey ihrer Paarung etwas, nämlich die Wärme, erzeugen, sich dabey nähren, etwas consumiren, ihr Geschlecht fortpflanzen und dann sterben."[197]

Dabei entspricht der männliche Brennstoff dem Stahlschen Phlogiston, während Voigt den weiblichen Brennstoff mit dem Crawfordschen Elementarfeuer sowie dem Lavoisierschen Calorique gleichsetzt. Sobald der entstehende Brennstoff mit Licht in Berührung kommt, entsteht das Feuer. Dieses erlischt, sobald der weibliche Brennstoff aufgezehrt ist.[198]

Nach Lichtenbergs Auffassung besteht das Feuer und damit zusammenhängend die Flamme zu gleichen Anteilen aus den drei Edukten Licht, Phlogiston und der elementaren, elastischen Feuermaterie.[199]

Boerhaave und Baader dagegen nahmen der zweiten Kategorie entsprechend einen elementaren Feuerstoff an, der allerdings nicht zugleich wärmen oder leuch-

---

[194] Deluc, *Neue Ideen über die Meteorologie. Erster Theil*, 1787: 83.
[195] Vgl. ebd.: 89f.
[196] Voigt 1793: 4.
[197] Ebd.: 11.
[198] Vgl. ebd.: 27.
[199] Lichtenberg, *Briefe II: 1782–1789*, 1966a: 181.

ten kann. Bei Vereinigung mit einem anderen Stoff verliert er entweder seine Leuchtkraft oder wird zur dunklen Wärme.[200] Nach Crawford ist dieser elementare Feuerstoff in sämtlichen bekannten Körpern enthalten.[201] Boerhaave, dessen Theorie des Elementarfeuers die größte Berücksichtigung unter den Naturforschern fand, führt noch weitere Merkmale des elementaren Feuerstoffs auf. Nach seiner Auffassung ist er als einziger Stoff fähig, Metalle perfekt zu vereinen, er ist allgegenwärtig, ständig in Bewegung und unterliegt keinen Anziehungskräften.[202]

Die Materialität des Feuers war eine Standardauffassung um 1800 und entstand unter anderem aus der Annahme elastischer Fluide.[203] Diesem Gedanken verpflichtend behandelt Marat das Feuer als eine Abänderung einer besonderen Flüssigkeit, die er als feurige Flüssigkeit bezeichnet.[204] Sie umgibt die brennbaren Körper von allen Seiten, dringt in ihr Gefüge ein und „greift sie von allen Seiten auf einmal an."[205]

Scheele und Horace-Bénédict de Saussure nahmen schließlich entsprechend der dritten Kategorie an, dass es sich bei dem Feuer um einen Zustand handelt, der durch die Einwirkung einer besonderen Luftart auf brennbare Körper entsteht. Scheele attestierte der Feuerluft als eine dulcificierte elastische Flüssigkeit diese besondere Wirkung. Bei der Entstehung des Feuers verliert allerdings sowohl der brennbare Körper als auch die Feuerluft teilweise wichtige Bestandteile:

> „Das Feuer ist derjenige bekannte mehr oder weniger hitzende und mehr und weniger leuchtende Zustand gewisser Körper, in welchem sie durch Hülfe der Luft gerathen, nachdem sie vorher einen gewissen Grad von Hitze empfangen haben, bey welchem Zustande sie in ihre Bestandteile aufgelöset und gänzlich zerstöhret werden, wobey auch ein besonderer Theil der Luft allemal verloren geht."[206]

Im Gegensatz zu Scheele wählte Saussure die schlichte Bezeichnung *brennbare Luft*.[207] Durch die Verbindung mit der Wärme, die letzterer auch elementarisches Feuer nennt, entsteht das Feuer. Weiterhin benutzt Saussure die Affinitätslehre von Torbern Bergmann, nach der sich Stoffe mit denjenigen verbinden, die ähnliche bis gleiche Eigenschaften besitzen.[208] In diesem Zusammenhang resultiert eine Temperaturerhöhung des Feuers, sobald es mit Stoffen reagiert, die sich in luftförmige

---

[200] Baader 1786: 15.
[201] Crawford 1787: 91.
[202] Boerhaave, *Elements of chemistry*, 1735: 89–119.
[203] Fox 1971: 16.
[204] Marat/Weigel 1782: 29.
[205] Ebd.: 31.
[206] Scheele 1894 [1777]: 64.
[207] Saussure, *Versuch über die Hygrometrie. I. Versuch: Beschreibung eines neuen vergleichbaren Hygrometers; II. Versuch: Theorie der Hygrometrie*, 1900 [1784]: 144.
[208] Vgl. Bergmann, *Dissertation on elective attractions*, 1968 [1775].

Flüssigkeiten verwandeln.[209] Daraus folgt, dass das Feuer nach Saussures Theorie ebenfalls eine luftförmige Flüssigkeit repräsentiert. Für Ritter erhält das Feuer eine Schlüsselposition in der Begegnung des Menschen mit der Natur. Nicht umsonst bezeichnet er die Physik als Feuer- und Lebenswissenschaft.[210] Durch den Feuerbegriff schlägt er im Blick auf den Menschen als Sinnenwesen die Brücke vom galvanischen Element zur metaphorischen Affinität von Wärme, Verflüssigung und physischer Liebe.[211]

Der Zusammenhang und das gegenseitige Verhältnis von Licht, Wärme und Feuer ist um 1800 von großer Bedeutung, weil die drei Phänomene koexistente Erscheinungen bei der Entstehung ponderabler Stoffe sind, wobei die Wärme ein Begleitphänomen jeglicher Verbindungen darstellt.[212] Licht, Wärme und Feuer sind als Wirkungen des Bestrebens der Materie zu verstehen, um das gestörte Gleichgewicht zwischen den Grundkräften wiederherzustellen.[213] Analog zu Licht- und Wärmetheorien sind allerdings auch allgemeingültige Theorien zum Wesen des Feuers unmöglich zu formulieren, wie Lichtenberg in seinem Brief an den hannoverschen Kirchenbeamten Franz Ferdinand Wolff vom 2.1.1783 beschreibt:

„Meiner Meinung nach wissen wir noch zu wenig von der Natur des Feuers, als daß wir ausmachen könnten, ob die elektrische Materie mit dem Feuerwesen einerley sey. Ich bin geneigt zu glauben daß das Licht von dem Feuerwesen überhaupt verschieden, und daß jenes gar wohl ohne dieses seyn könne, daß aber Licht, aufgehäuft, Feuer hervorbringe blos durch die Heftigkeit seiner Bewegung, so wie das Reiben der Körper gegen einander [...]. Ich glaube, es kann Feuer (besser Feuerwesen) in einem sehr hohen Grade da seyn, ohne Licht, hingegen ist kein Licht, glaube ich möglich, das Licht, aufgehäuft, endlich Wärme und Feuer hervorbringen könne [...]. Es ist fast in der ganzen Physik nichts so dunkel als die Lehre von Feuer und Licht, durch das wir nur allein in der physischen Welt sehen."[214]

Die im Anhang platzierte Tabelle bietet als Abschluss einen kurzen Ausschnitt über ausgesuchte Theorien zum Wesen der Wärme, des Lichts sowie des Phlogistons, zu dem Verhältnis dieser Stoffe zueinander sowie die Theorien zum Feuer und zur Verbrennung um 1800. Es soll dabei nicht um Vollständigkeit der Theorien gehen, sondern lediglich um das Vorstellen der relevantesten Ansätze.

---

[209] Saussure, *Versuch über die Hygrometrie. III. Versuch: Theorie der Ausdünstung; IV. Versuch: Anwendung der vorhergehenden Theorie auf einige Phänomene der Meteorologie*, 1900 [1784]: 6.

[210] Ritter, *Physik als Kunst. Ein Versuch, die Tendenz der Physik aus ihrer Geschichte zu deuten*, 1806: 27.

[211] Müller, „Die ›Feuerwissenschaft‹. Romantische Naturwissenschaft und Anthropologie bei Johann Wilhelm Ritter", 1994: 281.

[212] Bonsiepen, *Die Begründung einer Naturphilosophie bei Kant, Schelling, Fries und Hegel*, 1997: 239.

[213] Ebd.: 239.

[214] Lichtenberg 1966: 62f.

3.3 Das kinetische Zeitalter

Obwohl bereits Francesco Maria Grimaldi und Christiaan Huygens in der Mitte des 17. Jahrhunderts postulierten, dass sich das Licht wie Wellen verhält und fortpflanzt, vernachlässigte die Forschung diese Theorie bis in das 19. Jahrhundert hinein. Erst die Interferenzversuche von Thomas Young und Fresnel konnte die Undulationstheorie stärken und ab 1830 gegenüber der Korpuskulartheorie dominieren. Die angenommene Verwandtschaft des Lichts mit der Wärme führte dazu, dass auch die Wärme keinen materiellen Stoff mehr darstellt, sondern ebenso wie das Licht eine Welle, die sich durch Schwingungen verbreitet. Auch die Idee des Äthers erfuhr eine Modifizierung. Er galt zwar weiterhin als Trägermedium der Wärme und des Lichts, allerdings nahm er nun die Form einer real existierenden Flüssigkeit oder eines Festkörpers an.[215]

Erste Zweifel an der Korpuskulartheorie und am von Black und Lavoisier angenommenen Wärmestoff namens *Caloricum* beziehungsweise *Calorique* formulierte Benjamin Thompson, der spätere Lord Rumford. Beim Bohren im Inneren von Kanonenrohren im Jahr 1798 fiel ihm auf, dass das Bohren mit stumpfen Stahlbohrern mehr Wärme freisetzt als dieselbe Bearbeitung mit einem scharfen Bohrer, obwohl dabei keine Späne entstehen.[216] Er schlussfolgerte daraus, dass Wärme eine Form von Bewegung sei, die durch mechanische Arbeit erzeugt wird. Aus seinen Versuchen gelang ihm sogar das ungefähre Abschätzen des Wärmeäquivalents. Allerdings blieben seine Annahmen folgenlos, da die Idee von der Kalorik die Forschung noch knapp 50 weitere Jahre dominierte.

Robert Julius Mayer war der erste, der die klaren Vorstellungen verfolgte, dass Wärme eine Energieform sei, dass die Energie eine Erhaltungsgröße darstelle und dass sich Wärme in Energie umwandeln ließe und umgekehrt.[217] Aus seiner Annahme postulierte er als erster den Energieerhaltungssatz, der sich durch weitere Forschungen unter James Prescott Joule und Hermann von Helmholtz, der 1848 den allgemeinen Energiesatz formulierte, zum ersten Hauptsatz der Thermodynamik entwickelte.[218] Allgemein lautet dieser wie folgt: Wärme ist eine Energieform. Energie (Arbeitsfähigkeit) lässt sich nur in verschiedene äußere Formen umwandeln, aber nicht aus nichts erschaffen oder zerstört werden. Dazu entstand in verkürzter Form die nachfolgende Gleichung für unbewegte Systeme:

$$dU = \delta Q + \delta W \tag{2}$$

U = innere Energie
W = Arbeit
Q = Wärmeleistung

---

[215] Simonyi 1995: 351.
[216] Müller 1994: 35.
[217] Ebd.: 36.
[218] Brush 1987: 11.

Diese Gleichung besagt, dass in einem abgeschlossenen System die vorhandene Gesamtenergie erhalten bleibt. Ein *perpetuum mobile* ist daher unmöglich.

Wärme entsteht nicht nur durch Reibung oder andere mechanische Arbeit, sondern kann auch selbst Ursprung mechanischer Arbeit sein. Diesen Sachverhalt bewiesen bereits die Dampfmaschinen zu Beginn des 18. Jahrhunderts. Prinzipiell kann eine sogenannte Wärmekraftmaschine nur dann Arbeit leisten, wenn die Temperatur der Wärmequelle höher ist als die Temperatur der Wärmesenke. Als Wärmesenke kann die umgebende Luft oder eine Kühlanlage fungieren. Mithilfe des sogenannten Wirkungsgrades ist das Verhältnis zwischen der von der Maschine geleisteten Arbeit *W* und der dafür aufgenommenen Wärme *Q* berechenbar. Effektiv kommt damit zum Ausdruck, wie hoch der Anteil an Wärme ist, die die Maschine in Arbeit umwandelt. Eine Maschine kann nie einen Wirkungsgrad von 100 Prozent erreichen, da stets die Wärmeabgabe an eine Wärmesenke erfolgt. Die Konstruktion der Maschine hat daher keinen ausschlaggebenden Effekt auf die Arbeitsleistung, sondern die zugrundeliegenden Temperaturen bestimmen den Wirkungsgrad:

$$\eta = 1 - \frac{T_1}{T_2} \tag{3}$$

η = absolute Temperatur (Kelvin)
T_1 = Temperatur der Wärmequelle
T_2 = Temperatur der Wärmesenke

Sadi Carnot hat dieses Prinzip von der Dissipation der Energie 1824 formuliert und in diesem Zusammenhang eine ideale Carnotsche Maschine ohne Wärmeverlust beschrieben, die ihren Energiebedarf aus nur einem Wärmereservoir deckt. Als ein drastisches Beispiel wäre hierfür ein Ozeandampfer zu nennen, der die zum Betrieb seiner Maschinen erforderliche Energie dem praktisch unbegrenzten Wärmeinhalt des Ozeans entnimmt.[219] Die Leistung der Maschinen führt dem Ozean zum größten Teil Wärme in Form von Reibungsenergie wieder zu, sodass eine Abkühlung des Ozeans nicht erfolgt.[220]

In Wärmekraftmaschinen verlaufen die Wärmeentwicklung und die daraus resultierende Arbeitsleistung periodisch in sogenannten „Kreisprozessen". Für die konzeptionelle Entwicklung ist der Carnotsche Kreisprozess von Bedeutung, der in vier Schritten verläuft.[221] Im ersten Schritt wird aus einem Wärmereservoir bei einer hohen Temperatur eine bestimmte Wärmemenge entnommen und an ein Medium abgegeben beziehungsweise von einem Medium aufgenommen. Das Medium expandiert infolge der Wärmeaufnahme und kann nun Arbeit an die Umgebung verrichten. Im zweiten Schritt verläuft die Expansion adiabatisch, was bedeutet, dass kein Wärmeaustausch mehr stattfindet. Das System verrichtet weiterhin

---

[219] Vgl. Becker, *Theorie der Wärme*, 1985: 14.

[220] Vgl. ebd.: 14.

[221] Eine genauere Beschreibung sowie eine ergänzende Abbildung zu den Carnotschen Kreisprozessen findet sich unter: Roth/Stahl 2016: 587f.

Arbeit, wobei die Leistung aus dem Inneren des Mediums kommt. Als Folge fällt die Temperatur desselben. Im dritten Schritt erfolgt die Komprimierung des Mediums. Dabei findet die Wärmeabgabe an das Wärmereservoir statt, während Arbeit zugeführt wird. Im vierten und letzten Schritt vollzieht sich die adiabatische Kompression des Mediums, bis es den ursprünglichen Startwert wieder erreicht.

Auf der Grundlage der Carnotschen Argumentation, die sich noch vollständig auf die Annahme eines materiellen Wärmestoffes stützte, entstand der zweite Hauptsatz der Thermodynamik, wonach Wärme lediglich stets vom Körper mit der höheren Temperatur zum Körper mit der niedrigeren Temperatur fließt, niemals aber umgekehrt. Zur vollständigen Widerlegung der Wärmestofftheorie trug Rudolf Clausius mit seiner Annahme bei, laut derer ein System Wärme verbraucht, sobald es Arbeit einspart und umgekehrt. Damit legte er den Grundsatz für eine mechanische Wärmetheorie.

Der Einfluss der Wärmestofftheorie lässt sich auch noch heutzutage daran erkennen, dass die Benennung von Maßeinheiten auf einen mengenartigen und materiellen Stoff zurückgeht. So bildete sich aus dem von Lavoisier postulierten *Calorique* die Maßeinheit Kalorie als Einheit der Wärmemenge.[222] Von dem Kalorienbegriff entstammt die Bezeichnung für das Kalorimeter zur Messung der Wärme als Energiegröße.[223]

Zur Vereinfachung des zweiten Hauptsatzes der Thermodynamik führte Clausius im Jahr 1865 den Begriff der Entropie S ein, die eine Entlehnung aus dem griechischen Wort für *Verwandlung* darstellt.[224] Diese neu formulierte Größe basiert in ihrem Wesen zum einen auf der Wärmestofftheorie und zum anderen auf Carnots Annahme, dass Arbeit nur erfolgen kann, sobald eine Temperaturdifferenz zwischen der Wärmequelle und der Wärmesenke besteht. Bei der Entropie handelt es sich dementsprechend um eine mengenartige Größe, die immer übertragen werden muss, sobald ein System Arbeit verrichtet. Es gilt weiterhin, dass die Entropie innerhalb eines geschlossenen Systems niemals abnimmt, sodass daraus folgt: $dS \geq 0$. Schließlich kann Entropie nie vernichtet, aber dafür erschaffen werden, wie beispielsweise bei der Wärmeleitung und der damit zusammenhängenden Temperaturübertragung eines warmen Körpers auf einen kalten.

Ludwig Boltzmann verfolgte die Absicht, den zweiten Hauptsatz der Thermodynamik auf atomarer Ebene und mithilfe der statistischen Physik zu erklären.

---

[222] Gerlach, *Die Sprache der Physik*, 1962: 21f.

[223] Ebd.: 21f.

[224] Kober 1999: 6. Der Begriff der Entropie weist wie kaum ein anderer Satz der Physik eine so vielfältige ästhetisch-literarische Wirkungsgeschichte und anhaltende Aktualität im gesamten europäischen Kulturleben auf. Joachim Metzner begründet diese vermehrte Verwendung einerseits damit, dass die Entropie eine umfassende Gültigkeit bei geringer empirischer Absicherung besitzt und andererseits, dass dieses den einzigen Satz darstellt, der die zeitliche Entwicklung einer Wissenschaft fassbar macht. Metzner, „Die Bedeutung physikalischer Sätze für die Literatur", 1979: 8.

Nach seiner Auffassung gilt die Entropie als ein Maß für die in einem Makrozustand enthaltenen Mikrozustände. Im Allgemeinen sind nur eingeschränkte Informationen über den Mikrozustand bekannt, wie beispielsweise die Geschwindigkeit v und der Aufenthaltsort P eines Teilchens. Genauso eingeschränkt sind die Informationen bezüglich des Makrozustandes, bei dem nur wenige Größen wie die Energie E, die Teilchenzahl N oder das Volumen V zugänglich sind. Daher gilt die Entropie auch umgangssprachlich als *Maß für die Unordnung*, obwohl sie besser die Bezeichnung *Maß für Unkenntnis* erhalten müsste, da die Informationen im Makrobeziehungsweise Mikrosystem unzugänglich sind.

Jedes System strebt das Maximum an energetisch gleichen Mikrozuständen, demnach einer maximalen Entropie, an. Daher sind Makrozustände mit hoher Entropie, mit einer hohen Anzahl an energetisch gleichen Mikrozuständen, wahrscheinlicher als Makrosysteme mit einer niedrigen Entropie. Diesem Sachverhalt verpflichtend, ist eine Zunahme der Entropie anschaulich darzustellen, indem sie stets die Makrozustände mit einer höheren Anzahl von Mikrozuständen angibt. Diese Wahrscheinlichkeit der energetisch günstigsten Zustände drückt die Boltzmann-Gleichung und Boltzmann-Konstante aus, deren Benennung in Anlehnung an den gleichnamigen Begründer der statistischen Mechanik erfolgte:

$$S = k \cdot \log W \tag{4}$$

S = Zahlenwert der Entropie
W = Anzahl der möglichen Zustände
k = Boltzmann-Konstante

Die tatsächliche Formulierung geht allerdings auf Max Planck zurück.[225]

Bei jedem abgeschlossenen System erhöht sich die Entropie bis zum Maximum. In diesem Endzustand sind sämtliche Druck- und Temperaturdifferenzen aufgehoben, sodass das System zum Erliegen kommt. Für diese Konstellation wählte Helmholtz 1854 den Begriff des Wärmetodes.

Der dritte Hauptsatz der Thermodynamik führt die Thematik der Entropie fort und drückt nach dem Nernstschen Wärmetheorem aus, dass diese bei Näherungen an den absoluten Nullpunkt den Wert Null einnimmt, weil die Wahrscheinlichkeit regelmäßig angeordneter Teilchen gegen Null laufe:

$$\lim_{T \to 0} S(T, p, V, \dots) = S(T = 0) = S_0 \tag{5}$$

Es folgt daraus, dass ein System den absoluten Nullpunkt nicht erreichen kann. In Relation dessen ermöglicht dieser Hauptsatz die Absolutbestimmung der Entropie.[226] Der dritte Hauptsatz der Thermodynamik bezieht sich lediglich auf die isotopische Zusammensetzung der Stoffe, die sich im Gleichgewicht befinden müssen.[227]

---

[225] Vgl. ebd.: 8.
[226] Weingärtner, *Chemische Thermodynamik*, 2003: 33.
[227] Ebd.: 33.

3.4 Heutige Auffassung der Wärme und des Lichts

Die Auffassung einer mechanischen Wellenbewegung des Lichts und der Wärme dominierte für knapp 30 Jahre die Forschung, obwohl diese Theorie nicht alle beobachtbaren Phänomene veranschaulichen konnte. So konnten die Wissenschaftler nicht klären, was genau in einer Lichtwelle mitschwingt.[228] Da sich das Licht auch im Vakuum ausbreitet, basiert es zusätzlich nicht auf schwingende Materieteilchen.[229]

Eine neue Ausrichtung führte ab dem Jahr 1870 James Clerk Maxwell ein, der erkannte, dass sich elektrische und magnetische Felder gegenseitig beeinflussen und nicht unabhängig voneinander existieren. Um den Zusammenhang zwischen diesen beiden Feldern zu veranschaulichen, formulierte Maxwell zwischen 1861 und 1864 die vier Maxwell-Gleichungen, die Grundgleichungen zur Beschreibung der Phänomene des Elektromagnetismus repräsentieren. Die vier Gleichungen lauten wie folgt:

$$\nabla \cdot \vec{E} = \frac{\rho}{\varepsilon_0} \tag{6}$$

$$\nabla \cdot \vec{E} = 0 \tag{7}$$

$$\nabla \cdot \vec{B} = 0 \tag{8}$$

$$\nabla \cdot \vec{B} = \mu_0 \cdot \vec{j} \tag{9}$$

ρ = elektrische Ladungsdichte
ε_0 = Dielektrizitätskonstante
$\vec{E}$ = elektrische Felder
$\vec{B}$ = magnetische Flussdichte
μ_0 = magnetische Permeabilität
$\vec{j}$ = Stromdichte

Die Gleichung (6) veranschaulicht, dass elektrische Ladungen sowohl Quellen als auch Senken des elektrischen Feldes darstellen. Die Stärke des elektrischen Felds ist dabei proportional zu dessen Ladung. Im Ruhezustand besitzt das elektrische Feld keine Wirbel. Diese müssten über die in Gleichung (7) bezeichnete Rotation errechnet werden. Gleichung (8) verdeutlicht, dass das magnetische Feld keine Quellen besitzt. Isolierte magnetische Monopole, von denen magnetische Feldlinien ausgehen, existieren daher nicht. Aus Gleichung (9) schließlich folgt, dass Leitungs- und Verschiebeströme Wirbel im magnetischen Feld hervorrufen. Die Lösungen dieser vier Maxwell-Gleichungen beschreiben elektromagnetische Wellen.[230] Maxwell erkannte, dass die Eigenschaften dieser Wellen genau denen der

---

[228] Bader, *Quantenphysik. Quanten-Chemie und Bändermodell*, 1972: 9.
[229] Vgl. ebd.: 9.
[230] Eine Welle ist allgemein eine Art „Störung" bei der Energie übertragen wird. Dabei wird zwischen transversalen und longitudinalen Wellen unterschieden. Bei einer Transversalwelle erfolgt die Schwingung senkrecht zur Ausbreitungsrichtung. Klassische Beispiele hierfür stellen das Licht oder Schwingungen einer Musiksaite dar. Bei der Longitudinal-

Lichtwellen entsprechen. Darauf baute er seine elektromagnetische Theorie des Lichts auf, wonach Licht als elektromagnetische Welle aufzufassen ist. Nach Maxwells Entdeckungen sowie aufgrund fehlender Nachweise einer Trägersubstanz hat die Forschung die Äthertheorie aufgegeben. Die Maxwell-Gleichungen konnten alle Ausbreitungsformen des Lichts beschreiben und deuten, sodass die Existenz einer Trägersubstanz hinfällig war.[231]

Die Annahme eines alleinigen Wellencharakters des Lichts entkräfteten zu Beginn des 20. Jahrhunderts die Entdeckungen von Max Planck und Albert Einstein, die erneut den Teilchencharakter des Lichts in ihre Forschungen mit einbezogen.

Bei seiner Arbeit im Jahr 1900 zum thermodynamischen Gleichgewicht zwischen den elektromagnetischen Wellen der Wärmestrahlung und den umgebenden Wänden entdeckte Planck, dass die Energieübertragung zwischen Strahlung und Materie lediglich über Energiepakete, den sogenannten Quanten, und nicht in kontinuierlichen Wellen erfolgen kann:

$$E = h \cdot v \tag{10}$$

E = Energie eines Photons
h = Plancksches Wirkungsquantum
v = Frequenz pro Sekunde

In diesem Zusammenhang prägte er den Begriff der Quantelung der Energie.

Auch der äußere photoelektrische Effekt oder kurz Photoeffekt beschreibt die Energieübertragung mittels Quanten, weil bei der Bestrahlung einer metallenen Oberfläche mit Licht die Freisetzung von Elektronen erfolgt, während ein Lichtteilchen absorbiert wird. Einstein prägte in diesem Zusammenhang 1905 erstmalig den Begriff des „Photons"[232], der die Bausteine des Lichts bezeichnet und damit Quanten spezifiziert.

Zum Herauslösen von Elektronen aus unterschiedlichen Metalloberflächen ist Licht von unterschiedlicher Frequenz notwendig. Einstein entwickelte für diesen Fall die von Planck aufgestellte Gleichung (10) weiter:

$$E = h \cdot v = h \frac{c}{\lambda} \tag{11}$$

c = Lichtgeschwindigkeit
λ = Wellenlänge

---

welle hingegen erfolgt die Schwingung parallel zur Ausbreitungsrichtung. Die Ausbreitung des Schalls ist ein Beispiel für eine Longitudinalwelle. Alle elektromagnetischen Wellen besitzen als charakteristische Eigenschaften die Reflexion, Brechung, Beugung, Interferenz und Polarisation.

[231] Sauter, „Physikalische Vorstellungen über die Natur des Lichts", 1960: 459.

[232] Das menschliche Auge kann einzelne Photonen nicht erkennen, aber es ist ziemlich nah dran, ein Photonenzähler zu sein, da unter optimalen Bedingungen nur 5–10 Photonen notwendig sind, um das dunkeladaptierte Auge zu erregen. Spezielle Photomultiplier können hingegen einzelne Photonen erkennen. Vgl. Gasiorowicz, *Quantenphysik*, 2012: 29.

In Abhängigkeit von der Frequenz v existieren energieärmere und energiereichere Lichtquanten. Schließlich postulierte Einstein, dass bei der Wärmestrahlung Fluktuationen entstehen, deren Größe dadurch messbar sind, sobald dieser Strahlungsart sowohl Wellen- als auch Teilchencharakter zugesprochen wird, sodass Einstein als Begründer des Welle-Teilchen-Dualismus anzusehen ist.

Louis Victor Pierre Raymond de Broglie entwickelte mit seiner Auffassung von Materiewellen den Welle-Teilchen-Dualismus weiter, wie er auch heutigen Verständnissen unterliegt. Demnach zeigen elektromagnetische Wellen bei bestimmten Experimenten Eigenschaften von Teilchen, während sich Materieteilchen unter bestimmten Bedingungen wie Wellen verhalten:

$$\lambda = \frac{h}{p} \tag{12}$$

p = Impuls eines Teilchens

Mithilfe der Gleichung (12) konnte die Forschung erstmalig das Beugungsverhalten von Teilchen beschreiben, welches vorher nur für Wellen möglich war. Als Folge entstand eine neue Theorie, die das klassische physikalische Begriffssystem erweitert. Bei dieser Theorie handelt es sich um die Quantenmechanik, die den Welle-Teilchen-Dualismus voraussetzt und damit jedes Teilchen mithilfe von Wellengleichungen beschreibt. Allerdings geht bei physikalischen Erklärungen im Bereich der Quantenmechanik die Anschaulichkeit verloren. So lässt sich beispielhaft mit der nach Werner Heisenberg benannten Unschärferelation entweder Ort oder Impuls eines Teilchens bestimmen, niemals aber beides zusammen:

$$\Delta x \cdot \Delta p \geq \frac{h}{4\pi} \tag{13}$$

Δx = Ortsunschärfe
Δp = Impulsunschärfe

Sobald der Aufenthalt eines Teilchens bekannt ist, sind keine Informationen über die Geschwindigkeit des Teilchens ermittelbar und umgekehrt. Spezifische Verfahren können lediglich die Aufenthaltswahrscheinlichkeit eines Teilchens deuten und experimentell bestätigen. Im Gegensatz dazu ist das Verhalten einer Lichtwelle streng determiniert.[233]

Die zeitliche Veränderung einer Wellenfunktion ψ und damit die Aufenthaltswahrscheinlichkeit eines Teilchens beschreibt die Schrödinger-Gleichung, die Erwin Schrödinger 1927 formulierte und in der einfachsten, zeitunabhängigen Form wie folgt lautet:

$$\hat{H}\psi = E\psi \tag{14}$$

$\hat{H}$ = Hamilton-Operator
ψ = Wellenfunktion
E = Energie-Eigenwert

---

[233] Bader 1972: 41.

Der Hamilton-Operator leitet sich aus der Energie E ab und setzt sich aus den drei Raumkoordinaten p_x, p_y und p_z, zwischen denen sich die Teilchen befinden können, sowie die Zeit t zusammen. Unbekannt ist hingegen die Wellenfunktion ψ, für die es eine Vielzahl unterschiedlicher Lösungen gibt.

Auch in der heutigen Vorstellung kann nicht eindeutig abgeschätzt werden, was Licht genau ist. Daher betrachten Wissenschaftler je nach Experiment und gewünschten Bedingungen das Licht weiterhin entweder als Welle oder als aus Photonen bestehend. So dient der Teilchencharakter zur Bestimmung der Emission und Absorption, während sich der Wellencharakter dafür eignet, um Beugung und Interferenz zu erklären.[234] Zur Beschreibung einer Welle sind Größen wie die Amplitude $\hat{y}$, Schwingungsdauer T, Frequenz f oder die Wellenlänge λ von Bedeutung.

Das für den Menschen sichtbare Licht weist Wellenlängen im Bereich zwischen 380 nm und 780 nm auf und nimmt im gesamten elektromagnetischen Spektrum einen relativ geringen Anteil an, wie folgende Abbildung 7 verdeutlicht:

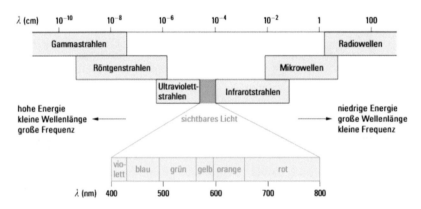

Abbildung 7: Spektrum elektromagnetischer Wellen mit Spektrum des sichtbaren Lichts[235]

Umgangssprachlich gilt lediglich der sichtbare Bereich des elektromagnetischen Spektrums als Licht. In der Physik dagegen bezeichnen Wissenschaftler auch den ultravioletten Bereich unter 380 nm sowie den infraroten Bereich über 780 nm als Licht.[236]

Auch bei der Wärme greifen Wissenschaftler heutzutage auf eine Beschreibung mithilfe von Teilchen oder Wellen zurück, um bestimmte Phänomene und Vorgänge zu erklären. Physikalisch handelt es sich bei der Wärme um eine Prozessgröße mit dem Formelzeichen Q und der SI-Einheit Joule J, die sich

---

[234] Hecht 2014: 64.
[235] Abbildung entnommen aus: Riedel/Janiak, *Anorganische Chemie*, 2011: 32.
[236] Brockhaus-Enzyklopädie, *Band 13: LAGI – MAD*, 1998: 362.

zwischen ungleich erwärmten Systemen oder Körpern überträgt. Bei älteren Definitionen zentrierten Forscher noch Temperaturänderungen und Stoffumwandlungen. Bei den neuesten Definitionen betrachtet die Wissenschaft Wärme zum einen als eine Form von Energie, die entsteht, wenn bei einem kälteren Körper Arbeit verrichtet und dieser Energieüberschuss nicht gespeichert oder in Form von Arbeit genutzt wird.[237] Um die Wärmeübertragung vereinfacht darstellen zu können, nimmt die Wärme zum anderen auf mikroskopischer Ebene Teilchencharakter an.[238]

Eine der wichtigsten heutigen Anwendungen der Thermodynamik umfasst die Beschreibung chemischer Reaktionen.[239] Die temperatur- und druckabhängige differentielle Reaktionsenthalpie $\Delta_r H$ drückt aus, wie hoch der Energieumsatz bei einer chemischen Reaktion ist:

$$\Delta_r H = \left(\frac{\partial H}{\partial \xi}\right)_{p,T} = \sum_k v_K \bar{H}_K \tag{15}$$

$\Delta_r = \frac{\partial H}{\partial \xi}$ = Differenzialoperator
ξ = Umsatzvariable
p = Druck
T = absolute Temperatur
v_K = stöchiometrische Zahl
$\bar{H}_K$ = partielle molare Enthalpie

Der nach dem Physiker Germain Henri Hess benannte Wärmesatz gibt in diesem Zusammenhang an, dass die Reaktionsenthalpie lediglich von dem Anfangs- und Endzustand der Edukte und Produkte abhängig ist, nicht aber von dem Verlauf der Reaktion oder von der Art der aufgenommenen oder abgegebenen Energie. Die Reaktionsenthalpie einer Gesamtreaktion ergibt sich aus der Differenz der Standardbildungsenthalpien der Edukte und Produkte. Ein negatives Vorzeichen bei der Energiebilanz bedeutet, dass Energie in Form von Wärme an die Umgebung abgegeben wird. Die Reaktion ist exotherm. Bei einer endothermen Reaktion hingegen muss zunächst die Aufnahme von Wärmeenergie erfolgen, damit die Reaktion einsetzt.

Die Übersicht über die Entwicklung der Optik und der Wärmelehre zeigt, dass sich das Licht und die Wärme nicht untrennbar voneinander betrachten lassen, weil jede neue Entwicklung innerhalb einer Disziplin zu neuen Erkenntnissen in der jeweils anderen Disziplin geführt hat.

Zwar verringerte sich die angenommene Verwandtschaft zwischen dem Licht und der Wärme seit der Mitte des 19. Jahrhunderts, allerdings besteht auch in den heutigen Auffassungen und Theorien weiterhin ein enges Verhältnis zwischen den

---

[237] Job, *Neudarstellung der Wärmelehre. Die Entropie als Wärme*, 2001: 25.
[238] Scobel/Lindström/Langkau, *Physik kompakt 1. Mechanik, Fluiddynamik und Wärmelehre*, 2002: 333.
[239] Weingärtner 2003: 147f.

genannten Phänomenen, weil beispielsweise die Wärmestrahlung ein Teilgebiet der Optik umfasst.[240] Begründbar ist diese Vernetzung der Optik und der Thermodynamik damit, dass sowohl die Wärmestrahlung als auch das Licht eine Form von Energie und Prozess darstellen.[241]

---

[240] Schaefer/Bergmann: *Lehrbuch der Experimentalphysik: Band 1: Mechanik – Akustik – Wärmelehre*, 2011: 486.

[241] Das Licht ist nachweisbar ein Prozess, der von dem leuchtenden Körper A ausgeht. Wird zwischen den leuchtenden Körper A und den beleuchteten Körper B ein undurchsichtiger Körper C gebracht, so erlischt B. Vgl. Mach, *Die Principien der Wärmelehre. Historisch-kritisch entwickelt*, 1981 [1911]: 150.

4. Die Soziophysik zur Erklärung des Verhaltens literarischer Figuren in Primärtexten

Die Soziophysik als interdisziplinäre Methode führt die Soziologie und die Naturwissenschaften zusammen, indem sie gesellschaftliches und individuelles Verhalten mithilfe von physikalischen Gesetzen erklärt.[242] Die angenommene Korrelation liegt darin begründet, dass einerseits beide wissenschaftliche Disziplinen quantitative mathematische Methoden zur Beschreibung ihrer Phänomene nutzen und sich andererseits über den Prozess der Selbstorganisation angenähert haben. Dieses Konzept beschreibt die spontane Herausbildung regulärer Strukturen aus dem Inneren eines Systems ohne äußeren Zwang.[243] Erste Beobachtungen zur Selbstorganisation stammen aus den Forschungen zu den sogenannten Bénard-Zellen und der Belousov-Zhabotinsky-Reaktion, bei denen sich spontan Strukturen gebildet haben. Die Selbstorganisation führte zu einem Paradigmenwechsel innerhalb der Physik, weil nicht mehr das Endergebnis im Fokus stand, sondern die Erklärung über die schrittweise Entstehung makroskopischer Strukturen aus inneren Wechselwirkungen. Als Folge daraus befassten sich Physiker mit soziologischen Fragen und gleichzeitig übertrugen Soziologen die Idee der Selbstorganisation der Physik auf soziale Systeme.

Menschliches Benehmen ist nach diesem soziophysikalischen Ansatz besser verständlich, wenn die übliche Fixierung auf individuelle Verhaltensweisen aufgegeben und stattdessen Menschen als Moleküle oder Atome betrachtet werden. Nicht ohne Grund bezeichnete Mark Buchanan eine Person daher als „soziales Atom".[244] Die Soziologie führt so scheinbar komplizierte soziale Phänomene auf einfache Ursachen zurück, indem sie lediglich Muster betrachtet, die physikalischen Gesetzmäßigkeiten nicht unähnlich sind. So führte Thomas Schelling beispielsweise einen Versuch mit einem Schachbrett und einer Handvoll Münzen durch, um anzuregen, dass die Trennung der Hautfarben nur eine mögliche Folge von Rassismus ist.[245] Jürgen Mimkes dagegen verwendete das Prinzip von Joseph de Lagrange, um die

---

[242] Vgl. Pentland, *How social networks can make us smarter*, 2015: 4f sowie Pentland, *Social physics. How god ideas spread: the lessons from a new science*, 2014: 4f.

[243] Nähere Informationen zur Selbstorganisation finden sich bei Ebeling/Scharnhorst, „Modellierungskonzepte der Synergetik und der Theorie der Selbstorganisation", 2015. Der Prozess der Selbstorganisation ist heutzutage nicht mehr allein auf die Sozialwissenschaften oder auf die Physik beschränkt, sondern findet Einzug in andere Disziplinen, wie beispielhaft der Psychologie. Einen guten Überblick über die Anwendungen der naturwissenschaftlich entstandenen Synergetik auf psychologische Fragestellungen findet sich in: Haken/Schiepek, *Synergetik in der Psychologie. Selbstorganisation verstehen und gestalten*, 2010.

[244] Buchanan, *Warum die Reichen immer reicher werden und Ihr Nachbar so aussieht wie Sie. Neue Erkenntnisse aus der Sozialphysik*, 2008: 23.

[245] Vgl. Schelling, „Dynamic Models of Segregation", 1971.

Auswirkungen eines Gesetzes und einer Toleranzschwelle auf die Zufriedenheit einer menschlichen Gesellschaft auszudrücken und setzte diese mit einem thermodynamischen System gleich:[246]

$$L = E + T \ln P \rightarrow maximum! \tag{16}$$

L = allgemeine Zufriedenheit
E = Gesetz
T = Toleranz
lnP = individuelles Verhalten

Im Allgemeinen basieren derartige Modelle auf der Annahme, dass ein gesellschaftliches System aus einer Vielzahl unabhängig denkender Individuen besteht, deren Verhaltensweisen durch institutionelle und soziale Rahmenbedingungen beschränkt sind. Mathematische Formeln und computerbasierte Algorithmen können so Gemeinsamkeiten zwischen Gesellschaften herausarbeiten und menschliches Handeln vorausdeuten. Derartige Modelle können darüber hinaus Gefahrenpotenziale oder Entstehungsbedingungen von Staus und Massenpaniken identifizieren und minimieren.[247] Allerdings ist diese vereinfachende Grundannahme auch zugleich der größte Kritikpunkt an der Soziophysik, weil Menschen mit ihren Entscheidungen und ihrem freien Willen viel zu komplex und unberechenbar sind, als dass sie mit Atomen und Molekülen vergleichbar wären. Andreas Lingg führt zwar auf, dass soziophysikalische Modelle bestimmte Systeme vereinfacht abbilden können, allerdings kommt diese Methode gerade bei hochgradig geschichtsproduktiven Systemen mit einer Vielzahl von Akteuren, unvorhergesehenen Entscheidungen und Räumlichkeiten zum Erliegen.[248]

Der Ansatz der Soziophysik war bereits um 1800 bekannt, weil sich Kleist beispielsweise in seinem *Allerneuesten Erziehungsplan* (1810) mit der beschriebenen Thematik auseinandersetzte und menschliches Benehmen durch elektrische Phänomene beschrieb:

„Dieses höchste merkwürdige Gesetz findet sich, auf eine, unseres Wissens, noch wenig beachtete Weise, auch in der moralischen Welt; dergestalt, daß ein Mensch, dessen Zustand indifferent ist, nicht nur augenblicklich aufhört, er zu sein, sobald er mit einem anderen, dessen Eigenschaften, gleichviel auf welche Weise, bestimmt sind, in Berührung tritt; sein Wesen sogar wird, um mich so

---

[246] Vgl. Mimkes, „A thermodynamic formulation of Social Science", 2006.

[247] Insbesondere Dirk Helbing ist mit seinen Arbeiten zur sogenannten Computational Social Science zu nennen, der die Selbstorganisation von Verkehrsstaus, Fußgängern oder Bakterienpopulationen mithilfe von agentenbasierten Computersimulationen darstellt. Näheres dazu beispielhaft unter: Helbing, *Stochastische Methoden, nichtlineare Dynamik und quantitative Modelle sozialer Prozesse*, 1996; Helbing, *Verkehrsdynamik: neue physikalische Modellierungskonzepte*, 1997 oder Helbing, *Managing complexity: insights, concepts, applications*, 2008.

[248] Vgl. Lingg, „Die Grenzen der Ansteckung. Möglichkeiten der Soziophysik", 2015: 290.

auszudrücken, gänzlich in den entgegengesetzten Pol hinübergespielt; er nimmt die Bedingung + an, wenn jener von der Bedingung –, und die Bedingung –, wenn jener von der Bedingung + ist."[249]

Ein wachsendes Interesse an soziologischen Phänomenen, die sich mithilfe physikalischer Gesetzmäßigkeiten erklären ließen, entstand allerdings erst nach einem denkwürdigen Treffen von Physikern und Ökonomen auf dem in Santa Fe im September 1987 abgehaltenen Workshop *Evolutionary Paths of the Global Economy*.[250] In Deutschland erlangten die soziophysikalischen Ideen durch Hermann Hakens Konzept der Synergetik[251] sowie durch Wolfgang Weidlichs Untersuchungen zu Laserstrahlen als Nichtgleichgewichtssystemen zunehmende Polarität. Insbesondere Letzterer gilt als Pionier und Begründer der quantitativen Soziodynamik, die auch vereinfacht die Bezeichnung Soziophysik trägt. Obwohl Weidlich seine Forschungen bereits seit 1971 betrieb, etablierte sich der Terminus *Soziophysik* oder *Sozialphysik* erst in den 1990er Jahren.[252]

Die soziologische Forschung wendet bisher als einzige Disziplin soziophysikalische Modelle zur Beschreibung sozialen Verhaltens an. Diese Arbeit wendet erstmalig in einem größeren Umfang die Soziophysik auf die Figurenkonstellationen in literarischen Texten an. In diesem Zusammenhang fungieren die Protagonisten, anders als bei dem angeführten Zitat von Kleist, zum einen als Wärmeteilchen oder generell als physikalische Objekte, die sich wie ihre naturwissenschaftlichen Vorbilder in Abhängigkeit von äußeren Einflüssen unterschiedlich verhalten. Darüber hinaus beschreiben zum anderen soziophysikalische Modelle, die sich aus der Thermodynamik und der Statistischen Physik ableiten, die Interaktion der Figuren. Die Soziophysik ist daher in dieser Arbeit auf zwei verschiedenen Komplexitätsstufen angesiedelt. Durch diese neuen Betrachtungsweisen erscheint die Wärme nicht nur konstitutiv für den Inhalt und die Handlung, sondern insbesondere für die Figurenkonstellation. Klassische literaturwissenschaftliche Methoden, wie beispielhaft die Interdiskursanalyse nach Jürgen Link[253] zur Verknüpfung zweier wis-

---

[249] Zitiert nach: Kleist, „Allerneuester Erziehungsplan", 1972 [1810]: 1031f.

[250] Aruka/Mimkes, „An Evolutionary Theory of Economic Interaction: Introduction to Socio- and Econophysics", 2011: 116.

[251] Vgl. Haken, *Synergetik. Eine Einführung*, 1982. Obwohl sowohl die Synergetik, die Soziophysik als auch die General System Theory als weiteres interdisziplinäres Feld die Reduzierung der Gesellschaft auf Atome oder Muster abbilden, so besitzen sie dennoch mehrere strukturelle Unterschiede. Diese sind prägnant aufgelistet in: Weidlich, *Sociodynamics. A systematic approach to mathematical modelling in the social sciences*, 2008: 18–33 oder Helbing/Weidlich, „Quantitative Soziodynamik: Gegenstand, Methodik, Ergebnisse und Perspektiven", 1995: 132–138.

[252] Vgl. Aruka/Mimkes 2011: 116.

[253] Ausführliche Erläuterungen zur Interdiskursanalyse und den Kollektivsymbolen finden sich exemplarisch in: Link, „Literaturanalyse als Interdiskursanalyse: Am Beispiel des Ursprungs literarischer Symbolik in der Kollektivsymbolik", 1988; Link, „Kulturwissenschaftliche Orientierung und Interdiskurstheorie der Literatur zwischen horizontaler

senschaftlicher Disziplinen durch Kollektivsymbole, ergänzen die soziophysikalischen Modelle.

Um dem Vorwurf des Physikalismus, der die fragwürdige direkte Anwendung naturwissenschaftlicher Modelle auf soziale Systeme bezeichnet, entgegenzuwirken, schlug Weidlich einen schrittweisen Methodentransfer vor, der begründete Strukturanalogien zwischen Systemen aus Natur und Gesellschaft entwirft.[254] Auch diese Arbeit bedient sich des gleichen Vorgehens, um soziophysikalische Modelle auf die Figurenkonstellationen in den ausgewählten literarischen Texten anzuwenden, sodass auch hierbei der Vorwurf des Physikalismus nicht mehr tragfähig ist.

Der erste Schritt besteht in der Auswahl universal gültiger quantitativer Beschreibungsmethoden, die sich aus der Mathematik ableiten und daher nicht per se in nur einer wissenschaftlichen Disziplin zu verordnen sind. Gerade Beschreibungen aus der Statistik sind hierfür dienlich. Eine solide Basis entsteht, wenn sowohl natürliche als auch soziale Systeme sowie Figurenkonstellationen in literarischen Texten den Gesetzmäßigkeiten dieser mathematischen Beschreibungen folgen.

In einem zweiten Schritt erfolgt für die unterschiedlichen Systeme die Auswahl bereichsspezifischer Systemeigenschaften. Die Naturwissenschaften betrachten die Wechselwirkungen verschiedenster Teilchen unter Einwirkung externer Faktoren auf der Mikroebene. Die Protagonisten in den literarischen Texten können wie Mitglieder einer real existierenden Gesellschaft funktionieren, die situationsabhängig handeln und Entscheidungsprozessen anderer Figuren unterliegen. Sowohl in natürlichen und sozialen Systemen als auch innerhalb literarischer Texte resultiert demnach eine spezifische Dynamik.

Der dritte und wesentlichste Schritt befasst sich mit der Übertragung von der Mikroebene auf die Makroebene, weil eine Erfassung sämtlicher Details und Faktoren nicht praktikabel wäre. Im Sinne einer Informationskompression erfolgt daher die Vereinfachung und Reduktion physikalischer Gesetzmäßigkeiten und Gemütsbewegungen literarischer Figuren. Auf Grundlage dessen beschränken sich die soziophysikalischen Modelle zumeist nur auf eine geringe Anzahl von möglichen Ereignissen und aufgeführten Operatoren sowie Parametern.

Achse des Wissens und vertikaler Achse der Macht. Mit einem Blick auf Wilhelm Hauff", 2004; Link, „Interdiskurs, System der Kollektivsymbole, Literatur (Thesen zu einer generativen Diskurs- und Literaturtheorie)", 1986; Link, „Zum Anteil der Diskursanalyse an der Öffnung der Werke: Das Beispiel der Kollektivsymbolik", 2003; Link/Link-Heer, „Diskurs/Interdiskurs und Literaturanalyse", 1990; Drews/Gerhard/Link, „Moderne Kollektivsymbolik. Eine diskurstheoretisch orientierte Einführung mit Auswahlbiographie", 1985 oder Becker/Gerhard/Link, „Moderne Kollektivsymbolik. Ein diskurstheoretisch orientierter Forschungsbericht mit Auswahlbiographie (Teil II)", 1997.

[254] Vgl. Weidlich, „Synergetik und das Problem des interdisziplinären Methodentransfers zur Modellierung der Soziodynamik", 1995: 69–72.

In dem vierten und letzten Schritt erfolgt die vergleichende Analyse der Makrostrukturen auf Grundlage der Ordnungsparameter, wobei zwar Gemeinsamkeiten auf der Makroebene, aber Unterschiede in der Mikrostruktur zweier unterschiedlicher Systeme resultieren können. Weidlich wählte für dieses Phänomen den Begriff der Makroisomorphie.[255]

Bedingt durch dieses Vorgehen müssen sogenannte Hybridtheorien, wie beispielhaft die Soziophysik, einen Kompromiss zwischen Reduktion und Komplexität erfüllen. Eine Informationsfülle garantiert auf der einen Seite die Nähe zu der physikalischen und sozialen Wirklichkeit und führt durch Einbeziehen mehrerer spezifischer Faktoren verschiedene Denkweisen auf. Auf der anderen Seite potenziert sich durch die Vielfalt an dargebotenen Optionen die Schwierigkeit, ein System einheitlich zu beschreiben und vergleichende Systemzustände zu beobachten. Die Reduktion von Parametern und Faktoren hingegen ermöglicht die Vorhersage von Systemänderungen, sodass Erkenntnisgewinne generierbar sind. Kritisch zu bewerten sind hingegen die Ausklammerung spezifischer Merkmale, Differenzierungsverluste zwischen den Ebenen sowie die Tatsache, dass Prozesse nicht mehr detailgetreu erfasst werden können. Durch Reduktionen entstehen sogenannte Kurzschlüsse, bei denen es sich um Verkürzungen eines mehrstufigen, zusammenhängenden Prozesses handelt. Die Lösung dieser Problematik besteht darin, eine nomologische Realität anzunehmen, die die Regelmäßigkeit bestimmter Handlungsverläufe in der Wirklichkeit voraussetzt. Hierzu gebrauchen Hybridtheorien die Kenntnisse aus ihren ursprünglichen Disziplinen. Sie bilden diese Annahmen allerdings nicht vollständig aufeinander ab, sondern konstruieren zunächst mit einer Disziplin ein hypothetisches Grundgerüst, woraufhin im zweiten Schritt die zweite Fachrichtung die entstandenen Wissenslücken schließt.

---

[255] Ebd.: 72.

5. Die Poetisierung der Wärmelehre bei den naturwissenschaftlich studierten Autoren

Eine Untersuchung zur Poetisierung der Wärmelehre um 1800 war in der bisherigen literaturwissenschaftlichen Forschung noch nicht präsent. Generell fand die literaturwissenschaftliche Betrachtung der Wärmelehre in Primärtexten aus verschiedenen Epochen nur eine geringfügige Berücksichtigung. Lediglich Christian Kassung hat in seiner Arbeit *Entropiegeschichten* von 2001 die Verwendung der Entropie in Robert Musils *Der Mann ohne Eigenschaften* (1943) analysiert. Andere Aspekte der Wärmelehre blieben darin unberücksichtigt. Seine Vorgehensweise begründet Kassung damit, dass in der wärmetheoretischen Literatur vor 1850 kaum mehr als verstreute, unendliche Feststellungen und Umschreibungen von Wärmekraftmaschinen zu finden sind.[256] Auf die Hypothesen zum Verhältnis zwischen Licht und Wärme trifft dieser Sachverhalt zu, weil diesbezüglich viele unterschiedliche Lehrmeinungen um 1800 existierten. Andere Konzepte aus der Wärmelehre, wie die Wärmeleitung, enthielten allerdings bereits genauere Vorstellungen. Diese grundlegenden Kenntnisse führten zu einem stetig anwachsenden Wissenszuwachs, weshalb die Wärmelehre ab der zweiten Hälfte des 19. Jahrhunderts ein beträchtliches poetologisches Potenzial entwickelte.[257] Die folgenden zwei Kapitel sollen daher demonstrieren, dass eine literarische Verarbeitung der Wärmelehre entgegen Kassungs Argument bereits vor 1850 erfolgte.

5.1 Kleist und die Auswirkungen der Kant-Krise

Bei Kleist (1777–1811) verzeichnete sich bereits in frühen Jahren eine Hinwendung zur Naturwissenschaft. Bedingt durch die Familientradition trat er allerdings zunächst dem Soldatenstand bei und verzichtete vorerst auf eine naturwissenschaftliche Tätigkeit. Die Zweifel an seiner Berufswahl vergrößerten sich immer mehr, wovon auch der Brief an seinen Hauslehrer Christian Ernst Martini vom 18. und 19. März 1799 zeugt:

> „[…] wurde mir der Soldatenstand, dem ich nie von Herzen zugetan gewesen
> bin, weil er etwas durchaus Ungleichartiges mit meinem ganzen Wesen in sich
> trägt, so verhaßt, daß es mir nach und nach lästig wurde […] und […] Gegen
> stand meiner herzlichsten Verachtung. […] denn wenn ich mich den Wissen
> schaften widmen will, ist das für mich kein neuer Stand, weil ich schon […]
> mehr Student als Soldat gewesen bin. […] wünsche ich nach Göttingen zu ge
> hen, um mich dort der höheren Teologie, der Mathematik, Philosophie und Phy-

---

[256] Vgl. Kassung 2001: 134.
[257] Vgl. Gamper, „Physik", 2013: 116.

sik zu widmen, zu welcher letzteren ich einen mir selbst unerklärlichen Hang habe [...]."[258]

Noch im selben Jahr immatrikulierte sich Kleist an die Universität in Frankfurt für die Fächer Physik, Mathematik, Kulturgeschichte, Naturrecht sowie Latein und hörte dort unter anderem Vorlesungen von Christian Ernst Wünsch, für den er eine besondere Begeisterung entwickelte.[259] Auch Wünschs Publikationen, insbesondere die *Kosmologischen Unterhaltungen für junge Freunde der Naturwissenschaft* (1791 und 1794), hat Kleist gut gekannt und ihn zu seinen Studien angeregt.[260] Durch Wünsch sah er sich auch in seiner Auffassung bestätigt, dass die Gewinnung einer naturwissenschaftlich-humanistischen Universalität und die komplexe harmonische Entfaltung der eigenen Persönlichkeit wichtiger sind als eine Spezialisierung auf einzelne wissenschaftliche Disziplinen.[261] Seinen Einheitsgedanke umschreibt Kleist durch den Ausdruck einer „höheren Teologie", wonach er eine Synthese aller für ihn wichtigen Wissenschaften anstrebte, wie er in seinem Brief an seine Schwester Ulrike vom 5. Februar 1801 beschreibt:

> „Mir ist keine Wissenschaft lieber als die andere, und wenn ich eine vorziehe, so ist es nur wie einem Vater immer derjenige von seinen Söhnen der liebste ist, den er eben bei sich sieht. – Aber soll ich immer von einer Wissenschaft zur anderen gehen, und immer nur auf ihrer Oberfläche schwimmen und bei keiner in die Tiefe gehen?"[262]

Seine Wissenschaftsbegeisterung sollte sich auch auf andere übertragen. So empfahl er Wilhelmine von Zenge das Lesen von Wünschs Publikationen, deren Inhalte zum Selbstdenken anregen würden, oder stellte ihr in seinem Brief vom 18. November 1800 Denkübungen:

> „Wenn du in der Küche das kochend-heiße Wasser in das kühlere Gefäß gießest, und die sprudelnde Flüssigkeit, indem sie das Gefäß ein wenig erwärmt, selbst dadurch abgekühlt wird, bis die Temperaturen (Wärmegrade) in beiden sich ins Gleichgewicht gesetzt haben – welche vortreffliche Hoffnung ist daraus für uns beide, und besonders für mich zu ziehen, oder worauf deutet das hin?"[263]

Diese Briefstelle deutet an, dass Kleist Kenntnisse im Bereich der Wärmelehre besaß, weil er das Prinzip der Wärmeleitung anspricht, wonach ein erhitzter Körper in Gegenwart eines kühleren Körpers sukzessive abkühlt, bis sich das thermomet-

---

[258] Kleist/Günzel, *Kleist. Ein Lebensbild in Briefen und zeitgenössischen Berichten*, 1985: 54–59.
[259] Vgl. Frick, „Und sehe, daß wir nichts wissen können ... Poetische Wissenschaftsskepsis bei Goethe, Kleist und Büchner", 2004: 253.
[260] Schulz, *Kleist: eine Biographie*, 2007: 96.
[261] Kleist/Günzel 1985: 63.
[262] Ebd.: 129f.
[263] Kleist/Sembdner, *Sämtliche Werke und Briefe*, 1993: 595.

rische Gleichgewicht einstellt. Dieser Prozess soll als Analogie für die Beziehung von Kleist und Wilhelmine von Zenge fungieren und den menschlichen Bereich mit dem chemischen gleichsetzen.

Die sogenannte Kant-Krise hat seine Wissenschaftsbegeisterung allerdings erheblich gedämpft. Als Auslöser der Krise zählten die Publikationen Kants, dem Eberhard Siebert widerspricht. Nicht die Texte von Kant an sich, sondern die Nachfolger der Kantischen Philosophie, insbesondere Sebastian Mutschelles Text *Versuch einer solchen faßlichen Darstellung der Kantischen Philosophie, daß hieraus das Brauchbare und Wichtige derselben für die Welt einleuchten möge* (1794), trugen zur Wissenschaftsskepsis Kleists bei.[264] Weiterhin sind seine aufkommenden Zweifel an dem Erkenntnisgewinn der Wissenschaften, die eingefahrenen wissenschaftlichen Arbeitsweisen und der damit zusammenhängende Stillstand sowie der gewohnte Arbeitsalltag als Gründe für die Kant-Krise zu nennen.[265] Auch die Enttäuschung über den Wahrheitsanspruch der Wissenschaften, die ihn zur Beendigung des Studiums im Jahr 1800 veranlasste, trugen dazu bei, dass er sich vorerst von den Naturwissenschaften abwandte und sich lieber der Poesie zuwandte.

Eine komplette Abkehr von der naturwissenschaftlichen Forschung erfolgte dennoch nicht, weil Kleist im Juli 1805 seinem Freund Ernst von Pfuel die Entwicklung eines hydrostatischen Tauchbootes beschrieb[266] sowie in seinem *Marionettentheater* (1810) die Grazie von Marionetten mithilfe der Newtonschen Gravitätsgesetze begründete.[267]

Auch wenn Kleist sein Studium abbrach, wirkte es dennoch auf sein Leben und literarisches Werk. Seine Denk- und Schreibfiguren sollten zwischen Wissenschaft und Fiktion, zwischen wissenschaftlichen und literarischen Gedankenexperimenten oszillieren.[268] Seine wissenschaftlichen Kenntnisse schufen naturwissenschaftliche Ideenbilder, die in seinen literarischen Texten Verwendung fanden. Sein literarisches Werk ist nicht nur durchzogen von wissenschaftlichen Bildern, sondern repräsentiert zudem im Sinne des Einheitsgedankens der romantischen Naturphilosophie eine humorige Wissenschaftssatire, die die Vereinigung der Wissenschaften anstrebt und die Einseitigkeit der Einzelwissenschaften parodiert.[269] Darüber hinaus ist insbesondere bei Kleist ein Konzept erkennbar, das charakteristisch für die Moderne ist. Es handelt sich dabei um das Nicht-Wissen und die Tendenz, das Unbestimmte zu denken. Die Texte Kleists sollen gerade nach der Kant-Krise nicht die Wissenslücken schließen, sondern zentrieren die Darstellung des unbestimmten Wissens.[270]

---

[264] Siebert, „Grüne Gläser und Gelbsucht. Eine neue Hypothese zu Kleists Kantkrise", 2000: 218.

[265] Frick 2004: 260.

[266] Kleist/Sembdner 1993: 754–758.

[267] Kleist, *Über das Marionettentheater/Aufsätze und Anekdoten*, 1963 [1810].

[268] Blamberger, *Heinrich von Kleist. Biographie*, 2011: 54.

[269] Ebd.: 79.

[270] Heimböckel, „»Warum? Weshalb? Was ist geschehn?«. Nicht-Wissen bei Heinrich von Kleist", 2012: 67.

5.1.1 Die aufflammende Liebe in das *Käthchen von Heilbronn* (1808)

Kleist schuf mit seinem historischen Ritterschauspiel ein soziales Experiment, das die theoretischen Ansätze aus der wärmetechnischen Undulationstheorie und der Phlogistontheorie auf ein Liebesgefüge von drei Figuren überträgt. Mit dieser Transformation von Wissen auf das gesellschaftliche Leben realisiert der Autor Anfang des 19. Jahrhunderts ein Konzept, das erst während der Moderne vermehrte Anwendung findet.[271] Er entwirft innerhalb seines Textes eine experimentelle Ästhetik, die nicht das eigene Ich als Objekt der psychologischen Selbstanschauung zentriert, sondern die Liebeserfahrung und die damit zusammenhängenden Verschiebungen und Zusammensetzungen auf ein Dreierverhältnis überträgt.

Bereits der Untertitel des Dramas nimmt Bezug auf die Wärmelehre, indem Kleist den Begriff „Feuerprobe" wählte. Dieser verweist auf die läuternde und reinigende, aber auch zerstörerische Wirkung des Feuers. Zudem verbindet das Feuer rein physikalisch zwei getrennte Substanzen, sodass übertragen auf die Handlung zwei Figuren zueinander finden. Darüber hinaus erfüllen die Figurenbezeichnungen *Graf Wetter vom Strahl*, der auf einen Wärmestrahl verweist, oder *Flammberg* eine lautliche Rekurrenz zur Wärmelehre.

Das *Käthchen von Heilbronn* berichtet über die Liebe der namensgebenden Protagonistin zu dem Grafen Wetter vom Strahl. Dieser teilt allerdings nicht ihre Gefühle, sondern folgt einer Prophezeiung, nach der er eine Kaisertochter heiraten wird. In Kunigunde von Thurneck glaubt er, diese besagte Frau gefunden zu haben und bereitet die Hochzeit mit ihr vor. Es stellt sich schließlich heraus, dass Käthchen die uneheliche Tochter des regierenden Kaisers ist, sodass sie der Graf am Tag der eigentlichen Hochzeit mit Kunigunde ehelicht.

Kleist verwendet für die Beziehung zwischen den drei genannten Figuren Erkenntnisse aus der Wärmelehre sowie das Wechselspiel aus der Dichotomie *warm-kalt*. Dabei gilt, dass eine Figur kalt ist, während die andere eine erhöhte Temperatur aufweist und umgekehrt. Dieser Temperaturunterschied nimmt Bezug zur Affinitätslehre nach Bergmann, nach der sich Stoffe mit denjenigen verbinden, die die gleichen Merkmale besitzen. Entsprechend dieser Lehre können eine warme und eine kalte Figur keine Liebesbeziehung eingehen, weil sie temperaturbedingt keine gemeinsamen Merkmale aufweisen. Diese Differenz kann nur durch Wärmeübertragungsprozesse, wie beispielhaft die Wärmeleitung, abgebaut werden. Bei diesem physikalischen Prozess fließt die Wärme so lange von dem Körper mit der höheren Temperatur zu dem Körper mit der kühleren, bis sich ein thermometrisches Gleichgewicht eingestellt hat. Im Sinne der Soziophysik fungieren entsprechend zwei Figuren unterschiedlicher Temperatur als zwei verschieden erwärmte Objekte, die sich nach längerer Zeit angleichen und Gefühle füreinander entwi-

---

[271] Graczyk, „Das Geschlechterverhältnis als soziales Experiment. Aufklärung und Abklärung in Goethes Wahlverwandtschaften", 2009: 137.

ckeln. Auch im Sinne der Affinitätslehre verfügen beide letztendlich über die gleichen Merkmale, sodass eine Beziehung wahrscheinlich ist. In Anlehnung an das
anthropologische Körperkonzept des *homo electrificatus*[272] lässt sich im Rahmen der
Arbeit ein auf der Wärmelehre basierendes neues Körperkonzept entwickeln, welches die Bezeichnung *homo calefiatus* erhält. Die Gefühle entstehen dabei nicht
plötzlich, impulsiv oder unerwartet wie beim *homo electrificatus*, sondern erstrecken
sich über einen längeren Zeitraum. Die verlängerte Zeitspanne lässt sich auch physikalisch begründen, weil die Wärmeleitung verglichen mit der Elektrizität in einer
langsameren Geschwindigkeit verläuft. Die physikalische Auslegung des Körperkonzeptes geschieht nicht zufällig, weil die Anthropologie zu Zeiten der Romantik
eine „Querschnittswissenschaft" aus den verschiedenen Diskursen darstellte.[273]
Alle an der Anthropologie beteiligten Wissensstränge aufzuzählen ist unmöglich,
doch werden die Chemie, Psychologie, Physik, Rechtwissenschaften, Theologie,
Geschichts- und Kunstwissenschaft sowie die Ethnologie als die wichtigsten erachtet.[274] Weiterhin ist mit dem neuentwickelten Körperkonzept der reduktionistische
Charakter der Arbeit fortgeführt, indem anhand der zutreffenden Merkmale eine
Vorhersage darüber getroffen werden kann, ob eine Liebesbeziehung zwischen
zwei Figuren längerfristig gelingen kann oder scheitert. Je mehr Merkmale das Verhältnis erfüllt, umso wahrscheinlicher ist der dauerhafte Fortbestand des Verhältnisses. Die Merkmale des Körperkonzeptes werden im Verlauf der Arbeit stets erweitert, sodass genauere Aussagen über den Verlauf einer Beziehung möglich sind.

Das Verhältnis zwischen dem Grafen und den zwei Frauenfiguren ist von Gegensätzlichkeit geprägt. Auf der einen Seite befindet sich die für den Grafen sexuell
attraktive Kunigunde von Thurneck, die er „zur Frau begehrt."[275] Auf der anderen
Seite fühlt er sich von Käthchen nicht sexuell angezogen und möchte sie nicht ehe-
lichen. Diese Konstellation ist typisch für die Romantik. Lediglich die Venusgestal-
ten sind für die männlichen Figuren sexuell interessant, während die Verlobte oder
das reine, schöne Mädchen sexuell uninteressant erscheinen.[276] Die Sinnenliebe,
ausgedrückt durch körperliche Reize, führt zwar die Figuren in Versuchung, doch
schlussendlich dominiert die Seelenliebe.

---

[272] Rupert Gaderer beschreibt in seiner Dissertation anschaulich den Prozess der Liebesüber-
tragung an zwei Figuren, wobei eine elektrisch aufgeladen ist und ihre elektrische Liebe
sich an der anderen Figur entlädt. Vgl. Gaderer, *Poetik der Technik. Elektrizität und Optik bei
E. T. A. Hoffmann*, 2009 oder Gaderer „Liebe im Zeitalter der Elektrizität. E. T. A. Hoffmanns Homines electrificati", 2007.

[273] Schweizer, *Anthropologie der Romantik. Körper, Seele und Geist: anthropologische Gottes-, Welt-
und Menschenbilder der wissenschaftlichen Romantik*, 2008: 71.

[274] Ebd.: 71.

[275] Kleist „Das Käthchen von Heilbronn oder Die Feuerprobe. Ein großes historisches Ritterschauspiel", 1972 [1808]: 452.

[276] Gallas, *Kleist. Gesetz, Begehren, Sexualität: Zwischen symbolischer und imaginärer Identifizierung*, 2005: 133.

Beim *Käthchen von Heilbronn* beruht die sexuelle Anziehungskraft Kunigundes auf ihrem ästhetischen Körper, der jedoch nicht natürlichen Ursprungs ist, sondern ein Konstrukt darstellt:

> „Sie ist eine mosaische Arbeit, aus allen drei Reichen der Natur zusammengesetzt. Ihre Zähne gehören einem Mädchen aus München, ihre Haare sind aus Frankreich verschrieben, ihrer Wangen Gesundheit kommt aus den Bergwerken in Ungarn, und den Wuchs, den ihr an ihr bewundert, hat sie einem Hemde zu danken, das ihr der Schmied, aus schwedischem Eisen, verfertigt hat."[277]

Im Gegensatz zu Kunigunde beschreibt Kleist Käthchen als eine reine, klassische Schönheit ohne Makel, deren Schönheit auf einen Kristall rekurriert, der an Reinheit und Perfektion erinnert:

> „[…] von jeder frommen Tugend strahlender, makelloser an Leib und Seele, mit jedem Liebreiz geschmückter, als sie?"[278]

> „Schaut, wie das Mädchen funkelt, wie es glänzet! Dem Schwane gleich, der, in die Brust geworfen, aus des Kristallsees blauen Fluten steigt!"[279]

Schelling beschreibt bereits in seiner Münchner Akademierede *Ueber das Verhältniß der bildenden Künste zu der Natur* (1807) die einheitsstiftende positive Kraft des Kristalls, der auch in menschlichen Proportionen wirksam ist.[280] Der Kristall bewahrt demnach das Idealschöne, das auch bei bestimmten Figuren, wie beispielhaft bei Käthchen, zu finden ist, die die äußere Schönheit mit der inneren kombinieren. Kunigundes äußere Schönheit dagegen ist nicht im Inneren wirksam. Sie ist das Idealbild einer berechnenden Frau mit Kalkül, die ihre Reize gekonnt einsetzt, um ihren Willen zu bekommen. Sie vermittelt überwiegend künstliche und gesellschaftlich tradierte Leidenschaften wie Habsucht, Habgier und Ehrsucht, die als kalte Leidenschaften oder *passiones frigidae* bekannt sind.[281] So willigt sie auch erst in die Hochzeit mit dem Grafen ein, als dieser ihr seine gesamten Ländereien schenkt. Demgegenüber zählen zu den warmen Leidenschaften oder *passiones ardentes* natürliche Neigungen wie der Geschlechts- oder der Freiheitsdrang, die Käthchen erfüllt.[282] Sie folgt dem Typus eines anschmiegenden, sich hingebenden und bedingungslos liebenden Mädchens, das seine Bedürfnisse zugunsten ihres Geliebten

---

[277] Kleist 1972 [1808]: 494.

[278] Ebd.: 430.

[279] Ebd.: 486.

[280] Schelling, *Ueber das Verhältnis der bildenden Künste zu der Natur*, 1983 [1807]: 12. Eine Analyse der Akademierede unter psychoanalytischen Gesichtspunkten und moderner Architektur findet sich unter: Prange, „Schellings Kristall. Zur Rezeptionsgeschichte einer Identitätsmetapher in Kunst und Kunsttheorie, mit Lacan betrachtet (Teil 1)", 2013.

[281] Wuthenow, *Die gebändigte Flamme. Zur Wiederentdeckung der Leidenschaften im Zeitalter der Vernunft*, 2000: 138.

[282] Kleist 1972 [1808]: 138.

aufhebt. Sobald zwischen der bedingungslos liebenden Frau und dem Objekt der Begierde eine gewisse Distanz besteht, treten körperliche Auswirkungen bei der Frau auf. Kleist wendet hierfür ein physikalisches Bild aus der frühen mechanischen Wärmelehre an, indem er schreibt, dass sich Käthchen auf der Reise in ein Kloster „matt fühlt."[283] Bei einer Maschine hängt das innere und äußere Leistungsvermögen davon ab, wie hoch der Anteil der Wärme ist, die sie über die Oberfläche freisetzt.[284] Käthchen kann zwar immer noch ihre Wärme abgeben, allerdings fehlt ihr das Gegenstück, das die abgegebene Wärme aufnimmt und so den Kreisprozess fortführt. Käthchen fühlt sich dementsprechend matt, weil sich der Graf nicht mehr in ihrer Nähe aufhält, wodurch Kleist sie entsprechend der Soziophysik als eine nicht mehr leistungsfähige Wärmemaschine figuriert. Diese Veränderung bleibt nicht unbemerkt:

> „Sonst warst du so rüstig, konntest meilenweit wandern, durch Wald und Feld, und brauchtest nichts, als einen Stein, und das Bündel, das du auf der Schulter trugst, zum Pfühl, um dich wiederherzustellen; und heut bist du so erschöpft, daß es scheint, als ob alle Betten, in welchen die Kaiserin ruht, dich nicht wieder auf die Beine bringen würden."[285]

Erst die Anwesenheit des Grafen verleiht Käthchen erneut die vorherige körperliche Verfassung.

Schließlich unterscheiden sich die Frauenfiguren in ihrer körperlichen Temperatur. Während Kunigunde wie der Graf oberflächlich warme Temperaturen aufweist, besitzen der männliche Protagonist und Käthchen verschiedene Erwärmungsgrade. Dieses ist bereits in den ersten beiden Auftritten des ersten Aktes ersichtlich, in dem sich der Graf vor dem Femgericht dem Vorwurf stellen muss, er habe Käthchen verführt. Gemäß der Wärmeleitung könnte dieser Vorwurf zutreffen, weil der Graf eine nach außen reichende innere Wärme besitzt, mit der er die Liebe in den Frauen entzünden kann:

> „Weil er ein Mädchen, voll rascher Einbildungen, mit einer Frage, wer sie sei? oder wohl gar mit dem bloßen Schein seiner roten Wangen, unter dem Helmsturz hervorglühend, oder mit irgendeiner andern Kunst des hellen Mittags, ausgeübt auf jedem Jahrmarkt, für sich gewonnen hat?"[286]

Auf der anderen Seite verkehrt sich seine Wärme ins Gegenteil, sobald Käthchen den Gerichtssaal betritt. Nun geht von ihr entsprechend der *passiones ardentes* eine Wärme aus, wenn sie das Antlitz „flammend auf [ihn richtet]"[287] und eine „Röte

---

[283] Ebd.: 453.
[284] Fischer 1837 [1805]: 506.
[285] Kleist 1972 [1808]: 454.
[286] Ebd.: 409.
[287] Ebd.: 412.

[...] über ihr Antlitz empor [flammt]."[288] In ihrer Gegenwart weist er demnach kalte Temperaturen auf.

Anders verhält sich dieser Sachverhalt bei Kunigunde, deren Reize physikalischen Beschreibungen folgen:

> „Du hättest sie sehen sollen, wie sie dahergeritten kam, einer Fabel gleich, von den Rittern des Landes umringt, gleich einer Sonne, unter ihren Planeten! War's nicht, als ob sie zu den Kieseln sagte, die unter ihr Funken sprühten: ihr müßt mir schmelzen, wenn ihr mich seht?"[289]

Ähnlich wie bei der vorherigen Beschreibung des Grafen dient die Wärmelehre dazu, die intendierte Verführung des anderen Geschlechts zu illustrieren. Kleist figuriert Kunigunde zunächst im Sinne der Astronomie als Sonne, um die sämtliche Planeten kreisen. Dieses Bild verdeutlicht ihre besondere Stellung beziehungsweise besondere Wirkung bei Männern, die ihr alle verfallen, wie auch ihr ehemaliger Geliebter anmerkt. In diesem Sinne ist auch das aus der Wärmelehre entlehnte Bild auffassen, wonach gemäß einer Auswirkung der Wärme Objekte schmelzen. Die Männer verkörpern Kiesel, die ihren Reizen unterliegen und gemäß dem obigen Zitat unter ihren Füßen schmelzen. Ihre Wirkung auf Männer geht so weit, dass sie sie in den Krieg ziehen und für sie kämpfen lassen kann. Kleist umschreibt diese Wirkung mithilfe des Bildes des griechischen Feuers:

> „Wenn ihr den kleinen griechischen Feuerfunken nicht austretet, der diese Kriege veranlaßt, so sollt Ihr noch das ganze Schwabengebirge wider Euch auflodern sehen, und die Alpen und den Hunsrück obenein."[290]

Bereits etymologisch verweist der Name Kunigunde auf den Kampf und das Volk.[291] Des Weiteren handelt es sich bei dem angesprochenen griechischen Feuer um einen bereits im 7. Jahrhundert erfundenen Leichtexplosivstoff, dessen Feuer im Wasser brannte und schwer löschbar war, allerdings eine geringe Ausbreitungsgeschwindigkeit aufwies.[292] Die Ergänzung des Feuerfunkens für Kunigunde lässt darauf schließen, dass sie als Auslöser für sämtliche Kriege anzusehen ist. Allein ihre Anwesenheit lässt Konflikte zeitnah, unkontrolliert und allumfassend entstehen. Nach Anthony Ashley-Cooper Earl of Shaftesbury handelt es sich bei ihr um den Funken, der sämtliche Leidenschaften im Menschen auflodern lässt: „Wir tragen einen Vorrat von brennbaren Materialien in uns, die, wenn der geringste Funke hineinfällt, in Flammen auflodern."[293] Dieser letzte Aspekt der gleichen Tempera-

---

[288] Ebd.: 415.

[289] Ebd.: 436.

[290] Ebd.: 432.

[291] Delbrück, „Warum das Käthchen von Heilbronn die Feuerprobe besteht. Geschichte, Mythologie und Märchen in Kleists „historischem" Ritterschauspiel", 1986: 275.

[292] Ebd.: 274.

[293] Shaftesbury/Schwabe, *Der Gesellige Enthusiast. Philosophische Essays*, 1990: 34.

tur ist entscheidend für das Dreierverhältnis zwischen dem Grafen und den beiden Frauenfiguren. Entsprechend der Affinitätslehre geht der männliche Protagonist mit Kunigunde eine Liebesbeziehung ein, weil sie über mehr gemeinsame Merkmale verfügen. Nicht nur die gleiche Temperatur, sondern auch die ähnliche adlige Herkunft und die scheinbare Verbundenheit durch die im Fieberdelirium erzeugte Prophezeiung des Grafen führen zu einer kurzzeitigen Liebesbeziehung zwischen den beiden Figuren. Diese Wahlanziehung beruht nach Georg Friedrich Werners Bewegungstheorie auf festgesetzten Proportionen, die eine gewisse Ordnung im System hervorrufen. Diese Proportionen sind gleichzusetzen mit den Heiratsregeln zur Vermeidung von Mésalliances, wobei nur Personen innerhalb der gleichen Stände heiraten durften. So erfüllt die Heirat zwischen dem Grafen und Kunigunde diese Regel, weil sie beide aus adligen Familien stammen. Standesschranken würden die Heirat zwischen dem Grafen und Käthchen nicht erlauben.

Die Wahlanziehung zwischen Elementarteilchen beruht nach Werner auf der physisch anziehenden Kraft, die eine Nahwirkung zwischen ihnen intendiert. Diese Kraft ist allerdings nur bei „Elementarteilchen verschiedenen Geschlechts"[294] möglich und trifft auch auf das Verhältnis zwischen den beiden Figuren zu. Physisch verbundene Atome können durch äußere Einwirkungen, wie beispielhaft Reibung, voneinander getrennt werden. Folglich verbindet sich ein Teilchen mit einem anderen, mit welchem es weniger Verwandtschaft besitzt. Der Verbindungstrieb oder die physisch anziehende Kraft vergrößert sich in dem Maße, je stärker die Kraft ist, die aufgebracht werden muss, um zwei verbundene Teilchen zu trennen.[295] Kleist überträgt soziophysikalisch diese Theorie Werners auf sein Drama dahingehend, dass sich der Graf infolge ihres Verrats von Kunigunde abwendet und Käthchen zuwendet, mit der er augenscheinlich keine gemeinsamen Merkmale besitzt. Die trennende Kraft parallelisiert Kleist mit dem Schmerz, den der Graf empfindet, als er die wahren Absichten Kunigundes erkennt. Nicht Liebe und Gegenliebe sind ihr Ziel, sondern allein die Vergrößerung und Sicherung ihres Besitzes, die sie mit der Besitzurkunde über die Ländereien des Grafen als Hochzeitsgeschenk gewährleistet sieht. Dieses Schriftstück befindet sich zusammen mit einem Bild des Grafen in einem Futteral, das während des Anschlags des Rheingrafens vom Stein, dem Verlobten Kunigundes, auf die Burg Thurneck geborgen werden soll. Allein Käthchen erklärt sich bereit, diesen Gegenstand zu besorgen. Während allerdings Käthchen noch nach dem Futteral sucht, stürzt die Burg zusammen und begräbt vermeintlich das Mädchen. Dank eines Cherubins besteht sie die bereits im Untertitel angekündigte „Feuerprobe" und

---

[294] Werner, *Entwurf einer neuen Theorie der anziehenden Kräfte, des Ethers, der Wärme und des Lichts*, 1788: 18. Lichtenberg hat seine Theorie des Ethers aufschlussreich kritisiert und schlagkräftige Argumente gegen seine Hypothesen geliefert. Nach der Auffassung Lichtenbergs habe Werner nichts bewiesen und nichts Neues präsentiert, sondern lediglich Konzepte kombiniert. Siehe dazu der Brief an Werner vom 29. November 1788 in: Lichtenberg, *Briefwechsel. Band III 1785–1792*, 1990: 592–629.

[295] Vgl. Werner 1788: 24.

kehrt unverletzt zum Grafen und den Umstehenden zurück. Diese Probe bewältigt sie mithilfe ihres kindlichen, tugendhaften Gemüts. Es erscheint aber auch eine physikalische Erklärung plausibel, weshalb das Mädchen die Probe besteht. Dafür liefert eine Aussage Kunigundes eine Erklärung, die auf die Phlogistontheorie Stahls rekurriert: „Das Mädchen, das sie verbrannt zu Feuerasche glauben."[296]

Die erstmalig 1697 von Stahl publizierte Phlogistontheorie basiert auf Arbeiten des Alchemisten Johann Joachim Becher, der Wasser und Erde als wirkende Prinzipien annahm.[297] Letztere unterteilte er *in terra fluida, terra pinguis* und *terra lapidea.* Bei Becher entsprach die *terra pinguis* oder auch fettige Erde dem brennbaren Prinzip. Stahl ersetzte die fettige Erde durch das Phlogiston, das allen Substanzen brennbare Eigenschaften verleiht. Bei der Verbrennung gibt ein brennbarer Körper Phlogiston ab und es bleibt ein unbrennbarer, phlogistonfreier Rest zurück. Stahl konnte mit seiner Theorie nicht nur die Verbrennung erklären, sondern auch Oxidationsprozesse von Metallen, Gärungs- und Verwesungsprozesse sowie Atmungsvorgänge bei Tieren. Des Weiteren konnte die Forschung im Zuge der Phlogistontheorie erstmalig Oxidations- und Reduktionsprozesse, das Verhalten von Säuren und Basen sowie weitere chemische Prozesse systematisch erklären. Sie galt als die erste wissenschaftlich gehandhabte Hypothese und diente als erster Versuch, für sämtliche chemische Vorgänge eine einheitliche Grundlage der Erklärung zu schaffen.[298] Die Phlogistontheorie besaß aber auch Unzulänglichkeiten, die sich besonders auf die Verbrennungsprozesse bezogen. Bei der Verbrennung bilden Metalle Metalloxide, wodurch ihr Gewicht zunimmt. Nach der Phlogistontheorie müsste aber ein Gewichtsverlust resultieren, weil Phlogiston entweicht. Daher modifizierten die Phlogistiker besagte Theorie dahingehend, dass sie dem Phlogiston eine negative Schwere attestierten. Endgültig widerlegte Lavoisier die Phlogistontheorie als er alle Verbrennungsvorgänge auf Sauerstoff zurückführte, wodurch die Annahme über die Anwesenheit eines separaten Stoffes nicht weiter standhielt. Nach seinem Verständnis handelt es sich um eine Oxidation, sobald ein Stoff mit Sauerstoff reagiert. Diese Annahme entspricht der heutigen Auffassung des Oxidationsbegriffes. Dementsprechend liegt eine Reduktion vor, sobald dem Oxid der Sauerstoff entzogen wird. Bei Stahl lag eine konträre Theorie zum Oxidations- und Reduktionsbegriff vor. Unter Abscheidung des Phlogistons oxidiert ein Stoff, während bei der Aufnahme von Phlogiston eine Reduktion des Stoffes erfolgt.

Der einfachste Verbrennungsvorgang für Stahl war die Verbrennung von Holzkohle, weil sie am meisten Phlogiston enthält. Nach dem Entweichen von Phlogiston bleibt lediglich Holzasche zurück. Auf diesen Rückstand verweist auch Kleist bei der Aussage Kunigundes. Alle Anwesenden waren der Auffassung, dass Käthchen in

---

[296] Kleist 1972 [1808]: 472.

[297] Strube/Remane/Stolz, *Geschichte der Chemie. Ein Überblick von den Anfängen bis zur Gegenwart*, 1988: 54.

[298] Ströker, *Denkwege der Chemie. Element ihrer Wissenschaftstheorie*, 1967: 116f.

den Flammen umgekommen sei. Entsprechend der Soziophysik wäre sie demnach als ein brennbarer, Phlogiston enthaltener Körper aufzufassen, von dem lediglich ein Ascherückstand erhalten bleibt. Dadurch, dass Käthchen allerdings den Flammen widerstand, enthält sie gemäß der genannten Theorie kein Phlogiston, sodass ihr die Flammen keinen Schaden zufügen konnten. Substanzen, die kein Phlogiston enthalten und somit nicht brennbar sind, stellen bestimmte Erze und Metalle dar. Bereits der Brief an Wilhelmine von Zenge vom 10./11. Oktober 1800 verdeutlicht, dass Kleist die Idee eines unbrennbaren Stoffes anthropomorphisiert und später auf Käthchen überträgt: „Es ist ein Erz mit gediegenem Golde und mir bleibt nichts übrig, als das Metall von dem Gestein zu scheiden. Klang und Gewicht und Unverletzbarkeit in der Feuerprobe hat es von der Natur erhalten, die Sonne der Liebe wird ihm Schimmer und Glanz geben [...]."[299] Dieses Zitat verweist sowohl konkret auf Käthchen als nicht brennbaren Körper als auch auf ihre makellose, an einen Kristall erinnernde Schönheit, die eine Folge ihrer Liebe zu dem Grafen ist.

Nach dem vereitelten Anschlag auf die Burg verfolgt der Graf mitsamt seinem Knecht Gottschalk, dem Ritter Flammberg sowie Käthchen den Rheingrafen im Gebirge. Dieser bringt eine Brücke zum Einsturz, sodass die Verfolger durch den Sturzbach reiten müssen. An dieser Stelle rekurriert Kleist erneut auf Käthchen als erwärmten Körper. Sie scheut das Wasser, wagt aber dennoch aus Liebe zum Grafen den Kontakt. Beim ersten Schritt ins Wasser kann sie nur die Interjektion „Ah!"[300] artikulieren. Es liegen zwar keine genaueren Anhaltspunkte vor, ob dieser Ausruf mit Schmerzen, Verwunderung oder sonstigen Gefühlsregungen verbunden ist. Dennoch lässt sich mithilfe der Wärmelehre darauf schließen, dass das Wasser als kaltmachende Materie fungiert, welches Käthchens Wärme vermindert. Rein physikalisch gesehen existiert Kälte nicht, sondern lediglich das Fehlen von Wärme. Die Erkaltung ist somit auch eine Verminderung des Wärmestoffs. Naturforscher wie Musschenbroek oder Macquer nahmen dennoch an, dass eine feine Materie respektive ein Kältestoff mit salziger Natur existiert, der liquide Substanzen in Eis verfestigen kann, indem er sich zwischen die Teilchen der Flüssigkeit setzt und dadurch ihren Zusammenhang sowie ihre Mobilität beeinträchtigen kann.[301]

Nach der Theorie Werners besitzt das Wasser eine wärmebindende Kraft, die zu einer Verringerung der Schwingungsanzahl führt. Folglich zieht sich der Körper zusammen und weist eine geringere Temperatur sowie Bewegung auf.[302] Sobald ein Gegenstand Wärme bindet, weist ein anderes Objekt eine Temperaturerniedrigung auf, wodurch nach Werner die Proportionalität erfüllt ist. Bei Käthchen ist die wärmebindende Kraft des Wassers dahingehend bemerkbar, dass sie eine Pause einlegen muss, um die anfängliche Wärme respektive Kraft erneut wiederzuerlangen. Am

---

[299] Kleist/Günzel 1985: 110f.
[300] Kleist 1972 [1808]: 477.
[301] Macquer/Leonhardi 1781–1783: 190.
[302] Werner 1788: 76.

Schloss des Grafen legt sich Käthchen nieder und verfällt in einem somnambulen Zustand. Währenddessen erscheint der Graf, der den Platz neben Käthchen einnimmt. Bei der sogenannten Holunderstrauchszene wird sich der Graf seiner Gefühle und seiner Bestimmung, der Ehemann von Käthchen zu werden, bewusst. Diese Bewusstwerdung hat zweierlei Ursachen. Zum einen berichtet Käthchen von der Vorhersage in der Silvesternacht, in der sie ihrem zukünftigen Ehemann begegnen soll, die sich eins zu eins mit den durch ein Fieberdelirium bedingten Visionen des Grafen deckt. Der Graf erkennt, dass nicht Kunigunde die Tochter des Kaisers ist, die er heiraten soll, sondern Käthchen. Zum anderen veranschaulicht das physikalische Phänomen des Feuers die aufkommenden Gefühle des Grafen. Um 1800 existierten zwei Theorien zur Wirkung des Feuers. Boerhaave oder Baader attestierten dem Feuer eine verbindende oder verdichtende Eigenschaft. Demgegenüber postulieren Schelling oder Macquer, dass sich die Bestandteile des Feuers bei der Verbrennung lösen und das Feuer solange existiert, bis die einzelnen Komponenten verbraucht sind. Die Gefühle des Grafen für Käthchen waren bereits vorhanden, allerdings befanden sie sich in einem nicht gelösten Zustand. Dieser Zustand ist mit dem gebundenen Wärmestoff vergleichbar, der erst die Wärmeempfindung in einem Körper bewirkt, sobald dieser im Körper gelöst ist. Die Zuneigung des Grafen für Käthchen löste sich erst in dem Moment, als die Burg Thurneck in Flammen aufging und der Graf ihren Einsatz bemerkte. Diesen Sachverhalt unterstreicht die Aussage Kunigundes: „Gelöst ist alles glücklich."[303] Kleist verarbeitet bei dem Verhältnis zwischen Käthchen und dem Grafen somit beide Theorien zur Wirkung des Feuers. Zuerst müssen die Gefühle des Grafen entsprechend Schellings und Macquers Hypothese in einem gelösten Zustand vorliegen. Erst in einem zweiten Schritt können sich die Wärmeteilchen im Sinne Boerhaaves und Baders verdichten beziehungsweise die beiden Figuren zueinander finden. Aus dieser Stelle geht somit hervor, dass Kleist zeitgenössische Theorien aufgriff und aufeinander bezog. Er wendet beim Käthchen keine eigenen Hypothesen oder Forschungen an, sondern konstruiert eine experimentelle Poetik, die vorhandene Theorien neu anordnet.

Der erstmalige Körperkontakt verstärkt die nun einsetzende Liebesleitung zwischen Käthchen und dem Grafen. Zuerst berührt er sie nur, indem er seine beiden Arme sanft um ihren Körper legt. Kurze Zeit später intensiviert sich der Körperkontakt und die Liebesleitung, indem der Graf die Hände des Mädchens ergreift. Auch bei physikalischen Körpern erfolgt die Wärmeleitung schneller, sobald sich zwei Objekte direkt berühren.[304]

Doch trotz der starken Gefühle und der Vorhersage möchte der Graf Käthchen zunächst nicht heiraten. An dieser Stelle widerspricht Kleist dem aufgestellten Körperkonzept der *homines calefiati*. Demnach sind die Herkunft und der Rang der beiden Partner belanglos. Der Graf entspricht allerdings der althergebrachten Liebes-

---

[303] Kleist 1972 [1808]: 472.
[304] Baader 1786: 48f.

auffassung, wonach ausschließlich Menschen gleichen gesellschaftlichen Ranges heiraten sollen, um Mésalliances zu vermeiden. Erst als der Kaiser Käthchen als seine uneheliche Tochter anerkennt, ist er bereit, sie zu heiraten. Soziophysikalisch ist die Gefühlsdynamik des Grafen mithilfe der radialen Verteilungsfunktion $g_{AB}(r)$ und dem 1946 eingeführten P-O-X-Modell von Fritz Heider bestimmbar. Die radiale Verteilungsfunktion gibt die Häufigkeit an, bei der sich ein Teilchen A in einem bestimmten Abstand r von einem anderen Teilchen B befindet. Diese variiert bei jedem vorliegenden System und ist somit temperatur- oder druckabhängig.

Das P-O-X-Modell nach Heider zählt zu den Konsistenztheorien, die allgemein einen Erklärungsversuch darstellen, warum sich die Einstellung eines Individuums ändert.[305] Das P steht bei dem spezifischen Modell für eine Person P, die mit einer anderen Person O über ein beliebiges Einstellungsobjekt X diskutiert. Die drei Elemente sind über Relationen verbunden, die sich einerseits in Einheitsrelationen wie Besitz, Nähe und Vertrautheit und andererseits über Werterelationen wie Sympathie oder Antipathie ausdrücken. Das System ist ausbalanciert, sobald P und O, O und X sowie X und P übereinstimmen und positive Einstellungen vertreten. Das System ist unbalanciert, sobald beispielsweise P eine negative Grundhaltung gegenüber O vertritt. Diese Dreierkonstellation ist auch auf das *Käthchen von Heilbronn* übertragbar. Darin markiert der Graf die Person P, Käthchen die Person O und bei dem Einstellungsobjekt X handelt es sich um die Liebesbeziehung zwischen den beiden Figuren. Der Graf ist anfänglich sowohl Käthchen als auch der möglichen Liebesbeziehung gegenüber nicht positiv gestimmt, sodass ein Ungleichgewicht resultiert. Dieser Sachverhalt kann mit der radialen Verteilungsfunktion veranschaulicht werden. Der Graf repräsentiert Teilchen A, das sich in einiger Entfernung zum Teilchen B befindet. Dieser Abstand ist sowohl räumlich und körperlich als auch gesellschaftlich zu interpretieren. Vor der Holunderbuschszene haben die beiden keinen direkten Körperkontakt und sind stellenweise auch an verschiedenen Orten anzutreffen. Während besagter Szene halten sich die beiden Protagonisten das erste Mal an den Händen, wodurch ein intensiverer Körperkontakt stattfindet. Entsprechend der Wärmeleitung geschieht durch den direkten physischen Einfluss Käthchens eine vermehrte Wärmeübertragung, die eine Temperaturerhöhung beim Grafen bewirkt. Wie auch beim physikalischen Vorbild der temperaturabhängigen radialen Verteilungsfunktion verringert sich der körperliche und räumliche Abstand zwischen den Figuren.

Der gesellschaftliche Abstand folgt daraus, dass der Graf Käthchen als nicht gleichwertig erachtet und somit sozial niedriger einstuft. Dieser Abstand zwischen den beiden verringert sich weiterhin dadurch, als der Kaiser Käthchen als seine Tochter anerkennt, wodurch sie gesellschaftlich gleichgestellt sind. Diese Abstandsverringerung führt zu einer Einstellungsänderung des Grafen. Er ist nun so-

---

[305] Für die informelle Darstellung der Balancetheorie siehe Heider, *Psychologie der interpersonalen Beziehungen*, 1977 oder Stahlberg/Frey, „Konsistenztheorien", 1987.

wohl Käthchen als auch der möglichen Liebesbeziehung zwischen den beiden positiv gestimmt, sodass das System ausgeglichen ist.

Anstatt des erhofften Heiratsantrages erteilt der Graf dem Mädchen allerdings einen Auftrag für die vermeintlich stattfindende morgige Hochzeit mit Kunigunde, wonach sie ein weißes, feierliches und reich besetztes Kleid tragen soll, mit dem sie selbst Kunigunde übertrifft. An dieser Textstelle tritt das poetische Konzept des *Sturzes als Halt* von Kleist hervor. Dieses Bild umschreibt einen aus großen Steinen gebauten Torbogen, der zusammen zu brechen droht, sobald sich ein Stein löst. Der innere Zusammenhalt der Steine verhindert jedoch den Sturz. Dieses Bild etablierte sich zu einer Kleistschen Leitfigur nach ästhetischen Verfahren und Grazie, die in dem Raum der Physik zurückführt.[306] *Sturz als Halt* nutzte Kleist zwar hauptsächlich für Komödien[307], kann aber dennoch für das *Käthchen von Heilbronn* dienlich sein, weil zunächst allem Anschein nach Käthchen den Kampf um die Gunst des Grafen endgültig verloren hat. Trotz ihrer geklärten Abstammung, aufopferungsvollen Handlungen und der Intrige Kunigundes wird das Mädchen allem Anschein nach nur die marginale Rolle einer Besucherin einnehmen und nicht die der Braut. Das poetische Konzept dient somit als Retardation, weil sich letztendlich der Wunsch des Mädchens nach einer Hochzeit mit dem Grafen erfüllt. Gleichzeitig demütigt der Graf Kunigunde, indem er vor dem Altar Käthchen als seine Braut vorstellt. Bereits das Konzept der liebenden *homines calefiati* belegt die Wahl des Grafen für Käthchen. Die Liebeswerbung erfolgt dabei über einen längeren Zeitraum. Des Weiteren entstehen die Gefühle nicht plötzlich und impulsiv. Bei Kunigunde hingegen unterliegt der Graf, dem Körperkonzept entgegengesetzt, unverzüglich ihren Reizen, wodurch er eine Hochzeit kurzfristig ansetzt. Einzig bei der vorehelichen Partnerwahl widersprechen die Handlungen des Grafen dem Körperkonzept, weil er Käthchen angesichts ihrer vermeintlichen bürgerlichen Herkunft anfänglich nicht heiraten wollte. Erst mit dem Bekenntnis des Kaisers erachtet er sie als gleichwertige Partnerin.

Kleists Text thematisiert mit der Affinitätslehre und der Phlogistontheorie zwei Denkansätze, die zu Beginn des 19. Jahrhunderts bereits überholt sind. Nichtsdestotrotz veranschaulichen die beiden Theorien die Korrelation zwischen Gesellschaft und Naturwissenschaften, indem insbesondere die Affinitätslehre auf den Verlauf einer Liebesbeziehung eingehen kann. Die in diesem Zusammenhang aufgeführte Theorie nach Werner parallelisiert die Hinwendung zweier Figuren zueinander, den Bruch infolge eines Ereignisses und die Zuwendung zu einer dritten Figur. Allerdings intendiert der Begriff der *Wahlanziehung* keine rein freiwillige Wahl der Protagonisten, weil sie den gesellschaftlichen Zwängen und individuellen Antrieben unterliegen. Der neuartige Ansatz der Soziophysik kann die Beziehungsstrukturen unvoreingenommen bewerten, indem sie nicht die inneren Fakto-

---

[306] Greiner, „Sturz als Halt. Kleists dramaturgische Physik", 2005: 78.
[307] Vgl. ebd.: 73.

ren berücksichtigt, sondern die externen Faktoren. So steht nicht der Aspekt der freiwilligen Wahl im Fokus der Betrachtung, sondern lediglich vereinfachte Annahmen über die Meinungsdynamik und die daraus resultierenden Folgen.

5.1.2 Die vernichtende Wärme in *Der Findling* (1811)

Der Findling gilt als Kleists schwärzeste Novelle, vor der sich teilweise die Zeitgenossen warnten.[308] Sie zählte lediglich zur trivialen Schauerliteratur, die grobe Gemüter unterhalten sollte und für das gebildete Publikum nicht zumutbar war.[309] Dabei ist die Novelle als gelungene narrative Durchführung einer Experimentalanordnung anzusehen, bei der, ähnlich einer mathematischen Gleichung, ein neuer Bestandteil einen alten substituiert.[310] Damit entspricht der *Findling* einer literaturwissenschaftlichen Experimentalpraxis, bei der nach 1806 vermehrt die Narration physikalischen oder mathematischen Gleichungen und Formeln entsprach.[311] Gerade diese naturwissenschaftlichen Verfahrenselemente drücken bei Kleist das Eintreten unerklärlicher Ereignisse aus.[312] Doch nicht nur die Narration kann physikalischen Gesetzmäßigkeiten entsprechen. Auch die Figurenkonstellation basiert auf naturwissenschaftlichen Vorbildern. So behandelt Jürgen Schröder die Protagonisten gemäß der Soziophysik als positiv und negativ geladene Körper, die sich gegenseitig auf- und entladen.[313] Neben der Elektrizität verarbeitet der Literat zusätzlich Erkenntnisse aus der Wärmelehre, die sich insbesondere auf den gegenseitigen Prozess der Erwärmung und Abkühlung konzentrieren. Kleist schuf somit mit seinem Text ein soziales Experiment, das den Niedergang und Zerfall einer familiären Gemeinschaft anhand physikalischer Prozesse veranschaulicht.

---

[308] Blamberger, „Der Findling", 2010: 133.

[309] Ebd.: 133.

[310] Weigel, „Der Findling als gefährliches Supplement. Der Schrecken der Bilder und die physikalische Affekttheorie in Kleists Inszenierung diskursiver Vorgänge um 1800", 2001: 132. Hervorzuheben ist insbesondere die mathematische Vorgehensweise der Reihung, wonach die enthaltenen Glieder im Sinne einer Wissensordnung aneinandergereiht sind. Die Reihe bietet Ordnungsalternativen durch eine Rekonfiguration der verschiedenen Elemente. Durch diese analytische Tätigkeit entsteht eine Vergleichsbasis, die eine reflektierte Wissensgenerierung und ästhetische Anschauung von Erkenntnisprozessen evoziert. Die Reihe stellte durch ihre Dispositions- und Anordnungstechnik nicht nur eine beliebte Denkfigur um 1800 dar, sondern wirkt auch heute noch disziplinenübergreifend, da sie eine Wissensformation sowohl der Natur- als auch der Geisteswissenschaften darstellt, die als Projektionsfläche für viele Problemstellungen fungiert. Auch die Wärmelehre greift durch die Nutzung von sogenannten Fourier-Reihen auf die Reihung zurück. Näheres dazu unter: Mierbach, „Die Reihe. Zur mathematischen Poetik einer Denkfigur um 1800 (Goethe, Schelling, Herbart, Novalis)", 2018.

[311] Schmidt, *Heinrich von Kleist. Naturwissenschaft als Dichtungsprinzip*, 1980: 59.

[312] Beek, „Experimentelle Ästhetik bei Kleist? „Plötzliche Wendungen", „drängende Umstände" und „sonderbare Erscheinungen" in Heinrich von Kleists Erzählungen", 2010: 116.

[313] Schröder, „Kleists Novelle ‚Der Findling'. Ein Plädoyer für Nicolo", 2003.

Ausgangsort dieser physikalischen Versuchsanordnung ist die italienische Stadt Ragusa, die der Güterhändler Antonio Piachi zusammen mit seinem Sohn Paolo aus beruflichen Gründen besucht. Dort ist allerdings vor seinem geplanten Aufenthalt eine pestartige Krankheit ausgebrochen. Aus Angst vor einer Ansteckung verbleibt er mit seinem Sohn in der Vorstadt, um von dort die Rückreise anzutreten. Bei der Abfahrt bemerkt er einen Jungen namens Nicolo, der bereits seine Eltern an der Krankheit verloren und sich selber infiziert hat. Auf die Bitte, ihn mit aus der Stadt zu nehmen, ergreift der Junge die Hand Piachis:

> „Dabei faßte er des Alten Hand, drückte und küßte sie und weinte darauf nieder. Piachi wollte, in der ersten Regung des Entsetzens, den Jungen weit, von sich schleudern; doch da dieser, in eben diesem Augenblick, seine Farbe veränderte und ohnmächtig auf den Boden niedersank, so regte sich des guten Alten Mitleid: er stieg mit seinem Sohn aus, legte den Jungen in den Wagen, und fuhr mit ihm fort, obschon er auf der Welt nicht wusste, was er mit demselben anfangen sollte."[314]

Obwohl bei der Textstelle keine Begriffe vorkommen, die auf die Wärmelehre verweisen, ist doch auch dabei das Prinzip der Wärmeleitung ersichtlich. Bei diesem physikalischen Vorgang fließt die Wärme stets von einem wärmeren Körper zu einem kühleren. Daher besitzt dieser Prozess eher gebenden als nehmenden Charakter. Entgegen des naturwissenschaftlichen Vorbildes erhält das Prinzip in Kleists Novelle parasitäre Züge. Piachi entzieht durch den Körperkontakt Nicolo seine Wärme und damit seine Gesundheit, wodurch er, im Gegensatz zu seinem Sohn, nicht an der Seuche erkrankt. Gleichzeitig erleidet Nicolo durch den Abfluss seiner Wärme und seiner Gesundheit eine Ohnmacht. Entgegen des physikalischen Vorbildes stellt sich zwischen den Figuren kein Gleichgewicht ein, sondern lediglich ein Körper profitiert von dem Prozess.

Paolo hat sich bei der Rettungsaktion bei Nicolo infiziert und verstirbt drei Tage später, wodurch Piachi den inzwischen geheilten Jungen „an seines Sohnes Statt [annahm]."[315] Seine Frau Elvire ist zunächst angesichts des Todes von Paolo traurig, übergibt aber unverzüglich dessen Bett und Kleidung dem Findling, wodurch der experimentelle Zug der Novelle erfüllt ist, bei der neue Figuren die alten substituieren. Nicolo ersetzt den verstorbenen Paolo. Piachi und seine Frau Elvire ersetzen als Eltern diejenigen von Nicolo. Elvire tritt an die Stelle von Piachis erster Ehefrau und Piachi nimmt die Position von Elvires erster Liebe, dem genueser Adligen Colino, ein.

Das thermodynamische Gleichgewicht ist generell relevant für die Stabilität der familiären Konstellation der drei Figuren. Um 1800 nahmen beispielhaft Johann Heinrich Lambert und Marc Auguste Pictet[316] bezogen auf den Temperaturausgleich

---

[314] Kleist, „Der Findling", 1972 [1811]: 871.

[315] Ebd.: 872.

[316] Vgl. Lambert, *Pyrometrie oder vom Maaße des Feuers und der Wärme*, 1779 und Pictet, *Essai sur le feu*, 1790.

an, dass die materielle Wärme unter einer gewissen Spannung stehe, die mit erhöhter Temperatur zunimmt. Infolge einer erhöhten Erwärmung vermehrt sich das Ausbreitungsbestreben der Wärme. Bei niedriger Temperatur sind dagegen keine Veränderungen oder Spannungen sichtbar. Diese Hypothese parallelisiert Kleist mit der Figurenkonstellation in der Novelle. Solange ein nach außen stabiler Zustand ohne Meinungsverschiedenheiten, zusätzlichen Figuren oder dergleichen vorliegt, resultiert ein Gleichgewicht, das sich stabilisierend auf das familiäre Miteinander auswirkt. Die spätere Adoption Nicolos und das getätigte Erbschaftsverhältnis zwischen den beiden männlichen Figuren verstärken diesen Zustand noch. Eine auf Blutsverwandtschaft beruhende Familie stellt an sich eine von der Natur gestiftete Einheit dar.[317] Eine Gemeinschaft, die nicht durch Blutsverwandtschaft verbunden ist, benötigt einen Vertrag zwischen den ichbezogenen Individuen, um diese Einheit zu erzeugen.[318] Diese Situation ist stets durch die Gewaltausübung eines Stärkeren gekennzeichnet und somit durch Labilität und Misstrauen geprägt.[319] Eine Adoption, wie sie Kleist im *Findling* schildert, ist wider dem beschriebenen natürlichen Zustand und kann unter anderem durch das Erbe Piachis zu einer scheinbaren Einheit kurzzeitig verhelfen. Zudem sollen Nicolos Hang zum weiblichen Geschlecht und seine Tendenz zur Bigotterie durch die Heirat mit Elvires Nichte Constanza Parquet eingedämmt und dadurch einen Beitrag zur hergestellten Stabilität gewährleisten. Constanza fungiert soziophysikalisch als ein Puffersystem. Ein Puffer stellt chemisch ein Gemisch dar, das aus einem konjugierten Säure-Base-Paar besteht und den pH-Wert einer Lösung im Gegensatz zu einem ungepufferten System nur in einem geringen Maße ändert. Voraussetzung für die ordnungsgemäße Wirkung eines Puffers ist das Einstellen der sachgemäßen Temperatur, weil einige Substanzen temperaturabhängig dissoziieren, wodurch sich Schwankungen im pH-Wert ergeben. Genau wie ein vorschriftsmäßig temperiertes Puffersystem führt die Anwesenheit Constanzas zu einer Unterdrückung seiner Leidenschaften. Bedingt durch die beschriebenen Aspekte überwiegt das hamonische Familienleben.

Eine Konstellation, bei der sich durch die Anwesenheit einer weiteren Figur eine gewisse Spannung manifestiert, liegt bereits in der Anfangsszene in Ragusa vor. Piachi steht im Mittelpunkt zweier „Söhne", seinem leiblichen Sohn Paolo und seinem späteren Ziehsohn Nicolo. Die durch Blutsverwandtschaft gestiftete Einheit zwischen Vater und Sohn zerfällt durch den Tod Paolos, der durch die Adoption Nicolos nicht nur eine erhöhte Spannung und damit Labilität erzeugt, sondern auch das spätere Schicksal der familiären Gemeinschaft vorausdeutet.

Der Tod Constanzas stellt im Bezug auf die familiäre Situation einen Umkehrpunkt dar, weil er einerseits das erneute Aufleben der Leidenschaften Nicolos bewirkt, andererseits führt er auch den Niedergang der familiären Gemeinschaft her-

---

[317] Dietzfelbinger, *Familie bei Kleist*, 1979: 196.
[318] Ebd.: 197.
[319] Ebd.: 197.

bei. Die Spannungen, respektive die Temperaturerhöhung bei einer Figur, münden in einem starken Ungleichgewicht, was schlussendlich die Bande zwischen den Familienmitgliedern aufbricht. Diese Diskrepanz unterliegt insbesondere bei den männlichen Figuren einem starken Wechsel und ist bereits vor Constanzas Begräbnis ersichtlich. Piachi untersagt seinem Ziehsohn die erneuten Treffen mit Xaviera Tartini, die Nicolo im Alter von 15 Jahren verführt hat und seitdem dessen Geliebte ist. Trotz der mahnenden Worte soll ein Treffen der beiden stattfinden, das Piachi verhindern kann, indem er durch eine List den Ort und Zeitpunkt der Begegnung mit dem Begräbniszug Constanzas gleichsetzt. Nicolo schöpft erst Verdacht, als er die Trauergemeinschaft anstatt seiner Geliebten bemerkt und empfindet gegenüber seinen Zieheltern Gefühle des Zorns. Das sich verschlechternde Verhältnis zwischen den Figuren ist soziophysikalisch mithilfe der mechanischen Auffassung der Wärmelehre beschreibbar, wobei die Temperaturerhöhung durch Reibung eine bedeutende Rolle einnimmt. Bereits vor dem Begräbniszug ist Nicolo nicht gewillt, das Verhältnis zu Xaviera aufzugeben, „vielmehr schärfte der Widerstand, den man ihm entgegensetzt, nur seinen Trotz."[320] Der Widerstand, den ihm seine Zieheltern entgegensetzen, ist mit der mechanischen Reibung gleichzusetzen, wodurch sich mehr Wärme und Reibungsenergie W_{fric} im Objekt ansammelt, je stärker und andauernder die Reibung über einen bestimmten Weg erfolgt. Sobald dieser Weg und die Reibung nicht konstant sind, muss ein Integral angenommen werden. Die kinetische Energie wird dabei vollständig in Wärmeenergie umgewandelt:

$$W_{fric} = E_{th} = \int_C F_{fric}\,(x) \cdot dx = \int_C \mu_k F_n\,(x) \cdot dx \qquad (17)$$

F_{fric} = Reibungskraft
F_n = Normalkraft
μ_k = Gleitreibungskoeffizient
x = Position des Objekts

Wie bei dem physikalischen Vorbild auch wird Nicolo angesichts des Widerstandes beziehungsweise der entgegengesetzten Reibungskraft F_{fric} immer wärmer und tatkräftiger, wobei die Normalkraft F_n soziophysikalisch Nicolos sich vermehrende Körperkraft darstellt. Dabei gilt entsprechend des physikalischen Vorbildes, dass sich der entgegengebrachte Widerstand über einen längeren Zeitraum vollzieht und Schwankungen unterliegt, aber dennoch stetig zunimmt: „Jede Kraft wird desto thätiger seyn, je größer der Widerstand ist, der sich [Nicolos] Anwendungen entgegensetzt."[321] Sein neugewonnener Tatendrang konzentriert sich überwiegend auf Elvire, die er hauptsächlich für die Kränkung verantwortlich macht. Bei dem Verhältnis zwischen Nicolo und Elvire sind zwei unterschiedliche Emotionsbereiche wirksam, die auf zeitgenössischen Erkenntnissen aus der Wärmelehre basie-

---

[320] Kleist 1972 [1811]: 878.
[321] Wieland, *Versuch über die natürliche Gleichheit der Menschen: Nebst einem Anhange über das Recht der Wiedervergeltung,* 1782: 99.

ren. Es handelt sich dabei einerseits um die Emotion des Zorns und der Aggressionsaffekte und andererseits um den Bereich der sexuellen Erregung und des sexuellen Begehrens. Die widersprüchlichen Gefühle treten bei Nicolo gleichzeitig auf
und zeigen sich insbesondere nach der öffentlichen Kränkung Nicolos während
Constanzas Leichenzug:

> „Dieser Vorfall, der ihn tief beschämte, erweckte in der Brust des Unglücklichen
> einen brennenden Haß gegen Elviren; denn ihr glaubte er den Schimpf, den ihm
> der Alte vor allem Volk angetan hatte, zu verdanken zu haben [...]. Zugleich war
> ihm Elvire niemals schöner vorgekommen, als in dem Augenblick, da sie, zu
> seiner Vernichtung, das Zimmer, in welchem sich das Mädchen befand, öffnete
> und wieder schloß [...]. Es schien unglaublich, daß sie, bei so viel Lockungen
> dazu, nicht selbst zuweilen auf dem Wege wandeln sollte, dessen Blumen zu
> brechen er eben so schmählich von ihr gestraft worden war. Er glühte vor Be-
> gierde, ihr, falls dies der Fall sein sollte, bei dem Alten denselben Dienst zu er-
> weisen, als sie ihm, und bedurfte und suchte nichts, als die Gelegenheit, diesen
> Vorsatz ins Werk zu richten."[322]

Nicolo macht Elvire für die öffentliche Kränkung verantwortlich und empfindet ihr
gegenüber Zorn, weil er einen Teil seiner Achtung und Reputation eingebüßt hat.
Um sein Macht- und Überlegenheitsgefühl wiederzuerlangen, will er sich an Elvire
rächen. Er empfindet zunächst Schmerz über die öffentliche Kränkung und die
Entdeckung der Affäre durch seine Ziehmutter. Nach Thomas von Aquin liegt dabei ein concupiscibler Affekt vor, der sich nur auf die unmittelbare Gegenwart bezieht.[323] Der irascible Affekt hingegen bezieht sich auf das Zukünftige, auf die
Hoffnung, diese Kränkung zu überwinden.[324] Dieses Begehren verknüpft Kleist
direkt mit einer körperlichen Komponente, indem Nicolo Elvire sexuelle Leidenschaften unterstellt. Mit einem Akt der sexuellen Vereinigung respektive Vergewaltigung will er nicht nur Elvire brechen, sondern auch gleichzeitig seine Macht wie-
dererlangen, weil eine Vergewaltigung per se eine Machtdemonstration ist.

Nicolo deckt nach mehreren Vorkommnissen schließlich Elvires versteckte Lei-
denschaft auf. Ihr Begehren richtet sich auf einen jungen genueser Ritter namens
Colino, der sie in ihrer Kindheit aus einem brennenden Haus gerettet hat. Bei seiner
Rettung zog er sich allerdings schwere Kopfverletzungen zu und war seitdem drei
Jahre lang bis zu seinem Tod bettlägerig. Während dieser Zeit wich Elvire ihm nicht
von der Seite und pflegte ihn. Aus Liebe zu ihm hängt in einem abschließbaren
Raum ein lebensgroßes Bild ihres Retters, welches sie „in der Stellung der Verzü-
ckung"[325] vergöttert. Nicolo besitzt eine starke Ähnlichkeit mit dem Genueser auf

---

[322] Ebd.: 877f.
[323] Aquin, „Die menschlichen Leidenschaften", 1955 [1265–1273]: 15–19.
[324] Ebd.: 15–19.
[325] Kleist 1972 [1811]: 878.

dem Bild, die sich noch verstärkt, als er zu Karneval ein genueser Rittergewand trug, woraufhin Elvire bei seinem Anblick einen Ohnmachtsanfall erlitt. Mit seinen erstandenen Informationen über Colino will Nicolo diese Situation erneut herbeiführen und besorgt sich die gleiche Kleidung, „um die abscheulichste Tat, die je verübt worden ist, auszubrüten."[326] An dem Abend, den sich Nicolo für seine Rache auserkoren hat, versteckt er sich in dem Zimmer, in dem das Bild hängt, und wartet auf Elvire. Wie geplant erscheint sie und fällt beim Anblick des vermeintlich lebendigen Colinos in Ohnmacht. Er trägt sie auf das nebenstehende Bett und versucht sie „mit heißen Küssen auf Brust und Lippen aufzuwecken."[327] Diese Stelle stellt eine inhaltliche Rekurrenz an die Anfangsszene zwischen Piachi und Nicolo dar. Auch hier setzt das Prinzip der parasitären Wärmeleitung ein, bei der der durch den Zorn und das Begehren erhitzte Findling die von Natur aus kühlere Elvire ihrer Wärme und somit ihrem gesunden Zustand beraubt. Im Unterschied zur Anfangsszene setzt das von den romantischen Naturphilosophen propagierte Prinzip der Potenzierung ein, weil Elvire bereits zuvor an einer Ohnmacht litt und generell über einen labilen Gesundheitszustand verfügt. Die durch den Körperkontakt herbeigeführte Wärmeleitung verursacht ein vermehrtes Ausströmen des Wärmestoffs und ihrer Gesundheit, was schlussendlich zu ihrem Tod führt, weil der Findling ihre gesamte Wärme aufgebraucht hat. Kleist widerspricht damit der allgemeinen physikalischen Auffassung, wonach selbst beim absoluten Nullpunkt stets eine geringe Wärme und Bewegung vorhanden ist.[328] Er folgt stattdessen der These Ritters, der den absoluten Kältepunkt dahin setzt, wo ein Körper gar keine Wärme mehr von sich gäbe.[329] Nach dem Tod des Racheobjektes vermindert sich auch die Zorneswärme Nicolos, wodurch er an Tatkraft abnimmt. Damit verhält er sich wie Atome, die infolge einer Temperaturerniedrigung eine geringere Bewegungsenergie aufweisen.

Nach dem Tod Elvires nehmen auch gleichzeitig die Wärme und die Tatkraft Nicolos ab. Piachis Wärme und Zorn hingegen nehmen angesichts des Widerstandes des Findlings zu, sodass Piachi ebenfalls soziophysikalisch als physikalischer Körper gilt, der sich durch Reibung erwärmt. Nachdem Piachi Elvire tot aufgefunden hat, will er Nicolo aus seinem Haus verweisen, bedenkt allerdings nicht, dass er sein Eigentum bereits an Nicolo überschrieben hat, der ihn nun umgekehrt seines Besitzes verweist. Piachi kann dem nichts entgegensetzen, weil der Findling durch seine Verhältnisse mit Xaviera und befreundeten Mönchen Vorteile genießt. Dieser doppelte Schmerz über den Tod Elvires und die Kränkung führen bei Piachi zu einem Gefühl der Unvollkommenheit und Ohnmacht, die ihn zum Zorn verleiten: „Zorn ist das lebhafte Gefühl einer Unvollkommenheit, wobey die dagegen

---

[326] Ebd.: 883.
[327] Ebd.: 884.
[328] Gehler 1841: 115.
[329] Ritter 1946 [1810]: 43.

reagierende Bestrebung gegen den Urheber dieser Unvollkommenheit gerichtet ist."[330] Piachi schwört auf Rache und Vergeltung, um das eigene Kraft- und Überlegenheitsgefühl gegenüber Nicolo wieder herzustellen.[331] Entsprechend der Mechanik erfährt der Körper Piachis durch die Reibung respektive Widerstand eine Erwärmung, was zu einer Erhöhung der Tatkraft führt. Auch physikalisch gesehen bewirkt eine Temperaturerhöhung eine vermehrte Bewegung der Teilchen. Diese erhöhte Zorneskraft verschafft ihm trotz seines Alters gegenüber dem erkalteten Findling einen Vorteil im Kampf, der mit dem Tod Nicolos endet. Anlässlich dieser Tat verhängt das römische Gericht über Piachi die Todesstrafe.

Der Findling beschreibt insgesamt ein Kräftespiel mit polarisierten Figuren, die alle, trotz ungleich verteilter Ausgangsbedingungen, mindestens einmal die Stellung wechseln, ihre Macht verlieren oder letztendlich doch gewinnen, ohne zu erreichen, was sie anfangs wollten.[332] Die Novelle illustriert dadurch einen allgemeinen Kräftemangel oder -überschuss.[333]

Kleist verwendet formelhafte Konstrukte, um Verhältnisse zwischen Figuren aufzudecken. Diese Konstellationen zeichnen sich dadurch aus, dass ein Mangel eintritt, der ausgeglichen werden muss. Dieser Prozess kann einmal stattfinden oder sich über einen längeren Zeitraum erstrecken, wobei die anteilmäßige Beteiligung der Akteure variieren kann. Selbiges konstatiert Kleist bereits in seinem *Allerneuesten Erziehungsplan*:

> „Es ist als ob die Natur einen Abscheu hätte gegen alles, was, durch eine Verbindung von Umständen, einen überwiegenden und unförmlichen Wert angenommen hat; und zwischen je zwei Körpern, die sich berühren, scheint ein Bestreben angeordnet zu sein, das ursprüngliche Gleichgewicht, das zwischen ihnen aufgehoben ist, wiederherzustellen."[334]

Gerade formelhafte Gesetzesmäßigkeiten wie die Wärmeleitung sind prädestiniert, diesen Austausch zu illustrieren, weil Materie solange übertragen wird, bis sich das Gleichgewicht wiedereinstellt. Die Novelle deutet das entstehende Gleichgewicht ironisch um, indem kein Ausgleich zwischen den Figuren folgt, sondern eher, einer Lehrmeinung um 1800 entsprechend, eine temperaturbedingte Spannung, die schlussendlich in einem Wegfall einer Figur endet. Die Soziophysik illustriert diesen Aspekt, indem sie die Figuren entweder als kalt oder als warm bezeichnet. Eine kühlere Figur unterliegt bedingt durch den Kräfteüberschuss der wärmeren Figur, sodass nacheinander Nicolo über Elvire dominiert, während hinterher Piachi den kühleren Nicolo beim Kampf besiegt. Diesem reduktionistischen

---

[330] Burdach, *Handbuch der Pathologie*, 1808: 165.
[331] Lehmann 2012: 154.
[332] Lorenz, „Experimentalphysik und Deutungspraxis. Das ‚geheime Gesetz des Widerspruchs' im Werk Heinrich von Kleists", 1991: 85.
[333] Ebd.: 86.
[334] Kleist 1972 [1810]: 1031.

Gedanken verpflichtend rücken innere Beweggründe der Protagonisten in den Hintergrund. Stattdessen dominieren externe Ursachen, die die Figuren wie deterministisch agierende physikalische Teilchen handeln lassen, sodass eine Vorhersage über deren Verhaltensweisen möglich ist.

5.2 Brentanos poetische Wissensumkehr

Die Studienzeiten Brentanos (1778–1842) waren von Vielseitigkeit geprägt. So studierte er zwei Semester Bergwissenschaften in Bonn, zwei Semester Bergwissenschaften in Halle, hat im Jahr 1798 ein Medizinstudium in Jena begonnen sowie ein Philosophiestudium in Göttingen im Jahr 1801.[335] Die Wahl seiner Studiengänge begründete er mit seinen vielseitigen Interessen und mit seinem angeborenen wissenschaftlichen Talent. Davon zeugt der nachfolgende Brief an seinem Bruder Franz vom 20.12.1798:

> „[…] weil Talent ich zu vielen ich habe. […] bei meinen Fähigkeiten, bei meinem Wissensmangel, bei der Disproportion meiner Kenntnisse, meinem Drange, meinen Lieblingsneigungen, die ich alle erreizen, ausbilden, ersetzen, ausgleichen, bestimmen und zu angenehmen Gesellschaftern und Talenten ausbilden muß, eine unbestimmt lange Zeit mit Bequemlichkeit, mit Muße, mit den gehörigen Erholungen abwechseln […]. Das nächste halbe Jahr werde ich mich mit Wissenschaftslehre und Chemie, Botanik und überhaupt Naturwissenschaften beschäftigen."[336]

Während dieser Studienjahre pflegte er einen näheren Umgang mit den dortigen Dozenten Fichte, Ritter, August Wilhelm Schlegel sowie Schelling und machte darüber hinaus Bekanntschaft mit August Winkelmann und Steffens.[337] Die wohl herausragendste Freundschaft ist mit Arnim, seinem „Herzbruder", zu verzeichnen, den er 1801 während seines Studiums der Philosophie in Göttingen traf.[338] Doch anstatt sich auf sein Studium zu konzentrieren und dieses auch zu beenden, widmete sich Brentano vermehrt literarischen Tätigkeiten und intensivierte diese seit den Begegnungen mit Schlegel, Ludwig Tieck und Arnim.[339]

Brentano zweifelte allerdings an seinem poetischen Talent, wie er in Briefen an Arnim oder Wilhelm Grimm bekundete:

> „So zweifle ich auch täglich mehr an meinem poetischen Talent."[340]

> „Die Kunst erscheint mir seit einiger Zeit unendlich schwer."[341]

---

[335] Kastinger-Riley, *Clemens Brentano*, 1985: 15–26.
[336] Brentano/Seebaß, *Briefe. Erster Band 1793–1809*, 1951: 18ff.
[337] Kastinger-Riley 1985: 19.
[338] Ebd.: 26.
[339] Ebd.: 19.
[340] Zitat aus dem Brief an Arnim vom 6.9.1802, Brentano/Seebaß 1951: 139.
[341] Zitat aus dem Brief an Arnim vom 12.10.1803, ebd.: 220.

„Jeder poetische Gedanke erwürgt sich lieber selbst in mir, als daß er sich herauswagen möchte."[342]

Parallel zu seinen literarischen Tätigkeiten zeigte sich Brentano auch nach dem Abbruch seines naturwissenschaftlichen Studiums interessiert an den neuesten Erkenntnissen aus den Wissenschaften und beschaffte sich die aktuellsten wissenschaftlichen Publikationen sowie unterhielt einen stetigen Briefwechsel mit Naturforschern:

„Hast du Ritters Rede über die Geschichte der Naturwissenschaft als Kunst gelesen? Sie ist gedruckt, ich habe sie mit Vergnügen gelesen."[343]

„Ihre Abhandlung über die Farbe habe ich bei Steffens gelesen, aber wie ein Kind, da ich vielleicht der unwissenschaftlichste Mensch bin, den die Sonne scheint […].
Weiter ist Görres in Koblenz, mein geliebter Freund, und einer der vielseitigsten, wärmsten Denker, ein guter Mathematiker und Naturforscher, und ein äußerst gelehrter, ideenvoller, trefflicher Mensch, seit langer Zeit mit Forschungen über das Licht beschäftigt."[344]

Anders als bei Kleist liegt bei Brentano daher keine Wissenschaftsskepsis vor, sondern eher eine Skepsis an seinen eigenen literarischen Fähigkeiten.

5.2.1 Quadrantische Lebenswärme bei *Godwi, oder das steinerne Bild der Mutter* (1801)

Der *Godwi* hat weder bei Zeitzeugen noch bei Literaturwissenschaftlern eine besondere Aufmerksamkeit gefunden.[345] Das Fragmentarische, die Fülle an Episoden sowie die Formlosigkeit ließen den Roman kunstlos und verworren erscheinen.[346] Auch Brentano selber beschrieb den Roman, so auch der gewählte Untertitel des Textes, als verwildert, erbärmlich und misslungen, wie er in einem Brief an Arnim vom 12.10.1803 erklärt.[347] Der erste Teil ist als Briefroman verfasst und beinhaltet die Bekanntschaften und Stationen, die der Baron Karl Godwi während seiner Bildungsreise unterhält. So berichtet er von seiner zweiwöchigen Romanze zu Lady Molly Hodefield, seinem Aufenthalt auf Schloss Eichenwehen, bei dem er Joduno von Eichenwehen kennen lernt, sowie seinem Verbleib auf Schloß Reinhardstein, wo er eine Beziehung zu Otilie Senne aufbaut. In der Zwischenzeit berichtet sein Freund und Halbbruder Römer von seiner Arbeit bei

---

[342] Zitat aus dem Brief an Wilhelm Grimm vom 2.7.1809, ebd.: 409.

[343] Zitat aus dem Brief an Arnim vom Mai 1806, ebd.: 312.

[344] Zitat aus dem Brief an Runge, Brentano/Seebaß, *Briefe. Zweiter Band 1810–1842*: 17f.

[345] Encke, *Bildsymbolik im „Godwi" von Clemens Brentano. Eine Strukturanalyse*, 1957: 2.

[346] Ebd.: 2.

[347] Brentano/Seebaß 1951: 222.

Godwis Vater und seiner Geschäftsreise nach Kassel. Im zweiten Teil des Romans begibt sich der Ich-Erzähler namens Maria nach Godwis Anwesen und möchte die näheren Umstände über den Bau eines Denkmals erfahren, das Godwi zu Ehren von Violette anfertigen ließ, die von der Bevölkerung denunziert wurde. Maria übergibt Godwi eine erste Fassung seiner Memoiren, die seiner Meinung nach zu oberflächlich seien. Damit die zweite Version ausführlicher ausfällt, beantwortet Godwi ihm jederzeit Fragen über seine Herkunft und händigt ihm Briefe über seine Korrespondenzen aus. Während diesen Erzählungen werden die genaueren Lebensumstände um Godwi, dessen Vater, Römer, Lady Molly Hodefield und sämtlichen anderen Figuren deutlich, die alle über Verwandtschaftsbeziehungen miteinander verbunden sind. In einer fragmentarischen Fortsetzung des Romans begegnet Godwi Violette und ihrer Mutter und geht mit den beiden amouröse Beziehungen ein. Gedichte und Beiträge von Arnim und Stephan August Winkelmann berichten über den Tod Marias und beschließen den Roman.

Brentano schuf mit seinem Roman eine textuelle Versuchsanordnung, die anhand von vier im Roman vorkommenden Thematiken nicht mehr das romantische Denken skizziert, sondern bereits das Zeitbewusstsein der Moderne repräsentiert.[348] Durch diese Abkehr vom zeitgenössischen Gedankengut und der gleichzeitigen Hinwendung zu einem Ideengehalt, das erst in einer späteren Epoche vordergründig ist, entsteht nach Emil Staiger eine gewisse Orientierungslosigkeit und ein Gefühl des Verlorenseins. Dem romantischen Autor gelingt es nicht, „von einem Hier und Jetzt nach vorwärts und rückwärts, nach oben und unten, nach rechts und links zu schauen."[349] Gerade die von einem Ausgangspunkt ausgehenden vertikalen und horizontalen Richtungsattribute implizieren ein kartesisches Koordinatensystem, das in der Mathematik und Physik zur Positionsangabe dient und entgegen Staigers Aussage eine gewisse Orientierung ermöglicht.[350] Der Schnittpunkt der Achsen markiert den Ursprung oder Pol, an dem sämtliche Koordinaten einen Wert von Null annehmen. Beim *Godwi* sind vier Thematiken sichtbar, die alle in der Abwendung vom romantischen Gedankengut, das den Pol markiert, subsumiert sind und sich dementsprechend auf dem Koordinatensystem vom Ursprung entfernen. Brentanos Text hebt mit dieser Verbindung aus Mathematisierung und Produktionslogik die Berechenbarkeit des literarischen Schaffens hervor. Oberflächlich erscheint der *Godwi* zusammengefügt, allerdings ergibt sich die ästhetische Wertigkeit des Textes aus der mathematischen Proportionalität, die in den vier Quadranten

---

[348] Petersdorff, „Ein Knabe saß im Kahne, fuhr an die Grenzen der Romantik. Clemens Brentanos Roman „Godwi"'", 1999: 81.

[349] Staiger, *Die Zeit als Einbildungskraft des Dichters. Untersuchungen zu Gedichten von Brentano, Goethe und Keller*, 1963: 67f.

[350] Auch Petersdorff erwähnt kurz das Bild des Koordinatensystems, ohne explizit darauf einzugehen und weitere Überlegungen anzustellen. Vgl. Petersdorff 1999: 81.

ihren Ausdruck finden. Die Mathematik fungiert daher als Möglichkeit zur ästhetischen Gestaltung literarischer Texte. Der Gebrauch dieses Konzeptes unterstreicht den modernen Zeitgeist Brentanos, weil insbesondere in der modernen Ästhetik die Ambivalenz zwischen Kunst und Mathematik hervorgehoben wird. Die beiden Disziplinen gelten als unvereinbar, aber dennoch sind sie Voraussetzung einer gelingenden künstlerischen Produktion.[351]

Die in der folgenden Abbildung vorkommenden vier Quadranten repräsentieren die einzelnen thematischen Bereiche, die Brentanos modernen Zeitgeist repräsentieren:

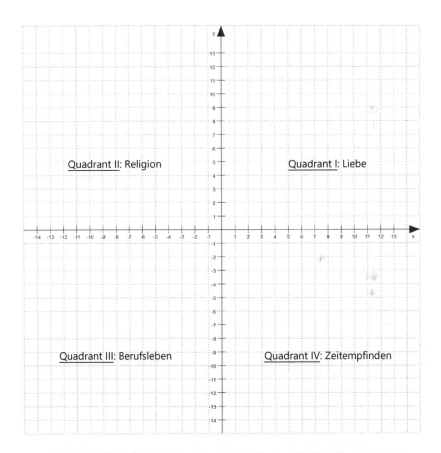

Abbildung 8: Darstellung der vier anmutenden Konzepte im Koordinatensystem

---

[351] Insbesondere der studierte Mathematiker und Autor Hermann Broch ist in diesem Zusammenhang erwähnenswert, der sein literarisches Schaffen mithilfe seiner Erkenntnisse aus der Mathematik begründet. Siehe unter anderem: Lützeler/Stasková, *Hermann Broch und die Künste*, 2009.

An dieser Abbildung ist anzumerken, dass die Spannweite der Veränderung irrelevant ist. Von Bedeutung ist lediglich, dass sich die vier einzelnen Konzepte vom ursprünglichen romantischen Konzept entfernen.

Beginnend mit dem ersten Quadranten über die Liebe ist anzumerken, dass generell liebevolle Gefühle für den namensgebenden Protagonisten keinen längeren Bestand haben und substanzlos sind. Die Liebe stellt lediglich einen Versuch dar, aus der individuellen und gesellschaftlichen Leere zu entfliehen und zumindest für einen kurzen Zeitraum einen Sinn im Leben zu verspüren. Letztendlich enden sämtliche Liebesverhältnisse in Ernüchterung. Die Beziehungen zwischen Godwi und den einzelnen Frauenfiguren sind über physikalische Bilder im Zusammenhang mit der Soziophysik sowie über die Naturmetaphorik miteinander verbunden. Diese Bilder beziehen sich überwiegend auf die Wärmeleitung und das damit zusammenhängende Körperkonzept der *homines calefiati*, auf die Emanationstheorie sowie auf die Attraktivkraft, die die Forschung um 1800 auch als Schwere bezeichnete. Insbesondere die Übertragung der Schwere auf die Liebe unterliegt einer starken Beeinflussung durch romantische Naturforscher wie Baader oder Ritter, die die Liebe mit der Schwere gleichgesetzt haben. So schreibt Ersterer:

> „Liebe ist das allgemeine Band, das alle Wesen im Universum an und ineinander bindet und verwebt. Man nenne es nun allgemeine Schwere, Attraction, Cohäsion, Affinität, Aetzbarkeit [...]."[352]

Ritter differenziert zwischen innerer und äußerer Schwere und grenzt dabei die Liebe vom Licht ab: „Licht ist die äußere Anschauung der Schwere, Liebe innere."[353]

Brentano wählte die verschiedenen physikalischen Phänomene, um die Stärke der Liebe Godwis zu einzelnen Frauenfiguren zu literarisieren. So besteht zwischen dem Protagonisten und Lady Molly Hodefield beziehungsweise zwischen ihm und Joduno von Eichenwehen eine Wärmeleitung. Der Unterschied liegt darin, dass Godwi zu Lady Molly Hodefield stärkere Gefühle hegt als zu Joduno, für die er eher freundschaftliche Gefühle empfindet. Die Stärke der Liebesgefühle korrespondiert dabei mit der Intensität der Wärmeleitung. Godwi erwähnt in einem Brief an Römer, dass Lady Molly ihn erwärme. Diese Erwärmung vollzieht sich über direkten Körperkontakt, weil die beiden über „glühende Lippen"[354] verfügen. Bei Joduno hingegen ist eine distanziertere Fernwirkung der Wärme zu verzeichnen, da sie keinen direkten Körperkontakt zu Godwi unterhält und sie lediglich eine Wärme verspürt, die „bis in [ihr] herüberdrang."[355] Letztendlich scheitert die

---

[352] Baader, *Gesammelte Schriften zur Naturphilosophie*, 1963 [1852]: 33.

[353] Ritter 1946 [1810]: 37.

[354] Brentano, „Godwi, oder das steinerne Bild der Mutter. Ein verwilderter Roman von Maria", 1963 [1801]: 21.

[355] Ebd.: 37.

Beziehung zu Lady Molly nicht nur an der Inzestschranke, sondern auch an der Tatsache, dass sie die Muttersehnsucht Godwis stillen soll. Es handelt sich dabei um eine imaginierte Liebe, die der Phantasie und Einbildungskraft unterliegt.[356] Zum einen offenbart der Ausspruch Godwis am Ende der Beziehung diesen illusionistischen Charakter: „[...] und wir erwachen."[357] Zum anderen wählt Brentano das Prinzip des Kältestoffs, der die Wärmeleitung und damit die Liebesgefühle der Protagonisten unterbricht: „[...] kalt strömt die Wirklichkeit zwischen unserer glühenden Lippe [...]."[358]

Eine Steigerung der Liebe geht ebenso einher mit einer Veränderung des physikalischen Bildes. Zu Beginn der Liebesbeziehung zwischen Otilie Senne und Godwi beschreibt Brentano die Empfindungen der beiden Figuren auch über eine Wärmeleitung, die zunächst mit einer Skepsis seitens Otilien verbunden ist: „Wie warm mein Herz, will deines gleich erkühlen."[359] Je mehr sich die Gefühle der beiden Figuren intensivieren, desto mehr verschiebt sich das Bild in Richtung des physikalischen Prinzips der Emanation, die das Ausströmen oder Freisetzen von Materie beschreibt. Ausgangspunkt dieser gerichteten Bewegung ist dabei stets Otilie: „Du wolltest, daß die Liebe mich entzünde. Aus deinen Augen helle Lichter schweben."[360] Die Emanation illustriert die sich verstärkenden Empfindungen Godwis, weil sich bei der Wärmeleitung lediglich bereits bestehende Wärme und damit schon vorhandene Gefühle vermitteln. Bei der Emanation hingegen werden Gefühle nicht einfach transportiert, sondern die bereits bestehenden Empfindungen erfahren durch eine Freisetzung von weiteren Emotionen eine Intensivierung. Diese tiefergehende Liebe führt zu einer Naturverbundenheit Godwis, die ein propagiertes Ziel der romantischen Naturphilosophie war: „Auch [ihn] hat die Liebe mit unendlich zarten Armen umfangen, und an das warme lebendige Herz der Natur sanft herangezogen."[361] Diese Naturverbundenheit erweckt in Godwi ein poetisches Gemüt, das auch innerhalb des Textes zum Ausdruck kommt, indem sein prosaischer Wortstil einer poetischen Redeweise weicht und er Gedichte vorträgt. Die vollkommene Harmonie mit der Geliebten führt daher zu einem Auflösen und Identischwerden mit der Natur.[362] Die Liebe zu Otilie scheitert allerdings, weil die Harmonie mit der Natur als nicht realisierbare Illusion erscheint und Godwi der Anziehungskraft des Marmorbildes unterliegt.[363]

Wie auch beim Kleistschen *Findling* skizziert Brentano angesichts der Begegnung mit dem Marmorbild eine aufzehrende Wirkung der Wärmeleitung. Im Un-

---

[356] Kluckhohn 1966: 575f.

[357] Brentano 1963 [1801]: 21.

[358] Ebd.: 21.

[359] Ebd.: 137.

[360] Ebd.: 136.

[361] Ebd.: 114.

[362] Hayer, *Brentanos „Godwi". Ein Beispiel des frühromantischen Subjektivismus*, 1977: 138.

[363] Ebd.: 38.

terschied zur Novelle verwendet Godwi allerdings seine Lebenswärme dazu, um einen unbelebten Gegenstand zu erwärmen: „[…] daß ich mit heißen Armen es [das Marmorbild] umschlinge, und Leben durch den kalten Busen dringe."[364] Das Prinzip von der Lebenswäre stammt von Aristoteles und beschreibt den Zusammenhang zwischen Seele und Wärme eines lebenden Körpers, der sich über Lebensprozesse, insbesondere der Nahrungsaufnahme, ausdrückt. Um 1800 behandelte lediglich eine Minderheit der Naturforscher wie Lavoisier oder Crawford dieses Prinzip von der Lebenswärme oder auch animalischen Wärme. Das aristotelische Konzept erhielt allerdings bei Hegel in seiner *Mechanik der Wärme* (1805/1806) eine zentrale Bedeutung im Hinblick auf das Verhältnis des Lebendigen mit der Warme selbst.[365] Die im Körper innewohnende Wärme bezeichnet Hegel darin als aktiver und lebenserhaltender sowie lebensbegünstigender Prozess, der in unbelebten Gegenständen nicht enthalten ist. Godwi unternimmt entsprechend der Lehre den Versuch, das unbelebte Marmorbild durch seine animalische Wärme zum Leben zu erwecken. Die Marmorstatue lässt sich allerdings nicht erwärmen und fungiert dagegen als kaltmachende Materie, die die Lebenswärme von Godwi vermindert, wodurch er „sich verkältet."[366] An dieser Stelle ist der biographische Aspekt Brentanos nach einer fehlenden Mutterfigur ersichtlich. Im Gegensatz zum romantischen Autor hat Godwi seine früh verstorbene Mutter nie kennen gelernt und versucht nun durch seine Liebe das Marmorbild zu beleben oder zumindest seine Muttersehnsucht zu stillen. Die fehlgeschlagene Wärmeleitung soll bezwecken, dass sich die liebevollen Muttergefühle Godwis vermindern und er, unbeeinflusst durch diese Gefühle, funktionierende Liebesverhältnisse eingehen kann. Im Roman ist somit eine Muttersehnsucht vorherrschend, die sowohl eine zerstörerische Wirkung auf Liebesbeziehungen als auch eine das Individuum aufzehrende Funktion besitzt.[367]

Zu seiner Tante Annonciata konnte Godwi keinerlei Gefühle aufbauen, weil sie noch vor seiner Geburt ohne Hinweise auf ihren Aufenthaltsort verschwunden ist. Dennoch verarbeitet Brentano bei ihr ein weiteres physikalisches Prinzip. Es handelt sich dabei um das Prinzip der Schwere, das durch die physikalischen Vorbilder Baader und Ritter eine Positivierung erfährt, weil sie alle Menschen miteinander durch Liebe verbindet. Durch Brentano vollzieht sich beim Zusammenhang zwischen Liebe und Schwere allerdings eine Negativierung. Sämtliche Figuren, so auch ihre Schwester Maria und ihr Vater, sind ihr positiv gestimmt: „[…] sie wird

---

[364] Brentano 1963 [1801]: 145.

[365] In seiner Dissertation *Die Mechanik der Wärme in Hegels Jenaer Systementwurf von 1805/1806. Ein Kommentar vor dem Hintergrund der Entwicklung der Wärmelehre von 1620 bis 1840* (2005) deckt Thomas Posch die Parallelen zwischen den Theorien von Aristoteles und Hegel auf und erläutert darüber hinaus Hegels Konzept der Wärme.

[366] Ebd.: 148.

[367] Vgl. Janz, *Marmorbilder. Weiblichkeit und Tod bei Clemens Brentano und Hugo von Hofmannsthal*, 1986: 24.

gewollt; das Leben verlangt sie; von allen Seiten glüht Liebe und Lust zu ihr hin."[368] Wie bei der Schwere richtet sich die Bewegung nach ihr aus. Sie steht im Mittelpunkt und erfährt Liebe und Lust. Doch „sie will nichts."[369] Bei der Schwere literarisiert Brentano demnach eine einseitige, passive Liebe, während die durch Emanation dargestellte Liebe zwischen Godwi und Otilie im Gegensatz dazu eine auf Gegenseitigkeit beruhende, aktive Liebe repräsentiert.

Eine weitere Liebesbeziehung geht Godwi mit Violette und ihrer Mutter, der Gräfin G., ein. Deren Beschreibung liegt allerdings nur fragmentarisch vor, sodass sich keine direkten Verweise auf die Wärmelehre ergeben. Violette bezeichnet sich dennoch selbst als Flamme und als Licht, das alles entzündet.[370] Im Zusammenhang mit der von ihrer Mutter auferlegten religiösen Liebesauffassung, wonach sie mit Männern sexuell agieren muss, um zu Gott zu finden, lässt sich aus diesem Bekenntnis folgern, dass sie mit ihren Reizen sämtliche Männer verführen und in ihnen Begehren wecken kann. Die beiden weiblichen Figuren repräsentieren lediglich den Wunsch nach Sinnlichkeit und Körperlichkeit, aber tiefgehende Gefühle sind dabei nicht vorgesehen. Im Gegensatz zu ihrer Mutter widerstrebt ihr diese Liebesauffassung, wie sie in dem Lied über die Lorelay illustriert. Genau wie diese mythologische Figur empfindet sie ihre körperlichen Reize als Laster. Violette befindet sich daher inmitten einer kollektivsymbolischen Opposition aus *Wärme-Religion*. So repräsentiert ihr Feuer, ihre Wärme und ihr wärmendes, entzündendes Licht die sinnlichen Leidenschaften während ihr moralischer Standpunkt Sittlichkeit suggeriert. Auch ihr Denkmal, das Godwi ihr zu Ehren anfertigen ließ, visualisiert diese Opposition. So thematisieren Sonette zunächst ihr lasterhaftes, sinnliches Leben, bis sie zur Religion findet und eine Apotheose erfährt.[371] Bei diesen beiden Frauenfiguren ist die im zweiten Quadranten veränderte Haltung gegenüber der Religion ersichtlich. Sie besitzen keinen rein religiösen, festen Standpunkt, sondern definieren Religion nach ihren Maßstäben, sodass eine gesellschaftlich vermittelte religiöse Ordnung zugunsten privater Versatzstücke weicht.[372]

Der dritte Quadrant bezieht sich auf die veränderte Wahrnehmung in der Berufswelt, wobei die Übertragung und Spiegelung zwischen Familienvätern und deren Söhnen vorherrschen, die soziophysikalisch mit dem Verhältnis aus Imitation und Konformität sowie dem Prinzip der spontanen Symmetriebrechung beschreibbar sind.[373]

Im ersten Teil des Romans unternimmt Godwi mehrere Reisen, die als Gegenbewegung zum klassischen Bildungsroman aufzufassen sind. Nicht Bildung und nützliche Integration in die Gesellschaft sind das Ziel dieser Reisen, wie beispiel-

---

[368] Brentano 1963 [1801]: 319.
[369] Ebd.: 319.
[370] Ebd.: 434.
[371] Ebd.: 298–301.
[372] Petersdorff 1999: 84.
[373] Näheres dazu unter: Keuschnigg, „Imitation und Konformität", 2015: 903–934.

haft bei Goethes Roman *Wilhelm Meisters Lehrjahre* (1795), sondern Selbstverwirklichung ohne äußere Zwänge und Auflagen der Gesellschaft. Godwi favorisiert daher ein selbstbestimmendes Leben, wie er auch in einem Brief an Römer bekennt: „[...] soll ich mir meinen Raum erweitern, da dieser schon unermeßlich ist? Wer sich ins Unendliche verdünnt, dessen Umfang muss man mit Mikroskop suchen, dessen Inhalt muss man mit Säuren finden, und ich mag gerade nicht allein für einen Optiker oder Chemiker leben."[374] Im Gegensatz zu dieser Tendenz wählt sein bester Freund und Halbbruder Römer ein Leben unter gesellschaftlichen Zwängen und führt lediglich Aufträge aus, anstatt selber seinen Zielen zu folgen. Aus diesen gegenläufigen Auffassungen resultiert ein Unverständnis auf beiden Seiten, das zu einem Bruch der Freundschaft führt: „Unsere Briefe können sich nicht mehr beantworten, denn wo du glühst, starre ich, und bin ich nur erwärmt, so schmilzt du schon."[375] Römer ist als klassisches Beispiel für die Übernahme sozialer Normen und Gewohnheiten zum Zweck der Orientierungshilfe und Entscheidungssicherheit aufzufassen. Alleine Zweck-Mittel-Relationen sind grundlegend für die Berufswahl, nicht aber die Ausbildung von Identität. Godwi hingegen wählt ein Leben außerhalb gesellschaftlicher Imitation und sozialer Akzeptanz, mit dem Ziel der Selbstverwirklichung. Um die Stärke der Imitation auszudrücken, können sogenannte Mobilitätstabellen und der Assoziationsindex hilfreich sein.[376] Diese richten sich nach dem eigenen Beruf und der wahrgenommenen Schichtzugehörigkeit im Verhältnis zu dem Beruf und Schichtzugehörigkeit des Vaters. Aus den Mobilitätstabellen ist im nächsten Schritt der Assoziationsindex nach folgendem Schema ableitbar:

$$Assoziationsindex = \frac{Summe\ der\ wirklichen\ Werte\ der\ Diagonalfelder}{Summe\ der\ theoretischen\ Werte\ der\ Diagonalfelder} \qquad (18)$$

Je niedriger dabei der Assoziationsindex ausfällt, desto stärker ist die Intergenerationen-Mobilität und desto stärker ist dementsprechend die Imitation. Für Godwi ist daher ein hoher Assoziationsindex zu verzeichnen, weil er sich von seinem Vater distanziert. Hingegen ist für Römer ein niedriger Assoziationsindex bei einer gleichzeitigen hohen Imitation zu konstatieren, weil er im gleichen Beruf wie sein leiblicher Vater, der alte Godwi, tätig ist.

Die Gründe für eine Ablehnung gesellschaftlicher Normen können vielfältig sein, sind allerdings auf ein erlittenes Unglück zurückzuführen, der in einem Abbruch oder Umschlagen von Konformität resultiert.[377] Dieser Sachverhalt ist mit dem Prinzip der spontanen Symmetriebrechung zu verdeutlichen. Dieses Konzept tritt dann auf, sobald der Grundzustand eines physikalischen Systems weniger

---

[374] Brentano 1963 [1801]: 43.
[375] Ebd.: 183.
[376] Ein konkretes Anwendungsbeispiel findet sich unter: Mayntz/Holm/Hübner, *Einführung in die Methoden der empirischen Soziologie*, 1972: 131f.
[377] Keuschnigg 2015: 921.

Symmetrien aufweist, als die zugrundeliegenden Bewegungsgleichungen, die die zeitliche und räumliche Entwicklung eines Systems in Abhängigkeit von äußeren Einflüssen wiedergeben. Symmetrien sind grundlegend für die Erklärung von Erhaltungssätzen innerhalb eines physikalischen Systems. Soziophysikalisch sind Symmetrien vergleichbar mit den übernommenen sozialen Konventionen sowie mit dem vom Vater übernommenen Beruf. Je mehr Symmetrien dabei ein Individuum mit seinem Vater besitzt, umso größer sind die Imitation und der Wunsch nach Konformität. Zudem stellt die Übernahme des väterlichen Berufs ein Erbamt dar, das zum einen das Individuum fixiert und auf der anderen Seite von der Gesellschaft ausdrücklich erwünscht ist.[378] Bei Missachtung drohen Sanktionen. Diese Konstellation suggeriert damit Sicherheit aber auch die Aufhebung der Individualität, weil der Sohn nur punktuell seine persönlichen Vorstellungen in den Beruf einbringen kann.[379] Daraus folgt, dass sich Godwi von seinem Vater distanziert hat und ein eigenständiges Leben führen möchte, wodurch die spontane Symmetriebrechung und damit einhergehend die Ablehnung von Imitation erfolgt. Damit die Gesellschaft und der Betrieb von Godwis Vater erhalten bleibt, muss eine andere Figur die Lücke füllen. Dafür bietet sich Römer an, der das System mit der Imitation und seinem Wunsch nach Konformität aufrechterhalten und auch die Stimmung von Godwis Vater heben kann. Auch der namensgebende Protagonist rät seinem Halbbruder, dass er immer auf der „geehrten Mittelstraße, schneckenförmig und schneckenlangsam"[380] bleiben solle, während er hingegen die Welt erkundet.

Eine ähnliche Konstellation liegt beim italienischen Kaufmann Antonio Firmenti, seinem Bruder Franzesco und deren Vater Pietro vor. Letzterer ist ein angesehener und kluger, aber auch ein kaltherziger Bankier und Kaufmann, der eine ähnliche berufliche Laufbahn für seine beiden Söhne vorsieht. Antonio entspricht dem Wunsch seines Vaters, indem er als Kaufmann tätig ist und „den größten Teil des Tages in kaufmännischen Geschäften [zubringt]."[381] Franzesco folgt dagegen seinem Wunsch, ein Künstler zu sein, sodass „er durch seinen allgemeinern Sinn und seinen Künstlerglauben keinen Berührungspunkt in dem engen Herzen des Kaufmannes hatte."[382] Somit ist für Antonio ein niedriger Assoziationsindex bei gleichzeitig hoher Imitation zu verzeichnen, während Franzesco einen hohen Assoziationsindex sowie niedrige Imitation aufweist. Anders als Godwi verlässt Franzesco vorerst nicht das elterliche Haus, weil seine Mutter noch am Leben ist und ihn von den Anfeindungen des Vaters beschützen und zwischen den männlichen Figuren vermitteln kann. Die vollständige Ablehnung und Distanz zu seinem Vater

---

[378] Simmel, *Soziologie. Untersuchungen über die Formen der Vergesellschaftung*, 1992 [1908]: 585.
[379] Vgl. ebd.: 580.
[380] Brentano 1963 [1801]: 39.
[381] Ebd.: 168.
[382] Ebd.: 166.

und der Gesellschaft ist auf zwei große Veränderungen zurückzuführen, wodurch auch an dieser Stelle die spontane Symmetriebrechung erfüllt ist. Zum einen stirbt die Mutterfigur und zum anderen überführt Pietro Franzescos Geliebte Cecilie in ein Kloster. Die beiden Liebenden fliehen und entbehren somit jeglicher Konformität und Imitation. Antonio hingegen versucht angesichts der als Schande gewerteten Handlung seines Bruders weiterhin den Kontakt mit der Gesellschaft aufrechtzuerhalten, wodurch er sich wie Römer der Konformität und den sozialen Normen verpflichtet. Auch er füllt eine Lücke zur Aufrechterhaltung des Systems, weil er arbeiten muss, solange sein Vater auf Reisen ist. In der Geschichte Antonios, Pietros und Franzescos sind somit die Ereignisse um Römer, Godwi und dem alten Godwi gespiegelt, wie sich nicht nur soziophysikalisch anhand der beruflichen Laufbahn, sondern auch anhand des Todes der Mutterfigur belegen lässt. Die zwei unterschiedlichen Lebenswege entstehen aus verschiedenen Zielen, münden allerdings schließlich darin, dass keiner der beschriebenen Figuren seinen Platz in der Gesellschaft oder in einer von der Natur festgesetzten Ordnung findet.[383]

Anhand des grünen Beckens in der Waldhütte auf Godwis Anwesen ist schließlich die im vierten Quadranten situierte veränderte Zeitempfindung deutbar. Nicht mehr das Naturschöne und die Einheit aus Mensch und Natur stehen im Fokus der Betrachtung, sondern die Vergänglichkeit und die Schnelllebigkeit: „Aufhören wird es bald", sagte Godwi, „wenn sich nur die Sonne wendet. In der Einrichtung liegt das Schöne, daß es mit dem himmlischen Lichte in Verbindung steht. Wenn die Sonne sich wendet, verliert es sein Leben und stirbt."[384] Nur für einen kurzen Moment, wenn der grüne Brunnen im richtigen Winkel der Sonne ausgesetzt ist, überwiegt das romantische Gemüt und das schöpferische Potenzial des gläsernen Beckens. Bei Glas handelt es sich chemisch um amorphe Festkörper, die zumeist durch Schmelzen von Siliziumdioxid SiO_2 entstehen. Ein schnelles Abkühlen der Masse unterbricht diesen Schmelzprozess, sodass sich kein festes, regelmäßiges Kristallgitter ausbilden kann, sondern nur Kristallkeime. Von der Struktur her ähnelt Glas dadurch eher Flüssigkeiten als Festkörpern. Sämtliche Substanzen, die geschmolzen, allerdings unverzüglich einer starken Abkühlung ausgesetzt sind, bezeichnet die Thermodynamik als gefrorene, unterkühlte Substanzen. Die unregelmäßig angeordnete Struktur des Glases führt dazu, dass kein fester Schmelzpunkt definierbar ist, da an jedem Punkt eine unterschiedliche Temperatur gegeben ist. Bei Glas liegt daher kein thermodynamisches Gleichgewicht vor, was die Bezeichnung nichtergodisch trägt. Einschlüsse von Metalloxiden im Sand führen zu unterschiedlichen Färbungen. So bewirkt beispielsweise Eisen(II)-oxid Fe_2O_3 eine grüne Färbung, wie exemplarisch bei dem natürlich vorkommenden Glas Moldavit.

---

[383] Petersdorff 1999: 82.
[384] Brentano 1963 [1801]: 263.

Die Glas-Metapher erfährt um 1800 eine emotionale Zäsur.[385] Mit gläsernen und kristallenen Konstruktionen ist nicht mehr nur das Traumhafte, Enigmatische, Reine und Transparente verbunden, sondern auch das Zerbrechliche und die empfundene Leere eines Menschen sowie paradoxale oder mehrdeutige Befunde des menschlichen Verhaltens.[386] Glas stellt weiterhin, nicht nur thermodynamisch betrachtet, ein kaltes Medium dar, mit dem die romantischen Literaten eine Trennung evozieren.[387] Diese Trennung korrespondiert mit der veränderten Zeitempfindung Brentanos, wonach in einem kalten Zustand Geist und Körper sowie Natur und Mensch getrennt sind. Erst bei der Erwärmung des Glases, hervorgerufen durch das Sonnenlicht, erscheint der Brunnen durch das Farbenspiel nicht nur belebt, sondern es erfolgt symbolisch eine Vereinigung des Geistes und des Körpers des Menschen mit der Natur, weil nun die anwesenden Figuren die Pracht der am Brunnen befindlichen Früchte, Schmetterlinge und Pflanzen wahrnehmen. Eine Steigerung erfährt diese Funktion noch durch die eingebauten Spiegel, in denen sich das Individuum selber betrachten und reflektieren kann.[388] Die Wahl eines gläsernen Beckens illustriert weiterhin die kurzzeitige Hinwendung zur romantischen Naturphilosophie, die das Regelkonforme ablehnte. In dem Gespräch definiert Godwi das Romantische über die Gestalt des Glases. Dessen amorphe Struktur entspricht einem Denken, was keinen festen Strukturen folgt, sondern offen für neue Ideen ist, wodurch sich neue Erkenntnisse genieren:

> „Das Ungestaltete hat freilich oft mehr Gestalt, als das Gestaltete vertragen kann […]. Gestalt aber nenne ich die richtige Begrenzung eines Gedachten. Ich möchte daher sagen, setzte Godwi hinzu, die Gestalt selbst dürfte keine Gestalt haben, sondern sei nur das bestimmte Aufhören eines aus einem Punkte nach allen Seiten gleichmäßig hervordringenden Gedankens. Er sei nun ein Gedachtes in Stein, Ton, Farbe, Wort oder Gedanken."[389]

Innerhalb der Beschreibung über den Brunnen und das Romantische finden sich weitere Verweise auf die romantische Naturphilosophie. So soll sich die Vereinigung der verschiedenen wissenschaftlichen Disziplinen und Künste vollziehen. Brentano verwendet hierfür die diametrale Bezeichnung „chemisch-poetisch."[390] Weiterhin ist die Einheit des Organischen mit dem Anorganischen präsent, die in Form des gläsernen Beckens erfolgt:

---

[385] Theile, „Hinter Glas: Romantische Facetten eines Topos bei Hoffmann, Arnim und Tieck", 2012: 157.

[386] Vgl. ebd.: 159.

[387] Lethen, „Kälte. Eine Zentralmetapher der Erfahrung der Modernisierung", 2002: 86.

[388] Vgl. Neureuther, *Das Spiegelmotiv bei Clemens Brentano. Studie zum romantischen Ich-Bewußtsein*, 1972: 7.

[389] Brentano 1963 [1801]: 259.

[390] Ebd.: 307.

„Man weiß gar nicht, was man fühlen soll. Es lebt nicht und ist nicht tot, und steht auf allen Punkten auf dem Übergang, und kann nicht fort, es liegt etwas Banges, Gefesseltes darin."[391]

Die kurzzeitige Hinwendung zur Romantik korrespondiert mit dem zerbrechlichen Charakter der Glasmetaphorik. Solange das Sonnenlicht zugegen ist, überwiegt der romantische Geist. Sobald das Sonnenlicht nicht mehr im rechten Winkel zum Brunnen erscheint, dominiert die veränderte Zeitwahrnehmung.

Brentanos Text demonstriert den Versuch, strukturelle oder thematische Gegebenheiten eines Textes auf ein mathematisches Konstrukt zu übertragen. So wird die Entwicklung von vier Themenbereichen ausgehend vom Ursprung anhand eines Koordinatensystems dargestellt, wodurch der reduktionistische Gedanke ersichtlich wird. Nicht der einzelne Grad der Veränderung ist relevant, sondern lediglich die Tatsache, dass eine Veränderung auf der Makroebene des Textes vorliegt. Der Roman ließe sich dadurch bedingt strukturell auf die vier Quadranten aufteilen. Die Soziophysik kann auf der Mikroebene diese Veränderungen spezifizieren, indem sie teilweise die Gründe und Auswirkungen dieser Einteilung betrachtet.

5.2.2 Blaue Musik und warmer Schall in der *Geschichte von BOGS, dem Uhrmacher* (1807)

Brentanos Satire von *BOGS, dem Uhrmacher* erzählt die Absicht des namensgebenden Protagonisten, als Mitglied der bürgerlichen Schützengesellschaft beitreten zu können. Zu diesem Zweck soll die Hauptfigur einer musikalischen Aufführung ohne jeglichen emotionalen Ausbruch beiwohnen. Dieses Vorhaben misslingt, sodass BOGS sich einer ärztlichen Untersuchung unterziehen muss.

Der Text repräsentiert im Sinne Kosellecks einen weiteren Umbruch in der Arbeitsweise um 1800. Die äußere Form der Literatur folgt, anders als in der Klassik, keinem konsequenten Schema, sondern bildet eine offene Struktur mit unterschiedlichen Textarten. Der Text besteht aus mehreren Bekenntnissen und Berichten von BOGS, einem ärztlichen Untersuchungsbericht und einem abschließenden Dekret der Schützengesellschaft. Dieser zusammengesetzte Charakter spiegelt sich auch bei dem titelgebenden Protagonisten wider. BOGS besteht, wie sich bei der schlussendlichen ärztlichen Visite offenbart, sowohl aus einem cholerischen als auch aus einem besonnen und ausgeglichenen Charakter. Ebenso der Name unterstreicht das konstruierte Wesen des Protagonisten, der sich jeweils aus dem ersten und letzten Buchstaben des Nachnamens der Autoren, Brentano und Görres, zusammensetzt. Die im Text verwendete Großschreibung des Namens als Zeichen seines konstruierten Wesens findet auch im Rahmen dieser Arbeit Verwendung.

---

[391] Ebd.: 263.

Die Verhaltensweise des Protagonisten vereint schließlich zwei verschiedene Diskurse. Zum einen vertritt BOGS eine mechanisch-materialistische Einstellung, die sich über die Uhrwerksmetapher[392] ausdrückt:

> „Nachdem meine Vorfahren bereits so lange das Leben unter Händen gehabt, ist es mir, Gott sei Dank, schon in der Gestalt einer wohleingerichteten Uhr überkommen, welche so in der Ordnung ist, daß jeder, der ihren Ketten und Rädern sich nicht drehend anschließt, gekettet und gerädert wird. Als Kind war ich schon so im Kreise herumgedreht, daß ich schon rund dumm war […]. Endlich selbst zum Maschinengliede erwachsen […]."[393]

BOGS bezeichnet sich bei dem Zitat selbst als Uhr, wodurch jegliches Handeln und Denken auf Materie basiert und er nur ein Glied inmitten einer Gesellschaft darstellt. Auf der anderen Seite beschreibt sich BOGS als Elektrisiermaschine, wodurch er dem naturphilosophisch-organischem Diskurs entspricht: „[…] man hielt mich für die geladene Flasche einer Elektrisiermaschine."[394] Diese Verschiebung hinein in den organisch-naturphilosophischen Diskurs verweist auf einen Paradigmenwechsel in der physiologischen Theorie vom Menschen. „An die Stelle der Bestimmung der *res extensa* als Materie und Bewegung im Sinne der Räderuhr tritt nun die Vorstellung des Körpers als hochorganisierte Struktur der Materie mit einer spezifischen Lebenskraft."[395] Diese Lebenskraft wollten Naturforscher wie Ritter, Humboldt oder Luigi Galvani auf experimentellem Wege nachweisen. Diese erschaffende Kraft ist nicht nur Untersuchungsgegenstand im Galvanismus oder Mesmerismus, sondern kann auch bei der Wärmelehre eine bedeutende Rolle einnehmen.

Brentanos Text repräsentiert ein Modell, das die Erkenntnisse aus dem physikalisch-technischen Bereich mit sozial-anthropologischen Kontexten verbindet. Mit dieser Wissensverschmelzung realisiert der Autor nicht nur ein Konzept, das in einem Maschinenfunktionalismus mündet, sondern er entwirft eine reduktionistische Welterklärung sozialer Verhaltensweisen. Er kritisiert im Sinne der Romantik und der romantischen Naturphilosophie das kapitalistische sowie materialistische Denken und diejenigen, die nicht die innere Schönheit der Naturdinge erfahren

---

[392] Sowohl die Uhrwerks- als auch die Maschinenmetapher fungieren im 17. und 18. Jahrhundert als epochale, die Denkstrukturen determinierenden Konzepte. Siehe: Nieraad, *„Bildgesegnet und bildverflucht": Forschungen zur sprachlichen Metaphorik*, 1977: 90.

[393] Brentano, „Entweder wunderbare Geschichte von BOGS dem Uhrmacher, wie er zwar das menschliche Leben längst verlassen, nun aber doch, nach vielen musikalischen Leiden zu Wasser und zu Lande, in die bürgerliche Schützengesellschaft aufgenommen zu werden Hoffnung hat, oder die über die Ufer der Badischen Wochenschrift als Beilage ausgetretene Kontakt-Anzeige nebst des Herrn BOGS wohlgetroffenem Bildnisse und einem medizinischen Gutachten über dessen Gehirnzustand", 1963 [1807]: 877.

[394] Ebd.: 883.

[395] Welsh, *Hirnhöhlenpoetiken. Theorie zur Wahrnehmung in Wissenschaft, Ästhetik und Literatur um 1800*, 2003: 264.

können. Brentanos Text belegt eindeutig, dass die angenommene Wissenschafts- und Technikkritik der romantischen Autoren nicht auf die Anwendung und Existenz von technischen Apparaturen abzielt, sondern auf die Oberflächlichkeit und Beschränktheit der Möglichkeiten, die die spezifischen Gerätschaften ermöglichen. Aus diesem Grund soll das Modell einer mechanistischen Welterklärung nicht aufgelockert oder abgeschafft, sondern im Ausbau mechanistisch verhärteter Sozialmodelle verhärtet werden.[396]

Gerade die Textpassagen während der musikalischen Aufführung demonstrieren die Verbindung physikalisch-technischer Erkenntnisse mit sozial-anthropologischen Kritikpunkten sowie den Prinzipien der romantischen Naturphilosophie. Entgegen der dargelegten Aufgabe erregt die aufgeführte Symphonie von Joseph Haydn in einem außerordentlichen Maße sein Gemüt, sodass er sich fühle, als ob ein Windhauch ihn „durch Himmel und Erde, Wasser und Feuer [trägt]."[397] Damit verweist Brentano auf die Vier-Elemente-Lehre von Aristoteles und auf die Forderung der romantischen Naturphilosophie, wonach die Wissenschaft für eine allumfassende Erkenntnis und Entwicklung Ideen und Gedankengut auch längst vergangener Epochen berücksichtigen sollte. Der Einfluss der Musik ist weiterhin dahingehend bemerkbar, dass sich die Wahrnehmung von BOGS verändert, indem er die Töne synästhetisch nicht mehr nur auditiv, sondern auch visuell vernimmt:

> „Oben dem Spundloch hinein hing brennender Schwefel, der mich mit süßem blauem gelbem Giftlicht täubte, alle Lichter des Saals hatten große violette Höfe, kleine feuchte Flämmchen leckten an den Wänden hinauf, da schossen plötzlich aus allen Violinen Myriaden brennender Zinnoberschlangen hervor, züngelten, ringelten, webten einen feurigen Teppich aus dem wieder tausend goldne Ähren und Blumen sproßten."[398]

Die Symphonie hat deswegen einen so großen Einfluss auf BOGS, weil Musik jene Kunst ist, durch die sich Gemüt und Emotion am unmittelbarsten ausdrücken lassen und Leidenschaften selbst konstituiert.[399] Um 1800 geht die Literatur offensiv auf die Künste zu und gewinnt ihnen ein neues Potenzial für Imagination und poetische Verfahren ab.[400] Das literarische Musikempfinden verzichtet wie auch bei der Haydn-Symphonie bei *BOGS* auf Fachsprachliches und konstruiert stattdessen phantastische Szenen. Im Mittelpunkt dieses Empfindens steht nicht die Technik, sondern alleine die Empfindungen, die die Musik hervorruft. Um 1800 etabliert sich dementsprechend der Topos von der Musik als Sprache der Gefühle.[401] In diesem

---

[396] Vgl. Segeberg, *Literatur im technischen Zeitalter. Von der frühen Neuzeit der deutschen Aufklärung bis zum Beginn des Ersten Weltkriegs*, 1997: 36.

[397] Brentano 1963 [1807]: 884.

[398] Ebd.: 884.

[399] Abrams 1978: 73.

[400] Caduff, *Die Literarisierung von Musik und bildender Kunst um 1800*, 2003: 20.

[401] Ebd.: 25.

Zusammenhang ist der Begriff der Synästhesie erwähnenswert, der ein psychophysisches Phänomen umschreibt, wonach die Empfindung eines spezifischen Sinnesbereichs zugleich Wahrnehmungen oder Vorstellungen in einem sekundären Sinnesbereich hervorruft.[402] Das Phänomen war bereits um 1800 bekannt, aber eine erstmalige Erwähnung des Terminus ist erst im 1866 erschienenen Text *Leçons sur la physiologie générale et comparé du système nerveux faites aus Muséum d'histoire naturelle* von Alfred Vulpian zu verzeichnen.[403] Als einer der ersten Theoretiker gilt Herder, der in seiner *Abhandlung über den Ursprung der Sprache* (1772) die Entstehung der Sprache über die Synästhesie benennt. Generell gilt die Romantik neben dem Symbolismus als ein Höhepunkt der synästhetischen Beschäftigung und die Epoche, aus der die Physiologie ihre ersten Fallbeispiele aus der Literatur entnahm.[404] Gerade *BOGS* demonstriert das romantische Interesse an dem poetischen Prozess der Herstellung von Synästhesien, insbesondere das am häufigsten auftretende Phänomen des „Farbenhörens", der sogenannten Synopsie. Ausgelöst durch Newtons Reflexion über den Zusammenhang zwischen den chromatischen Farben und akustischen Tönen vollzog sich ein Wechsel zur anthropologischen Aisthesis[405], wonach sämtliche Gegenstandsbereiche sinnlichen Wahrnehmungen unterliegen. Unter dem Einfluss von Phantasie wird dadurch eine neue Welt generiert. Insbesondere durch den Einfluss von Musik verstärkt sich diese Vorstellungskraft, wodurch Helmuth Plessner von einer Musikalisierung der Sinne[406] spricht. Der Zusammenhang aus Farbe, Musik und Wahrnehmung ist besonders bei Richard Wagners Text *Oper und Drama* (1851) hervorgehoben, weil Farbe das illusionäre Moment steigert, indem der Akzent auf den Klang liegt.[407] Auch Herder war bereits der Auffassung, dass synästhetische Erlebnisse nur dann spürbar sind, wenn sich der Mensch in einem Zustand höchster Erregung oder Phantasie befindet: „Wir sind voll solcher Verknüpfungen der verschiedensten Sinne; nur wir bemerken sie nicht anders, als in Anwandlungen, die uns aus der Fassung setzen, in Krankheiten der Phantasie, oder bei Gelegenheiten, wo sie außerordentlich bemerkbar sind."[408] Die gleiche Konstellation ist auch bei *BOGS* während der Symphonie Haydns zu verzeichnen. In Folge der Musik erlebt der namensgebende Protagonist einen phantastisch anmutenden Zustand, durch den er die Klänge mit sämtlichen Sinnen wahrnimmt. Er verspürt dadurch farbige Töne, die

---

[402] Paetzold, „Synästhesie", 2010: 842.

[403] Ebd.: 842.

[404] Gruß, *Synästhesie als Diskurs. Eine Sehnsuchts- und Denkfigur zwischen Kunst, Medien und Wissenschaft*, 2017: 27.

[405] Vgl. Käuser, „Synästhesie und das „Verhältnis zum Text". Historische Grundsätze und anthropologische Kontexte", 2004: 60.

[406] Vgl. Plessner, „Die Musikalisierung der Sinne. Zur Geschichte eines modernen Phänomens", 1972.

[407] Wagner/Borchmeyer, *Oper und Drama*, 1983 [1851]. Einen genauen Überblick über die Entwicklung des Zusammenhangs aus Musik, Farbe und Licht findet sich in: Jewanski, „Von der Farbe-Ton-Beziehung zur Farblichtmusik", 2006.

[408] Herder/Gaier, „Abhandlung über den Ursprung der Sprache", 1985 [1772]: 744.

seinen Zustand noch verstärken. An dieser Stelle liegt eine synästhetische Schleife[409] vor, die sich dadurch bemerkbar macht, dass sich BOGSs synästhetische Musikwahrnehmung aufeinander aufbaut und potenziert.

Durch das aus den Farben Blau und Gelb zusammengesetzte „Giftlicht" aus dem angeführten Zitat rekurriert der Autor auf die *Farbenlehre* Goethes, der seine Vorarbeiten dazu 1777 während einer Harzreise begann und ab 1801 in Göttingen fortfuhr. Zur gleichen Zeit hielt sich Brentano für sein Philosophiestudium an besagtem Ort auf. Die angesprochenen Farben stellen nach Goethe Gegensätze dar. Gelb repräsentiert eine warme Farbe, die an das Göttliche und an das Licht erinnert. Blau hingegen setzt er als kalte Farbe mit der Dunkelheit gleich. Diesen Gegensatz hebt Brentano bei dem Zitat durch die gemeinsame Nennung auf, wodurch die eigentlich kühle blaue Farbe in den Bereich des Warmen gelangt. Eine weitere Positivierung erfährt die blaue Farbe anhand des Adjektivs „süßem". Es dominiert nicht die assoziierte Dunkelheit des Blauen, sondern die durch das Gelbe vermittelten Zuschreibungen desselben. Selbst die konnotierte todbringende Wirkung des „Giftlichts" wertet das verwendete Adjektiv auf, wodurch die Betäubung des Protagonisten mit einer künstlerischen Verklärung gleichzusetzen ist.[410]

Die anfängliche blaue Farbe des Schauspiels rekurriert zusätzlich auf Beobachtungen von Naturforschern, wonach das Feuer mit einer blauen Farbe anfängt zu brennen und auch mit derselben Farbe erlischt.[411] Die blaue Farbe hat in der Romantik eine besondere Bedeutung und soll das Sehnsüchtige und Traumhafte, aber auch die Einheit der Natur mit dem Menschen symbolisieren. Auch das aufgeführte Zitat soll die von Schlegel postulierte Einheit der Künste mit den Wissenschaften verdeutlichen, weil BOGS innerhalb einer musikalischen Aufführung physikalische Beobachtungen tätigt. Als Resultat befindet sich die Figur in einem poetischen Zustand:

> „Darum sind die innersten Mysterien aller Künste und Wissenschaftler ein Eigentum der Poesie. Von da an ist alles ausgegangen, und dahin muß alles zurückfließen. In einem idealistischen Zustande der Menschheit würde es nur Poesie geben; nämlich die Künste und Wissenschaften sind alsdann noch eins. In unserem Zustand würde nur der wahre Dichter ein idealischer Mensch sein und ein universaler Künstler."[412]

---

[409] Day, „Was ist Synästhesie?", 2006: 21f.

[410] Wassily Kandinsky hat während seiner Arbeiten das Thema der nichtassoziativen psychologischen Farbwirkungen angesprochen. So unterstellt er der blauen Farbe eine betäubende Wirkung: „Wer von Chromatographie gehört hat weiß, daß das farbige Licht eine ganz besondere Wirkung auf den ganzen Körper verursachen kann. Es wurde verschiedentlich versucht, diese Kraft der Farbe auszunützen und bei verschiedenen Nervenkrankheiten anzuwenden, wobei man wieder bemerkte, daß das rote Licht belebend, aufregend auch auf das Herz wirkt, das blaue dagegen zu zeitlicher Paralyse führen kann". Kandinsky, *Über das Geistige in der Kunst, insbesondere in der Malerei*, 1973 [1912]: 64.

[411] Marat/Weigel 1782: 231.

[412] Schlegel, *Gespräch über die Poesie*, 1968 [1800]: 324.

Dieser idealistische Zustand trifft während der gesamten Aufführung auf BOGS zu, weil seine Beschreibungen metaphorisch und detailreich sind. Zu diesem Zeitpunkt dominiert der naturphilosophisch-organische Bestandteil. Dieser Umstand korreliert mit der hohen Bedeutung der Synästhesie für die Romantiker. Sie stellt eine Einheitsphantasie dar, die durch die Verknüpfung sämtlicher Sinne die Erfassung der Schönheit der Natur ermöglicht und ist daher verknüpfbar mit Schlegels progressiver Universalpoesie und Wagners Konzeption eines Gesamtkunstwerks, die ihre Vorläufer in der Romantik besitzt.[413] Doch sobald die Aufführung endet, verfällt der Protagonist erneut seinem mechanistisch-materialistischen Wesen, artikuliert in einer prosaischen Sprache und kann nicht die Schönheit der Künste entdecken. Er diskreditiert darüber hinaus die Arbeit der Künstler nach dem Schauspiel:

> „Ihr armen Künstler, was habt ihr doch für all die Mühe und die Arbeit, die euch das kostet, in einer Zeit, die nicht dergleichen mag, die Nachtigallenzungen in Pasteten frißt, und den großen Dudelsack, den Magen, allein nur kultiviert. Wie arme Buttervögel, die den Frühling und den Sommer verpaßt, seid ihr zu spät aus eurer Verpuppung ausgebrochen [...]. Aus euern Engelsköpfen macht Rumfortische Suppe und Tischlerleim, euern Klarin, der Talent zum reiten und überhaupt Courage hat, steckt unter die Husaren, eure Klarinette laßt Amme werden [...]. Legt ab, legt ab eure Füllhörner, Wunderhörner, Zauberhörner, euer Treiben ist nicht gut, werdet Uhrmacher, kommt bei mir in die Lehre, ich will euch ein Lehrjahr schenken."[414]

Bei BOGS überwiegt der mechanistisch-materialistische Charakterzug, weil er die Kunst als solche kritisiert und stattdessen eine Lehre als Uhrmacher empfiehlt.

Die bei der Symphonie wahrgenommene Wärme hat auch einen direkten körperlichen Einfluss auf BOGS, der sich auf atomarer Ebene bemerkbar macht. Nach Georg Wilhelm Friedrich Hegels Vorlesung *Über das Verhältnis von Klang und Wärme* (1821/1822) sind Wärme und Töne unmittelbar miteinander vereint, weil Erstere die Vollendung der Letzteren darstellt. Sie bewirken eine Veränderung im menschlichen Körper, die sich bei der Wärme noch stärker ausdrückt, indem der Klang diese intensiviert und überhaupt erst hervorbringt: „Die Wärme ist, wie wir wissen, nichts Anderes als die Auflösung der [Kohäsion] der Körper. Das was der Klang ideell thut, das hat dann Realität in der Wärme [...]. Wärme entsteht also durch das Klingen selbst [...]."[415] Vor der Aufführung befindet sich BOGS dementsprechend in einem kalten Zustand. Erst während der klangvollen Symphonie erfährt er eine Erwärmung seines Körpers: „[...] aber ich war doch in so einer Hitze."[416] Im Sinne der Soziophysik

---

[413] Vgl. Paetzold 2010: 841.
[414] Brentano 1963 [1807]: 894.
[415] Hegel, „Über das Verhältnis von Klang und Wärme", 2002 [1821/1822]: 120f.
[416] Brentano 1963 [1807]: 894.

figuriert Brentano BOGS daher als Schallabsorber, der sich durch die Aufnahme der Schallenergie und durch die gleichzeitige Umwandlung in Wärme erwärmt. Die folgende Formel gibt das Verhältnis zwischen der absorbierten Schallintensität I_a zur gesamten einfallenden Schallintensität I_0 über den Schallabsorptionsgrad α an:

$$\alpha = \frac{I_a}{I_0} \tag{19}$$

Je mehr ein Körper die ankommende Schallintensität aufnimmt, desto höher steigt auch der Schallabsorptionsgrad α an. Daraus ergibt sich weiterhin, dass bei vermehrter Schallabsorption die Menge an umgewandelter Wärme zunimmt. Im Gegensatz zu den vorherigen Texten ist somit kein menschliches Individuum für die Erwärmung verantwortlich, sondern eine abstrakte Sinneswahrnehmung. An dieser Stelle kann eine Modifikation der Soziophysik erfolgen. Diese genutzte Methodik sollte zu Beginn der Arbeit lediglich materielle Figuren sowie deren Relationen zueinander analysieren. Dieser soziophysikalische Ansatz kann nun erweitert werden, weil literarische Figuren auch mit immateriellen Erscheinungen in Kontakt treten können, die sie ebenfalls in ihrem Verhalten beeinflussen. Diese Veränderung impliziert auch eine andere Art der Wärmeübertragung. Während die Wärmeleitung bei Festkörpern sowie bei physisch anwesenden Figuren durch direkten oder indirekten Körperkontakt eintreten kann, erfolgt die Vermehrung der Wärme bei BOGS über die Wärmestrahlung, weil sich Töne nach sämtlichen Seiten ausbreiten können und nicht zielgerichtet sind. So ist auch die Wärmestrahlung nicht direkt auf einen Körper ausgerichtet, sondern umfasst einen größeren Wirkungskreis.

Die Temperaturerhöhung bei BOGS korrespondiert mit seinem poetischen und organisch-naturphilosophischem Wesenszug, der während der gesamten Symphonie ersichtlich ist. Je länger die Symphonie andauert und je länger dementsprechend BOGS dem Schall ausgesetzt ist, desto wärmer wird er und desto mehr steigt sein organisch-naturphilosophisches Gemüt an. Erst wenn der Schallabsorber keinen Schall mehr aufnehmen kann, verringert sich seine Temperatur, sodass sich auch schlussendlich sowohl die Körpertemperatur als auch der organisch-naturphilosophische Wesenszug von BOGS vermindert. Der Gehörsinn vermittelt dementsprechend in Abhängigkeit von den äußeren Bedingungen die Fülle an divergenten Stimmungen und Polaritäten des Einzelnen.[417]

Bei der anschließenden ärztlichen Visite richtet sich die Untersuchung auf die „abnorme Polarität"[418] des Protagonisten. Das in der romantischen Naturphilosophie propagierte Prinzip negativiert Brentano in seinem Text und deklariert dieses auf satirische Weise als Grund für sein Benehmen. Die Polarität stellt nicht mehr eine Möglichkeit dar, nach neuem Wissen zu gelangen, sondern eher ein Hindernis für Wissensaneignung, weil der Protagonist nicht einmal das „große Weltfluidum

---

[417] Simmel 1992 [1908]: 731.
[418] Brentano 1963 [1807]: 896.

in richtige Harmonie stimmen kann."[419] Im Verlauf der Inspektion stellt sich heraus, dass sich in BOGS Gehirn ein zweiter, cholerischer Charakter befindet, wodurch die Ärzte das polare Verhalten des Protagonisten begründen. Dieser cholerische Part erfährt, im Gegensatz zu der leiblichen Hälfte des Uhrmachers, keine Aufnahme in die Schützengesellschaft.

Die Ursache für synästhetische Wahrnehmungen liegt meistens in Gehirnverletzungen oder Gehirntumoren.[420] Brentanos deutet diesen Sachverhalt satirisch um, indem er zwar auch den Auslöser für BOGSs Synästhesie im Gehirn verortet, allerdings in Form eines lebendigen, mitbestimmenden und mitdenkenden Wesens, wodurch erneut der mechanistische Gedanke eines fremdbestimmten Individuums hervorgehoben wird, wodurch diese Textstelle eine inhaltliche Rekurrenz an die Anfangsszene markiert, in der sich BOGS als Uhr vorstellt.

In Form des untersuchenden Arztes Dr. Sphex spricht sich Brentano schließlich erneut für die von der romantischen Naturphilosophie propagierte Einheit der verschiedenen Wissenschaften und der schönen Künste aus, von der das Individuum profitieren kann:

> „Geographie, Statistik, die *Belles Lettres*, Astronomie, Nastik, Oryctognosie, Chemie und selbst die Philosophie erspießlichen Nutzen verspüren würden, weil der Doctor lange Zeit sehr innigen Umgang mit den neuen Ideen gepflogen hat, und mit mehreren derselben durch Verheiratung sich in das Verhältnis einer sehr fidelen Blutsverwandtschaft gesetzt hat [Hervorhebungen im Original]."[421]

Brentanos Satire veranschaulicht eindeutig die Kombination physikalisch-technischer Erkenntnisse mit sozial-anthropologischen Weltbildern. So manifestiert sich in der Figur BOGS einerseits ein kapitalistisch-materialistischer Charakterzug, der nicht die Schönheit der Künste und der Natur erkennen kann. Dem steht andererseits diametral ein organisch-naturphilosophisches Wesen gegenüber, das die Künste und die Naturdinge schätzt. Ausdruck finden diese Weltbilder durch physikalische oder technische Apparaturen, wie dem Uhrwerk, der Elektrisiermaschine oder dem Schallabsorber. Während das Uhrwerk im Gesamten aus einer Vielzahl von gegenseitig abhängigen, beschränkten Einzelteilen besteht, erfüllen die Elektrisiermaschine und der Schallabsorber eine aktive, erschaffende Funktion und sind unabhängig. Die Soziophysik korreliert mit diesem reduktionistischen Weltbild, weil der Protagonist über keine individuellen, menschlich anmutenden Attribute verfügt und stattdessen die Merkmale desjenigen Apparates besitzt, den er zu einer bestimmten Zeit repräsentiert. So kann diese Methodik zu einer Instanz der Gesellschaftskritik beitragen.

---

[419] Ebd.: 897.
[420] Day 2006: 22.
[421] Brentano 1963 [1807]: 906f.

5.2.3 Feurige Machtkämpfe bei *Die Rheinmärchen* (1846)

Die *Rheinmärchen* bilden eine Komposition von vier Erzählungen, die Brentano zwar zwischen 1810 und 1812 verfasste, aber erst Görres nach dessen Tod im Jahr 1846 veröffentlichte. Sie umfassen die Liebesgeschichte zwischen dem Müller Radlauf und der Prinzessin Ameley, die Ersterer vor dem Ertrinken bewahrt hat. Er führt sie nach Mainz zu ihren Eltern, dem König Hatto und dessen Frau, und bittet um ihre Hand. Das Königspaar gerät angesichts dieses Wunsches in Zorn und sperrt Radlauf in den Kerker, den er allerdings dank des Mausekönigs verlassen kann. Er tritt daraufhin nach dem Wunsch des sprechenden Vogels namens Hans eine Reise an, um seine genaue Herkunft zu erfahren. Er begegnet seinen Ahnmüttern Frau Loreley, Frau Luft, Frau Wasser, Frau Erde und Frau Feuer sowie seinen Ahnvätern und erfährt von deren Vergehen. In der Zwischenzeit bricht in Mainz eine Hungersnot aus und der Mausekönig führt sämtliche Kinder des Königreichs aus Rache über den Tod seiner Artgenossen in den Rhein. Der Mausekönig kann Hatto besiegen und verbannt ihn auf eine einsame Insel. Als Radlauf von seiner Reise wiederkommt, erfährt er von den Neuigkeiten und findet eine Möglichkeit, die Kinder an die Oberfläche zu befördern. Jeder Bürger erzählt ein Märchen und erwählt daraufhin den nächsten Bürger, der ein Märchen vorträgt. Auf diese Weise kehrt jeden Tag ein Kind zurück in das Königreich. Radlauf wird angesichts dieser Tat zum König erwählt und kann Ameley heiraten.

Brentanos Text präsentiert eine soziale Versuchsanordnung, die die Wissenschaft der Genealogie mit naturwissenschaftlichen Verfahren mit dem Ziel der Identitätsstiftung und Erkenntnisgewinnung verknüpft. Nicht nur die Herrschaftsverhältnisse nehmen einen unterschiedlichen Anfangs- und Endzustand an, sondern auch die Verwandtschaftsverhältnisse des Protagonisten.

Zu Beginn des Märchens regiert der König Hatto in Mainz und bei dem Protagonisten Radlauf handelt es sich um einen schlichten Müller, dessen Vater ebenfalls in diesem Beruf arbeitete. Damit die genealogische Ordnung weiterhin Bestand hat, wünscht sich Hatto einen Prinzen als Mann für seine Tochter Ameley. Ein schlichter Müller als Schwiegersohn würde die genealogische Kette unterbrechen. Der Unfall der Prinzessin sowie das geleistete Versprechen hätten allerdings genau diesen Umstand zur Folge, sodass sich Hatto dem Müller und seinem Anliegen verwehrt. Mithilfe einer Mäusearmee versucht Radlauf, den König durch einen Kampf an sein Versprechen zu erinnern, was allerdings misslingt. Diesen Kampf und die damit zusammenhängende Bildung von Hierarchien innerhalb bestehender Gesellschaftssysteme lässt sich mithilfe des Zusammenhangs aus dem Bonabeau-Modell und der Fermi-Dirac-Statistik beschreiben.[422]

---

[422] Für weiterführende Informationen, siehe: Castellano/Fortunato/Loreto: „Statistical physics of social dynamics", 2009: 629.

Das Bonabeau-Modell drückt aus, dass zwei Akteure miteinander auf einem randomisierten Gitternetz kämpfen. Zu einem Wettstreit kommt es, wenn ein Akteur eine bestimmte Fläche beansprucht. Für den möglichen Kampf sind nur drei Ausgänge möglich. Entweder Akteur A gewinnt, Akteur B gewinnt oder es herrscht ein Unentschieden, was allerdings für das weitere Vorgehen keine Beachtung findet. Der Kampf veranschaulicht einen stochastischen Prozess, den die jeweils stärkere Person für sich entscheiden kann. Die körperliche Verfassung stellt allerdings noch keine Garantie für einen Sieg dar. Die Verbindung des Bonabeau-Modells mit der Fermi-Dirac-Statistik ergibt sich daraus, dass bei diesem physikalischen Konzept ebenfalls eine Art Fläche vorliegt, die ein Teilchen bei einer gegebenen absoluten Temperatur besetzt. Als Resultat ergibt sich die Fermi-Verteilung $W(E)$, die die Besetzungswahrscheinlichkeit eines Teilchens, des sogenannten Fermions, bei einer bestimmten Energie E und einer spezifischen Temperatur T misst. Ähnlich wie bei einem Kampf kann auch hierbei nur ein Teilchen eine spezifische Fläche beanspruchen und eine Vertauschung der Teilchen innerhalb zweier Flächen führt zu keiner signifikanten Zustandsveränderung. In einem System mit der Temperatur T lautet die Besetzungswahrscheinlichkeit der Flächen wie folgt:

$$W\,(E) = \frac{1}{\exp\left(\frac{E-\mu}{k_B T}\right)+1} \tag{20}$$

E = Zustand eines Teilchens
μ = chemisches Potenzial
$k_B T$ = thermische Energie

Die Besetzungswahrscheinlichkeit für eine Fläche beträgt für alle Temperaturen allgemein 0,5. Dementsprechend verfügen beide Akteure über die gleiche Wahrscheinlichkeit zu gewinnen. Bei einer Temperaturerhöhung verschiebt sich die Wahrscheinlichkeit eines Sieges auf den stärkeren Akteur, der über den Unterlegenen dominiert.

Dieses soziophysikalische Konzept ist auch für das Verhältnis zwischen Radlauf und Hatto anwendbar. Solange sich die beiden Figuren in ihrem Wohnbereich oder zumindest in voneinander getrennten Ortschaften aufhalten, entsteht kein Konflikt. Als allerdings Radlauf nach Mainz kommt und die Position des Königs mithilfe einer Mäusearmee übernehmen möchte, resultiert ein Wettkampf, den der König angesichts seines Heimvorteils und seiner Listigkeit für sich entscheiden kann. Zudem erfährt der König durch den Widerstand, den der Müller ihm entgegensetzt, entsprechend der Mechanik eine Temperaturerhöhung, die sich in Form von starken Aggressionsaffekten bemerkbar macht, sodass er „vor Zorn kaum reden konnte."[423] Diese erhöhte Temperatur führt gemäß der Fermi-Dirac-Statistik zu einer höheren Siegeswahrscheinlichkeit des Königs. Dieser Zusammenhang ist mit der Fermi-Temperatur vergleichbar, die vereinfacht Energiedifferenzen zwischen

---

[423] Brentano/Guth, *Rheinmärchen*, 2016 [1810–1812, 1846]: 30.

zwei Zuständen ausdrückt. Während Hatto dementsprechend eine hohe Siegeswahrscheinlichkeit besitzt, verringert sich dieser Wert für Radlauf. Aus diesen soziophysikalischen Vorhersagen ergibt sich der Sieg für den König. Dieser lässt als Zeichen seiner Stärke und seiner Dominanz den Müller in den Kerker einsperren, den Radlauf allerdings durch die Unterstützung des Mäusekönigs verlassen kann.

Während der Abwesenheit Radlaufs entsteht ein weiterer Konflikt zwischen dem König Hatto und dem Mäusekönig Mausohr, der sich erneut mit dem Bonabeau-Modell und der Fermi-Dirac-Statistik beschreiben lässt. Beim zweiten Kampf erscheint zwar der Gegner um ein Vielfaches kleiner, allerdings sieht sich der König zu diesem Zeitpunkt zusätzlich mit dem vorzeitigen Verlust seiner Tochter, mit der Unzufriedenheit seiner Untertanen sowie mit den Vorwürfen seiner Frau konfrontiert, wodurch die Wahrscheinlichkeit auf einen Sieg gemindert wird. Dementsprechend triumphiert der Mäusekönig, der Hatto auf eine einsame Insel verbannt. Eine Veränderung der Ausgangsbedingungen hat somit Einfluss auf den Ausgang des Kampfes. Je größer dabei die Veränderungen auf Seiten der Akteure sind und je schneller diese erfolgen, desto wahrscheinlicher resultieren Verschiebungen im Ablauf des Konflikts. Es ist daher ein allgemeiner Zusammenhang zwischen der Wechselwirkungsstärke, der Geschwindigkeit von Zustandsänderungen und der Herausbildung hierarchischer Ebenen zu konstatieren.[424] Hierbei ist relevant zu erwähnen, dass insbesondere die Geschwindigkeit von Zustandsänderungen einen dominierenden Einfluss auf den Ausgang des Konflikts besitzt. Hätten sich die Ausgangsbedingungen des Königs nicht rapide verändert, hätte der Mäusekönig einen ebenso starken Gegner wie Radlauf im ersten Kampf vorgefunden, sodass Hatto aller Voraussicht nach bedingt durch seinen Heimvorteil und seiner Listigkeit auch diesen Kampf für sich entschieden hätte. Georg Simmel betont demgegenüber die Positivität des Kampfes, weil eine Gesellschaft ohne Konflikte eine bloße „Vereinigung" sei, die keinen eigentlichen Lebensprozess aufweise und daher nicht existieren könne.[425] Eine Gesellschaft braucht daher ein bestimmtes Verhältnis aus Harmonie und Disharmonie oder Assoziation und Konkurrenz, um zu einer bestimmten Gestaltung zu gelangen.[426]

Radlauf begibt sich nach dem vorzeitigen Ende seines Kerkeraufenthalts auf Anraten seines verstorbenen Vogels Hans auf eine Reise, um seine wahre Herkunft zu erfahren. Diese Expedition markiert sowohl den Beginn der Umkehrung sämtlicher Verhältnisse im Märchen als auch wissenschaftliche Denkformen zur Erkenntnisgewinnung.

Im Verlauf seiner Reise begegnet Radlauf verschiedenen Figuren, denen er in einer gewissen Form behilflich ist. Diese führen ihn schlussendlich zu seiner Ahnmutter, die ihm seine komplette Herkunft offenbart. Demnach sind sämtliche sei-

---

[424] Helbing/Weidlich 1995: 132.
[425] Simmel 1992 [1908]: 285.
[426] Ebd.: 286.

ner männlichen Vorfahren eine Ehe mit einer Melusinengestalt[427] eingegangen, aus der wiederum zumeist ein Sohn hervorgegangen ist, der erneut eine Melusine geheiratet hat. Die männlichen Ahnväter haben allerdings gegen das Betrachtungstabu verstoßen, wonach der Mann seine Frau in ihrer wahren Gestalt nicht erblicken darf. Radlauf entstammt somit einerseits einem Fürstengeschlecht und andererseits einem mythologischen Melusinengeschlecht. Ohne jegliche Kenntnisse über seine wahre Herkunft begegnete er auf seinem Hinweg die Vertreter des Fürstengeschlechts, die ihn zu seiner Urahnin geführt haben, während er auf seinem Rückweg die Vertreterinnen des Melusinengeschlechts im Stillen beobachtete. Unter wissenschaftlicher Betrachtung repräsentiert der Hinweg daher die Denkform der Induktion, die allgemein vom Einzelnen zum Allgemeinen führt, wobei von einzelnen Fällen auf die Regel geschlossen wird. Im Falle Radlaufs bedeutet dieser Umstand, dass die genealogische Kette beginnend mit dem einzelnen Individuum und über weitere Fälle und Stationen führend immer weiter zurück in die Vergangenheit gelangt, bis der Protagonist schließlich die Erzählung über das Urpaar respektive dem Allgemeinen hören kann. Der Rückweg repräsentiert im Gegensatz dazu das Prinzip der Deduktion, wonach vom Allgemeinen auf das Besondere geschlossen wird. Ausgehend von dem Urpaar und der Vergangenheit begegnet Radlauf schrittweise seinen Ahnmüttern und der Gegenwart, bis er schließlich bei seiner eigenen Geschichte angelangt ist. Gerade die ständige Wiederholung der gleichen Geschichte mit dem bekannten Kern der Melusinengeschichte repräsentiert die deduktive Vorgehensweise. Sowohl die Induktion als auch die Deduktion führen zu einem Erkenntnisgewinn, der für Radlauf darin besteht, dass er seine wahre Herkunft und seine fürstliche Abstammung erfährt.[428]

Die Kombination der beiden naturwissenschaftlichen Denkformen mit der Genealogie praktizierte um 1800 beispielhaft der Biologie Carl von Linné bei der Bestimmung von Pflanzen. Seine Annahme richtete sich eher nach der induktiven Methode, wonach er von einer unübersehbaren Anzahl von Arten ausging, die er auf ein Ahnenpaar zurückführte. Mit diesem Urpaar markiert er die Grenze der Schöpfung und kann aus dieser hervorbringenden Einheit die Nachfahren ableiten. Im Sinne des Reduktionismus bildet sich aus diesem System die Möglichkeit, allgemeine Aussagen über die Verteilung und Herkunft von Pflanzen zu treffen, ohne

---

[427] Bei einer Melusine handelt es sich um eine mythologische Gestalt des Mittelalters, die eine Ehe mit einem Sterblichen unter der Voraussetzung des Betrachtungstabus eingeht. Demzufolge darf der Ehemann sie weder nach ihrer natürlichen Abstammung als Wassernixe befragen noch ihre wahre, zumeist schlangenförmige Gestalt erblicken. Bricht er dieses Tabu, versiegen sein Reichtum und sein Erfolg. Zu literarischen Adaptionen der Melusinengestalt im Mittelalter und in der Neuzeit siehe: Kellner, „Aspekte der Genealogie in mittelalterlichen und neuzeitlichen Versionen der Melusinengestalt", 2000.
[428] Weiterführende Informationen zur Deduktion und Induktion sowie der Abduktion als dritte Denkform finden sich bei: Reichertz, *Qualitative und interpretative Sozialforschung*, 2016: 125–158.

die physischen Mechanismen der Beziehung zwischen Pflanze und Umfeld kennen zu müssen.[429] Der Erkenntnisgewinn der Genealogie erstreckt sich dementsprechend nicht nur über die Entdeckung der eigenen Herkunft, sondern auch über das Wissen über Naturdinge und Naturphänomene, wodurch diese wissenschaftliche Disziplin in den Bereich der Naturwissenschaften rückt.

In den *Rheinmärchen* verweist der Literat durch die Ahnmütter des Müllers Radlauf, Frau Luft, Frau Wasser, Frau Feuer und Frau Erde, nicht nur auf die Vier-Elemente-Lehre nach Aristoteles, sondern auf die Theorien zum Zusammenhang zwischen Feuer und dem Licht. Insbesondere das Lied von Frau Lichterloh hebt das Verhältnis der beiden Naturphänomene hervor:

> „Ich bin es, die euch [Flamme und Funken] gestaltet,
> Ei! Ihr macht euch gar zu kraus,
> Wenn ihr freudig euch entfaltet,
> Sprecht ihr nur mein Wesen aus.
>
> Häßlich wäre euer Treiben,
> Nur ein Werk der Dunkelheit,
> Nur ein schmutziges Zerreiben,
> Gäb ich euch nicht Heiterkeit.
>
> Was ist edel an dem Feuer,
> Als daß es die Nacht zerbricht?
> Dieses alte Ungeheuer
> Unterliegt allein dem Licht."[430]

Brentano zentriert bei diesem Lied die erschaffende Funktion des Lichts und bezieht sich dabei auf die Lichttheorien von Crawford, Deluc, Kant oder Macquer, die sich für eine Entstehung des Feuers aus dem Licht aussprachen. Gerade Letzterer nahm an, dass das Feuer eine reine Substanz des Lichts sei und dass Licht als feuriger Bestandteil zu gelten habe, der dieser Erscheinung sämtliche Eigenschaften wie Leuchten oder Wärmen vermittle.[431] Sobald das Licht nicht mehr existent ist, erlischt auch das Feuer. Das Licht erscheint stärker und bestimmend gegenüber dem Feuer, das nur in Abhängigkeit vom Licht existieren kann. Das Feuer erhält zusätzlich durch den Ausdruck „Ungeheuer" eine negative Konnotation. Ähnlich äußert sich Brentano bereits im *Godwi*, indem das Feuer und damit einhergehend sowohl die Flamme als auch die Wärme eine Erscheinung des Lichts darstellt: „Was ist die Flamme anders als die Gestalt des Feuers, und das Feuer anders als die Gestalt der Wärme, und diese als die Gestalt des Lichts?"[432]

---

[429] Näheres dazu unter: Müller-Wille, „Genealogie, Naturgeschichte und Naturgesetz bei Linné und Buffon", 2000.
[430] Brentano/Guth 2016 [1810–1812, 1846]: 198f.
[431] Macquer/Leonhardi 1781–1783: 425f.
[432] Brentano 1963 [1801]: 416.

Noch deutlicher tritt die negative diskursive Position des Feuers im Märchen über die Murmeltier genannte Prinzessin hervor. Das Feuer besitzt darin eine zerstörerische und vernichtende Eigenschaft, die ganze Existenzen gefährden kann, weil „das Feuer alles geraubt [habe]."[433] Diese Naturerscheinung dient zusätzlich als göttliche Strafe für nicht tugendhaftes Verhalten und bestraft die Stiefmutter und Stiefschwester des Murmeltiers, die sie schlecht behandelt haben. Im Gegensatz zum Lied von Frau Lichterloh bricht das Feuer nicht unkontrolliert aus und zerstört gesamte Landschaften, sondern es trifft präzise nur diejenigen, die eine Bestrafung verdient haben.

Das Feuer kann allerdings auch im Gegensatz dazu eine positive diskursive Funktion erfüllen, wie das Lied von Frau Schwanensang verdeutlicht:

> „Und ich will dies Lied dir sagen,
> Das ich sterbend pfleg zu singen,
> Wenn die Flammen um dich schlagen,
> Dich im Feuer zu verjüngen."[434]

Das Feuer besitzt in diesem Lied eine erneuernde und verjüngende Funktion, die diametral zu der zerstörerischen Funktion aus dem ersten aufgeführten Lied steht.

Auch wenn das Feuer positive Wirkungen besitzt, überwiegt dennoch das zerstörerische Potenzial. Zu diesem Zweck beschäftigen sich Alchemisten „mit allen geheimen Künsten, um das Feuer zu bannen."[435] Mit dieser Auffassung widerspricht Brentano der zeitgenössischen Forschung, wonach die Menschheit das Feuer kontrollieren kann. So vertraten beispielhaft Macquer, Voigt oder Scheele die Hypothese, nach der das Feuer nur brennt, wenn inflammable Luft vorhanden sei. Durch Zufuhr der genannten Luftarte lässt sich die Intensität dieser Naturerscheinung regulieren. Unter standardisierten Bedingungen würde die reine Luft das Brennen verhindern. Weiterhin erlischt das Feuer wieder, wenn der brennbare Anteil verbraucht ist. Demnach müsste dem Feuer lediglich dieser Bestandteil entzogen werden, damit eine kontrollierte Handhabe möglich ist. Deluc ging des Weiteren davon aus, dass das Verbrennen und die Ausbreitung des Feuers einen aufhaltbaren und langsamen Prozess darstellen.[436] Mithilfe von technischen Apparaturen, wie beispielsweise dem Feuersammler, der teilweise auch die Bezeichnung Wärmesammler trägt, lässt sich weiterhin die Wärme von Sonnenstrahlen speichern, sodass eine unkontrollierte Feuerausbildung nicht möglich sei.[437] Trotz der eupho-

---

[433] Brentano/Guth 2016 [1810–1812, 1846]: 248.

[434] Ebd.: 178.

[435] Ebd.: 202. Die Thematisierung der Alchemie in einem Märchen begründet sich dadurch, dass beide gleichermaßen phantastische und wunderbare Elemente und teilweise antiquiertes Wissen beinhalten. Näheres dazu unter: Neumeyer, „Wie eine Naturwissenschaft zum Märchen wird: Die Alchemie-Debatte der Aufklärung und ihre literarischen Folgen", 2017.

[436] Deluc 1787: 117.

[437] Gren 1788: 1180.

rischen und positiven Stimmung gegenüber dem Feuer warnte Lichtenberg vor den Risiken desselben, sobald die Menschheit dessen Wirkung unterschätzt, wie in dem Aphorismus [971] aus Heft J ersichtlich:

> „Ich möchte zum Zeichen für Aufklärung das bekannte Zeichen des Feuers (Δ) vorschlagen. Es gibt Licht und Wärme, es [ist] zum Wachstum und Fortschreiten alles dessen was lebt unentbehrlich, allein – unvorsichtig behandelt brennt es auch und zerstört auch."[438]

Brentano teilt in seinem Text die euphorische Grundstimmung der Naturforscher gegenüber dem Feuer nicht, auch wenn er demselben positive Attribute eingesteht. Für ihn dominieren die zerstörerischen Aspekte. Er hebt stattdessen das Licht hervor, das über das Feuer dominieren soll. Mit der Aufwertung des Lichts widerspricht Brentano zusätzlich der gängigen Sinneshierarchie um 1800. Der Mensch nimmt das Licht und die Wärme über verschiedene Sinne wahr. Die Augen nehmen Lichtstrahlen auf, während die Wärme ein Gefühl auf der Hautoberfläche vermittelt. Dieses Kriterium ist das ausschlaggebende Unterscheidungsmerkmal zwischen den beiden Naturphänomenen, wie auch Schelling anmerkt: „Der Hauptunterschied des Lichts und der Wärme besteht darin, daß beide auf ganz verschiedene Sinne wirken."[439]

Die Rolle der Sinne korreliert mit der vorherrschenden induktiven Denkweise, die bereits bei der Herkunft Radlaufs deutlich ist. Während im 17. Jahrhundert die Naturforscher deduktiv vorgingen, wählten sie im 18. Jahrhundert eine induktive Ausrichtung. Infolgedessen spricht der empirische Sensualismus den menschlichen Sinnen ein erhöhtes Vermögen für den Erkenntnisprozess zu, lediglich das Auge verliert seine Sonderstellung.[440] Thomas Hobbes und Wilhelm von Ockham äußerten Zweifel an der Wahrnehmung des Auges, weil häufig Fehlurteile entstanden sind.[441] Darüber hinaus gelangt der Mensch nach Herder nicht über den Sehsinn zur Erkenntnis, sondern über den Tastsinn.[442] Diese Auffassungen führten schließlich zu einer Umkehr der Sinneshierarchie, bei der der Tastsinn gegenüber dem Sehsinn dominiert. Die Abwertung des Auges ist zusätzlich als Protest gegen das Licht der Aufklärung anzusehen, die ein „siècle des lumières" darstellte.[443]

Die Vorherrschaft des Lichts in Brentanos Text begründet sich mit seiner Hinwendung zur Religion, die mit zunehmendem Alter immer stärker zunahm. Für ihn ist das Licht von Gott gesandt und als solches gegenüber anderen Naturerscheinungen und Sinnesempfindungen dominierend. Darüber hinaus ist mit dem Licht eine spe-

---

[438] Lichtenberg 2005 [1764–1799]: 790.

[439] Schelling 1911 [1797]: 187.

[440] Weisrock, *Götterblick und Zaubermacht. Auge, Blick und Wahrnehmung in Aufklärung und Romantik*, 1990: 30.

[441] Zeuch, *Umkehr der Sinneshierarchie. Herder und die Aufwertung des Tastsinns seit der Frühen Neuzeit*, 2013: 83.

[442] Ebd.: 133.

[443] Utz, *Das Auge und das Ohr im Text. Literarische Sinneswahrnehmung in der Goethezeit*, 1990: 32.

zifische Forderung nach Naturwahrheit verbunden und Ausdruck eines Stilideals, welches Brentano als „klassisch" bezeichnet.[444] Noch deutlicher stellt sich die Überlegenheit des Lichts in den nachfolgenden *Romanzen vom Rosenkranz* dar.

Der Prozess der Erkenntnis- und Identitätsgewinnung nimmt innerhalb der *Rheinmärchen* einen großen Raum ein und umfasst die beiden bereits beschriebenen Kämpfe sowie die Herkunftsgeschichte Radlaufs. Schließlich mündet die soziale Versuchsanordnung in einer Umkehr der Herrschaftsverhältnisse, die das Ende des Prozesses markiert. König Hatto regiert nun nicht mehr Mainz, sondern Radlauf wird zum neuen König ernannt. Dieser Aspekt ist zum einen darauf zurückzuführen, dass er bedingt durch seine adlige Herkunft den Thron einnehmen kann. Zum anderen weist Hatto Laster und einen listigen Charakter auf, die nicht zum König befähigen. Nur ein tugendhafter und wissender, erkenntnisgeleiteter Mensch soll den Thron besteigen und über das Land regieren. Beides trifft bedingt durch die Reise nun auf Radlauf zu.

Brentanos Text repräsentiert die Verknüpfung der Genealogie mit wissenschaftlichen Denkweisen, wie exemplarisch bei Linné aufgeführt, über den gemeinsamen Aspekt der Erkenntnis- und Identitätsgewinnung zur Generierung eines Wissenszuwachses. Während des Denkprozesses kommen dabei grafische und bildliche Darstellungen zum Einsatz, die zur Visualisierung und Vereinfachung des Sachverhalts beitragen können und damit Ähnlichkeiten zur Soziophysik aufweisen.

Eine allgemeine Veränderung und Umkehr bestehender Verhältnisse folgt allerdings nicht nur durch einen reinen Erkenntnisgewinn, der im Inneren des Protagonisten abläuft. Wie in den *Rheinmärchen* durch den Kampf zwischen Hatto und dem Mausekönig dargestellt, bedarf es in einigen Fällen auch das Einwirken eines externen Faktors. Für diese äußeren Begebenheiten erscheint die Anwendung der Soziophysik plausibel, die unabhängig von inneren Befindlichkeiten oder individuellen Erkenntnisgewinnen die Gründe und Ursachen einer Änderung der (sozialen) Ordnung illustriert.

5.2.4 Verführerische Wärme in den *Romanzen vom Rosenkranz* (1852)

Das vermutlich zwischen 1803 und 1812 von Brentano begonnene und nach seinem Tod durch hinterlassene Notizen erweiterte Versepos skizziert thematische Interessen des besagten romantischen Literaten. Die Vorgeschichte der *Romanzen* stellt eine inhaltliche Entlehnung an die Mariengeschichte aus dem Evangelium *Infantiae* dar. Neben der Religion ist Brentanos Vorliebe für Sagen, Legenden und Volksmärchen als Quelle für die *Romanzen* einzustufen. Gerade der zauberhafte Aspekt dieser zumeist phantastischen Erzählungen findet in den magischen Praktiken Apos in der 8. oder 17. Romanze Anklang. Seine Vorgehensweise entspricht denen, die

---

[444] Neuhold, *Achim von Arnims Kunsttheorie und sein Roman „Die Kronenwächter" im Kontext ihrer Epoche*, 1994: 60.

in zahlreichen Zauberbüchern vorkommen. Eine Rekonstruktion über die genauen Vorlagen für Brentanos Text kann nicht erfolgen, allerdings ist hierbei anzumerken, dass Brentano Zauberbücher aus der Familie der *Clavicula Salomonis* (1567) verwendet hat, zu der unter anderem das von Heinrich Cornelius Agrippa von Nettelsheim verfasste *Liber quartus de occulta philosophia, seu de cerimonijs magicis. Cui accesserunt, Elementa magica Petri de Abano philosophi* (1559) zählt, aus dem Brentano zusätzlich Informationen über das historische, mittelalterliche Bologna erhalten hat.[445] Von diesem Text konnte Brentano Auszüge in Heinrich Kornmanns *Mons Veneris* (1614) finden.[446]

Die *Romanzen* zentrieren die drei Schwestern Rosarosa, Rosablanka und Rosadora, auch Biondetta genannt. Auf ihnen lastet ein Erbfluch und familiäre Blutschande, die die Schwestern nur aufheben können, wenn sie bei ihrem Tod jungfräulich bleiben und sich zu einem symbolischen Ring vereinigen. Die Versuchung ereilt in Form von irdischer Liebe. Rosarosa ehelicht Jacopone, der jedoch nicht ahnt, dass sie seine Nichte ist. Sie bittet ihn um eine keusche Ehe, die er akzeptiert. Biondetta ist in ebenso keuscher Liebe zu Meliore verbunden, weckt allerdings in ihrem Onkel Apo leidenschaftliche Gefühle. Rosablanka liebt Meliore, weiß aber um das Liebesverhältnis zwischen ihm und Biondetta. Sie geht eine Liebesbeziehung mit Pietro ein und verlobt sich zugleich mit dem Heiland, sodass auch ihre Jungfräulichkeit gewahrt bleibt. Jacopone, Meliore und Pietro sind darüber hinaus Brüder und allesamt mit den Schwestern verwandt. Trotz irdischer Versuchungen sterben die Schwestern jungfräulich. Rosarosa stirbt bei einem Theaterbrand, Rosadora durch vergiftetes Wasser und Biondetta ersticht sich, damit Apo sie nicht vergewaltigen kann. Ihre ringförmige Beisetzung in das von Jacopone nach dem Tod seiner Frau erbaute Kloster ermöglicht schlussendlich die Aufhebung des Fluchs.

Zu einem echten Epos gehört auch die Verarbeitung enzyklopädischen Wissens. Bei der Auswahl aus seinen historischen Quellen und der Präsentation des selektierten Wissens legt Brentano Wert darauf, zwar in den literarischen Vorlagen Bevorzugtes, nach den Maßstäben der neuzeitlichen Wissenschaft aber Unverbürgtes, nach Möglichkeit Abseitiges und Falsches zu bieten.[447] Die *Romanzen vom Rosenkranz* beinhalten daher apokryphes Wissen, wodurch sie eine Enzyklopädie abseitigen Wissens darstellen.[448] Bereits der im Titel des Versepos vorkommende Terminus des Rosenkranzes rekurriert auf alchemistische Traktate. Daran anknüpfend finden sich beispielsweise in der 3. und 12. Romanze eingearbeitete Texte über die Alchemie und die Astrologie, die auf die bereits beschriebenen Zauberbücher und das damit zusammenhängende abseitige Wissen verweisen. Mit dem Einbezug von

---

[445] Brentano/Bohnenkamp, *Sämtliche Werke und Briefe. Band 11,2. Romanzen vom Rosenkranz, Erläuterungen. Historisch-kritische Ausgabe,* 2008: 112.

[446] Ebd.: 112.

[447] Pravida, *Die Erfindung des Rosenkranzes. Untersuchungen zu Clemens Brentanos Versepos,* 2005: 202.

[448] Ebd.: 204.

magischen Elementen steht Brentano in der Tradition der romantischen Naturphilosophie, die reges Interesse an Magie bekundete.

Brentanos Text enthält nicht nur apokryphes Wissen, sondern auch empirisch belegbare Fakten aus dem Bereich der Wärmelehre, die auf sinnliche Triebe hindeuten. Der romantische Autor schuf mithilfe dieser Erkenntnisse ein durch Leidenschaften dominiertes System bestehend aus Makroebene und Mikroebene, wobei entsprechend der reduktionistischen Systemtheorie gilt, dass sich die beiden Ebenen aufeinander beziehen und parallele Strukturen aufweisen. Der Literat entwirft mit dieser Transformation von Wissen ein Konzept, das erst Ende des 20. Jahrhunderts in der Systemtheorie und Physik zur intensiveren Anwendung gelangt. Bei diesem Konzept stehen nicht Figuren und deren Interaktionen im Fokus, sondern die gegenseitigen Relationen und das Wechselspiel zwischen der Mikroebene und der Makroebene unter einem gemeinsamen Betrachtungspunkt. Bereits der in der ersten Romanze situierte Schöpfungsmythos verweist auf den ständigen Kampf zwischen Sinnlichkeit und Sittlichkeit. Das Licht repräsentiert in dem Fall das Göttliche und Keusche, während die Wärme den Antagonisten verkörpert:

> „Trügend rüstet sich der Lügner mit dem Sonnengott zum Kampfe, der auf goldnen Flügelfüßen flammet aus den Ozeanen. Seinen Spiegel stellt er lügend in der Dünste giftigem Walle antichristisch ihm gegenüber."[449]

Nach Deluc und Gren gehört Wärme den in dem Zitat angesprochenen Dünsten an. Beim Verbrennen zersetzt sie sich einerseits in Feuermaterie, die den ponderablen Basen untergeordnet ist und sich mit dem brennenden Körper verbindet, und andererseits in Lichtmaterie, dem *fluidum deferens*, die anteilig in allen elastischen Flüssigkeiten enthalten ist. Der aus dem angesprochenen Ozean entweichende Wasserdampf stellt eine lockere Verbindung aus Wasser und Feuer dar. Dieses luftförmige Wasser bedarf einer chemischen Zersetzung zur Trennung des deferierenden Anteils. Andere Erscheinungen, wie beispielsweise die Elektrizität, sind ebenfalls den Dünsten angehörig und entstehen entsprechend des folgenden Schemas:[450]

$$\textit{Ponderable Base + fluidum deferens} \rightarrow \textit{Dunst} \qquad (21)$$

Bei einer Änderung des Aggregatzustandes[451] wie im vorliegenden Zitat entweicht die von Black entdeckte latente Wärme aus einem Objekt. Brentano nutzt diesen wissenschaftlichen Umstand, um auszudrücken, dass die sündigen Leidenschaften freigesetzt werden. Ein Festkörper kann durch seine feste Form und Stetigkeit nur

---

[449] Brentano/Rauschenberg, „Romanzen vom Rosenkranz", 1994 [1852]: 196.

[450] Rüger 1985: 226.

[451] Als Aggregatzustand wird der momentane materielle Zustand eines Körpers zu einem bestimmten Zustand beschrieben, der sich durch Veränderung der Temperatur oder des Drucks umwandelt. Die Aggregatzustände *fest, flüssig* und *gasförmig* stellen die klassischen Aggregatzustände dar, während in der Physik noch andere Zustände, wie beispielsweise das Plasma, unterschieden werden.

eine geringe Anzahl von Individuen erreichen. Dünste allerdings können sich weitaus schneller und in einem größeren Umfang ausbreiten, sodass deren Wirken größere Ausmaße annimmt. Ebenso ist die Menge an enthaltenem Wärmestoff in dampfförmigen Stoffen größer als in festen oder flüssigen Objekten, weil er sich in gasförmigen Stoffen besser auflösen kann.[452] Dadurch liegen auch die Leidenschaften in den Dünsten vermehrt vor.

Humphry Davy schlägt eine alternative Idee zur Erklärung der Aggregatzustände vor. Nach seiner polaren Auffassung befindet sich ein Körper inmitten eines ständigen Konfliktes zweier oppositioneller Kräfte. Sobald diese Kräfte im Ungleichgewicht vorliegen, kommt es zu einer Zustandsänderung.[453] Die im Zitat aufgeführten Dünste resultieren somit aus dem Kampf zwischen dem Sonnengott und dem riesenhaften Erdengott.

Eine ähnliche polare Ausrichtung liegt bei der Bestimmung der Aggregatzustände durch die Repulsiv- und Attraktivkraft, wie sie Fischer beschreibt, vor. Danach handelt es sich bei der Repulsivkraft um die Kraft der Wärme, die die kleinsten Teilchen der Körper ein Bestreben vermittelt, sich voneinander zu entfernen.[454] Die Attraktivkraft hingegen verhindert eine Ausdehnung dieser kleinsten Teilchen. Das Verhältnis zwischen diesen beiden Kräften bewirkt schlussendlich die Aggregatzustände. Brentano setzt die Attraktivkraft mit dem Sonnengott gleich, der durch seinen Sieg gegen den Erdengott die Ausbreitung der sündigen Leidenschaften verhindern kann. Brentano skizziert den Unterschied zwischen dem göttlichen Licht und der sinnlichen, dämonischen Wärme beziehungsweise des Feuers weiterhin mit der Kraft der Schwere. Das göttliche, leichte Licht befindet sich oberhalb der Figuren und ist nur für die Tugendhaften zu erreichen. Die sinnliche Wärme umgibt dagegen alle, die sich am Boden befinden:

> „Als der große Geist des Grundes wollte überm Lichte wohnen, überschlug er sich im Sturze, und das Schwere ward geboren. Und das Leichte muß sich suchen, daraus ward das Licht geboren; schweres Dunkel war nun unten, leichtes Licht, das schwebte oben."[455]

Zu Beginn sind sämtliche Individuen der Versuchung und der Wärme ausgesetzt, nur wer an Gott glaubt und sich sittsam und keusch verhält, kann den Bereich der Sünde verlassen und das göttliche Licht erfahren. In diesem Zusammenhang beschreibt Brentano sinnliche Triebe als „Glut und Feuer"[456] oder die misslungene Verführung Rosablankas durch das Feuer.[457]

---

[452] Baader 1963 [1852]: 106.
[453] Vgl. Gehler 1831: 73.
[454] Fischer 1837 [1805]: 432.
[455] Brentano/Rauschenberg 1994 [1852]: 195.
[456] Ebd.: 406.
[457] Ebd.: 32.

Während auf der Makroebene sämtliche Akteure von den Auswirkungen des Kampfes zwischen Licht und Feuer betroffen sind, konzentriert sich die Darstellung auf der Mikroebene nur auf wenige Protagonisten, wodurch nach Luhmann ein Komplexitätsgefälle vorliegt.[458] Gemeinsam ist allerdings der ständige Konflikt zwischen Sinnlichkeit und Sittlichkeit, der sich mikroskopisch auch im Inneren der Figuren austragen kann. Verstärkt und veranschaulicht wird dieser innere Zwiespalt literarisch oft durch optische Gerätschaften, wie beispielhaft einem Hohlspiegel. Diese Spiegelkonstruktion repräsentiert eine optische Apparatur zur Verstärkung des von der Sonne kommenden Lichts und verkörpert in den *Romanzen* die Apparatur, die für den Brand des Theaters verantwortlich ist, in dem Biondetta ihre Abschiedsvorstellung gibt, bevor sie ins Kloster geht. Apo nutzt dabei seine Zauberkunst, um sich Biondetta durch seinen Famulus Moles zu bemächtigen:

> „Und der Meister wischt mit Fluchen von dem Spiegel seinem Odem: „Will des Theater Kuppel noch nicht in Flammen lodern?" Er nimmt einen Schwefelkuchen und ein Glas voll goldnem Korne, und den Schwanz von einem Fuchse aus dem Kasten an dem Boden. Und den Wetterhahn, der funkelnd stehet auf des Turmes Knopfe, nimmt er, greifend durch die Luke, setzt ihn zu dem goldnen Korne. Peitschet dann den Schwefelkuchen mit dem Fuchsschwanz aller Orten, und es springen helle Funken in das Glas zum goldnen Korne."[459]

Bei einem Hohlspiegel handelt es sich um einen Konkavspiegel, der bereits bei Archimedes und Alhazen Verwendung fand. Bei der Konstruktion eines Hohlspiegels erfolgt die Unterscheidung zwischen zwei verschiedenen Bauformen. Einerseits die in Form eines Rotationsparaboloids[460] antreffenden Parabolspiegel, die als einzige Spiegelform die Eigenschaft besitzen, die einfallenden Lichtstrahlen in einem Brennpunkt zu zentrieren. Apo hat daher bei seinem Zauber einen Parabolspiegel vorgefunden. Sie sind allerdings aufwendiger und komplexer in der Herstellung als die zweite Bauform, die sphärischen Hohlspiegel. Sie weisen eine sphärische Aberration auf, wodurch die einfallenden Lichtstrahlen nicht die gleiche Schnittweite besitzen und daher nicht in einem Brennpunkt gesammelt auftreffen.

Für die Vermehrung der spezifischen Wärmekapazität und der damit einhergehenden Entstehung des Feuers mittels eines Hohlspiegels ist Voraussetzung, dass die Sonnenstrahlen senkrecht auf die Oberfläche des Spiegels gebündelt werden. Zusätzlich sollten sie für eine größere Wirkung möglichst konzentriert auf einen Brennpunkt einfallen und der Spiegel sollte vorzugsweise dunkel und undurchsichtig sein, damit die Strahlen reflektiert und nicht absorbiert werden.[461]

---

[458] Vgl. Luhmann, *Systemtheorie der Gesellschaft*, 2017: 44.
[459] Brentano/Rauschenberg 1994 [1852]: 201f.
[460] Ein Rotationsparaboloid stellt eine Figur dar, die sich durch Rotation einer Parabel um die eigene Achse ergibt.
[461] Fischer 1837 [1805]: 567f.

Hohlspiegel reflektieren das Bild der einfallenden Sonnenstrahlen und bilden diese verkleinert ab. Je größer das Verhältnis zwischen Urbild und Abbild ist, desto stärker ist die Wärmeentwicklung.[462] Das Motiv des Hohlspiegels und die damit einhergehende Diskrepanz zwischen Spiegel und Spiegelbild bezeichnen den größtmöglichen Kontrast innerhalb einer literarischen Figur. So oszilliert Apos Persönlichkeit zwischen einem gesellschaftlich angesehen, kompetenten und weltgewandten Arzt und einem von seinen Leidenschaften Getriebenen. Die verheerende Zerstörung durch das Feuer ist auf seine versteckte Sinnlichkeit zurückführbar, die sich hinter einer Maske gesellschaftlicher Akzeptanz verbirgt. Diese Sichtbarmachung von Unsichtbarem machen Hohlspiegel und katoptrische Phänomene so interessant für das literarische Schreiben.[463] Apo lenkt in seiner Leidenschaft das göttliche Licht auf das als ungöttlich charakterisierte Theater. Dieser Missbrauch des Lichts drückt sich durch das Bild des Feuers aus, das als unreiner, sündiger Antagonist des Lichts gilt.

Der romantische Autor thematisiert in seinen *Romanzen*, wie auch bei den *Rheinmärchen*, durch die Entstehung der Leidenschaften die zeitgenössische Vermutung, wonach sich die Wärme und das Feuer durch äußere chemische oder mechanische Einflüsse aus dem Licht bilden. Damit folgt er Naturwissenschaftlern und Naturforschern wie Macquer, Deluc, Lichtenberg, Gren oder Descartes, die die Lichtmaterie als Grundlage für die Wärmematerie sowie die Zusammensetzung des Feuers aus dem Licht und der Wärme postulierten. So genügt bei den *Romanzen* lediglich ein kleiner Lichtstrahl, damit aus der vorhandenen Wärme Feuer entsteht: „Da das Licht dazu gedrungen, ist das Feuer aufgelodert […]."[464]

Die drei Schwestern und ihre Geliebten aus den *Romanzen* entwickeln auf der Mikroebene unterschiedliche Strategien, um einen Kompromiss aus Sinnlichkeit und Sittlichkeit zu erzeugen. Dieser Einklang ist durch eine Kopplung der Gleichgewichtstheorie der Intimität nach Michael Argyle und Janet Dean beziehungsweise Argyle und Adam Kendon[465] mit dem Modell der regulären Mischungen[466] soziophysikalisch beschreibbar. Die Gleichgewichtstheorie der Intimität besagt, dass zwei Individuen bei einer Interaktion einen Kompromiss aus Vermeidungs- und Annäherungstendenzen anstreben. Augenkontakt oder Lächeln gehören zu den Annäherungstendenzen, während Distanz eine Vermeidungstendenz dar-

---

[462] Euler 1986 [1768]: 45.

[463] Bergengruen, „„Heißbrennende Hohlspiegel". Wie Jean Paul durch die Optik seine Poetik sichtbar werden läßt", 2000: 34.

[464] Brentano/Rauschenberg 1994 [1852]: 196.

[465] Argyle/Dean, „Eye-contact, distance and affilation", 1965 und Argyle/Kendon, „The experimental analysis of social performance", 1967.

[466] Mimkes hat ebenfalls das Modell der regulären Mischungen angewendet, um die Zwischenehen zwischen Zuwanderern und Einheimischen sowie zwischen Katholiken und Nicht-Katholiken und die daraus entstehenden Gesellschaftsbilder zu illustrieren. Näheres dazu unter: Mimkes, „Die familiale Integration von Zuwanderern und Konfessionsgruppen – zur Bedeutung von Toleranz und Heiratsmarkt", 2001.

stellt. Auch bei dem Modell der regulären Mischungen vermischen sich Atome in Abhängigkeit von ihrer Bindungsstärke und ihrer Konfigurationsentropie, die als Affinität für die jeweiligen Nachbaratome gilt. Innerhalb eines binären Systems, bei dem lediglich zwei unterschiedliche Atomsorten vorhanden sind, können drei Mischungszustände resultieren. Entweder bilden sich Mischpaare AB beziehungsweise umgekehrt BA oder es entstehen Reinpaare AA oder BB. Für die Beschreibung der Figurenkonstellation innerhalb der Romanzen dient das dazugehörige Paarvertauschungsgesetz[467] ε zwischen zwei Atomen A und B, welches wie folgt lautet:

$$\varepsilon = \varepsilon_{AB} - \frac{1}{2}(\varepsilon_{AA} + \varepsilon_{BB})$$

Der Faktor ½ begründet sich damit, dass an jeder Bindung zwei Atome beteiligt sind. Je nachdem, ob der Minuend oder der Subtrahend aus der Gleichung überwiegt, entsteht eine geordnete Bildung von gleichen Atomsorten oder eine ungeordnete Struktur, bei der ungleiche Atomsorten nebeneinander existieren. Ein System verbraucht die Paarvertauschungsenergie ε, sobald jeweils zwei Verbindungen aus der gleichen Atomsorte zwei Verbindungen aus ungleichen Atomen ersetzen. Falls $\varepsilon = 0$ macht es keinen Unterschied, ob sich Atome mit gleichem Nachbaratom oder ungleichem Nachbaratom vermischen. Für $\varepsilon < 0$ bilden sich bevorzugt Mischpaare, wobei das System zur Nahordnung tendiert, während sich für den umgekehrten Fall Paare aus gleichen Atomen mischen und das System daher zur Entmischung neigt.

In Anlehnung an das Modell der regulären Mischungen können bei der Interaktion zwischen zwei Individuen A und B drei mögliche Emotionsbereiche E auftreten. Für $E < 0$ können negative Emotionen entstehen, während für den umgekehrten Fall mit der Begegnung positive Gefühle verbunden sind. Für $E = 0$ begegnen sich die Personen mit Gleichgültigkeit. In Verbindung mit der Gleichgewichtstheorie der Intimität können vier verschiedene Tendenzen vorliegen:

1) E_{AB}: *Person A mag Person B, aber nicht umgekehrt*
2) E_{BA}: *Person B mag Person A, aber nicht umgekehrt*
3) E_1: *Beide Personen mögen sich*
4) E_0: *Beide Personen mögen sich nicht*

Es ergibt sich daraus eine in Anlehnung an das Paarvertauschungsgesetz (22) neue Formel, die die Vermeidungs- und Annäherungstendenzen sowie die Möglichkeit einer beginnenden Liebesbeziehung ε aufgreift:

$$\varepsilon = (\varepsilon_{AB} + \varepsilon_{BA}) - (\varepsilon_1 + \varepsilon_0) \tag{23}$$

---

[467] Das Paarvertauschungsgesetz ist auch auf Goethes *Wahlverwandtschaften* (1809) übertragbar. Ein entsprechendes kurzes Exposé findet sich im Anhang dieser Arbeit.

Der erste Teil der Gleichung ist für $\varepsilon < 0$ erfüllt. Dabei dominieren einseitige Gefühle und es herrschen Vermeidungsstrategien vor. Für $\varepsilon > 0$ sind die gleichen Gefühle bei den Personen zu verzeichnen, wodurch in einem Fall Annäherungstendenzen resultieren. Bei $\varepsilon = 0$ liegen gleichgültige Empfindungen vor und es dominiert ein Kompromiss, der sich in platonischen Gefühlen ausdrückt. In Anlehnung an das Konzept der *social temperature*, das beim *Giannozzo* eine tiefergehende Erklärung erhält, ist hierbei die *social equilibrium temperature*[468] wirksam, die die Affinität einer Person gegenüber einer anderen misst. Je schneller diese Temperatur ansteigt, desto wahrscheinlicher ist die Entstehung von Liebesgefühlen.

Diese Konstellation ist auf die *Romanzen* übertragbar. Die Gründe für eine Vermeidungstendenz erstrecken sich dabei über Inzestschranken, den Willen, den Familienfluch zu brechen, bis hin zu einer reinen Antipathie. Ebenso die Art, wie sich eine Vermeidungstendenz bei den einzelnen Figuren ausdrückt, variiert. Als ein deutliches, drastisches Bespiel ist die Begegnung zwischen Apo und Biondetta am Totenbett von Rosarosa aufzufassen. Apo stellt scherzhaft die Vermutung auf, dass Jacopone aus Trost mit Biondetta ein sexuelles Verhältnis begonnen habe und versucht, sie um die Hüfte zu fassen. Das Mädchen hat als Folge dieses Benehmens einen Hass gegenüber Apo entwickelt, der sich durch eine erhöhte Körperkraft ihrerseits ausdrückt und sie dazu befähigt, sich ihm gegenüber zu wehren. Ähnlich wie Piachi und Nicolo aus dem *Findling* empfindet sie einen Zorn, der nach der mechanischen Wärmelehre für eine vermehrte Wärme und Bewegung der Teilchen verantwortlich ist und ihre Stärke befördert. Ebenso argumentiert auch Lichtenberg, indem er der Wärme besondere Kräfte zugesteht: „[…] so sieht man, daß es [die Wärme] Kräffte [sic!] besitzt, es bringt veränderungen [sic!] in den Körpern hervor und zwar sehr mächtige".[469]

Eine Annäherungstendenz ist lediglich bei der Beziehung zwischen Jacopone und Rosarosa feststellbar, die in keuscher Ehe leben, aber zumindest trotz des Fluchs ein funktionierendes Liebesverhältnis führen. Für den Fall eines Intimitätsgleichgewichts sind Meliore und Rosablanka zu nennen, die zwar für ihn Liebesgefühle entwickelt hat, aber von einer Beziehung mit ihm absieht, weil sie von dem Verhältnis zwischen ihm und Biondetta weiß. Diese nicht erfüllten und ausgelebten Gefühle stellen einen Kompromiss aus Abneigung und Anziehung dar, den Simmel mit dem Distanzmaß umschreibt. Auffallend ist, dass er den physikalischen Prozess der Wärmeleitung wählt, um sein Distanzmaß von einer Beziehungsdynamik abzugrenzen. Nach seiner Auffassung hat das besagte Maß von vornherein eine bestimmte Temperatur, deren Grad durch den Ausgleich einer wärmeren und

---

[468] Mimkes hat die *social equilibrium temperature* ebenfalls angewendet, allerdings unter der Bezeichnung für eine sich steigernde Toleranz gegenüber Einwanderern, ohne Bezug der Gleichgewichtstheorie der Intimität. Vergleich dazu: Mimkes 2006: 307.

[469] Lichtenberg, *Vorlesungen zur Naturlehre. Notizen und Materialien zur Experimentalphysik Teil 2*, 2010: 164.

einer kühleren Person keinen Schwankungen unterliegt.[470] Bei seinem Distanzmaß handelt es sich dementsprechend um eine von Beginn an festgelegte Haltung gegenüber einem Individuum, die nicht weiter veränderlich ist. Sollten zwei Personen ihre jeweilige Meinung voneinander revidieren, liegt dagegen kein Distanzmaß vor. Diese Textstelle beweist, dass auch nach der Romantik formalhafte Prozesse angewendet werden, um einen (emotionalen) Mangel auszugleichen.

Als Beispiel für eine sich steigernde *social equilibrium temperature* ist das Verhältnis von Pietro und Rosablanka aufzufassen. Seine Gefühle zu ihr waren nicht von Beginn an präsent, sondern entwickelten sich erst mit wachsendem Alter: „[…] züchtger Flamme, die gefangen lag bis jetzt im Jugendstolze."[471] Die angesprochene Flamme konnotiert bereits eine erhöhte Temperaturentwicklung, sodass sich Pietros Gefühle innerhalb kürzester Zeit entwickelt haben. Rosablanka empfindet allerdings nur Freundschaft für ihn, sodass eine Liebesbeziehung nicht zustande kommt. Dieser Sachverhalt lässt sich auch mit dem Körperkonzept der liebenden *homines calefiati* belegen, weil sich die Empfindungen Pietros innerhalb kürzester Zeit entwickelt haben und nicht über einen längeren Zeitraum.

Die Kritikpunkte an den *Romanzen* betreffen überwiegend ihren aus Standardwerken zusammengesetzten Charakter sowie die Niederschrift von eingeschriebenen Wissensbeständen, die als Folge wahlloser Lektüre resultieren.[472] Allerdings entwickelt sich bei genauerer Analyse ein zusammenhängendes Bild aus zeitgenössischen Theorien. Die chronologische Abfolge der Texte entwirft zusätzlich bei Brentano, anders als bei Arnim oder Kleist, eine Veränderung seines poetologischen Konzepts, die mit der sukzessiven Hinwendung zur Religion einhergeht. Während Brentano beim *Godwi* oder *BOGS* noch überwiegend naturwissenschaftliche und naturphilosophische Theorien und Postulate verwendete, um sein romantisches Verständnis zu veranschaulichen, belegen bereits die *Rheinmärchen* und besonders die *Romanzen vom Rosenkranz*, dass Brentano christliche Glaubenssätze durch physikalische Theorien zu begründen versuchte. Brentano vertritt somit physikotheologische Ansätze, die die Existenz Gottes aus den Wundern der Natur abzuleiten versuchten, wobei naturwissenschaftliche Erkenntnisse theologischen Deutungen unterliegen. So existierten beispielsweise Gerätschaften, die die Allmacht Gottes beweisen sollten.[473] Die physikotheologische Richtung war bereits im Barock wirksam und erzielte ihre Höhepunkte zwischen dem 17. und 19. Jahrhundert, auch wenn Kritiker, wie beispielhaft Kant in seiner *Kritik der Urteilskraft* (1790), sämtliche in der Physikotheologie getätigten Gottesbeweise als falsch und

---

[470] Simmel 1992 [1908]: 292.
[471] Brentano/Rauschenberg 1994 [1852]: 186.
[472] Vgl. Brentano/Bohnenkamp 2008: 75.
[473] Stadler, *Der technisierte Blick. Optische Instrumente und der Status von Literatur: ein kulturhistorisches Museum*, 2003: 29.

unzulässig deklarierte. Als Charakteristik[474] gilt die Nähe zu der mechanistischen Naturauffassung, wobei die Welt exemplarisch als Uhrwerk aufzufassen ist. Bereits beim *BOGS* ist dieser Gedankengang durch den gleichnamigen Protagonisten ausgedrückt. Weiterhin fordert die Physikotheologie die sinnliche Anschauung und Betrachtung sowie die damit zusammenhängende Erkenntnis, die Brentano in Form des Brunnens beim *Godwi* aufzeigt. Schließlich tendiert besagte theologische Richtung zu einer enzyklopädistischen Wissensanhäufung, bei der nicht nur gesicherte Erkenntnisse, sondern teilweise auch überholte Wissensbestände dienlich sind, um die Existenz Gottes in sämtlichen Facetten aufzuzeigen. Eine ähnliche Wissensfülle ist bei den *Romanzen* erkennbar, die sowohl gesicherte Theorien als auch apokryphes Wissen präsentieren.

Brentanos Text belegt eindeutig den reduktionistischen Charakter der Systemtheorie, wonach die Mikroebene und Makroebene eines Systems Gemeinsamkeiten und Parallelen aufweisen. Bei den *Romanzen* erfolgen in den beiden Ebenen die Thematisierung der sündigen Leidenschaften und der daraus entstehende Kampf mit der Sittlichkeit. Während Brentano auf der Makroebene einen allumfassenden und nach außen hin ausgetragenen Wettstreit präsentiert, verlegt er diesen Konflikt in das Innere weniger Protagonisten, wodurch eine psychologische Vertiefung stattfindet. Die Soziophysik ist zwar nicht imstande, sämtliche psychologisch bedingte Handlungen und Verhaltensweisen aufzudecken, wie beispielhaft die psychoanalytische Literaturinterpretation, allerdings kann sie oberflächlich die Entscheidungen für oder gegen die Liebesbeziehung mit einer Figur begründen und damit Szenarien besser vorausdeuten.

5.3 Das Dilemma zwischen Empirie und Spekulation bei Arnim

Bei Arnim (1781–1831) vollzogen sich die Abwendung von den Naturwissenschaften und die gleichzeitige Hinwendung zur Literatur sukzessive. Von 1798 bis 1800 studierte er in Halle an der Saale Rechts- und Naturwissenschaften sowie Mathematik. Im Jahr 1800 zog er nach Göttingen, wo er an der dortigen Universität sein naturwissenschaftliches Studium intensivierte. Während seiner Studienjahre hörte er Physikvorlesungen bei Gren, Ludwig Wilhelm Gilbert und Scherer.[475] Zudem verfasste er für Gilberts Zeitschrift *Annalen der Physik* naturwissenschaftliche Beiträge sowie publizierte von 1798 bis 1807 selbstständig naturwissenschaftliche Schriften.[476] Von seinen Veröffentlichungen profitierten auch seine eigenständigen

---

[474] Neben den aufgeführten Charakteristika, die sich besonders innerhalb der behandelten Texte Brentanos offenbaren, führt Paul Michel in seiner Monographie *Physikotheologie. Ursprünge, Leistung und Niedergang einer Denkform*, 2008 noch weitere Merkmale auf.

[475] Burwick, „Elektrizität und Optik: Zu den Beziehungen zwischen wissenschaftlichen und literarischen Schriften Achim von Arnims", 1986: 20.

[476] Rudelius, *Achim von Arnim und die Wissenschaft*, 1944: 5.

Forschungen zur Optik, die er von 1798 bis 1801 in Zusammenhang mit seinen Studien in Halle und Göttingen durchführte.[477]

Im Unterschied zu anderen Naturforschern und -wissenschaftlern lehnte Arnim eine einseitige Einbeziehung von spekulativen Gedanken strikt ab, weil sie die Forschung nicht weiterentwickeln können und sich die Physiker die wissenschaftlichen Bestände nach ihrem Willen konstruieren. Lediglich ein kleiner Teil der Naturforscher praktizierte die von Arnim favorisierten empirischen Methoden wie er in einem Entwurfsfragment an Gilbert vom Herbst 1803 anmerkt:

> „[...] Speculation über Erfahrungen verliert ihren Gewinn, wenn sie die Erfahrung nicht weiterbringt. An ein gemeinschaftliges Zusammenwirken vieler zu solchen Absichten scheint wohl noch eben so wenig bey unsern Physikern zu denken als sonst. Es giebt Ausnahmen, aber der grössere Theil schreibt und treibt die Wissenschaft, wie er sie gern haben möchte, nicht wie sie ihn gern haben möchte."[478]

Arnim erkannte aber auch das Dilemma der rein empirischen Vorgehensweise. Ein Forscher kann zwar die äußerlichen Veränderungen bei einem Experiment beobachten, doch versagt der Empirismus bei der Betrachtung der inneren Vorgänge eines Menschen oder Stoffes:

> „[...] im Finstern von der Empirie in dem wichtigsten Punkte verlassen, in der Vergleichung des Experiments im Glase mit dem Experimente im Kopfe. So lange noch jemand beobachtet, läßt sich so etwas nicht leicht an ihm beobachten, und beobachtet man darüber an ihm, so pflegt er nicht mehr zu beobachten."[479]

Daher kann ein Chemiker oder Physiker nicht zur vollkommenen Erkenntnis des Menschen oder der Natur beitragen, sondern eher ein Physiologe, weil er die inneren Vorgänge des Menschen erfassen kann.[480] Insofern nahm Arnim unter den Romantikern eine besondere Stellung ein, weil er sich weder für die Spekulation noch für den Empirismus entschied. In der gleichen Weise hat er den Versuch unternommen, eine ganzheitliche Wirklichkeit zu erschaffen. Diese ästhetische Ausrichtung ließe sich allerdings nicht auf empirischem Weg über das Experiment generieren. Die Lösung für dieses Dilemma stellt eine eigene Epistemologie dar, die das Fragmentarische der Naturwissenschaften aufheben und eine innere Einsicht in Naturdinge liefern sollte. Ähnlich wie Novalis verfolgte er mit seinem eigens entwickelten Meteorologie-Projekt ein ursprüngliches, enzyklopädistisches Gesamtwerk,

---

[477] Burwick 1986: 20.

[478] Arnim/Weiss, *Unbekannte Briefe von und an Achim von Arnim aus der Sammlung Varnhagen und anderen Beständen*, 1986: 33.

[479] Arnim, „Bemerkungen über Volta's Säule, von L. A. Arnim, in Briefen an den Herausgeber. Zweiter Brief", 2007a [1801]: 400.

[480] Burwick, „Achim von Arnims Ästhetik: Die Wechselwirkung von Kunst und Wissenschaft, Poesie und Leben, Dichtung und Malerei", 1990: 100.

mit dem er bisherige Theorien vernetzen, heterogene Wechselwirkungen von Körpern erklären sowie komplexe zwischenmenschliche Beziehungen aufdecken wollte.[481]

In seinen Aufsätzen thematisierte er insbesondere die Elektrizität, aber auch die Optik und die Wärmelehre fanden bei Arnim Berücksichtigung.[482] So versuchte er in seinen *Anmerkungen zur Lichttheorie* (1800) und in seinen *Aphorismen zur Theorie des Lichts* (1800) die Elektrizität, das Licht und stellenweise auch die Wärme aufeinander zu beziehen und das eine Phänomen als Folge oder Ursache des anderen anzusehen. Er stellte sich mit seinem Dreiersystem somit gegen die gängigen Auffassungen um 1800 und entwarf eine eigene Theorie. Auch in seinem Segment *Erläuterungen aus der Wärmelehre* (1800) entwickelte er eine neue Theorie zur Immaterialität der Wärme, die er aus dem Begriff der Wärmekapazitätsänderung nach Crawford konstruierte und mit der er von der gängigen Auffassung vom Wärmestoff abwich. Seine Wärmetheorie ist auf Kant zurückführbar, weil er ebenfalls eine dynamische Auffassung des Wärmestoffs vertrat, der in Verbindung mit der Repulsiv- und Attraktivkraft steht. Arnims oberstes Ziel war die Formulierung und Entdeckung neuer Gesetzmäßigkeiten sowie Zusammenhänge zwischen Naturphänomenen und nicht das bloße Abschreiben und Diskutieren bereits bestehender Aussagen. Die breite Öffentlichkeit würdigte seine Theorien allerdings nicht, sodass sich eine Enttäuschung gegenüber der Wissenschaft, insbesondere gegenüber der Begrenztheit des Empirismus, einstellte.[483] Die Wissenschaftsskepsis Arnims betraf daher überwiegend die Tatsache, dass keine wissenschaftliche Methode zu den gewünschten Ergebnissen führen kann. Daher wendete sich Arnim der Literatur zu, die Antworten auf die Fragen liefern kann, die der Naturwissenschaftler nicht beantworten konnte. Die Literatur ist im Gegensatz zu den positivistischen Wissenschaften an keine konkrete Vorgehensweise gebunden, sodass Arnim innerhalb der Literatur seine Theorien, Ansichten und Modelle unabhängig von jeglicher wissenschaftlichen Methode präsentieren konnte. Innerhalb seines Werkes ergänzen sich wissenschaftliche Analysen und poetische Synthesen zu einer integrativen Wissensform, die nicht nur auf die Untersuchung des isolierten Details beschränkt ist, sondern die gesamte Natur mit ihren Gegebenheiten und Gesetzen thematisieren will und dabei in einer stetigen Entwicklung begriffen ist.[484] Trotz der Integrationsleistung der Literatur ist Specht der Auffassung, dass Arnim die Synthese aus Wissenschaft und Poesie in seinem Werk nicht umsetzte.[485] Dieses gilt es im Folgenden zu widerlegen.

---

[481] Vgl. Burwick/Härtl, *„Frische Jugend, reich an Hoffen". Der junge Arnim*, 2000: 124.

[482] Eine Sammlung einschlägiger naturwissenschaftlicher Schriften von Arnim findet sich bei: Burwick, *Naturwissenschaftliche Schriften I: Veröffentlichungen 1799–1811*, 2007a.

[483] Vgl. Rudelius 1944: 36.

[484] Burwick, „Ahndung, Combination und Metamorphose: Arnims Erklärung komplexer naturwissenschaftlicher und poetischer Zusammenhänge", 2012: 156.

[485] Vgl. Specht 2009: 38.

5.3.1 Attraktive und repulsive Wärme in *Hollin's Liebeleben* (1802)

Arnims Erstlingsroman *Hollin's Liebeleben* nimmt eine Schlüsselposition zwischen einer naturwissenschaftlich geprägten Arbeitsweise und ersten poetischen Schreibversuchen ein. Im Jahr der Veröffentlichung praktizierte Arnim noch eigene Experimente und Forschungen zum Magnetismus, zur Optik und zur Elektrizität, doch finden sich im *Hollin* bereits poetologische Konzepte, die für Arnim in seinem Werk stets Gültigkeit besaßen und die er später in seinen Haupttexten, insbesondere bei den *Kronenwächtern* (1817, 1854), theoretisch und literarisch genauer explizierte.[486] auptwerken, insbesondere den kronenwächtern,

Der Text porträtiert die Liebesbeziehung zwischen dem namensgebenden Protagonisten Hollin und Maria, der Schwester seines Freundes Lenardo. Die Freundschaft zwischen den beiden männlichen Figuren und das Verhältnis zwischen dem späteren Paar beginnen allerdings mit einer Auseinandersetzung zwischen Hollin und Lenardo, bei der Ersterer seinen Studienkollegen verwundet und diesen anschließend gesund pflegt. Nach dessen Genesung kündigt er die Ankunft seiner Schwester Maria an, für die Hollin augenblicklich Gefühle empfindet. Um sich von seinen Emotionen abzulenken, unternimmt er eine Harzreise, bei der er allerdings Lenardo, Maria und weiteren Familienmitgliedern begegnet. Eines Tages unternehmen die Liebenden einen Ausflug zur Roßtrappe, bei dem sich die beiden ihre Gefühle eingestehen. Damit die beiden heiraten können und finanziell abgesichert sind, verlässt Hollin seinen Studienort und nimmt eine Anstellung in der entfernten Hauptstadt ein. Während dieser Zeit schließt Hollin die Bekanntschaft mit mehreren Frauenfiguren. Dieser Umstand nutzt Marias Beate Nichte, die Hollin seit Längerem liebt, für eine Intrige, indem sie Maria von seiner angeblichen Untreue berichtet. Hollins bester Freund Odoardo kann ihr aber glaubhaft versichern, dass er sie immer noch liebt, woraufhin sich die beiden freundschaftlich umarmen. Diese Umarmung bewertet Hollin wiederum als Untreue Marias, sodass er sich von beiden abwendet. Sein Missverständnis erkennt er erst im schlussendlich aufgeführten Theaterstück *Maria Stuart*, bei dem der Protagonist Suizid begeht und Maria an der Frühgeburt stirbt.

Arnim entwirft mit seinem Text ein experimentelles Integrationsmodell, das die Inhalte seines Meteorologie-Projektes in der Literatur fortführt. Naturwissenschaftliche Thematiken, insbesondere die Wechselwirkungen der Grundkräfte mit der Umwelt, überträgt der Autor auf eine Konstellation von vier Figuren, wobei insbesondere die nützliche Integration in die Gesellschaft im Fokus liegt. Handlungsoptionen hiefür bietet das Theaterstück *Maria Stuart*, bei dem die vier relevanten Figuren jeweils eine Rolle einnehmen. Mit dieser Transformation von Wissen vollführt Arnim die *Poetik des Sozialen*, die bereits um 1800 bekannt war, als der

---

[486] Burwick, „,Sein Leben ist groß weil es ein Ganzes war'. Arnims Erstlingsroman *Hollin's Liebeleben* als „Übergangsversuch" von der Wissenschaft zur Dichtung", 1997: 54.

Begriff des Sozialen zur Erklärung des Miteinanders und Zusammenwirkens der Individuen Verwendung fand und im 20. Jahrhundert vielfältig ausdifferenziert wurde.[487] Der Begriff des Sozialen markiert um 1800 im Sinne Kosellecks eine revolutionäre Veränderung der gesellschaftlichen Bedingungen, weil nicht mehr die Subjektivität der Individuen im Fokus der Betrachtung stand, sondern das Agieren der Personen untereinander. Alternative Handlungsmuster sowie die Reflexion über das Verhalten werden dabei durch künstlerische Inszenierungen nachgeahmt, sodass die Kunst mit der Soziologie eine Einheit bildet. In diesem Sinne stellt Arnims Roman sowie das in dem Text fortgeführte Meteorologie-Projekt eine Poetik des Sozialen dar, indem innerhalb des Textes naturwissenschaftliche Studien auf soziale Strukturen übertragen werden, die in der Betrachtung von künstlerischen Inszenierungen alternative Handlungsstrukturen ermöglichen.

Die Poetik des Sozialen zentriert unter anderem die nützliche Integration in die Gesellschaft. Arnim führt in Form des Protagonisten Hollin ein Negativbeispiel auf, während er in dem Wissenschaftler Saussure ein positives Gegenbeispiel aufführt. Letzterer war auf vielen Wissensgebieten tätig und ließ sich nicht von Widerständen, Krankheiten und anderen Rückschlägen von seinen Zielen abbringen, sondern übertrug erfolgreich die Ideen eines neu begonnenen Studiums auf seine vorherigen Überlegungen, indem er sie „in Beobachtungen über Physiologie und Psychologie [verwandelte]."[488] Mit diesen theoretischen Ansätzen entwickelte er Konzepte, die praktische Anwendung in der Didaktik oder Erziehung fanden. Saussure ist die Personifikation des Einheitsgedankens Arnims. Jede Wissenschaft kann in einem gewissen Grad zu Erkenntnissen führen, allerdings wird diese Erkenntnis allumfassend, sobald sich die Wissenschaften mit ihren verschiedenen Methoden vereinen: „Alles im einzelnen ist gut, alles verbunden ist groß."[489] Saussures Leben war somit „groß, weil es ein Ganzes war."[490] Im Gegensatz dazu steht Hollin, der keine funktionierenden Beziehungen eingeht, keine nützlichen Konzepte für die Gesellschaft entwirft und weder in den Künsten noch in den Wissenschaften Erfolg hat.[491]

Innerhalb seines Romans verarbeitete Arnim biographische Tendenzen. So befindet sich der Autor inmitten der aufgeführten zwei Integrationsmodelle. Arnim konnte zwar nicht in dem Ausmaß wie Saussure die positivistische Wissenschaft mit den schönen Künsten in Einklang bringen und beide gleichzeitig ausüben, doch gelang ihm zumindest eine Annäherung, indem er sein naturwissenschaftliches Wissen für die Literatur nutzbar machte und in seinem Werk naturwissenschaftlich geprägte Bilder entwarf. Arnim trägt somit Züge von beiden, auf der ei-

---

[487] Büttner, *Poiesis des Sozialen. Achim von Arnims frühe Poetik bis zur Heidelberger Romantik (1800–1808)*, 2015: 29f.

[488] Arnim, „Hollin's Liebeleben", 2002 [1802]: 80.

[489] Ebd.: 85.

[490] Ebd.: 77.

[491] Zu weiteren Unterscheidungskriterien siehe Büttner 2015: 224–229.

nen Seite Hollins Unruhe und poetisches Talent und zum anderen Saussures naturwissenschaftliches Verständnis und das praktische Denken.[492] Diese Dreierkonstellation basiert auf einer Arnim bekannten Annahme Girtanners, wonach sämtliche Stoffe aus Sauerstoff und Wasserstoff zusammengesetzt sind. Arnim widersprach dieser These, weil „Verwandtschaft immer das Verhältnis zweyer zu einem
Dritten an[zeigt] und dieses Dritte doch nicht bloß relativ ein Drittes seyn
[kann]."[493] Selbst bei einer angenommenen Duplizität zweier Objekte besitzen
diese jeweils auch noch Eigenschaften eines dritten Objektes. Arnim konstruiert
daraus sein literarisches Konzept einer *Duplizität in der Triplizität,* das die Integra-
tionsversuche Hollins mithilfe naturwissenschaftlicher Deutungen kombiniert.
Dieses poetische Modell portätiert die Freundschaft zwischen Odoardo und Hollin
auf der einen beziehungsweise zwischen Lenardo und Hollin auf der anderen Seite
und dient als soziophysikalisches Verhältnis von verschiedenen wechselwirkenden
Kräften.

Anfänglich existiert lediglich ein Zweiteilchensystem aus Odoardo und Hollin,
die sich entsprechend der Affinitätslehre nach Bergmann „zueinander hingezogen
fühlen."[494] Dieses System befindet sich solange im Gleichgewicht, bis ein drittes
Objekt, repräsentiert durch Lenardo, auftritt. Die Anwesenheit eines weiteren Objektes bewirkt eine Auflösung der anfänglichen Zweierkonstellation zugunsten eines neukonstruierten Dreisystems, dessen Objekte durch den gegenseitigen Austausch von Kräften im ständigen Kontakt stehen. Hollin als grundlegender Körper
ist dem Einwirken der Repulsiv- und der Attraktivkraft ausgesetzt, die zusammen
eine hypothetische Natureinheit und auf soziologischer Sicht das adäquate Verhältnis aus Individualität und Integration bilden. Die Repulsivkraft verkörpert
Odoardo, der das Ernsthafte, Rationale und teilweise Pessimistische mit Hollin gemeinsam hat. Durch seine zurückhaltende und begrenzende Repulsivkraft wird er
dazu veranlasst, über seine Handlungen zu reflektieren und als Teil der Gesellschaft zu wirken. Im Gegensatz dazu repräsentiert Lenardo, der wie Hollin emotional, lebhaft und impulsiv agiert, die Attraktivkraft, die ihn aus der bürgerlichen,
prosaischen, angepassten Welt führt. Solange die beiden Kräfte gleichmäßig auf
Hollin einwirken, befindet er sich in einem körperlich sowie seelisch ausgewoge-
nen Zustand und kann sich nützlich integrieren. Allerdings wendet er sich von
Odoardo teilweise ab, sodass die Attraktivkraft überwiegt. Hollin verfällt dadurch
stetig seinen träumerischen, impulsiven und künstlerisch geprägten Charakterzügen, die ihn nicht mehr rational denken lassen. Als Folge entfremdet er sich von
seiner eigenen Persönlichkeit sowie seiner Umgebung und kann nicht mehr zwischen Fiktion und Realität unterscheiden. Besonders ist dieser Realitätsverlust im

---

[492] Burwick/Burwick, „Hollin's Liebeleben: Arnim's Transmutation of Science into Literature", 1998: 133.
[493] Arnim „Zu Girtanners Versuchen mit dem Stickgas", 2007a [1800a]: 329.
[494] Arnim 2002 [1802]: 12.

Theaterstück *Maria Stuart* deutlich, in dem sich Hollin für Mortimer hält. Es schien „sich Leben und Spiel zu verbinden", weil Hollin „alle Einzelheiten der Rolle, genau nach der Vorschrift des Dichters, wie ein freies Gemüt darstellte."[495] Nur der Selbstmord kann die Lösung seines Realitätsverlustes sein.

Das Überwiegen der Attraktivkraft ist bereits an einem frühen Brief an Odoardo vom 15. Dezember erkennbar. Hollin stellt seinem Freund darin die rhetorische Frage, ob nicht jedes Wesen nach seinem Gesetze, alles, vom Sonnenstäubchen an, nach Licht und Freiheit strebe.[496] Der Protagonist möchte das eingrenzende, bürgerliche und rationale Leben zugunsten eines freien, künstlerischen Lebens aufgeben. Das inmitten unter dem Einfluss zweier Kräfte stehende Objekt unterstellt sich nicht mehr der Repulsivkraft, sondern unterliegt nur noch der Attraktivkraft eines freien, selbstbestimmenden Lebens.

Die Beeinflussung eines Dritten durch eine variable Anzahl von Individuen ist soziophysikalisch durch die Verknüpfung des Lennard-Jones-Potenzials mit Modellen sozialer Beeinflussung, insbesondere mit Bounded-confidence-Modellen, beschreibbar.

Das Lennard-Jones-Potenzial illustriert die Bindungsenergie zwischen zwei Teilchen in Abhängigkeit eines bestimmten Abstandes *r*. Befinden sich die Teilchen in einem relativ großen Abstand, wirken überwiegend anziehende Kräfte, darunter Van-der-Waals-Kräfte. Nähern sich die Teilchen stetig an, sodass die potenzielle Energie zunimmt, überwiegen abstoßende Kräfte. Diese Veränderung kommt dadurch zustande, dass die Außenelektronen auf energetisch höher gelegenen Orbitalen ausweichen müssen, um dem Pauli-Prinzip gerecht zu werden. Dieses Konzept besagt, dass sich zwei Elektronen innerhalb eines Atoms in mindestens einer Quantenzahl[497] unterscheiden müssen. Das Lennard-Jones-Potenzial ist daher aus zwei Teilen aufgebaut und fasst sowohl die abstoßenden als auch die anziehenden Kräfte zusammen:

$$V\left(r\right) = \frac{c_n}{r^n} - \frac{c}{r^6} \tag{24}$$

c = stoffspezifische Konstante
r = Abstand

---

[495] Ebd.: 74.

[496] Ebd.: 12.

[497] Anders als in der klassischen Physik besitzen Messgrößen in der Quantenmechanik teilweise keinen eindeutigen Wert. Liegt allerdings für eine Messgröße ein derartiger Wert vor, so erhält dieser die Bezeichnung *Eigenwert* und lässt sich einer Quantenzahl zuordnen. Quantenzahlen klassifizieren demnach einen Zustand so präzise wie möglich. Die Physik unterscheidet hauptsächlich zwischen der Hauptquantenzahl, der Nebenquantenzahl, der Spinquantenzahl und der magnetischen Quantenzahl. Daneben existieren noch zusammengesetzte und abgeleitete Quantenzahlen, die an dieser Stelle keine Berücksichtigung erfahren.

Modelle sozialer Beeinflussung zeichnen sich durch einen hohen Anwendungsbereich aus und finden vor allem in der Soziophysik, bedingt durch die hohe Formelhaftigkeit und Einfachheit der Beeinflussungsdynamik, eine breite Verwendung.[498] Ihre Entwicklung ist bis in die 1950er Jahre zurückzuverfolgen, wobei sich bereits frühzeitig zwei verschiedene Dimensionen von sozialer Beeinflussung ausbildeten. Daher existieren zum einen Modelle, die lediglich die kognitive Komponente wie Meinungsänderung darstellen, und zum anderen Modelle, die eine Veränderung im Verhalten aufzeigen. Die beiden größten Gruppen zur Beeinflussungsdynamik sind Homophilimodelle, oder auch Bounded-confidence-Modelle genannt, und Modelle negativer Beeinflussung. Erstere bezeichnen die Tendenz von Individuen, sich von den Interaktionspartnern beeinflussen zu lassen, die ähnliche Merkmale aufweisen. Modelle negativer Beeinflussung vertreten die Auffassung, dass sich Individuen von der Meinung negativ bewerteter Personen distanzieren, sodass sich Unterschiede zwischen den beiden Interaktionspartnern vergrößern.

Insbesondere die Homophilimodelle sind im *Hollin* bemerkbar, die mit den Abständen und der damit einhergehenden Bindungsenergie aus dem Lennard-Jones-Potenzial korrelieren. Lenardo besitzt als Attraktivkraft oder anziehende Kraft nach dem Lennard-Jones-Potenzial zwar einen großen Abstand zum Atom Hollin. Dieser Abstand lässt sich aber mit dem Freiraum und dem Platzangebot zur Selbstentfaltung gleichsetzen und ist daher für Hollin so attraktiv, weil er seine Ideen und Vorstellungen ohne Zwang oder Druck anderer umsetzen kann. Odoardo als figurierte Repulsivkraft oder abstoßende Kraft repräsentiert einen geringen Abstand mit einer hohen Bindung, was mit einer ständigen Kontrolle und wenig Raum zur Selbstentfaltung und damit Integration vergleichbar ist. Genau wie das physikalische Vorbild empfindet Hollin diesen Zustand als abstoßend, respektive „ersticken[d]".[499] Die soziale Beeinflussung nach den Homophiliemodellen beschreibt in diesem Zusammenhang, dass sich Hollin stetig der Meinung und den Werten von Lenardo angleicht, weil sie seiner Auffassung nach eine vermehrte Merkmalskorrelation besitzen. Physikalisch gesehen geht diese Beeinflussung mit einer Abstandsverringerung einher, wodurch nicht mehr anziehende, sondern abstoßende Kräfte wirken. Im Roman hat dieser Wechsel negative Auswirkungen auf den namensgebenden Protagonisten. Die Vorstellung eines freien, ungezwungenen und selbstbestimmenden Lebens hat Hollin dahingehend geblendet, dass er seinen rational denkenden Persönlichkeitsteil verleugnet und die rettende Kontrolle durch Odoardo nicht beachtet, was schließlich in einem Realitätsverlust und Suizid endet. Ein Konsens, wie bei den Homophiliemodellen, kann dadurch nicht eintreten, weil die erdachte Merkmalskorrelation mit Lenardo eine Illusion darstellt. An dieser Stelle liegt somit eine konstruktive Ironie vor, die die Unhaltbarkeit der Integration Hollins demonstriert.

---

[498] Vgl. Mäs, „Modelle sozialer Beeinflussung", 2015: 990.
[499] Arnim 2002 [1802]: 13.

Im Sinne der Poetik des Sozialen führt die Entfaltung der Individualität, ausgedrückt durch die Attraktivkraft mit dem Wunsch nach Selbstentfaltung, auf langer Sicht zu einer umfassenden Verwirklichung von Freiheit.[500] Eine Integration ist dennoch gewährleistet, weil ein Individuum stets noch Merkmale mit einem anderen Individuum besitzt und durch Kunst sein Verhalten reflektieren kann. Hollin hat zwar ebenfalls seine Individualität erreicht, allerdings fehlt die Distanz zu seiner Rolle im Theaterstück als Instanz der Handlungskontrolle sowie die nötige Einflussnahme Odoardos. Anstatt Freiheit folgt dadurch das Scheitern des Protagonisten in Form eines Suizids.

Die soziophysikalischen Erklärungen zu der Repulsiv- und Attraktivkraft spielen auch bei der Liebeskonstellation zwischen Maria und Hollin eine besondere Bedeutung. Bei einem gemeinsamen Abend berührt Maria Hollin, wodurch sich „ein sanftes Feuer über [ihn] verbreitete" und seine Adern anschwollen.[501] An dieser Textstelle hebt Arnim die ausdehnende Wirkung der Wärme auf Körper hervor, die nach ihm das „einzige, allgemeine, die Erwärmung begleitende Merkmal"[502] sei. Nach seiner Auffassung handelt es sich bei der Wärme weder um eine bloße Bewegung noch um einen materiellen Wärmestoff, sondern um eine Auswirkung verschiedener miteinander wechselwirkender Kräfte. Mit dieser Annahme kritisiert er auch gleichzeitig die Phoronomie Kants, der die verschiedenen Kräfte lediglich ohne einen inneren Zusammenhang betrachtet.[503] In Arnims System nimmt die Wärme insofern eine bedeutende Rolle ein, weil sie zwar von der Materie ihren Ausgang nehmen könne, deswegen aber nicht gleichzeitig Materie sein müsse.[504] Die üblichen Theorien um 1800 erachteten die Wärmeausdehnung als Vermehrung des Wärmestoffs. Im Gegensatz dazu verändert sich bei Arnim bei einer Wärmeausdehnung das Verhältnis von Attraktivkraft, Grundkraft und Repulsivkraft. Überwiegt die Repulsivkraft, dehnt sich der Körper aus. Überwiegt die Attraktivkraft, zieht sich der Körper zusammen.[505] Maria stellt durch ihre ausdehnende Wirkung nicht nur die Figurierung der Wärme als Repulsivkraft dar, sondern überwiegt durch die hohe Bedeutung für Hollin alle anderen als Kräfte literarisierten Figuren.

Sie bildet weiterhin zusammen mit Odoardo und Lenardo ein Dreiersystem, das Hollin in seinen Handlungen beeinflusst. Die Idee zu dieser Konstellation entlehnt Arnim aus seinen eigenen Forschungen, bei denen die Wärme, die Elektrizität und das Licht auf einen Körper einwirken und sich auch gegenseitig bedingen. Diese enge Verzahnung der drei Kräfte überträgt er auf die drei Figuren, die entweder in

---

[500] Büttner 2015: 14f.

[501] Arnim 2002 [1802]: 34.

[502] Arnim „Electrische Versuche", 2007a [1800b]: 251.

[503] Vgl. Burwick, „'Verließ die Physick ganz um Trauerspiele zu machen'. Arnims Vernetzung von Naturwissenschaft und Poesie", 2007b: 229.

[504] Arnim, „Versuch einer Theorie der elektrischen Erscheinungen", 2007a [1799]: 30.

[505] Arnim 2007a [1800b]: 251f.

freundschaftlichen oder verwandtschaftlichen Verhältnissen verbunden sind. Zusätzlich hat jede Kraft unterschiedliche, teils konträre Eigenschaften, insbesondere das Licht und die Elektrizität. Bedingt durch die diametralen Charakterzüge und Verhaltensweisen Lenardos und Odoardos liegt der Schluss nahe, dass die beiden Figuren jeweils eines der beiden Naturphänomene verkörpern. Arnim verwendet demnach das Bild des Dreiersystems, um die Verschiedenheit der drei Kräfte auf die unterschiedlichen Charaktereigenschaften der Figuren zu übertragen.

Im Zusammenhang mit der Poetik des Sozialen verweist Arnim auf den Zusammenhang zwischen der Attraktiv-, Repulsiv- und der freien Repulsivkraft, den er bereits in seinem ersten naturwissenschaftlichen Beitrag *Versuch einer Theorie der elektrischen Erscheinungen* (1799) skizzierte. Demnach bilden die Attraktiv- und die Repulsivkraft ein dynamisches Zweiersystem, das auf einen Raum begrenzt, aber dennoch wahrnehmbar ist. Veränderungen innerhalb der Materie sind nur möglich, sobald die freie Repulsivkraft mitwirkt.[506] Sie fungiert dementsprechend als Antrieb für Veränderungs- und Transformationsprozesse, die die Grenzen des von der Attraktiv- und Repulsivkraft gebildeten Raumes aufbricht. Diese Kraft wird Arnim in seinem späteren Werk „Ahndung" nennen und konstruiert daraus ein Modell, das höhere Erkenntnisse über die Einheit von Natur und Mensch sowie künstlerische und kreative Prozesse über den Vorgang der sinnlichen Kombinatorik und Rekontextualisierung ermöglicht.[507] Während demnach Lenardo und Odoardo jeweils die Attraktiv- und Repulsivkraft verkörpern, die innerhalb eines bestimmten begrenzten Raumes das Wechselspiel zwischen Integration und Individualität eröffnen, führt Maria als freie Repulsivkraft über diesen Raum hinaus und ermöglicht für Hollin eine neue, künstlerische Sichtweise, die über Alltagserfahrungen und herkömmliche Sinneserfahrungen hinausgeht. Seit der Vereinigung mit Maria in der Natur als *unio mystica* erkennt er das Besondere in den Künsten und in der Musik und widmet sich verstärkt der Poesie. Das Bild der Memnonsäule, die beim Sonneneintritt ertönt, verdeutlicht diesen neuen empfindsamen Zustand:

> „Ich dachte traurig der Zeit, wo mir die Musik nur ein schnellerer Takt des Lebens gewesen war, Mariens Morgengesang auf dem Brocken erhob zuerst mein ganzes Innere in das heilige Reich der Töne; die wärmende Sonne weckte den ersten Ton in Memnons kalter Brust, in mir die leuchtende Liebe."[508]

Die Memnonsäule symbolisiert die durch die Einheit mit der Natur geweckte poetische Kraft Hollins, seine Sensitivität, aber auch seine Gefährdung.[509] Solange Ma-

---

[506] Arnim 2007a [1799]: 26ff.
[507] Vgl. Burwick 2012: 165.
[508] Büttner, „»Durch die Kunst läst sich dies ahnden«: Achim von Arnim im Kontext zeitgenössischer Konzepte von Gefühlserkenntnis der Kunst", 2012: 153.
[509] Vgl. Burwick 1997: 80.

ria mit Hollin in einer gemeinsamen Liebe verbunden ist, hält sein poetisches Talent und sein unbeschwertes Gemüt an. Arnim überträgt in diesem Zusammenhang naturwissenschaftliche Theorien auf das gesellschaftliche und biologische Leben, sodass die freie Repulsivkraft sämtliches Leben befördern und entwickeln kann.[510] Ist diese Kraft nicht mehr anwesend, vermindert sich sukzessive die Vitalfunktion eines Organismus bis zum Tod. Sobald die Sonne respektive Maria nicht mehr zugegen ist, verhallt der Ton der Memnonsäule genau wie Hollins neugewonnene kreative Freiheit, bis er schlussendlich Selbstmord begeht.

Zusätzlich verweist das Bild der Memmnon-Statue darauf, dass er zwar die Naturwissenschaften und die Poesie gleichermaßen ausüben möchte, ihm dieses aber misslingt, da er, wie bereits dargelegt, zwischen Integration und Individualität tendiert: „Jeder tönende Körper oder vielmehr sein Ton ist gleichsam der gefärbte Schatten seiner inneren Dualität."[511] Die Erforschung der gefärbten Schatten nahm seinen Anfang in Goethes *Farbenlehre* (1810) und beeinflusste auch Arnim, der sich während seines Studiums in Halle und Göttingen mit Farben und Licht auseinandersetzte. In seinen Studien hat sich Arnim insbesondere mit den gegensätzlichen Polen des Spektrums, blau und rot, beschäftigt. Sie stellen für ihn eine untrennbare Einheit dar und verweisen zusammen mit den Farben Grün und Weiß auf eine sakrale Einheit zwischen Himmel und Erde, die seliges Leben verheißt.[512] Diese Farbsymbolik verweist im Zusammenhang mit der Aussage Ritters darauf, dass Hollin wegen seiner inneren Zerrissenheit kein glückliches Leben vorherbestimmt ist. Genau wie die Farben bei Ritter, ist auch sein Leben von seinem inneren Konflikt überschattet.

In Bezug zu dem entwickelten Körperkonzept der *homines calefiati* sind weitere Merkmale generierbar. Zwischen den beiden Liebenden ist nicht nur der Vorgang des Magnetisierens[513] präsent, sondern auch die Wärmeleitung, ausgedrückt durch „[...] den Übergang eines Lichtpunktes zu einem Lichtkreise im schnellen Umschwunge eines Feuerbrands."[514] Weitere Merkmale der *homines calefiati* kommen bei dem gemeinsamen Spaziergang von Hollin und Maria auf der Roßtrappe zum Vorschein. Auf dem Rückweg geschieht die sexuelle Vereinigung der beiden Figuren inmitten der Natur:

---

[510] Arnim, *Werke und Briefwechsel*, 2019: 237f.
[511] Ritter, *Fragmente aus dem Nachlass eines jungen Physikers*, 1946 [1810]: 42.
[512] Ehrlich, „„Bläuliches Licht" im Werk Ludwig Achim von Arnims", 2017: 142f.
[513] Der animalische Magnetismus und das Magnetisieren stellen um 1800 medizinische Verfahren zur Wiederherstellung der gleichmäßigen Verteilung von Körpersäften und -flüssigkeiten dar. Zur Literarisierung des Magnetismus bei Arnim siehe: Drösch, *Somnambule Schwärmerei und wunderbarer Magnetismus: Eine Untersuchung des künstlichen Somnambulismus und ähnlicher Phänomene im Prosawerk Ludwig Achim von Arnims (1781–1831) in diskursanalytischer, strukturalistischer und motivgeschichtlicher Hinsicht*, 2010 oder Frye, „Mesmerism and Masks: Images of Union in Achim von Arnim`s Hollin`s Liebeleben and Die Majoratsherren", 1982.
[514] Arnim 2002 [1802]: 31f.

„Doch fühlt sich meine ganze Erinnerung gewaltsam hingezogen zu jenen herrlichen Augenblicken der ersten, ganz erkennenden, ganz hingebenden Liebe. [...] deutete das Rauschen der Bode unter uns, die tiefe Klarheit des Tals, das dichte Grün der Wiese, die Stimmen der Vögel in ihrer Sicherheit lockten uns, ganz der Natur mit aller ihrer Schönheit in allen Schrecken uns hinzugeben. [...] Wir hatten das Ufer der Bode erreicht, alle Wunder der Natur umfingen uns, alles Heilige, die Schranken des Lebens öffneten sich, unser ewiger Bund wurde geschlossen."[515]

Die sich liebenden *homines calefiati* unterscheiden sich mit ihrer vorehelichen Partnerwahl von den Ansätzen einer Liebe, die auf wirtschaftlichen, hegemonialen und vernünftigen Gründen basiert.[516] Bei ihnen liegt der Fokus nicht auf der Sicherung von Reichtümern oder auf der Aufrechterhaltung eines sozialen Standes, sondern sie erfüllen eine Liebe als Passion, die sich auch dadurch ausdrückt, dass der Zusammenhang zwischen Liebe und Sexualität nicht mehr als verwerflich betrachtet, sondern geheiligt wird.[517] Auch wenn Arnim den sexuellen Akt asexuell kodifiziert und mithilfe der Naturmetaphorik umschreibt, erhält die Grundstimmung eine positive Konnotation. Durch Lexeme wie [aufgezehrt], [zurückkehren], aber auch [neugeboren][518] entwirft er einen ewigen Kreislauf des Werdens und Vergehens, der mit dem Wesen des Feuers und der Flamme korreliert. Nach der Entzündung folgt eine in Abhängigkeit von den Naturbedingungen andauernde Phase des Brennens bevor das Feuer schlussendlich erlischt. Auch wenn sich Arnim keiner tiefergehenden naturwissenschaftlichen Inhalte bedient, so kann diese Textstelle dennoch dazu fungieren, den Kampf eines Individuums zwischen Selbst- und Fremdbestimmung zu literarisieren. Hollin verkörpert dabei als Feuer, dessen Brenndauer in Abhängigkeit vom vorhandenen Brennmaterial sowie dem Verhältnis zwischen Sauerstoff und Kohlenstoff variiert. Er ist dementsprechend stets zwischen inneren und äußeren Gegebenheiten ausgesetzt, die ihn in seinen Entscheidungen beeinflussen und lenken. Für *homines calefiati* wirkt schließlich eine Intrige, ein Missverständnis oder eine gewisse Handlung wie eine kaltmachende Materie, die den Wärmefluss stoppt oder den Wärmestoff vollständig aus dem Körper verdrängt. In diesem Zusammenhang wirft Hollin Maria am Tag der Aufführung der *Maria Stuart* vor, dass „in [ihr] kein Funken alter Liebe [glühe]."[519] Die liebenden *homines calefiati* sehen sich demnach einem Hindernis[520] ausgesetzt, das die ge-

---

[515] Ebd.: 39f.
[516] Zur Bedeutung der vernünftigen Liebe siehe: Sasse, *Die Ordnung der Gefühle. Das Drama der Liebesheirat im 18. Jahrhundert*, 1996 oder Sieder, *Sozialgeschichte der Familie*, 1987.
[517] Luhmann, *Liebe als Passion. Zur Codierung von Intimität*, 2015: 53.
[518] Arnim 2002 [1802]: 40.
[519] Ebd.: 68.
[520] Vgl. Luhmann 2015: 92. Luhmann deutet das anfängliche Hindernis als eine Steigerung der Passion.

meinsame Zukunft bedroht. Sollte das Liebespaar dieses nicht überwinden können, scheitert die Liebe zwischen zwei Protagonisten und führt schlimmstenfalls zum Tod der sich liebenden Figuren, wie beispielhaft durch Hollin und Maria literarisiert.

Arnim veranschaulicht eindeutig die Unhaltbarkeit des experimentellen Integrationsmodells, sobald die Voraussetzungen zur Entfaltung der eigenen Individualität bei gleichzeitiger Integration nicht gegeben sind. So scheitert der Protagonist mit dem Wunsch nach Selbstverwirklichung und Loslösung von der Gesellschaft, weil sowohl die stützende Funktion des Umfeldes als auch die Handlungsoptionen bietende künstlerische Inszenierung zugunsten einer Illusion aufgegeben werden. Demgegenüber erfüllt der Text dennoch die Poetik des Sozialen, indem er in Form von Saussure geglückte Handlungsmuster und Ideale präsentiert, an denen sich die Strebensbemühungen orientieren können.[521] Die Poetik des Sozialen wird durch die Soziophysik auf eine reduktionistische Ebene geführt, weil sie die Figuren als bloße Kräfte auffasst, die nach deterministischen naturwissenschaftlichen Theorien handeln. Die Gesellschaft und die Umgebung nehmen in diesem Kontext der Vereinfachung einen Raum ein, in dem die Kräfte wirksam sind und durch eine Kraft eine Erweiterung erfährt. Integration meint im Sinne der Soziophysik weiterhin den Einklang der Kräfte, während Individualität das Überwiegen einer Kraft demonstriert. Dieser verbindende Ansatz aus Naturwissenschaft, Soziologie und Kunst respektive Literatur vollführte Arnim bereits in seinem Meteorologie-Projekt, sodass *Hollin's Liebeleben*, ähnlich wie Goethes *Wahlverwandtschaften*, als ein nach naturwissenschaftlichen Prinzipien konstruierter Text aufzufassen ist.

5.3.2 Systemtheoretische Kälte und Wärme bei den *Kronenwächtern* (1817, 1854)

Eine vollständige Analyse des aus zwei Teilen bestehenden Romans *Die Kronenwächter*, wobei der zweite Teil erst knapp 20 Jahre nach Arnims Tod im Jahr 1854 als Fragment erschien, ist in Anbetracht der Komplexität, Formlosigkeit, Überfülle sowie Vielzahl an Stoffen, Motiven und Sagen keine Leichtigkeit.[522] Doch auch eine beschränkende Untersuchung zum Themenkomplex der Poetisierung der Wärmelehre unterliegt Besonderheiten, weil sich die physikalischen Theorien und Gesetzesmäßigkeiten hinter einer Folie aus geschichtlichen Ereignissen und Mythen verbergen. Erschwerend hinzu kommt die Tatsache, dass die Handlung auf drei übereinander liegenden Ebenen stattfindet.[523] Im Vordergrund porträtiert Arnim das Leben von Berthold und später Anton. Deren Leben unterliegt den Entscheidungen

---

[521] Büttner 2015: 272.

[522] Vielfältige Deutungsansätze der *Kronenwächter* finden sich bei: Karpenstein-Eßbach, „Achim von Arnims Roman ,Die Kronenwächter' in seiner Stellung zur Romantik", 1995.

[523] Elchlepp, *Achim von Arnims Geschichtsdichtung „Die Kronenwächter". Ein Beitrag zur Gattungsproblematik des historischen Romans*, 1967: 171.

der Kronenwächter und deren Widersachern, wodurch sie kein freies, selbstbestimmendes Leben führen können. Im Hintergrund ist daher ein allgemeiner Kampf zwischen Gut und Böse zu verzeichnen.[524]

Der erste Band der *Kronenwächter* beginnt mit der Heirat des neuen Türmers Martin und seiner Frau Hildegard, die als Hochzeitsgeschenk ein Baby von den Kronenwächtern erhalten. Sie taufen es auf den Namen Berthold. Er erhält später eine Anstellung als Schreiber im Rathaus und trifft auf Apollonia, die Tochter des Bürgermeisters. Nachdem dieser einen Kuss zwischen den beiden beobachtet hat, entlässt er Berthold aus seinen Diensten und übergibt seine Tochter in ein Nonnenkloster. Berthold macht die Bekanntschaft mit einem Weber und einer Gräfin, die sich als seine Mutter herausstellt. Sie berichtet davon, wie ein Kronenwächter ihren Mann und damit Bertholds Vater erschlagen habe. Dieser erweist sich als der inzwischen getötete Martin. Mit vierzig Jahren ist Berthold der angesehene und reiche Bürgermeister von Waiblingen. Eine Geschäftsreise führt in nach Augsburg, wo er seine Jugendliebe Apollonia und deren Tochter Anna begegnet, in die sich Berthold verliebt. Die beiden heiraten in Waiblingen und bekommen einen Sohn namens Ostwald. In dem Ort bricht allerdings der Krieg aus, Berthold verliert seinen guten Ruf und tritt in die Dienste der Kronenwächter. Während eines Auftrages wird er von einem Blitz erschlagen. Der fragmentarische zweite Band berichtet zu Beginn von der Genesung des Malergehilfen Antons, der während des Krieges von seinem Zwillingsbruder Konrad verwundet worden ist. Er und Anna heiraten und bekommen einen Sohn namens Anton. Der Malergehilfe gibt den gesamten Reichtum Annas aus und schließt sich den Landsknechten an. Er erfährt von seiner adligen Herkunft und wendet sich schließlich gegen die Kronenwächter, von denen er als Kind geflohen ist. Zusammen mit Verbündeten kann er deren Kronenburg zerstören.

Arnims Text veranschaulicht die Entstehung von gesellschaftlichen Systemen und Subsystemen aus naturwissenschaftlichen Annahmen, insbesondere aus den Gebieten der Farbentheorie und der Wärmelehre. Der Autor vollzieht damit ein Konzept, das erst innerhalb der reduktionistischen Systemtheorie im 20. Jahrhundert vermehrte Anwendung findet. Er wird damit auch dem Einheitsgedanken der romantischen Naturphilosophie gerecht, indem er naturwissenschaftliche Hypothesen auf eine humanistisch-soziale Theorie anwendet. Ausgehend von dem Heilungsprozess Bertholds ist besonders die Entstehung von Systemen erklärbar, wobei sowohl die Wärmeleitung als auch die Wärmeleistung eine bedeutende Rolle einnehmen.

Im Unterschied zu *Hollin's Liebeleben* wendet Arnim dieses physikalische Prinzip nicht nur für zwei Liebende an, sondern auch zur Beschreibung familiärer Bande sowie zur menschlichen Heilung. Eine zusätzliche Vertiefung ergibt sich aus der Tatsache, dass Fourier seine Formel zur Wärmeleitung ab 1811 öffentlich dis-

---

[524] Vgl. ebd.: 171.

kutierte. Er konzipierte zwei Arten von Gleichungen. Die erste bezog sich auf die Wärmebewegung, die sich im Inneren der Körper vollzieht. Nach dieser Annahme liegt ein Objekt mit einer bestimmten Dicke d vor, das zwei unterschiedlich erwärmte Flächen A besitzt. In Abhängigkeit von der Dicke des Objektes und von dem Temperaturunterschied vollzieht sich nun eine Wärmeleitung, wobei die Wärme innerhalb des Körpers von der erwärmten zur kühleren Seite übertragen wird. Die Wärmeleistung Q gibt in dem Fall quantitativ an, in welcher Zeit sich die Wärmeübertragung vollzieht. Für den einfachsten Fall eines festen Körpers mit zwei parallelen Wandflächen lautet die Gleichung daher wie folgt:

$$Q = \lambda \cdot A \cdot \frac{T_{W_1} - T_{W_2}}{d} \qquad (25)$$

Q = Wärmeleistung
λ = Wärmeleitfähigkeit
A = Fläche, durch die die Wärme fließt
T_{W_1} = Temperatur der wärmeren Wandfläche
T_{W_2} = Temperatur der kühleren Wandfläche
d = Dicke des Körpers

Die zweite Gleichung bezieht sich lediglich auf die an der Oberfläche abgegebene Wärme und soll hier keine Berücksichtigung finden.

Bei den *Kronenwächtern* konstruiert Arnim eine technische Wärmeleitung, mit der sich der Gesundheitszustand zweier Figuren normalisieren lässt. Dazu benötigt der praktizierende Arzt Doktor Faust seinen speziellen Apparat, dessen Wirkung und Funktionsweise er wie folgt beschreibt:

„Durch eine große Saugpumpe ziehe ich das alte Blut aus den Adern des Kranken, indem ich junges, überkräftiges Blut gleichzeitig durch ein Druckwerk in dessen Adern ergieße [...], als er die Pumpe nun aus dem Planetenkasten hervorhob und in Bewegung brachte, sie nach der einen Seite an Bertholds Arm, nach der andern auf des betrübten Antons rechten Arm anbrachte. Nun öffnete der mit einem Schnepper die Adern der beiden, wies Sixt und Fingerling an, wo sie das Tretrad der Pumpe bewegen sollen [...]. Endlich schlug eine Glocke unter der Pumpe, Faust löste die saugenden Schläuche von den Armen der Kranken, verband die geschlagenen Aderwunden, legte die Kranken bequem auf die wohlgepolsterten Bänke, die um das Zimmer liefen [...]."[525]

Für diese beschriebene Transfusion von Körpersäften ist jeweils ein Protagonist mit „überstarkem Blut" und jeweils ein Protagonist mit „schwachem Blut"[526] erforderlich. Anton, der Gehilfe vom Maler Sixt, repräsentiert die Figur mit überstarkem Blut, während Berthold das Gegenstück darstellt. Er leidet bereits seit Langem an einer unheilbaren Krankheit, die kein Arzt oder Heilpraktiker heilen konnte. Auch

---

[525] Arnim, „Die Kronenwächter", 2002 [1817, 1854]: 606–609.
[526] Ebd.: 607.

er selbst hat sich Wissen angeeignet, um sich selbst therapieren zu können. Nach sämtlichen missglückten Heilungsversuchen stellt er resigniert fest, dass „nur wer [ihn] zusammendrängen könnte, der könnte [ihn] heilen und verjüngen."[527] Arnim nimmt mit dieser Aussage Bezug zu Ritters *Fragmenten aus dem Nachlass eines jungen Physikers* (1810), die er rezensiert hat. Nach Ritters Auffassung lässt sich anhand der Ausdehnung eines Körpers durch Wärme das Alter eines Objektes oder eines Stoffes ableiten:

> „In der Ausdehnbarkeit durch Wärme scheint das Alter der Dinge verborgen zu sein. Metalle dehnen sich wenig und gleichmäßig aus, sie sind das älteste. Dann Salze, dann Luft, dann Wasserdampf."[528]

Bei Arnims Romanfragment *Die Kronenwächter* ist die Wärmeausdehnung nicht nur mit dem Alter verbunden, sondern auch mit einem kränklichen Gesundheitszustand. In der Figur des Berthold offenbart Arnim allerdings eine Lösung. Indem der Körper durch Verminderung der Wärme eine Kompression erfährt, vollzieht sich eine Verjüngung und Verbesserung des körperlichen Zustands. Zu wenig Wärme ist allerdings genauso schädlich für den Organismus wie zu viel Wärme. Anton ist zwar „ein prächtiger Knabe [...], aber seine Augen glühen und seine feurigen Wangen glänzen."[529] Zu viel Wärme begünstigt demnach eine „wilde Phantasei" und eine unbändige, zügellose Stärke.[530] Die einzige Möglichkeit, den beiden Figuren zu neuer Gesundheit zu verhelfen, besteht in der bereits beschriebenen Wärmeleitung. Genau wie bei der physikalisch betrachteten Wärmeleitung überträgt sich bei diesem Prozess die freie Wärmematerie von einem Körper zum anderen. Als Resultat dieses Transports erfährt der kühlere Körper eine Temperaturerhöhung. Arnim verdeutlicht das Freiwerden der Wärmematerie, indem „die Hitze des Zimmers sich so schnell [mehrte], daß die befrornen Fensterscheiben einen Regen herabtropften und den Lichtstrahlen freien Durchzug [...] gestatteten."[531] Nach der erfolgten Wärmeleitung befinden sich die physikalischen Körper genau wie Berthold und Anton in einem thermometrischen Gleichgewicht mit einer gleichmäßigen Temperatur. Die übermäßige Wärme bei Anton ist abgebaut, was insbesondere Frau Hildegard, die Pflegemutter Bertholds, artikuliert: „Das Feuer ist gelöscht."[532]

Die medizinische Wärmeleitung vermittelt mit dem Blut auch einige Charakterzüge der Figuren. Bertholds verjüngter Zustand veranlasst ihn dazu, eine Frau zu finden und schreckt auch nicht vor dem Reiten sowie berittenen Ritterspielen zu-

---

[527] Ebd.: 605.
[528] Ritter 1946 [1810]: 41.
[529] Arnim 2002 [1817, 1854]: 608.
[530] Ebd.: 607.
[531] Ebd.: 609.
[532] Ebd.: 611.

rück. Anton dagegen ist ruhiger und trotz seiner körperlichen Stärke und Größe devot gegenüber seinem Malermeister Sixt.

Als Resultat verhalten sich Berthold und Anton entsprechend der Soziophysik wie zwei physikalische Körper, die durch die Wärmeleitung miteinander verbunden sind, sodass die Formel (25) nach der Modifikation wie folgt lautet:

$$Q = \lambda \cdot A \cdot \frac{T_{W1} - T_{W2}}{d} \tag{26}$$

Q = hergestellter Körper- oder Gemütszustand
λ = Sympathie/Antipathie der beiden Figuren füreinander
A = Bereitschaft zur Interaktion der Figuren
T_{w1} = Körper- oder Gemütszustand der wärmeren Figur
T_{w2} = Körper- oder Gemütszustand der kühleren Figur
d = Entfernung der beiden Figuren

Anhand dieser aufgestellten Gleichung ist Arnims Poetik nachvollziehbar, nach der er Verhältnisse zweier oder mehrerer Figuren durch formelhafte naturwissenschaftliche Gesetzmäßigkeiten abzudecken versucht. Anders als beim *Hollin* vertieft er allerdings sein Konzept, indem er Charaktereigenschaften nicht mehr durch ein variables Dreiersystem aus bestehenden Naturphänomenen und Kräften konstruiert, sondern ein konkretes Verhältnis zwischen zwei im Austausch zueinanderstehenden Figuren literarisiert. Die Soziophysik kann beide Konstellationen gleichermaßen beschreiben, weil die Auswirkungen eines Liebesverhältnisses oder eine Aktion beschrieben werden, nicht aber die Gründe hierfür.

Entscheidend für die Bildung von Systemen nach Luhmann ist der Raumbegriff, der eine abgegrenzte und limitierte Fläche beschreibt, an deren Phasengrenze Selektionen und Differenzierungen vorgenommen werden, sodass Unterschiede und Gemeinsamkeiten zur Umwelt oder zu anderen Systemen deutlich sind.[533] Soziophysikalisch sind der Raum, die Nähe der beiden Figuren sowie der zeitliche Genesungsprozess der Protagonisten aus Gleichung (26) beschreibbar durch die Wärmeleitungsgleichung und den Zellularautomaten. Bei letzterem handelt es sich um ein Musterbeispiel von dynamischen *bottom-up*-Modellen, deren Basis abgegrenzte Einheiten respektive Zellen sind, die auf einem Gitter lokalisiert sind.[534] Diese benachbarten Zellen können zwei Zellzustände annehmen und sind im ständigen Austausch miteinander verbunden. Ein anschauliches Beispiel von Zellularautomaten stellt das vom Mathematiker John Horton Conway im Jahr 1970 entwickelte *Game of life* dar, das Leben, Sterben und Reproduktion biologischer Organismen abbildet. Daraus ergibt sich, dass ein Organismus für sein weiteres Fortbestehen auf die Wechselwirkung mit einer passenden Anzahl von Nachbarn angewiesen ist. Zu viele oder zu wenige Nachbarn führen zum Tod. Die Vorteile derartiger Zellularautomaten liegen in der anschaulichen Abbildung sozialer Prozesse mit einer

---

[533] Vgl. Luhmann 2017: 50.
[534] Weiterführende Informationen siehe: Schmidt, „Zellularautomaten", 2015: 515–546.

Vielzahl von Akteuren, in der einfachen Darstellung im Gittersystem sowie in der einfachen Programmierbarkeit.[535] Auch das Dispositiv, an dem die beiden männlichen Figuren angeschlossen sind, kann als Zellularautomat dienen. Das Gitter stellt den durch die technische Konstruktion festgelegten Raum dar, während Berthold und Anton die beiden Zellen figurieren, die über das Dispositiv miteinander verbunden sind. Ihre Zellzustände tendieren zwischen *gesund* und *krank*. Bei einem Zellularautomaten können entweder die Zellen in einer (realen) Landschaft wechselwirken oder über die Repräsentanz einer sozialen Topologie, die Nähe intendiert. Beides trifft für die *Kronenwächter* zu, weil die Genesung zum einen in Bertholds Haus abläuft und zum anderen ist er über die Konstruktion sowie über eine sympathetische Haltung mit Anton verbunden. Die Dynamik des Zellularautomaten entsteht dadurch, dass sich der Zustand einer Zelle schrittweise über die Wechselwirkungen mit Nachbarn innerhalb eines bestimmten Ortes verändert. Dieser Transformationsprozess ist mit der Wärmeleitungsgleichung vergleichbar, die die zeitliche und räumliche Änderung der Temperatur innerhalb eines Körpers abbildet. Die Forschung unterscheidet zwischen inhomogenen Medien, die eine zusätzliche Wärmequelle brauchen, und homogenen Medien, zwischen denen die Wärme, wie bei den *Kronenwächtern*, selbstständig übertragen wird, wobei sich die Temperatur bei einer angenommenen Fläche durch den Wärmefluss innerhalb einer bestimmten Zeit ändert. Entscheidend für die zeitliche Änderung ist zusätzlich die Temperaturleitfähigkeit als Materialeigenschaft, die bei jedem Körper variiert:

$$\frac{\partial}{\partial t} u(\vec{x}, t) - a\Delta u(\vec{x}, t) = 0 \qquad (27)$$

$u(\vec{x}, t)$ = Temperatur an der Stelle $\vec{x}$ zum Zeitpunkt t
Δ = Laplace-Operator
$a > 0$ = Temperaturleitfähigkeit des Mediums

Die Kopplung dieser beiden Ansätze begründet sich dementsprechend dadurch, dass sie eine zeitliche Veränderung von Zuständen innerhalb eines örtlich festgelegten Systems bedingt durch die Wechselwirkung zweier oder mehrerer Interaktionspartner intendieren. Es resultiert bei diesen beiden Systemen ein Endzustand, der sich vom Anfangszustand unterscheidet.

Entsprechend der Soziophysik befinden sich zwei kränkliche Zellen, repräsentiert durch Anton und Berthold, in einem örtlich festgelegten Dispositiv und wechselwirken durch den gegenseitigen Austausch von Wärme. Je länger die beiden Figuren im Dispositiv angeschlossen sind, desto mehr verschiebt sich der kränkliche Zustand in einen gesunden Zustand und desto mehr Wärme wird übertragen. Diese Transformation ist nur daher erfolgreich, weil genau die richtige Anzahl von benachbarten Zellen vorhanden ist. Wären mehr oder weniger Interaktionspartner anwesend, würde die Genesung der Figuren nicht funktionieren. Der in den *Kro-*

---

[535] Ebd.: 533.

nenwächtern konzipierte Zellularautomat stellt weiterhin einen endgültigen Gene-
sungszustand her, der dauerhaft Bestand hat und sich nicht durch äußere Einflüsse
ändert. Daher sind auch die neuen Charakterzüge von Anton und Berthold anhal-
tend. An dieser Stelle liegt somit physikalisch gesehen ein geschlossenes thermodynamisches System vor, das keinen Materie- und Energieaustausch mit der Umgebung zulässt. Ebenso der soziologische Raumbegriff grenzt die beiden Figuren
durch die limitierten Grenzen von der Umgebung ab. Die Gesundheits- und Cha-
rakterübertragung vollzieht sich dementsprechend ohne Einflüsse anderer Figuren. Im Gegensatz dazu unterliegen die Empfindungen und Meinungen der übrigen Figuren innerhalb des Romanfragments ständigen Schwankungen, die sich
rein physikalisch durch verändernde physikalische Prozesse und äußere Begebenheiten ergeben, wodurch ein offenes System vorliegt, bei dem sich die Figuren fort-
schreitend beeinflussen und ihre Einstellungen verändern. Nach Luhmanns Systemtheorie der Gesellschaft liegen dementsprechend zwei funktionale Elemente eines Systems vor, die zwar konstitutiv für das Gesamtsystem sind, aber explizite
Unterschiede aufweisen.[536] Die herausragendste Divergenz besteht darin, dass die
Emotionen des offenen Elements gegenüber anderen Figuren ständig variieren,
während das geschlossene System, bestehend aus Anton und Berthold, keine Ge-
fühlsveränderungen aufweist. Sollten die Emotionen variieren, so richten sich
diese nach innen.

Auch Luhmann deklariert soziale Systeme als offen und verwendet in diesem
Zusammenhang den auch bei physikalischen Systemen vorkommenden Begriff
der Entropie.[537] Diesen Begriff modifiziert er insofern, dass die besagte Offenheit
nicht zur Verminderung der Entropie führt, sondern sie nur eine Möglichkeit darstellt, in dem spezifischen System diese zu senken. Entropie bedeutet in seiner Annahme die Steigerung von Redundanz innerhalb des Systems, wobei dieser Begriff
den Aufbau von möglichen, aber nicht notwendigen Elementen für ein System bezeichnet.[538] Diese Redundanz muss sich mindestens im Ausgleich mit der Kontin-
genz befinden, die die Offenheit und Ungewissheit menschlicher Erfahrungen beschreibt. Im Sinne menschlicher Gefühle bezeichnet dieser Sachverhalt, dass die in
einem sozialen System beheimateten Individuen bedingt durch die Offenheit desselben Beziehungen und Verhältnisse aufbauen können, aber nicht müssen. Der
Ausgang dieser Interaktionen ist dabei ungewiss, weil sich die Individuen in ihren
Entscheidungen und Empfindungen stets beeinflussen und verändern. Dennoch
ist ein bestimmtes Maß an sozialen Kontakten für die Aufrechterhaltung des Systems erstrebenswert.

Diese sich wandelnden Emotionen des geschlossenen Systems erhalten durch
die Dichotomie *kalt-warm* sowie durch spezifische physikalische Vorgänge einen

---

[536] Luhmann 2017: 81.
[537] Vgl. Luhmann/Baecker, *Einführung in die Systemtheorie*, 2009: 44f.
[538] Vgl. ebd.: 93.

Rückbezug zur Naturwissenschaft. Als herausragendes Beispiel für die Varianz von Gefühlsvorgängen gilt Anna, die Frau Bertholds, die Anton nach dessen Tod ehelicht. Einhergehend mit dem *emotional turn* der Literaturwissenschaft in den 1990er Jahren rückt die Erforschung von Emotionen in den Fokus der Philologie, wobei verschiedene Schwerpunkte ersichtlich sind. Der Bereich der Rhetorik untersucht, welche Affekte ein Text, speziell eine Rede, bei den Rezipienten auslöst. Daneben analysieren gerade kognitive Emotionstheorien Gefühle von Figuren innerhalb literarischer Texte. Schließlich widmet sich die Emotionsforschung der Untersuchung der emotionalen Bindung zwischen einem Autor und seinen Protagonisten.

Gerade die rein hermeneutisch vorgehende Emotionsforschung sieht sich zwei großen Kritikpunkten ausgesetzt. Zum einen existieren unterschiedliche Begriffe für einen gemeinsamen Sachverhalt. Emotion gilt zwar als Oberbegriff, allerdings umfasst dieser ein jahrhundertealtes Wortfeld bestehend aus Gefühlen, Stimmungen, Haltungen, Passionen, Gemütsbewegungen, Affekten, Empfindungen oder ähnliches, wodurch eine gewisse Unschärfe resultierte.[539] Simone Winko fordert daher eine eigens für die Emotionsforschung entwickelte Metasprache, die die Unklarheiten beseitigt.[540] Zum anderen existiert kein einheitliches Verfahren zum Analysieren von Emotionen von Figuren in literarischen Texten.[541] Winko entwickelte zwar ein Verfahren für lyrische Texte, allerdings fehlen bislang Vorgehen zur Analyse von Emotionen in dramatischen und epischen Texten. Wünschenswert wäre darüber hinaus für die Literaturwissenschaft eine differenzierte Literaturgeschichte sämtlicher Emotionen, was Claudia Hillebrandt ebenfalls als ein Fernziel der kulturwissenschaftlichen Emotionsforschung ansieht.[542] Für die Philosophie existiert bereits eine derartige Arbeit von Christoph Demmerling und Hilge Landweer, die dezidiert die Bedeutung und Kulturgeschichte ausgewählter Emotionskomplexe betrachtet haben.[543] Burkhard Meyer-Sickendiek hat zwar weder ein allgemeingültiges Verfahren zur Analyse von Emotionen in literarischen Texten noch eine Literaturgeschichte der Emotionen entwickelt, allerdings hat er in seiner Affektpoetik untersucht, inwiefern die einen literarischen Text prägenden affektuellen Regungen für die jeweilige literarische Gattung konstitutiv sind. So erfolgt beispielhaft überwiegend die Vermittlung der Trauer in der Elegie, der Sehnsucht im Melodram oder der Aggression in der Satire.[544]

---

[539] Jensen/Morat, „Die Verwissenschaftlichung von Emotionen in der langen Jahrhundertwende (1880–1930)", 2008: 22.

[540] Winko, *Kodierte Gefühle. Zu einer Poetik der Emotionen in lyrischen und poetologischen Texten um 1900*, 2003: 64.

[541] Ebd.: 66.

[542] Vgl. Hillebrandt, *Das emotionale Wirkungspotenzial von Erzähltexten. Mit Fallstudien zu Kafka, Perutz und Werfel*, 2011: 22.

[543] Demmerling/Landweer, *Philosophie der Gefühle. Von Achtung bis Zorn*, 2007.

[544] Vgl. Meyer-Sickendiek, *Affektpoetik. Eine Kulturgeschichte literarischer Emotionen*, 2005.

Im Rahmen dieser Arbeit geschieht die Verknüpfung zwischen der literaturwissenschaftlichen Emotionsforschung mit der Wärmelehre, indem physikalische Gesetzmäßigkeiten Emotionen sowie die damit verbundenen deskriptiven Emotionswörter wie „wütend", „ängstlich" oder „erröten" und expressiven Emotionswörter wie „ach" oder „oh" erklären. Gerade die durch bestimmte Emotionen wie Scham oder Zorn erzeugte Rotfärbung des Gesichts erinnert dabei an Feuer oder an Hitze und rekurriert damit auf die Wärmelehre. Bestimmte Emotionen wie Zorn oder Hass bewirken eine gefühlte leibliche Ausdehnung des Körpers.[545] Sie wirken demnach zentrifugal. Scham, Schuldgefühle, Neid, Eifersucht und Angst bewirken eine leibliche Einengung des Körpers.[546] Sie wirken somit zentripetal. Besonders in lyrischen Texten finden sich Emotionen mit zentrifugalem Charakter wie Begeisterung, Trauer und Stolz.[547] Dagegen stehen jene Affekte, die in den narrativen Formen eingegangen sind, unter zentripetalen Vorzeichen, wie Hoffnung, Angst oder Überraschung.[548] Dieses Prinzip lässt sich auf die Wärmelehre übertragen. Die Wärme dehnt warme Körper aus, sodass sich erwärmte Figuren durch Aggressionsaffekte kennzeichnen können. Die Kälte zieht Körper zusammen, sodass kalte Figuren Gefühle des Neids, der Eifersucht, Schuld oder ähnliches aufweisen. Der Zusammenhang zwischen Emotionen und Wärmelehre lässt sich anschaulich anhand des Zorns belegen. Seit dem Ende des 18. Jahrhunderts setzt ein energietheoretischer Umbau ein, der sich seit der Mitte des 19. Jahrhundert vor dem Hintergrund der Wärmelehre mit Begriffen der Explosion, Auslösung oder Entladung fortsetzt.[549]

Die genannten Aspekte zur Verbindung zwischen der Emotionsforschung sowie der Wärmlehre werden insbesondere bei Anna und Anton ersichtlich. Berthold trifft bei seinem Aufenthalt in Augsburg auf seine Jugendliebe Apollonia und deren Tochter Anna, in die sich Berthold direkt verliebt. Seine Gefühle nehmen körperliche Ausmaße an, weil sein Blut „glühend heiß in die Stirn getreten ist."[550] Auch Anna empfindet Gefühle für ihn, die sie allerdings vorerst verbirgt. Erst in einem von ihr verfassten Gedicht offenbart sie Ihre Liebe: „Dein

---

[545] Demmerling/Landweer 2007: 221.

[546] Ebd.: 198.

[547] Meyer-Sickendiek 2005: 57.

[548] Ebd.: 57.

[549] Lehmann, *Im Abgrund der Wut. Zur Kultur- und Literaturgeschichte des Zorns*, 2012: 136. Gerade die Begriffe der Entladung und Auslösung haben eine überraschende Karriere erfahren und sind zu einer ebenso zentralen wie problematischen Denkfigur geworden. Sie wurden zu Elementen einer Betrachtung, in der soziale, historische und moralische Fragen unmittelbar mit thermodynamischen und physiologischen Modellen verschränkt werden. So kann beispielhaft eine Massenbewegung von Menschen gleichzeitig als gleichmäßig, zielstrebig, aber auch aufgrund der Unkontrolliertheit als konfus, blind und zufällig charakterisiert werden. Näheres dazu unter: Schäfer/Vogl, „Feuer und Flamme. Über ein Ereignis des 19. Jahrhunderts", 2004.

[550] Arnim 2002 [1817, 1854]: 628.

Atem kühlet meine Brust, du bist der Frühling, der mich wärmet, der in des Herzens Blumen schwärmt, so kühlst du außen, wärmst da innen."[551] Auffallend ist, dass auch an dieser Textstelle das Prinzip der Wärmeleitung wirksam ist, weil Anna Berthold auf der Pictura-Ebene als Frühling umschreibt, der das lyrische Ich wärmt. Auf der Ebene der Subscriptio tritt der Bezug zur Wärmelehre hervor, wonach Berthold als erwärmter Körper seine Wärme und damit seine Liebe an Anna weiterleitet.

Die Gefühle Annas für Berthold halten allerdings nicht dauerhaft an, wie insbesondere eine Textstelle im zweiten Teil der *Kronenwächter* verdeutlicht: „der sie [Anna] so kalt gegen ihren ersten Mann [Berthold] gesehen hatte."[552] Auch gegenüber Anton, ihrem zweiten Ehemann, hegte sie anfangs eine gewisse Antipathie, weil die Nachbarn ihr fälschlicherweise eine Affäre mit ihm unterstellen. Zudem sieht sich Anna mit dem Vorwurf konfrontiert, das vermeintlich während des Liebesverhältnisses gezeugte Kind Berthold untergeschoben zu haben, obwohl dieser der leibliche Vater ist. Anna heiratet Anton dennoch und war so „unerschöpflich in Zärtlichkeiten gegen [ihn]."[553] Nach einigen Fehltritten empfindet sie erneut eine Kälte gegen Anton und wendet sich schließlich von ihm ab.

Auch andere Figuren in den *Kronenwächtern* beschreibt Arnim in ihren Handlungen als kalt oder sie hegen eine Kühle gegenüber anderen Figuren, während sich wiederum andere an der Wärme der geschätzten oder geliebten Figuren erwärmen. Allgemein lässt sich konstatieren, dass die Erwärmung gegenüber bestimmten Figuren durch die Wärmeleitung stattfindet, während sich die Erkältung gegenüber einigen Figuren durch einen Abgang der Wärme bemerkbar macht.

Im zweiten Teil der *Kronenwächter* kann Anton von seiner körperlichen Stärke und Größe profitieren, weil er seinen Freunden und Verwandten im Kampf gegen eine angefeindete Menschengruppe beistehen kann. Er empfindet aus diesem Grund „eine allmähliche Erwärmung seines Gemüts"[554], die positive Emotionen wie Glück oder Freude konnotiert. Dieses Gefühl erhält dadurch eine zentrifugale Wirkung, weil sich Anton fühlt, als ob er „nach einem Vierteljahre Kerkernacht wieder die Sonne erblickt."[555] Jahrelang musste Anton seine körperliche Stärke zügeln und konnte sie nicht vollständig entfalten. Mit dem angekündigten Kampf kann er seine Kraft sinnvoll einsetzen und kann die selbst auferlegte Eingrenzung verlassen.

Im Gegensatz dazu verspürt Anton in Gegenwart der sich liebenden Susanna und Güldenkamm Scham und Schuldgefühle, weil er an seine Frau und seinen

[551] Ebd.: 661.
[552] Ebd.: 804.
[553] Ebd.: 804.
[554] Ebd.: 1028.
[555] Ebd.: 1028.

Sohn denken muss, die er verlassen hat. Die zentripetale Wirkung dieser Empfindungen ist zum einen daran ersichtlich, dass Anton ein Gefühl von Kälte verspürt.[556] Zum anderen empfindet er eine Beklommenheit, die ihn dazu veranlasst, eine gewisse Entfernung zu dem Paar aufzubauen. Erst infolge eines größeren Abstandes ist Anton wieder fähig, klare Gedanken zu fassen.

Anhand der Optik und der Farbenlehre wird erneut deutlich, dass sich Arnim seiner eigenen Forschungen bedient, um das Verhalten literarischer Figuren mithilfe physikalischer Wissensbestände zu beschreiben. Während er beim *Hollin* die Erkenntnisse über die Attraktiv- und Repulsivkräfte für die Liebes- und Freundschaftsthematik nutzte, verwendete er für die Darstellung einer veränderten Wahrnehmung Theorien aus der Optik und Farbenlehre, die er mit Elementen aus der Wärmelehre verknüpfte und damit zugleich von Newtons autoritärer Lehre abweicht.

Das Verfassen eines historischen Romans begründet Arnim mit dem Bild einer Kristallkugel, die das Sehen und die Wahrnehmung des menschlichen Auges verstärkt:

> „Nennen wir die heiligen Dichter auch Seher und ist das Dichten ein Sehen höherer Art zu nennen, so läßt sich die Geschichte mit der Kristallkugel im Auge zusammenstellen, die nicht selbst sieht, aber dem Auge notwendig ist, um die Lichtwirkung zu sammeln und zu vereinen; ihr Wesen ist Klarheit, Reinheit und Farbenlosigkeit."[557]

Arnim rekurriert an dieser Stelle auf das optische Experiment Newtons, der das durch ein kleines Loch einfallende Sonnenlicht durch ein Prisma zuerst in seine Farbbestandteile zerlegte und durch eine Linse erneut zu einem weißen kleinen Punkt vereinte. Als Verdeutlichung dient die folgende Skizze:

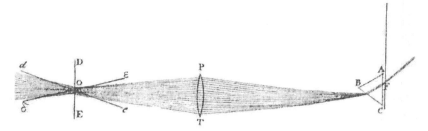

Abbildung 9: Experiment zur Verdeutlichung der Vereinigung der Spektralfarben zum weißen Licht[558]

---

[556] Ebd.: 902.
[557] Ebd.: 520.
[558] Abbildung entnommen aus: Newton 2001 [1704]: 76.

Auch wenn Arnim mit Newtons Auffassung der Reinheit, Klarheit und Farblosigkeit des ungeteilten Sonnenlichts übereinstimmt, so widerspricht er ihm in der Entstehung und Intensität der Farben und unterstellt ihm in seinen *Aphorismen zur Theorie des Lichts* (1800), dass er „keine eigentliche Theorie geliefert" habe.[559] Bei Arnims komplexer Theorie handelt es sich bei dem Licht und den Farben um galvanische Reaktionen elektrischer Kräfte, wie in den *Bemerkungen über Volta's Säule* (1801) nachzulesen:

> „Hier sehen wir endlich sogar, daß, wo +E und –E nicht völlig einander aufheben, auch in ihrem Umgekehrten, im Lichtprozesse [...] +L und –L, nicht zur Neutralität des farblosen Lichts gelangen. Allgemein muß folglich das Gesetz seyn, daß alle electrische Entgegensetzung sich nur in Lichtentwicklung aufhebt, oder die Körper, durch die sie wirkt, zersetzt, indem sie dieselben zur electrischen oder zur Lichtentwicklung fähig macht, die desoxydirt, und nur durch sie wirkt und von ihnen geleitet wird, weil sie dessen fähig, also oxygenhaltig ist."[560]

Farben entstehen nach Arnim allein durch die chemische Wirkung der Elektrizität. Oxidative Wirkungen oder der Einfluss von Wärme können die Intensität der Farben allerdings intensivieren:

> „Sollte es unbedeutend seyn, daß der eine electrische Pol auf eine unbestimmbare Weite durch den Halbleiter sich erstreckt, während der andere an die Oberfläche gebunden ist, und daß eben so bei der Aufhebung und Umwandlung in Licht alle Verhältnißstufen des +L und –L hier zwischen fallen? sollte [sic!] es unbedeutend seyn, daß alle brennbare Stoffe die wärmste, die verbrannten hingegen die kälteste Farbenabtheilung vergrößern?"[561]

Arnim nimmt ähnlich, wie beispielhaft Macquer, einen Einfluss von Wärme bei der Farbentstehung an. So ist das weiße Licht bei Macquer eine Zusammensetzung aus dem Lichtstoff und dem Wärmestoff und nicht aus verschiedenen Spektralfarben.[562] Die verschiedenen Farberscheinungen sind lediglich abhängig vom Verhältnis des Wärme- und des Lichtstoffs. Das weiße Licht stellt dabei die neutrale Sättigung und ein gleichmäßiges Verhältnis der beiden Stoffe dar.[563] Bereits der griechische Philosoph Plato hielt die Farben für eine Art von Flamme, die aus sehr feinen kleinen Teilchen besteht, die vom Objekt ins Auge strömen.[564]

---

[559] Burwick 1986: 45. Die vollständigen *Aphorismen zur Theorie des Lichts* sowie deren Einbettung in den zeitgenössischen wissenschaftlichen Kontext finden sich bei: Burwick 1986: 45–47.
[560] Arnim 2007a [1801]: 380.
[561] Ebd.: 379.
[562] Macquer/Leonhardi 1781–1783: 622.
[563] Vgl. ebd.: 622.
[564] Wilde 1968: 3.

Arnim verarbeitete seine Idee der durch die Wärme intensivierten Farben im Neologismus „Schmelzfarben".[565] Mit diesem Ausdruck hebt der Kronenwächter Ehrenhalt die Besonderheit des Hochzeitsgeschenkes für Berthold und Anna hervor. Es handelt sich dabei um 14 Glasbilder, die die Geschichte des Geschlechts der Kronenwächter sowie damit Bertholds eigene Herkunft porträtieren und je nach Sonnenstand eine andere Farbwirkung entfalten. Das Bild der durch farbige Gläser gebrochenen Lichtstrahlen findet sich auch noch an weiteren Stellen im Romanfragment:

„[...] vom bunten Glase der beiden Fenster mit wechselnden Strahlen beschienen wurden."[566]

„[...] dass die Farbenpracht des Glases in seinem Durchscheinen in dieser vollsten aller Lichtfüllungen jedes andere denkbare Licht überstrahlte."[567]

Die Farbwahrnehmung kann für Arnim zwar in Abhängigkeit von der elektrischen Zersetzung, des veränderten Drucks der atmosphärischen Refraktion oder durch Phosphoreszenz in der Retina variieren, allerdings ist mit der Farbwahrnehmung immer eine Wärmekapazitätsänderung inbegriffen. Die Umwandlung des Lichts in Wärme geschieht wiederum bei der Brechung, wie er im fünften *Aphorismus zur Theorie des Lichts* schreibt.

Genau wie sich das Licht durch die Brechung umwandelt, verändert sich die Wahrnehmung von Berthold. Während er vor der Schenkung der gefärbten Gläser von einer Verbindung zu den Kronenwächtern absah und ihnen gegenüber einen „Greuel"[568] hegte, entschließt er sich nach der Hochzeit zusammen mit seiner Frau zum Schloss der Kronenwächter zu reisen und in ihren Reihen seinen Platz zu finden. Nur dank einer Intrige und dem Unwohlsein seiner Frau Anna kann sich Berthold dem Einfluss der Kronenwächter vorerst entziehen.

Noch deutlicher erscheint der Aspekt der veränderten Wahrnehmung durch das naturwissenschaftliche Bild des Doppelspats. Bei einem Doppelspat oder Calcit handelt es sich chemisch gesehen um Calciumcarbonat, das alltagssprachlich auch die Bezeichnung Kalk trägt. Dieses Mineral ruft durch seine besondere Kristallstruktur eine Doppelbrechung des Lichts hervor. Verläuft der einfallende Lichtstrahl nicht entlang der optischen Achse des Kristalls, so wird das Licht in einen ordentlichen und einen außerordentlichen Lichtstrahl mit jeweils verschiedenen Brechungsindices gebrochen, die sich in Abhängigkeit der Temperatur verändern. Die Bezeichnung *Doppelspat* resultiert daraus, dass ein Objekt doppelt erscheint, sobald es im richtigen Brechungswinkel eines derartigen Minerals liegt. Erasmus

---

[565] Arnim 2002 [1817, 1854]: 685.
[566] Ebd.: 601.
[567] Ebd.: 684.
[568] Ebd.: 685.

Bartholin entdeckte dieses Phänomen 1669 erstmalig, als er einen Gegenstand durch einen isländischen Doppelspat hindurch betrachtete.[569]

Die zwei unterschiedlich gebrochenen Lichtstrahlen repräsentieren die zum Teil gegensätzlichen Pole inmitten derer sich Berthold bewegt. Er ist hin- und hergerissen zwischen seiner Frau Anna und seiner Jugendliebe Apollonia. Weiterhin versucht er auf der einen Seite einen gewissen Abstand zu den Kronenwächtern zu wahren, hält allerdings auf der anderen Seite weiterhin Kontakt zu ihnen. Schließlich leugnet er seine Zuneigung zu dem Maler Anton, obwohl er eigentlich ein „lebendiges Wohlwollen gegen ihn [spürte], als gehöre er zu ihm, es ginge ihm durch Herz, er müsse ihn an Kindesstatt nehmen."[570] Dieses ewige Oszillieren führt zu einer Selbstentfremdung Bertholds.

Die durch die Doppelbrechung des Doppelspats resultierenden zwei Lichtstrahlen veranschaulichen zudem die Ambiguität, ob die Kronenwächter und ihre Kronenburg existieren, oder ob es sich bei ihnen lediglich um eine Fiktion handelt. Der Doppelspat generiert eine subjektive und eine objektive Wahrnehmung, die zu optischen Täuschungen führt, die unter anderem bei der Erzählung von Bertholds leiblicher Mutter, der Gräfin, präsent sind. Darin berichtet sie, wie der leibliche Vater Bertholds, ein Ritter, die Krone der Hohenstaufen als sein Eigentum betrachtet und stiehlt. Während dieses Vorhabens begegnet der Ritter „in doppelten Farbenspiegelungen [den] gemalten Wächtern."[571] Auch bei einem Lied von Bertholds Ziehvater Martin, einem ehemaligen Kronenwächter, verursacht ein Doppelspat eine unklare Wahrnehmung über die Kronenburg: „Die Zimmer des Schlosses sind enge, gewölbt von Doppel-Kristall, und blankes Silbergepränge, das spielt mit den Strahlen Ball."[572] Durch die Doppelbrechung des Kristalls entstehen somit Verzerrungen der Wirklichkeit, die Objekte nicht in ihrem originären Zustand abbilden.

Diese fehlende gesicherte Wahrnehmung hat Auswirkungen auf das System und die funktionalen Elemente desselben. Prämisse für den Aufbau einer stabilen Identität und Integration in die Gesellschaft ist die ständige Betrachtung sowie Wahrnehmung der eigenen Merkmale und Eigenschaften.[573] Neben diesem internen Faktor kann zusätzlich ein externer auftreten, wenn ständig Fehlinformationen aus der Umwelt übermittelt werden, wodurch ebenfalls eine gesicherte Wahrnehmung nicht möglich ist. Das funktionale Element kann aus den beiden genannten Gründen als Folge keine stabile Identität innerhalb des Systems aufbauen und erfährt infolgedessen einen Ausschluss aus diesem. Diese Maßnahme nimmt bei Berthold, Martin oder dem Vater Bertholds drastische Formen an, weil die Kronenwächter sie entweder töten oder sie bei einem Auftrag dieser Gesellschaft den Tod

---

[569] Kuhn, *Ideengeschichte der Physik. Eine Analyse der Entwicklung der Physik im historischen Kontext*, 2001: 277.

[570] Arnim 2002 [1817, 1854]: 610.

[571] Ebd.: 579.

[572] Ebd.: 542.

[573] Luhmann 2017: 72.

erleiden. Im Sinne Luhmanns führt weiterhin eine unvollständige Wahrnehmung von Ereignissen und Gegenständen dazu, dass ein System oder funktionales Element Handlungsmöglichkeiten nicht erkennt.[574] So haben auch Martin, Berthold und dessen Vater bedingt durch ihre verzehrte Wahrnehmung nicht die Optionen erkannt, die ihnen zur Verfügung standen, als sie den Kronenwächtern ausgesetzt waren und auf ihre Forderungen eingingen.

Arnims Text verdeutlicht die Unhaltbarkeit eines Systems und eines funktionalen Elements, sobald die Voraussetzungen zur Wahrnehmung und Identitätsbildung nicht gegeben sind, sodass jeglicher Fortbestand und jegliche Legitimation von Systemstrukturen scheitern. Die *Kronenwächter* präsentieren daher eine Differenz zwischen Systembildung und tatsächlichem Handlungsverlauf. Die Systemtheorie nach Luhmann folgt wie die Soziophysik ebenfalls dem reduktionistischen Gedanken, indem sie ihre Erklärungen nicht basierend auf Individuen stützt, sondern ihre Argumentation anhand von Ereignissen und festen Elementen aufbaut. Ebenso geschieht eine Abgrenzung nach seiner Theorie nicht zwischen einzelnen Elementen, sondern stets zwischen dem System und der Umwelt. Die Soziophysik eignete sich bei diesem Text, um ausgehend von naturwissenschaftlichen Annahmen aus der Wärmelehre und Optik die Figuren nicht nur als physikalische Körper zu betrachten, sondern auch als funktionales Element als Teil eines Systems. Diese Verbindung kann daher erfolgen, weil sowohl die Soziophysik als auch die Systemtheorie aus den Naturwissenschaften abgeleitet wurden.

---

[574] Ebd.: 100.

6. Die Poetisierung der Wärmelehre bei den informierten Laien

6.1 Jean Paul, Meister der zweiten Welt

Johann Paul Friedrich Richter (1763–1825), der sich wegen seiner Bewunderung zu Jean-Jacques Rousseau Jean Paul nannte, absolvierte im Gegensatz zu Arnim oder Kleist kein naturwissenschaftliches Studium. Allerdings besuchte er neben seinem Studium der Theologie auch Vorlesungen zur Metaphysik, Ästhetik, Philosophie und Logik.[575] Daneben zeigte er Interesse an Trigonometrie und entwarf selbstständig Apparaturen, wie beispielsweise eine Sonnenuhr, um eigene Experimente und Beobachtungen zum Wetter und zu den Mondbewegungen aufzustellen.[576] Seine Experimentierfreude machte sich darüber hinaus daran bemerkbar, dass er aus chemischen Symbolen neue Buchstaben erfand.[577]

Seine Kenntnisse in den (Natur-)Wissenschaften erlernte er bereits in frühen Jahren unabhängig von Lehrern oder Eltern autodidaktisch:

> „Geschichte übrigens – sowohl alte als auch neue –, Naturgeschichte, ferner das Wichtigste aus der Erdbeschreibung, desgleichen Arithmetik und Astronomie sowie die Rechtschreibung, alle diese Wissenschaften lernt' ich zwar hinlänglich kennen, aber nicht in Joditz – wo ich recht gut ohne ein Wort von ihnen zwölf Jahre alt wurde – sondern mehre Jahre später schriftlich und brockenweise aus der Allgemeinen Bibliothek."[578]

Allerdings konnte sich der aus ärmlichen Verhältnissen stammende Jean Paul auch zu Studienzeiten keine Bücher leisten, sodass er auf Hilfe von Bekannten angewiesen war, um seine Lesewut zu stillen. So bat er beispielsweise den befreundeten Pfarrer Erhard Friedrich Vogel in einem Brief vom 3. April 1781 um folgende Texte, um seine Kenntnisse im Bereich der Ästhetik beziehungsweise der Physiognomik aufzubauen oder zu erweitern:

> „[…] der dritte Theil von Selmer's Untersuchung über den Kanon –
> Göthe's Schriften –
> der zweite Theil von Lavater's Tagebuch –
> Helvezius sur l'education de l'homme –

---

[575] Vgl. Bruyn, *Das Leben des Jean Paul Friedrich Richter. Eine Biographie,* 2013: 48.

[576] Jean Paul konzipierte eine einfache Sonnenuhr, indem er auf einem Holzteller ein Ziffernblatt mit Tinte schrieb und den Teller mit dem befestigten Zeigerblech nach einer naheliegenden Turmuhr richtete und befestigte. Vgl. Jean Paul/Miller, *Späte Erzählungen, Schriften,* 1987: 1058.

[577] Ebd.: 1059.

[578] Vgl. ebd.: 1056.

Die fünfte Abtheilung des Anhangs zu den 36 Bänden der A. D. Bibliothek – Lessing's Fragmente."[579]

Gleichzeitig stand er mit Naturforschern wie beispielhaft Bernhard Hermanns in engem Kontakt, sodass er mit deren Forschungen in Berührung kam.[580] Die schriftstellerische Arbeit Jean Pauls ist dadurch geprägt, dass er aus jedem ausgeliehenen Buch die für ihn relevantesten Textabschnitte nieder- schrieb und sich so in seinen Exzerptenheften disparates Wissen eignete, das er wiederum in Exzerptenexzerpte und in Register unterteilte. Zwischen 1778 und 1825 entstand somit ein Fundus von über 12.000 Manuskriptseiten, die er in mehr als 100 Exzerpthefte handschriftlich abfasste.[581] Mit dieser polyhistori- schen Wissensanhäufung steht er in der Tradition des Polyhistors Daniel Georg Morhof.[582]

Die Vorgehensweise Jean Pauls beim Exzerpieren folgt dem damit verbundenen Nutzen, sodass zwei charakteristische Phasen vorliegen. Während seines Theolo- giestudiums von 1778 bis 1782 schrieb Jean Paul lediglich die für sein Studium re- levanten Themen und Zitate nieder. Diese waren noch vollständig notiert und mit einer ausführlichen Quellenangabe versehen. Das Jahr 1782 markiert einen Um- bruch. Der Entschluss, das Theologiestudium zu beenden und sich stattdessen als Schriftsteller zu bestätigen, führt dazu, dass er nicht mehr theologische und philo- sophische Texte verarbeitete, sondern Sachliteratur aus allen möglichen Wissens- gebieten. Im Mittelpunkt seiner Auswahl standen vor allem Zitate, die Seltsames, Besonderes, Ungewöhnliches und Merkwürdiges thematisieren.[583] Diese hat Jean Paul nicht vollständig wiedergegeben und mit einer umfassenden Quellenangabe versehen, sondern verkürzt und paraphrasiert, wodurch sich die Quellenforschung erschwert.

Der Nutzen der Exzerpte, Exzerptenexzerpte und Register liegt darin begrün- det, dass sie zum einen das Gedächtnis entlasten sollten und zum anderen Jean Paul beim Schreiben seiner literarischen Texte als ebenso unerschöpflicher wie unverzichtbarer Fundus von Ideen, Bildern, Vergleichen, Anspielungen und

---

[579] Jean Paul, *Sämtliche Werke. Historisch-kritische Ausgabe. Erster Band Briefe 1780–1793*, 1956: 2.

[580] Langner, *Jean Paul. Meister der zweiten Welt*, 2012: 120.

[581] Krauss, „Sammeln-Exzerpte-Konstellation. Jean Pauls literarische Kombinatorik", 2013: 201. Nicht berücksichtigt bei dieser Anzahl sind die *Einträge* genannten Texte aus dem Nachlass von Jean Paul. Diese finden sich in: Jean Paul/Wirtz/Wölfel, *Ideen-Gewimmel. Texte & Aufzeichnungen aus dem unveröffentlichten Nachlaß*, 1997. Jean Pauls Vorgehen lässt sich mit dem Zettelkasten von Luhmann umschreiben. Informationen werden auf einem separaten Zettel geschrieben und in einem dafür extra vorgesehenen Behältnis aufbe- wahrt. Näheres dazu unter: Luhmann, „Kommunikation mit Zettelkästen. Ein Erfah- rungsbericht", 1992.

[582] Gerabek, *Naturphilosophie und Dichtung bei Jean Paul. Das Problem des commercium mentis et corporis*, 1988: 47.

[583] Will, *Findbuch zu Jean Pauls Exzerpten*, 2019.

Assoziationen dienten.[584] Er erarbeitete somit eine „poetische Enzyklopädistik", die Wissen für die Literatur nutzbar machte.[585] Die eingeschriebenen Wissensbestände wirken auf den ersten Blick konfus, doch führt die aleatorische Wissensverarbeitung dieser Bilder zu neuen Ideen für seine Texte, wie er auch in seinem Brief an Pfarrer Vogel vom 1. Mai 1783 erklärt: „[...] ich treibe keine einzige Wissenschaft ex professo, und alle nur insofern als sie mich ergözen oder in meine Schriftstellerei einschlagen."[586] Insbesondere seine Figuren erhalten durch die Bildwahl eine Ironisierung, indem er deren Charakter sowie Aussehen mit außergewöhnlichen Wissensinhalten verknüpfte. Dieser „wissenschaftliche Witz" etablierte sich bedingt durch sein Schöpfungspotenzial zu einem unabdingbaren Grundprinzip der Naturforschung.[587] Das Erfinden eines Witzes setzt in höchstem Maße Phantasie voraus, die bei dem wissenschaftlichen Witz durch geeignetes wissenschaftliches Hintergrundwissen ergänzt werden muss. Diese Kombination aus Vorstellungskraft gepaart mit Wissen führte zu neuen Erkenntnissen und entsprach der Vorgehensweise der romantischen Naturphilosophie, die neue wissenschaftliche Ansätze durch Spekulationen hervorbringen wollte. Allerdings kritisierte Schlegel den Einsatz des Witzes, weil dadurch der Inhalt in den Hintergrund rückt, wie die nachfolgende Aussage der fiktiven Amalia aus den *Gesprächen über Poesie* (1800) bezeugt:

> „Friedrich Richters Romane seien keine Romane, sondern ein buntes Allerlei von kränklichem Witz. Die wenige Geschichte sei zu schlecht dargestellt um für Geschichte zu gelten, man müsse sie nur erraten."[588]

Nichtsdestotrotz hält er die Romane Jean Pauls für die „einzigen romantischen Erzeugnisse unseres romantischen Zeitalters."[589]

Der Einsatz der aus den Exzerpten und Registern entnommenen Bilder erfüllte zweierlei. Zum einen sollte die Übertragung der in den Bildern eingeschriebenen erhabenen Gedanken und Gefühle auf den Leser erfolgen.[590] Auf der anderen Seite konnte Jean Paul dem breiten Lesepublikum die zeitgenössischen Theorien und Modellvorstellungen zugänglich machen, indem er auf komplizierte Fachtermini

---

[584] Müller, „Jean Pauls Privatenzyklopädie. Eine Untersuchung der Exzerpte und Register aus Jean Pauls unveröffentlichtem Nachlaß", 1986: 78.

[585] Die Merkmale eines derartigen poetisch-enzyklopädischen Stils sind: Verknüpfung aller Texte unabhängig von der Chronologie, Dehnbarkeit und Adaptierbarkeit der Motive aus der Materialsammlung, Nachahmung fremder Quellen und die musivische Technik, nach der sich jede Textstelle auf eine andere beziehen lässt. Pross, *Jean Pauls geschichtliche Stellung*, 1975: 216–221.

[586] Jean Paul 1956: 66.

[587] Rankl, *Jean Paul und die Naturwissenschaft*, 1987: 96.

[588] Schlegel 1968 [1800]: 329.

[589] Ebd.: 330.

[590] Esselborn, *Das Universum der Bilder. Die Naturwissenschaft in den Schriften Jean Pauls*, 1989: 21.

verzichtete sowie zur besseren Vorstellung Beispiele und Erläuterungen hinzufügte.[591] Die gebildeten und geschulten Rezipierenden konnten hingegen größtenteils das in den Bildern eingeschriebene Wissen erkennen, weil es sich um meist höchst aktuelle und vielfältig diskutierte Theorien handelte. Der Bereich der Elektrizität bildet den größten Bildspender für Jean Pauls Werk, auch wenn die Optik und vor allem die Astronomie zu seinen favorisierten naturwissenschaftlichen Teildisziplinen zählten.[592]

Doch gerade diese herausragende Bildlichkeit in Jean Pauls Texten gehört auch gleichzeitig zu seinen größten Kritikpunkten. In seinem Brief an Johann Friedrich Benzenberg im Juli 1794 lobte Lichtenberg zwar einerseits das schriftstellerische Talent Jean Pauls und hob insbesondere seine Kreativität und Phantasie hervor, aber andererseits tadelte er auch seinen überschwänglichen Gebrauch von Bildern:

> „Ein Schriftsteller wie Jean Paul ist mir noch nicht vorgekommen, unter allem was ich seit jeher gelesen habe. Eine solche Verbindung von Witz, Phantasie und Empfindung möchte auch wohl ungefähr das in der Schriftsteller Welt seyn, was die große Conjunction dort oben am Planeten Himmel ist [...]. Es ist, als wenn in seinem Kopf sich jeder Gegenstand in dem Reiche der Natur oder der Körper Welt sogleich mit der schönsten Seele aus dem Reich der Sitten, der Philosophie oder der Gnade vermählte und nun mit ihr in Liebe verbunden wieder hervorträte [...]. Dieses ist, wo ich nicht sehr irre, der eintzige Fehler dieses wunderbaren Schriftstellers; er weiß seinen Reichtum nicht immer mit Geschmack anzuwenden. Ein Bild jagt das andere und eine Blüthe erstickt die andere. Deswegen kann ich, die Wahrheit zu gestehen, nicht viel auf einmal in ihm lesen."[593]

Nichtsdestotrotz weisen die Bilder Jean Pauls eine Vielzahl technischer Details, physikalische Korrektheit und literarische Originalität auf, die in dieser Weise kein anderer Autor hervorgebracht hat.[594] Nach der Meinung Victoria Niehles hingegen evoziert die Bilderflut in Jean Pauls Werk keine Anästhetik oder Unproduktivität, sondern zeugt von einer Dynamik, die auf eine stetige Weiterentwicklung ausgerichtet ist.[595]

---

[591] Esselborn, „Die Elektrisiermaschine als Erklärungsmodell. Zu Jean Pauls physikalischer Bildlichkeit", 1988a: 141.

[592] Esselborn, „Jean Paul als Leser Lichtenbergs. Zum Verhältnis von Naturwissenschaft und Dichtung, 1988b: 367.

[593] Lichtenberg, *Briefe III: 1790–1799*, 1966b: 204.

[594] Vgl. Esselborn 1988b: 368.

[595] Vgl. Niehle, *Die Poetik der Fülle. Bewältigungsstrategien ästhetischer Überschüsse 1750–1810*, 2018: 208.

6.1.1 Warme und kalte Familienbande im *Hesperus* (1795)

Der Roman *Hesperus oder fünfundvierzig Hundposttage* (1795) gilt als der beliebteste und erfolgreichste Roman Jean Pauls.[596] Doch anfänglich zweifelte der Autor an dessen Erfolg, wie der folgende Brief an Johann Georg Herold vom 3. Juni 1795 verdeutlicht:

> „Dieser Abendstern ist leider gegen die Natur seines Namensvettern am Himmel aus lauter hizigen Zonen zusammengesetzt und ich bin begierig, ob die Leute die Hize aushalten."[597]

Demgegenüber war Jean Paul von seinem Text überzeugt und attestierte ihm in einem Brief an den Hofrat Johann Stephan Schütze vom 3. Juni 1795 eine höhere Bedeutung als bloßen „Schoosbüchern":

> „Der Hesperus bedarf, wenn er mehr ein Stern als eine Sternschnuppe ist, litterarischer [sic!] Ephemeriden, um gesehen zu werden, da das Publikum keine andern Augen hat als unbewafnete [sic!]. Er ist nicht für eine Lesewelt gemacht, die – so wie Eidexen, Schlangen, Schw[eine] Schoosthiere der Damen und Kosaken, Mohren, Affen Schoosmenschen der Grossen sind – Schoosbücher die beiden gleichen, hat."[598]

Wie bereits der erste aufgeführte Brief an Herold veranschaulicht, verarbeitete Jean Paul im *Hesperus* Aspekte der Wärmelehre. Deutlicher wird er in einem Brief an Johann Friedrich Meyer vom 7. Januar 1797:

> „Aber Ihr schönes Feuer, lieber M[eyer], Ihre Lebenswärme und jedes Freudenfeuer wird ja auf diese Weise Kalzinierfeuer für Sie; und der Genus, der sonst nach Herder immer das Objekt zerreibt, zerrüttet hier das Subjekt. Lesen Sie wenigstens meinen Hesperus, worin noch mehr Brenstoff [sic!] und Schwefelminen als in den Mumien sind."[599]

Jean Paul drückt nicht nur mit dem Begriff „Brenstoff" explizit aus, dass im *Hesperus* Aspekte der Wärmelehre enthalten sind, er verweist sogar darauf, dass der angesprochene Bereich der physikalischen Chemie einen größeren Umfang einnimmt, als in seinem Roman *Die Mumien*, besser bekannt unter dem Titel *Die unsichtbare Loge* (1793).

Der Roman *Hesperus* stellt eine im Entstehen begriffene Biographie des Augenarztes Viktor dar, die um die vom Hund Spitzius Hofmann täglich angelieferten Briefen vom Verfasser Jean Paul ergänzt wird. Zu Beginn der

---

[596] Pfotenhauer, *Jean Paul. Das Leben als Schreiben/Biographie*, 2013: 130.
[597] Jean Paul, *Sämtliche Werke. Historisch-kritische Ausgabe. Zweiter Band Briefe 1794–1797. Mit 10 Tafelbeilagen*, 1958: 88.
[598] Ebd.: 91.
[599] Ebd.: 287.

Handlung reist der Protagonist Viktor aus Göttingen zwecks Heilung seines Vaters Lord Horion und Besuchs seiner Familie nach Maienthal an. Dort begegnet er seinem besten Freund Flamin, der ihm von seiner Freundin Klotilde berichtet. Diese trifft er wenige Tage später auf einer Abendgesellschaft und empfindet sogleich starke Gefühle für sie. Aus Respekt vor seinem Freund und bedingt durch die Tatsache, dass Viktor seinem Vater einen Schwur über die tatsächliche Verwandtschaft zwischen Flamin und Klotilde geleistet hat, entsagt er vorerst der weiblichen Protagonistin. Seine Gefühle vermehren sich allerdings, sodass er schließlich Flamin seine Gefühle eingesteht. Dieser fühlt sich von seinem besten Freund hintergangen und wendet sich von ihm ab. Zur öffentlichen Liebesbekundung der beiden Liebenden kommt es allerdings erst bei einem Aufenthalt bei Emanuel, dem Lehrer der drei Protagonisten. Flamin beobachtet einen Kuss zwischen dem Liebespaar und wird in seiner Eifersucht durch den Hofjunker Matthieu von Schleunes bestärkt, der ebenfalls um Klotilde geworben hat, aber von ihrem Vater, dem Kammerherren Le Baut, abgewiesen wurde. Bedingt durch diese Absage überredet Matthieu Flamin, sich mit Klotildes Vater zu duellieren. Der Hofjunker tötet bei dem Duell Le Baut und verlässt das Land, während Flamin sich des Mordes schuldig bekennt. Viktor und Klotilde versuchen vergeblich den inhaftierten Flamin zu befreien, denn Matthieu ist zurückgekehrt und klärt den Fürsten über die wahre Herkunft Flamins auf. Demnach ist Flamin sein leiblicher Sohn, während Viktor der rechtmäßige Nachkömmling des Pfarrerehepaares Eymann ist, bei dem die beiden Figuren aufgewachsen sind. Flamin kann nach der Aufdeckung seines Verwandtschaftsverhältnisses den Kerker verlassen und akzeptiert das Liebesverhältnis zwischen Klotilde und Viktor, mit denen er sich wieder angefreundet hat.

Jean Paul schuf mit seinem Text ein soziales Experiment, das naturwissenschaftliche Erkenntnisse aus der Wärmelehre mit der Geschwisterthematik sowie den damit zusammenhängenden Emotionen kombiniert, die um 1800 vermehrte Anwendung fand. Mit dieser Transformation von Wissen auf einen gesellschaftlichen Bereich demonstriert Jean Paul sowohl die Ambivalenz von Geschwisterpaaren als auch deren starken Zusammenhalt. Derartig intensive Gefühle sind nicht nur bei natürlichen Geschwistern zu verzeichnen, sondern auch bei lebenslangen Freundschaften, wie sie bei Flamin und Viktor vorliegt. Nicht umsonst verwenden literarische Figuren den Begriff „Bruder" analog für den besten Freund. Um zu verdeutlichen, dass zwischen Freunden und Geschwistern teilweise Unstimmigkeiten und Widersprüche entstehen, bezieht sich Jean Paul einerseits auf die dualistische Philosophie Friedrich Heinrich Jacobis und schafft andererseits durch die Opposition *warm-kalt* eine Korrespondenz zu den Naturwissenschaften. Die antagonistischen Begriffe „warm" und „kalt" klassifizieren als Attribute sämtliche menschliche Eigenschaften, sodass sie einen bestimmten Geistes- oder Gefühlszustand suggerieren. Generell gelten die Freundschaft und die Liebe als die wesentlichsten, den Charakter kennzeichnenden Emotionen, anhand derer das wahre Wesen eines

Menschen ableitbar ist.[600] Zusätzlich wird der romantische Autor mit dem Gegensatzpaar dem reduktionistischen Gedanken gerecht, indem sich auch nur warme beziehungsweise kalte Figuren untereinander verstehen. Dieses Wechselspiel von kalten und warmen Figuren sowie Charaktereigenschaften ist insbesondere bei dem Dreiecksverhältnis aus Viktor, Klotilde und Flamin erkennbar, die in einer wechselseitigen Beziehung zueinander stehen. Zwischen Flamin und Viktor propagiert der Autor von Beginn an eine romantische Freundschaft[601], die sich durch eine „sprachlose Liebe" auszeichnet und die mit dem Suizid der Freunde enden soll, sobald einer den anderen in Verzweiflung und Unglück stürzt.[602] Diese starke Zuneigung der Freunde zeigt sich daran, dass Viktor für Flamin auf die Liebe zu Klotilde verzichtet und stattdessen in freundschaftlichen Gefühlen mit ihr verbunden bleiben möchte. Jean Paul verwendet für diese Dreierkonstellation die Affinitätslehre nach Bergmann: „Zwei schöne Seelen entdecken ihre Verwandtschaft am ersten in der gleichen Liebe, die sie an eine dritte bindet."[603] Viktor und Flamin sind entsprechend des Zitats in der gleichen Liebe zu Klotilde miteinander gebunden.

An dieser Stelle knüpft das Bild des Gleichgewichts oder der Waage[604] an, denn sobald sich das eine Verhältnis erwärmt, erkaltet das andere und umgekehrt. Dieser Umstand ist bereits bei dem ersten Wiedersehen zwischen Flamin und Viktor ersichtlich, bei dem Ersterer seinem Freund über Klotilde berichtet und ihm eine Federzeichnung seiner Freundin zeigt, die „wenigstens nicht – kalt [ist]."[605] An dieser Stelle ist noch keine explizite physikalische Gesetzesmäßigkeit ersichtlich, allerdings verknüpft Jean Paul das Konzept des ersten Eindrucks nicht nur mit der *kalt-warm*-Opposition, sondern überträgt dieses auch auf einen unbelebten Gegenstand, der bereits einen ersten positiv gestimmten Eindruck vermittelt.

Diese sympathetische offene Grundhaltung gegenüber Klotilde verstärkt sich durch die Erzählung Flamins, der Klotilde als das Ideal der Schönheit und als „Göttin der himmlischen Liebe"[606] beschreibt. Von diesen Worten ausgehend empfindet Viktor eine „Begierde, […] die Huldin und Infantin seines Freundes zu sehen."[607] Die Beschreibungen von Klotildes Aussehen und Eigenschaften bewirken zwar

---

[600] Koch, *Individualität als Fundamentalgefühl. Zur Metaphysik der Person bei Jacobi und Jean Paul*, 2013: 309.

[601] Zur Bedeutung der Liebe unter Freunden und die sich daraus ergebende Liebe siehe: Luhmann 2015: 97–107.

[602] Jean Paul, *Hesperus oder 45 Hundposttage*, 1987 [1795]: 69f.

[603] Ebd.: 85.

[604] Die Aneignung von Bildern aus der Naturkunde, wie beispielhaft der Orgismus oder das Gleichgewicht, stellt einen der wichtigsten Wege, eine epistemologisch aufgewertete Kunst zur Versammlung des Sozialen zu ermächtigen. Vgl. Büttner 2015: 125.

[605] Jean Paul/Miller 1987 [1795]: 72.

[606] Vgl. ebd.: 72f.

[607] Ebd.: 73.

entgegen Luhmanns Argumentation noch keine Liebesgefühle, aber dennoch führen sie zu einer Sympathie für Klotilde.[608]

In diesem Zusammenhang illustriert das folgende physikalische Bild Viktors Interesse für Flamins Freundin: „Flamins Feuer hatte Viktors Brust gestern ganz voll Zunder gebrannt, durch welchen lauter Funken liefen."[609] In diesem Bild greift Jean Paul die Lehre von den Imponderabilien auf sowie das in diesem Zusammenhang auftretende Verhältnis zwischen der Wärme und der Elektrizität. Wie bereits beschrieben, handelt es sich bei den Imponderabilien um stofflich gedachte Gegebenheiten, die bei der Verbindung mit ponderablen Stoffen keine Gewichtsänderung bewirken. Die Mehrheit der zeitgenössischen Naturforscher negierte eine Verwandtschaft zwischen den Imponderabilien, abgesehen von der Wärme und dem Licht, die von derselben Herkunft sein sollten. Andere, wenige Naturforscher wie Ritter hingegen postulierten einen gleichen Ursprung der Elektrizität und der Wärme und bezeichneten diesen verbindenden Stoff „elektrisches Feuer" in Abgrenzung zu der reinen Wärme, die sie „chemisches Feuer" benannten.

> „Der einzige Unterschied war dieser, daß im Elektrischen extremisirt ist, was im Chemischen aus minderer Trennung in die Einheit übergeht. Das Chemische Feuer ist jederzeit Elektrisches zugleich, ja es ist Feuer überhaupt nur in dem Grade, als es Elektrisches genannt zu werden fähig ist; und es gilt dieses von Allem Feuer, dem hellen wie dem dunklen."[610]

Der Großteil der Naturforscher vertrat im Gegensatz zu Ritters Behauptung allerdings die Meinung, dass die Wärme und die Elektrizität völlig konträre Stoffe seien und dass sich die Wärme lediglich mit dem Licht verwechseln ließe.[611] In dem aufgeführten Bild vertritt Jean Paul die Hypothese Ritters, wonach ein elektrisches Feuer existiert. Den Einfluss der Wärme auf elektrische Erscheinungen und metallische Leiter umschreibt der Terminus der Thermoelektrizität.

Dem Zitat Ritters entsprechend überträgt sich Flamins Liebe gegenüber Klotilde in einer höheren Geschwindigkeit und Intensität als wenn diese durch das chemische Feuer allein dargestellt wäre. Im Sinne der Thermoelektrizität figuriert Jean Paul Viktor somit als einen Körper, der sich infolge des Zusammenspiels aus Wärme und Elektrizität stärker erhitzt hat. Im Gegensatz zu Kleist oder Arnim erfolgt die Übertragung von Wärme beziehungsweise Liebe nicht durch direkten oder indirekten Körperkontakt, sondern allein durch ein materielles Bild und durch Erzählungen.

---

[608] Vgl. Luhmann 2015: 174.

[609] Jean Paul/Miller 1987 [1795]: 73.

[610] Ritter 1806: 37.

[611] „Weil der feurige Stoff von dem elektrischen und dem leuchtenden Stoffe, dem einzigen, mit welchem man ihn verwechseln kann, so wesentlich verschieden ist, so macht er eine besondere Flüssigkeit aus". Zitiert nach: Marat/Weigel 1782: 82.

Die Auswirkungen dieser „Liebesleitung" verspürt Viktor an dem Abend, als er das erste Mal auf Klotilde trifft:

„Das Laubsprachgitter hörte auf, eine weibliche Gestalt trat hervor, und Viktor war darüber so betroffen, daß er, der wenig von Verlegenheit wußte, oder durch sie nur geistreicher wurde, seine Anzugpredigt ohne das Exordium anfing. Und das war – Klothilde [...]. Viktor kam es vor, als wenn auf einmal sein Blut herausgedrungen wäre und mit warmen Berührungen außen auf der Haut seine Zirkel beschriebe [...]. Den ganzen Tag war er nicht imstande [...] nur ein ernsthaftes Wort zu sagen."[612]

Der bereits erwärmte Viktor erfährt durch den Anblick Klotildes eine übermäßigere Erwärmung, die nun körperliche Ausmaße annimmt. Die Vermehrung der freien Wärmematerie bewirkt eine gefühlte Ausdehnung des Körpers sowie eine erhöhte Wärmeempfindung. Auch hier zeigen sich wie beim *Käthchen von Heilbronn* zwei Besonderheiten des *homo calefiatus*. Anfänglich empfindet lediglich eine Figur eine starke Zuneigung zu einem Liebesobjekt. Die hervorgerufene Leidenschaft bewirkt zudem einen apathisch anmutenden Zustand einer literarischen Gestalt, der oftmals in übereilte Handlungen umschlagen kann. Im Gegensatz zum *Käthchen* ist allerdings der Wechsel von einem Extremen ins andere bei Viktor nicht ersichtlich. Bei ihm liegt lediglich der Zustand der Apathie vor.

Um zu überprüfen, ob die Gefühle Klotildes mit den seinigen übereinstimmen, bedient sich Viktor eines technischen Apparates[613] und führt damit ein Experiment durch:

„Er untersuchte jetzt am Arbeittisch Klotildens Wärme mit dem Feuermesser; aber ich kann weiter nicht außer mir vor Freude sein, daß er die Wärme an der ins kleinste abgeteilten Skala wenigstens um $^{1}/_{111}$ Linie gestiegen fand. Denn er schließet wohl fehl; ich will lieber auf den Stirnmesser Lavater bauen als auf den Herz- und Wärmemesser eines Liebe suchenden Menschen, der seine Auslegungen mit seinen Beobachtungen vermengt und Zufälle mit Absichten. Sein Feuermesser kann aber auch recht haben; denn gute Menschen ist man im beisein der schlimmen (man denke nur Matzen) wärmer als sonst."[614]

Der von Viktor eingesetzte Feuermesser oder auch Pyrometer ist ein technisches Gerät zur Messung größerer Hitze, wie er in Abbildung 10 exemplarisch dargestellt ist.[615]

---

[612] Jean Paul/Miller 1987 [1795]: 77, 81.

[613] In diesem Zusammenhang ist die Monographie von Terry Castle über das „female thermometer" interessant, das mithilfe von sich verändernden körperlichen Symptomen wie Hautwiderstand oder Schwitzen die sexuelle Erregung der Frau misst. Vgl. Castle, *The female thermometer. Eighteenth century culture and the invention of the uncanny*, 1995.

[614] Jean Paul/Miller 1987 [1795]: 251.

[615] Beschreibung des Feuermessers und Vorgehensweise mit demselben: „Um die Grade der Hitze zu messen bedient man sich einer hohlen Kugel von Kupfer, die man ins Feuer legt

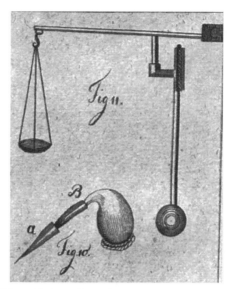

Abbildung 10: Darstellung eines Feuermessers (Figur 11)[616]

Diese Stelle markiert den satirischen Humor Jean Pauls. Eine Hypothese gilt dann als bewiesen, wenn sich Veränderungen bei den signifikanten Nachkommastellen ergeben. Zusätzlich sollte ein Forscher ein Experiment mehrmals wiederholen, um eventuell auftretende Abweichungen und Fehler nachvollziehen zu können. Eine Abweichung von $^{1}/_{111}$ zeigt zwar keine gravierenden Veränderungen bei den signifikanten Nachkommastellen, dennoch ist Viktor so überzeugt und teilweise auch verblendet von seiner Liebe, dass er jede noch so kleine Abweichung als Erfolg betrachtet. Dieses widerspricht zugleich der Auffassung, dass jedes Experiment unabhängig von der Person beliebig oft reproduzierbar ist und damit als objektiv gilt. Ein objektiver Experimentator würde diese minimalen Veränderungen als Anlass nehmen, um das Experiment mehrmals durchzuführen und diesen geringen

---

und welche eine lange dünne Röhre hat, so aus dem Feuer hervorragt, und in eine Glasröhre gehet, so mit dem einen Ende darin feste eingeschüttet ist. Das andere Ende des Glases bleibt offen und aufrecht stehen. Unterhalb der Mitte der Glasröhre bieget sich ein Knie, worüber man etwas Quecksilber anbringt, über dem ein dünner Labestock von Holz stehet, dessen Oberende in einem Wagebalken gehet, der an einem Ende eine Wagschale mit Gewicht trägt, mit dem andern Ende aber oben an einen Ruhepunkt zur Unterlage bekommt. An dem Unterende des Labestocks befestigt man einen Druckkolben, wie an einer Pumpe, damit das Quecksilber nicht über sich steige, von einem Stückchen Leder. Um nun den Grad der Hitze zu messen, leget man die Kugel ins Feuer, und so viel Gewicht in die Wagschale als die Hitze groß werden soll; hierdurch erfährt man wie viel eine Art Kohlen mehr hitzet als eine andere". Zitiert nach: Martius/Wiegleb/Rosenthal, *Johann Nikolaus Martius Unterricht in der natürlichen Magie, oder zu allerhand belustigenden und nützlichen Kunststücken*, 1797: 214f.
[616] Martius/Wiegleb/Rosenthal 1797: 427.

Wert nicht als Erfolg seiner Arbeit anzusehen. Viktor ist als Liebender allerdings nicht objektiv, sondern er vermischt seine Erwartungen mit seinen Beobachtungen, wobei er nur jene Aspekte betrachtet, die für ihn relevant und erfolgsversprechend sind. Viktor führt demnach das Experiment durch, obwohl er das Ergebnis schon zu kennen glaubt. Es handelt sich hierbei somit um einen sogenannten Laplace-Versuch, bei dem alle Wahrscheinlichkeiten aller möglichen Ereignisse gleich sind. Die Skala hätte auch Veränderungen von $^1/_{11111}$ oder $^1/_2$ annehmen können. Die tatsächlichen Werte sind irrelevant, die Hauptsache ist, der Feuermesser zeigt überhaut Veränderungen an.

Jean Paul kannte die Beschreibung sowie die Apparatur des Feuermessers aus Wieglebs *magia naturalis* und bezog sich, wenn auch an anderer Stelle, direkt auf den Text.[617] Der genannte Literat beschreibt Klotilde zwar als kalten Charakter, allerdings beweist der Feuermesser eine gewisse Erwärmung, sodass Viktor davon ausgeht, dass sie ebenfalls eine gewisse Liebe verspürt. Ungewiss bleibt aber, für wen genau Klotilde Liebe empfindet. Diese Textstelle beweist Jean Pauls Interesse an naturwissenschaftlichen Gerätschaften, mit denen er oft die Gefühle seiner Protagonisten anschaulich über die Messung darzustellen versuchte.[618]

Bedingt durch das gegenseitige Verhältnis der drei Figuren zueinander steigen die Wärme und damit die Liebesgefühle zwischen Viktor und Klotilde, auch wenn die weibliche Figur ihre Empfindungen nicht sofort eingesteht, während sich die Freundschaft zwischen Viktor und Flamin abkühlt. Letzterer empfindet angesichts der Gefühle seines besten Freundes für Klotilde Eifersuchtsgefühle, sodass er ihm gegenüber „mit einiger Kälte [agiert]."[619] Zudem materialisiert Jean Paul Viktor als Thermometer, um eine Verringerung der freundschaftlichen Gefühle zu illustrieren: „Viktors Quecksilber seiner morgendlichen Lustigkeit war um zehn Grade gefallen."[620]

Natürliche Freundschaften, wie die zwischen Viktor und Flamin, beruhen auf der Gleichheit der Gemüter, der Ideale oder des Handelns. Diese egalitäre Komponente als Definitionsmerkmal ist im ausgehenden 18. Jahrhundert von der Freundschaft auf die Geschwisterschaft übergegangen.[621] Zu Beginn der Handlung weisen die beiden männlichen Protagonisten noch diese besagte Gleichheit auf, doch mit den aufkommenden Liebesgefühlen Viktors für Klotilde nimmt diese Ausgeglichenheit ähnlich wie die Temperatur der beiden männlichen Figuren ab. In dem gleichen Maße, wie die Empfindungen respektive Temperatur zwischen Viktor und Klotilde zunehmen, steigt ebenso die konnotierte Gleichheit zwischen den Lie-

---

[617] „Viktor, der sich auf die Taschenspielerkünste und den Hokuspokus der Weiber recht gut verstand, fand sich leicht in Joachimens Wieglebische natürliche Magie [...]". Jean Paul/ Miller 1987 [1795]: 350f.

[618] Vgl. Esselborn 1989: 91.

[619] Jean Paul/Miller 1987 [1795]: 122.

[620] Ebd.: 85.

[621] Frei Gerlach, *Geschwister. Ein Dispositiv bei Jean Paul und um 1800*, 2012: 99.

benden. Sie sind zwar keine natürlichen Geschwister, aber durch die zentralen Ähnlichkeiten mit der Geschwisterthematik und durch die gemeinsamen Sorgen um das brüderliche Objekt Flamin ist bei ihnen eine latente Geschwisterstruktur wirksam.[622]

Diese Gleichheit zwischen Viktor und Klotilde ist beispielhaft anhand der Sympathie Viktors für andere Figuren ersichtlich, die er von seiner Geliebten übernimmt. Viktor liebt Joachime nur, weil sie ihn an die Gestalt ihrer Schwester Giulia erinnert, die wiederum Klotilde bis zu ihrem Tod hochgeschätzt hat. Jean Paul beschreibt diesen Prozess mit der Reflexion:

> „[…] ihr blasses Luna-Bild liebkosete mit Strahlen einer anderen Welt seinen wunden Nerven, und er ließ sich willig glauben, Joachime habe ihre [Giulias] Gestalt. In seiner dichterischen, den Weibern so selten verständlichen Erhebung warf die Erblaßte den Heiligenschein, den ihr Klotilde zustrahlte, wieder auf ihre Schwester zurück."[623]

Laut Definition handelt es sich bei der Reflexionsfähigkeit um die Eigenschaft von Strahlen, reflektiert oder in demselben Medium zurückgeworfen zu werden, wenn sie auf die Oberfläche eines anderen Mediums treffen.[624] Die Strahlen sind mehr oder weniger reflektierbar, je nachdem, ob ein Körper sie mehr oder weniger leicht zurückwerfen kann.[625]

Die folgende Abbildung 11 führt den Prozess der Reflexion auf die Figurenebene zurück, indem Giulia soziophysikalisch als Medium fungiert, das die einkommenden Empfindungen in Form von Strahlen aufnimmt und an ihre Schwester Joachime reflektiert.

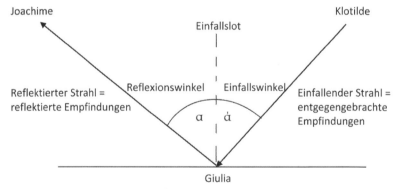

Abbildung 11: Reflexion freundschaftlicher Gefühle

[622] Ebd.: 307.
[623] Jean Paul/Miller 1987 [1795]: 370.
[624] Newton 2001 [1704]: 6.
[625] Ebd.: 6.

Physikalische Objekte können nicht nur Lichtstrahlen reflektieren, sondern auch Wärmestrahlen. Dabei gilt, dass diejenigen Körper, die am meisten Wärme ausstrahlen, am wenigsten an ihrer Oberfläche reflektieren.[626] Diese nicht-reflektierte Wärme dringt in den Körper ein und führt zu einer Erhöhung der Temperatur.[627] Giulia steht unter dem Einfluss der Wärmestrahlung von Klotilde und wirkt ebenfalls durch Reflektion dieser auf Joachime ein. Nach dem Tod Giulias entfällt die Reflektion der Wärmestrahlung, sodass Joachime nicht mehr die ausgestrahlten Empfindungen Klotildes erhält. Dieses ist ein Grund dafür, warum sich das Verhältnis Viktors zu Joachime im Nachhinein abkühlt.

Anhand der beiden Frauenfiguren Joachime und Klotilde ist zudem die Modernität und Differenziertheit der Bildlichkeit Jean Pauls präsent. Die Liebeskonzeption zwischen Viktor und Klotilde verdeutlicht durch den Einbezug der elektrischen Wärme die Ablösung der älteren Liebesmetaphorik, die noch im Barock vorherrschend war und sich auf die chemischen Vorgänge des Feuers, der Flamme und des Brennens stützt.[628] Diese durch den Vorgang des Verbrennens und Entzündens entwickelten Bilder suggerieren stets eine Wildheit und Zerstörungskraft der Leidenschaften.[629] In Abhängigkeit von der Relevanz und Komplexität der literarischen Figuren differenziert Jean Paul den Gebrauch der naturwissenschaftlichen Liebesmetaphorik. Während Klotilde dauerhaft im Roman eine wichtige Bedeutung für Viktor einnimmt und durch ihre scheinbar ablehnende, kalte Haltung nicht sofort ihre Gefühle und Einstellungen offenbart, führt Viktor nur eine kurze Liebesbeziehung mit Joachime. Diese Zweiteilung offenbart sich bei den verwendeten Bildern im Bereich der Wärme. Für die Liebesbeziehung zwischen Viktor und Klotilde verarbeitet Jean Paul komplexe Kenntnisse im Bereich der elektrischen Wärme oder technische Apparate, wie beispielhaft den Feuermesser. Für Joachime dagegen verharrt er bei der barocken Liebesmetaphorik und gebraucht lediglich Ausdrücke wie „das Feuer der Liebe"[630], um das Verhältnis mit Joachime zu beschreiben. Die mit dieser barocken Liebesvorstellung einhergehende Vernichtung und Zerstörung ist zusätzlich anhand des Briefes von Viktors Vater sichtbar, der ihn vor Joachime und ihrer Herrschsucht warnt: „[...] aber die Großfürstin (Joachime) meide noch mehr: sie will nicht lieben, sondern herrschen, sie will kein Herz, sondern einen Fürstenhut."[631] Dieser Brief markiert erste Zweifel an der Aufrichtigkeit Joachimes und eine gleichzeitige, kurzfristige Hingabe zur Fürstin Agnola:

---

[626] Fischer 1837 [1805]: 498.
[627] Ebd.: 498.
[628] Vgl. Esselborn 1988b: 369.
[629] Vgl. ebd.: 369.
[630] Jean Paul/Miller 1987 [1795]: 349.
[631] Ebd.: 418.

„Als er seine kalte Antwort über die Erhebung Joachimens gegeben hatte – eine Kälte, die mit seiner heutigen schwärmerischen gefühlvollen Wärme für die Fürstin einen schmeichelhaften Abstrich machte."[632]

Jean Paul greift, wie anhand des *Hesperus* ersichtlich, auf wissenschaftliche Konstruktionen zurück, mit deren Hilfe er den Bereich der menschlichen Emotionen vereinfachend und anschaulich erklären kann. Die Soziophysik greift hingegen an manchen Stellen auf formelhafte Beschreibungen und Gesetzesmäßigkeiten zurück, wobei die Anschaulichkeit mitunter nicht gegeben ist. Um dem Gedanken der Vereinfachung und Sichtbarkeit im Sinne Jean Pauls gerecht zu werden, muss diese Methode in ihrer Anwendung erweitert werden. Daher dienen nicht nur physikalische Formeln zur Beschreibung des Verhaltens literarischer Figuren oder ihren Relationen zueinander, sondern auch technische Konstruktionen, wie der aufgeführte Feuermesser, oder auf naturwissenschaftliche Prinzipien basierende Grafiken, wie anhand des Reflexionsgesetztes deutlich. Diese sind weitaus anschaulicher und oftmals leichter zu verstehen, als komplexe physikalische Formeln, sodass infolgedessen eine leichtere Beschreibung der Figurenkonstellation stattfinden kann. Als weiterer Vorteil ergibt sich, dass die Handlungen oder die Beziehungsstrukturen der Figuren anhand von Grafiken oder anschaulichen Konstruktionen als eine Art Bildbeschreibung aufzufassen ist, wodurch mathematisches Wissen oder die Herleitungen von Formeln nicht bekannt sein müssen. Daher können unter diesem Gesichtspunkt auch nicht naturwissenschaftlich Geschulte die Methode der Soziophysik anwenden.

Klotildes Gefühle für Viktor bleiben allerdings vorerst ungewiss. Erst bei der abendlichen Feier im Haus des Hofkaplans Eymann offenbart sie, wenn auch unbeabsichtigt, ihre Empfindungen für ihn. Dort verwechselt Klotilde das angefertigte Wachsbild Viktors mit dem Urbild. Der Protagonist klärt diesen Irrtum nicht auf, sondern verharrt in seiner stillen Position. Ihre „fallenden Tränen [ergriffen] wie ein heißer Strom sein zerstörtes Herz und das wenige, was der heutige Abend daran noch fest gelassen, erweichten und auflösten in eine brennende Welle der Liebe."[633] An diesem Zitat ist eine Auswirkung der Wärme ersichtlich. Es handelt sich dabei um den Vorgang des Schmelzens oder Erweichens, der bei Gren einen flüssigen Körper bedarf, sodass er diesen Vorgang als „Flüssigmachen"[634] betitelt. Dadurch, dass die Wärme einen Körper schmelzen, also verflüssigen kann, handelt es sich bei ihr laut Gren ebenfalls um einen materiellen, flüssigen Wärmestoff, weil nur ein selbst flüssiger Körper andere Körper verflüssigen kann.[635] Das Schmelzen der Körper beruht somit auf der Verwandtschaft ihrer Grundmassen zum Wärmestoff, die größer ist, als die Kohäsion zwischen diesen Grundmassen selbst.[636] Da-

---

[632] Ebd.: 455.
[633] Ebd.: 479.
[634] Gren 1788: 184.
[635] Ebd.: 184.
[636] Ebd.: 185.

mit verweist Gren auf die Affinitätslehre nach Torbern Bergmann, wonach sich ein Stoff mit demjenigen verbindet, der ihn in seinen Eigenschaften am ähnlichsten ist. Der Einfluss von Wärme verstärkt noch zusätzlich die Affinität der Stoffe zueinander.[637] Jean Paul figuriert Klotilde in diesem Zusammenhang als flüssigen, materiellen Wärmestoff, der den durch Viktor repräsentierten, festen Körper erweichen und schmelzen lässt. Die Affinitätslehre unterstreicht Klotildes und Viktors gegenseitige, offen dargelegte Zuneigung, weil sie nun gleichermaßen flüssig sind. Denselben Sachverhalt führt auch Ritter an und bezieht ebenfalls den Vorgang des Schmelzens auf die Ebene der Menschen:

> „Wenn Körper schmelzen, so kommen sie erst zur Vernunft. Jetzt erst können sie einander begreifen. So auch ist's mit uns. Je „wärmer" wir sind, desto mehr können wir verstehen, begreifen – wir tauen auf."[638]

Im gleichen Sinne merkt auch Jean Paul an, dass sich „in der Wärme eigentlich nichts anderes [ausspricht] als in der Kälte, nur offener."[639] Klotilde hat zwar bis zu diesem Zeitpunkt ihre bereits vorhandenen Gefühle für Viktor nicht offen gestanden, dennoch hat diese ablehnende Haltung zu einer stetigen Vermehrung seiner Liebesgefühle geführt:

> „Es ist ein fast unvermeidlicher Trug, daß man desto mehr auf den andern zu wirken (wärmen) glaubt mit Zornfeuer, weil uns dies selber so viel zu genießen gibt – indes den andern gerade unsere größte Ruhe und Kälte am meisten erwärmt und für uns gewinnt."[640]

Den Höhepunkt beziehungsweise Tiefpunkt der Empfindungen erleben die drei Figuren in Maienthal bei dem gemeinsamen Lehrer Emanuel. Die beiden Liebenden werden vorzeitig voneinander getrennt, doch gilt dieser Abstand nach Luhmann als romantisch, weil die Erfahrung der Distanz das Sehen, das Erleben und das Genießen verstärkt: „Der Abstand ermöglicht jene Einheit von Selbstreflexion und Engagement, die im unmittelbaren Genuß vergehen würde."[641] Entgegen der romantischen Auffassung der distanzierten Liebe reist Viktor nach Maienthal, um Klotilde zu besuchen. In Gegenwart von dem gemeinsamen Lehrer Emanuel begegnet er ihr im Garten:

---

[637] Jeremy Adler analysiert Goethes *Wahlverwandtschaften* (1809) entsprechend der Affinitätslehre nach Bergmann und behandelt die darin vorkommenden Figuren wie Stoffe, die sich nach ihrer Neigung und Affinität zueinander verbinden: Adler, *Eine fast magische Anziehungskraft. Goethes „Wahlverwandtschaften" und die Chemie seiner Zeit*, 1987.

[638] Ritter 1946 [1810]: 34.

[639] Jean Paul, *Sämtliche Werke. Historisch-kritische Ausgabe. Bemerkungen über den Menschen*, 1936 [1817]: 238.

[640] Ebd.: 306.

[641] Luhmann 2015: 172.

„Eilet, eh' die Minuten auf eurem Leben, wie die breiten Wellen auf den zwei Bächen, jetzo noch fliehend und schillernd und tönen, zerspringen und auslöschen an einer Trauerweide – eilet, eh' die Blumen eurer Tage und die Blumen der Wiese von dem Abende überzogen werden, wo sie statt der Lebens- und Feuerluft nur giftige verhauchen."[642]

Der Park, in dem sich Viktor und Klotilde begegnen, ist ein zentraler Ort der Einheit von Mensch und Natur.[643] Der Mensch hat sich zu einem früheren Zeitpunkt mit der Erde und der Welt in einer Eintracht und Verbindung befunden. Das Ziel der Romantiker bestand darin, in den Naturzustand zurückzukehren, wodurch eine erneute Vereinigung mit der Natur gewährleistet ist. Diese Wiedervereinigung ist durch das Feuer möglich, indem es ehemals Getrenntes wieder zusammenfügt.[644] Ritter setzt entsprechend Lebenswissenschaft mit Feuerwissenschaft gleich.[645] Bedingt durch die Tatsache, dass sich Viktor und Klotilde in der Natur aufhalten, werden die beiden Liebenden nicht nur mit der Natur vereinigt, sondern auch miteinander.

Die Gestaltung des Parks durch Menschenhand soll keine Berücksichtigung finden, stattdessen steht die Erfahrung empfindsamer Liebe und Freundschaft im Mittelpunkt.[646] An diesem Ort erinnern sich Viktor und Klotilde an die Vergänglichkeit des menschlichen Lebens und daran, dass sie ihre noch junge Liebe genießen sollen. In diesem Zusammenhang benutzt Jean Paul die Konzepte der Lebens- und der Feuerluft. Die Lebensluft ist nach Schelling aus dem Licht und einem Grundstoff zusammengesetzt, den alle anderen übrigen Stoffe anziehen.[647] Die Lebensluft befördert die Wirkung des Feuers und besitzt eine erschöpfende Kraft auf die menschlichen Organe.[648] Zudem stellt sie den Ursprung des Lichts dar.[649] Die Feuerluft hingegen ist eine nach Scheele dulcificierte, bereinigte elastische Flüssigkeit, die in Abhängigkeit von der Phlogistonmenge Wärme, strahlende Hitze und schließlich Licht hervorruft.[650] Durch die Feuerluft brennt Feuer in der allgemeinen Luft, während die reine, natürliche Luft beim Brennen hindern würde.[651] Franz von Baader ist hingegen der Auffassung, dass die Verbindung zwischen Phlogiston und der Feuerluft lediglich zu einem wässrigen Zustand der letzteren führen würde, weil ein Teil Phlogiston entweicht und ein spezifischer Teil Wasser diese Leerstelle besetzt.[652] Feuerluft kann

---

[642] Jean Paul/Miller 1987 [1795]: 574f.
[643] Müller, *Jean Pauls Ästhetik und Naturphilosophie*, 1983: 142f.
[644] Ritter 1806: 31.
[645] Ebd.: 27.
[646] Müller 1983: 143.
[647] Schelling 1911 [1797]: 125.
[648] Ebd.: 125.
[649] Schelling 2000 [1798]: 83.
[650] Scheele 1894 [1777]: 29, 58.
[651] Ebd.: 39.
[652] Baader 1786: 270.

alleine durch seine Spaltung Licht, Wärme und Brennstoff liefern.[653] Allgemein lässt sich daraus folgern, dass sowohl die Lebensluft als auch die Feuerluft lebensnotwendige Prozesse begünstigen, auch wenn Schelling der Lebensluft eine kräfteraubende Wirkung nachsagt. Jean Paul verwendet diese lebensspendenden Kräfte der beiden Luftarten, um auf die Vergänglichkeit der Liebe und des menschlichen Lebens hinzuweisen und wählt als Allegorie Blumen, die die Lebens- und die Feuerluft für ihr Fortbestehen benötigen, während sie in einer giftigen Luft vergehen würden. Genauso soll die noch junge Liebe zwischen Viktor und Klotilde in der Lebens- und Feuerluft erhalten bleiben.

Bei einem nächtlichen Spaziergang der beiden verwendet Jean Paul ein weiteres physikalisches Bild, um die Untrennbarkeit der Liebenden zu verdeutlichen. Klotilde und Viktor „gingen enger und wärmer aneinandergedrückt unter dem schmalen Sonnenschirm, der beide gegen den flüchtigen Regen einbaute."[654] Die beiden Figuren stellen in dieser Konstellation soziophysikalisch die flüssige Wärmematerie dar, deren Bestandteile zusammenhängen. Je stärker dieser Zusammenhalt ist, desto mehr Bewegung ist erforderlich, um die Teile wieder zu trennen.[655] Durch den eingrenzenden Bereich unter dem Sonnenschirm rücken die Figuren unweigerlich näher zusammen, wodurch ihr Zusammenhalt und ihre Liebe betont werden. Nun sind anstatt den Bewegungen Widrigkeiten von außen erforderlich, um das Verhältnis zu lösen.

Jean Paul beweist mit seinen Bildern größte Aktualität und Kenntnisse zeitgenössischer Theorien, die die Forschung um 1800 diskutierte. So entwirft er die Metapher „Meer von Lichtkügelchen"[656], um die Debatte um das wahre Wesen des Lichts aufzugreifen. Die Beschaffenheit sowie die strukturelle Form sowohl des Lichts als auch der Wärme sind prinzipiell nicht greifbar und schwer zu beweisen, sodass um 1800 die zwei konträren Auffassungen der Undulations- und Emanationstheorie über die tatsächliche Wesensbestimmung der beiden Imponderabilien existierten. Jean Paul beweist durch die Bildung der obigen Metapher nicht nur, dass er die Korpuskulartheorie kennt, er versucht durch die Bildung von Bildern sogar bisherige Unklarheiten aufzudecken und eigene Theorien aufzustellen. Als Beispiel hierfür dient seine Erklärung der Farben. Die Beschaffenheit der Farben ist wie diejenige des Lichts und der Wärme unklar und Euler attestiert schlicht, dass „alles, was man bisher von den Farben gesagt hat, darauf hinaus [läuft], daß wir nichts von ihnen wissen."[657] Jean Paul wendet die Teilchentheorie auf das ungeklärte Wesen der Farben an, indem er die Farben als „Farbenkörner"[658] bezeichnet.

---

[653] Ebd.: 275.
[654] Jean Paul/Miller 1987 [1795]: 593.
[655] Marat/Weigel 1782: 212.
[656] Jean Paul/Miller 1987 [1795]: 594.
[657] Euler 1986 [1768]: 32.
[658] Jean Paul/Miller 1987 [1795]: 594.

Während dieses Aufenthalts beobachtet Flamin heimlich einen Kuss zwischen den beiden Liebenden, der den Tiefpunkt der Männerfreundschaft beziehungsweise den Höhepunkt der Liebesgefühle markiert. Diesen vermeintlichen Verrat lässt sich mithilfe der Wärmetopik umschreiben, „da nur in der höchsten Gleichgültigkeit oder höchsten Wärme (Hasse) man sich über einen Menschen [irren] kann."[659] Viktor und Klotilde können durch den geleisteten Schwur nicht die wahren Familienverhältnisse zwischen sich und Flamin aufdecken und versuchen ihn zu schützen. Dennoch empfindet er ihr Verhalten durch seine vermehrte innere Wärme als Verrat und lässt den beiden Liebenden keine Gelegenheit, die Situation aufzuklären. Als Folge empfindet er nur noch Hass gegenüber seinem Jugendfreund und seiner ehemaligen Freundin. Diese Beziehungsdynamik ist durch den Zusammenhang zwischen dem Index der Gruppenkohäsion und dem Prinzip der Potentialhyperfläche soziophysikalisch beschreibbar. Der Index der Gruppenkohäsion dient zur Ermittlung verschiedener Verhältnisse zwischen Individuen. Am sinnvollsten erscheint allerdings die Verwendung in der Dimension der Sympathie-Antipathie, sodass besagter Index die emotionale Integration und die durchschnittliche Anziehungskraft der Individuen untereinander bestimmt.[660] Zur Berechnung der Gruppenkohäsion K dient die nachfolgende Formel:

$$K = \frac{Zahl\ der\ gegenseitigen\ Wahlen}{Zahl\ der\ prinzipiell\ möglichen\ gegenseitigen\ Wahlen} \tag{28}$$

Je höher der Wert für K ausfällt, desto höher ist dementsprechend die Maßzahl für die Anziehungskraft zweier Individuen.

Die Potenzialhyperfläche beschreibt die potenzielle Energie eines Moleküls oder einer Reaktion in Abhängigkeit von den Kernabständen, Bindungslängen und -winkel. Dieses Prinzip kann Vorhersagen über den Verlauf chemischer Reaktionen treffen, indem insbesondere die Veränderung der Bindungslängen und -winkel Berücksichtigung findet. Als Veranschaulichung dient folgende Elementarreaktion:

$$AB + C \rightarrow A + BC \tag{29}$$

Zu Beginn der Reaktion liegt das Molekül AB vor, das sich in relativ großer Entfernung zu dem Atom C befindet. Im weiteren Verlauf der Reaktion nähert sich das C-Atom B an, wobei die bindende Wechselwirkung zwischen C und B zunimmt, während die Bindung zwischen A und B abnimmt und schlussendlich aufbricht. Bis zum Ende der Reaktion bildet sich das neue Molekül BC, das sich in relativer Entfernung zum A-Atom aufhält. Die Verknüpfung der beiden Modelle ergibt sich daraus, dass die Potenzialhyperfläche anschaulich demonstriert, wie sich infolge eines Streits oder vermehrter Gefühle die Verhältnisse und Anziehungskraft zwischen drei Personen ändern. Diese Konstellation lässt sich auf das Verhältnis zwischen Viktor, Flamin

---

[659] Jean Paul 1936: 230.
[660] Vgl. Mayntz/Holm/Hübner 1972: 129.

und Klotilde übertragen. Zu Beginn des Aufeinandertreffens der Jugendfreunde besteht zwischen Viktor und Flamin eine hohe Gruppenkohäsion, wodurch sie sich wie das Ausgangsmolekül AB verhalten, das sich in einiger Entfernung zu dem C-Atom Klotilde befindet, die sich noch nicht in St. Lüne aufhält. Die Bindung zwischen den männlichen Protagonisten nimmt dementsprechend hohe Ausmaße an. Im weiteren Handlungsverlauf allerdings nähern sich Klotilde und Viktor an, wodurch die Bindung zwischen den männlichen Figuren abnimmt, während die Kohäsion zwischen den beiden Verliebten stetig zunimmt. Der Höhepunkt ist in Maienthal erreicht, sobald Flamin das Liebespaar bei dem Kuss erblickt. Dieser Punkt markiert das soziophysikalische Reaktionsende, bei dem gleichzeitig die Freundschaft zwischen den Jugendfreunden aufgebrochen und Viktor mit Klotilde eine öffentliche Liebesbeziehung eingegangen ist. Der beobachtete Kuss und die damit zusammenhängenden Hass- und Eifersuchtsgefühle markieren den Punkt, an dem sich die beiden Liebenden in Form des Produkts BC von dem A-Atom Flamin entfernen. Als Folge nimmt der Index der Gruppenkohäsion zwischen Flamin und Viktor rapide bis zum Nullpunkt ab, während dieser Index zwischen Viktor und Klotilde auf dem höchsten Niveau liegt. Sowohl die räumliche als auch die soziale Entfernung des liebenden Paares zum besagten Protagonisten vergrößern sich weiterhin, als dieser den Vater Klotildes, den Kammerherrn Le Baut, ermordet und anlässlich dieser Tat im Gefängnis verweilt. Nach dem Gefängnisaufenthalt und dem Geständnis Flamins verringert sich allerdings der Abstand zwischen dem Liebespaar und Flamin, weil er seine Schuld sowie seine Fehler eingesteht und wieder an die alten freundschaftlichen Gefühle anschließen möchte, wodurch auch die Gruppenkohäsion beider Parteien erneut ansteigt. In diesem Zusammenhang lässt sich die Forschung von Georg Simmel über die Drei-Personen-Gruppe anführen. Nach seiner Auffassung zerfällt eine derartige Triade immer in ein Paar und einen Isolierten, wobei die Bindung zwischen dem Liebespaar wesentlich stärker ist, als deren Beziehung zu dem Isolierten.[661] Dennoch bildet diese Konstellation ein stabiles Gleichgewicht, weil eine Situation, bei der die Interaktionshäufigkeit zwischen allen drei Individuen gleich ist, einen instabilen Zustand abbildet. Ein derartig ungünstiger Zustand ist beim *Hesperus* dann zu verzeichnen, als Viktors Vater die Verwandtschaft zwischen Flamin und Klotilde aufdeckt. Er befindet sich in einem Dilemma, weil er die Freundschaft bewahren möchte, aber auf der anderen Seite Klotilde liebt. Für eine ausbalancierte Situation muss sich Viktor somit entweder für die Freundschaft oder für eine Liebesbeziehung entscheiden. Die Lösung dieses Dilemmas liegt in der Affinitätslehre nach Bergmann beziehungsweise in der Kohäsion begründet. Wie auch physikalische Teilchen verbindet sich Viktor mit dem Teilchen, zu welchem er die größte Affinität besitzt. Die Liebesgefühle Viktors für Klotilde sind ausgeprägter als die freundschaftlichen Gefühle für Flamin, sodass sich Viktor schließlich für eine Liebesbeziehung entscheidet.

---

[661] Vgl. Simmel, *Soziologie: Untersuchungen über die Form der Vergesellschaftung*, 1958 [1908].

Zwischen den drei Figuren liegt somit ein Glückseligkeits-Triangel vor, weil jede Veränderung bei dem einen Verhältnis sogleich eine Auswirkung auf die andere Beziehung besitzt.[662] Auch auf soziologischer Ebene handelt es sich bei Geschwister- und Freundschaftspaaren um Individuen, die sich ständig auf intellektueller, moralischer und aktiver Ebene beeinflussen.[663] Die trianguläre Konstellation aus Liebe, Freundschaft und Geschwisterschaft im *Hesperus* bedeutet entgegen der theoretischen Annahme vorerst noch keine Glückseligkeit und Frieden, sondern Verlust und Leid. Gerade die Gefühle Flamins nach dem beobachteten Kuss unterliegen starken Gefühlsschwankungen, was insbesondere bei dem Duell mit dem Kammerherren Le Baut deutlich ist, für das sich eine Äquivalenzserie von Kollektivsymbolen entwickeln lässt. Das Kollektivsymbol der Wärme steht gleichzeitig in enger Korrelation zum Kollektivsymbol des Eisbergs und zum Vulkan, was auch anhand der Reaktion Flamins nach dem Attentat auf den Kammerherrn Le Baut sichtbar ist: „Flamin wurde ein Eisberg – dann ein Vulkan – dann eine wilde Flamme."[664] Vorherrschend integriert der literarische Diskurs den Wissensbereich der Geologie. Diese Integration ist dadurch gewährleistet, dass semantische Abbildungsrelationen in überwiegend konnotativer Form entstehen. Der Eisberg auf der Ebene der Pictura ist gleichzusetzen mit Schwere, Undurchdringbarkeit sowie Unbeweglichkeit und wirkt bedingt durch die unterhalb der Wasseroberfläche befindlichen unbekannten Eismassen als unbestimmbar. Auf der Ebene der Subscriptio korrespondiert der Eisberg damit mit dem anfänglichen Gefühlszustand Flamins. Genau wie ein Eisberg verharrt er scheinbar ruhig und unbeeindruckt auf dem Feld. Dadurch, dass er keine Reaktionen zeigt, weiß keiner der umgebenden Figuren, wie sich Flamin explizit im Inneren fühlt. Das Attentat auf den Kammerherrn Le Baut hat dennoch Auswirkungen auf sein Gemüt, was durch die neu einsetzenden Bilder des Vulkans und der wilden Flamme ersichtlich ist, die mit dem Eisberg eine symbolträchtige synchronische Opposition bilden. Ein Vulkan und eine wilde Flamme sind auf der Ebene der Pictura gleichzusetzen mit Unkontrollierbarkeit, Unberechenbarkeit, teilweise Plötzlichkeit und ungewissen katastrophalen Folgen. Diese Attribute korrelieren semantisch mit Flamins verändertem Verhalten, indem er wie in einem Rausch affektive, unreflektierte Aussagen tätigt. Erst als er wieder „zu sich kommt"[665] weist er ein kontrolliertes Verhalten auf.

Die Aspekte des Verlustes und Leides aus dem Glückseligkeits-Triangel sind zudem während einer weiteren, länger andauernden Reise Klotildes bemerkbar. Die

---

[662] Frei Gerlach 2012: 325. Die Bezeichnung „Glückseligkeits-Triangel" stammt von Lichtenberg, der in seinen *Ausführlichen Erklärungen der Hogarthischen Kupferstiche* (1794) auf das italienische Wort Triangolo equilaterato Bezug nimmt, der die Liebe zwischen Mann, Frau und Amant beschreibt. Vgl. Lichtenberg, *Ausführliche Erklärungen der Hogarthischen Kupferstiche*, 1794: 91.

[663] Vgl. Schneider/Völkening/Vorpahl, *Zwischen Ideal und Ambivalenz. Geschwisterbeziehungen in ihren soziokulturellen Kontexten*, 2015.

[664] Jean Paul/Miller 1987 [1795]: 702.

[665] Ebd.: 702.

Trennung von ihrem Geliebten verursacht in ihr Kummer, den Jean Paul mithilfe des physikalischen Bildes der Wärmestrahlung literarisiert:

> „Ihre Augen trugen einander ihre Geheimnisse und *eben* darum ihre Liebe vor, und Klotilde floß von weinender Liebe über, erstlich der Reise wegen [...], zweitens des Kummers wegen, da die Liebe ein weibliches Herz in ganzer Trauer wärmer macht als eins in halber, wie Brennspiegel schwarz gefärbte Dinge stärker erhitzen als weiße [Hervorhebungen im Original]."[666]

Jean Paul verweist bei diesem Zitat auf die Fähigkeit der schwarzen Körper[667], die sich im Sonnenlicht stärker erhitzen als weiße. Dieser Vorgang basiert darauf, dass diese besagten Objekte Licht des gesamten Spektrums absorbieren, aber nur einen minimalen Teil reflektieren. Die gesamte Energie des Sonnenlichts verbleibt demnach im Körper und wandelt sich in Wärmeenergie um, wodurch sich der Körper allmählich erwärmt. Ein weißer Körper reflektiert fast vollständig das eintreffende Licht, wodurch sich erheblich weniger Wärme umwandelt. Genau wie ein schwarzer Körper mit der Aufnahme sämtlichen Lichts ausgefüllt ist, ist das weibliche Herz mit der Liebe vollständig ausgefüllt. Nur wenn das Herz komplett ausgefüllt ist, verbleibt darin die Liebe. Andernfalls würde es bei einem halbvollen Zustand einen Teil der Liebe verlieren, physikalisch gesehen reflektieren, wodurch es einen kühleren Zustand erfährt als ein Herz, das vollständig die Liebe absorbiert hat und sich dadurch aufwärmt. Der Glückseligkeits-Triangel ist daher für den *Hesperus* nicht konsequent erfüllt, weil stellenweise keine positiv konnotierten Gefühle vorherrschen, sondern Gefühle der Eifersucht, des Leid oder des Verlustes vorliegen.

Viktor und Klotilde entsprechen demgegenüber vollständig dem anthropologischen Körperkonzept der liebenden *homines calefiati*. Die Liebeswerdung vollzieht sich nicht plötzlich, impulsiv oder von reinen Affekten gesteuert, sondern erstreckt sich über einen längeren Zeitraum. Des Weiteren positionieren sich die beiden gegen eine vernünftige Liebe und erachten den niederen Stand Viktors als irrelevant. Zudem verfällt Viktor angesichts seiner starken Gefühle zu Klotilde in einem apathischen Zustand. Schließlich erfahren die beiden Liebenden durch die ablehnenden Haltungen der Familienmitglieder Viktor gegenüber sowie durch den geleisteten Schwur über die wahre Herkunft Flamins zwei Hindernisse, die das Liebespaar überwinden muss.

Jean Pauls Text belegt eindeutig die Haltbarkeit des sozialen Experiments, weil die zwei vorherrschenden Beziehungskonstellationen gelingen. Zwar ist anzumerken, dass zwischenzeitlich zu verschiedenen Zeitpunkten ein Bruch zwischen den jeweiligen Paaren auftritt, allerdings resultieren zum Handlungsende konsistente

---

[666] Ebd.: 694.

[667] Robert Kirchhoff hat den Begriff „Schwarzer Körper" im Jahre 1860 geprägt. Das Phänomen der vollständigen Absorption von Sonnenenergie war allerdings schon um 1800 bekannt. Andere Bezeichnungen für ideale Körper, die vollständig das Sonnenlicht absorbieren, lauten „Schwarze Strahler" oder auch „Plancksche Strahler".

harmonische Strukturen. Die Handlungsentwicklung und das präsentierte sozio-physikalische Modell stimmen aus diesem Grund nicht vollständig überein, illustrieren aber dennoch ausreichend die Verläufe der einzelnen Beziehungsstrukturen. Individuelle Entscheidungen und Charaktermerkmale werden dabei lediglich zu den Attributen „warm" und „kalt" subsummiert, sodass eine vereinfachte Vorhersage der Prozesse eintritt. Relevant ist zusätzlich zu erwähnen, dass der erste Komplexitätsgrad der Soziophysik lediglich das Verhältnis zwischen Klotilde und Viktor beschreibt, während der zweite Komplexitätsgrad der Soziophysik eine bessere Illustrierung der Dreierkonstellation ermöglicht.

6.1.2 Warmer Erdboden und idyllische Kälte in *Des Luftschiffers Giannozzo Seebuch* (1801)

Die Erzählung *Des Luftschiffers Giannozzo Seebuch* als Höhepunkt der deutschen Ballonfahrerdichtung[668] umfasst in Form eines Reisejournals neben einer kurzen Konstruktionsbeschreibung des *Siechkobel* genannten Luftschiffes des Protagonisten die verschiedenen besuchten Stationen und beigewohnten Erlebnisse der männlichen Hauptfigur. Er beginnt seine Reise am Pfingsttag in Leipzig und sehnt sich seinem Flug entgegen, mit dem er der Menschheit entsagen kann. Seine Expedition führt ihn weiter in das Fürstentum Vierreuther, in das Dorf namens Dorf, über die Stadt Mülanz und schließlich in den Brocken. Dort findet er einen vom Teufel verfassten Eintrag über die Heuchelei sowie Eitelkeit der Menschheit und erlebt einen dämonisch anmutenden Tanz einer in weiß gekleideten Gestalt. Seine weitere Reise führt ihn nach Italien, wo er auf die schöne, gebildete Teresa trifft, die auf ihren Geliebten wartet. Giannozzo erklärt sich bereit, ihren Liebhaber eine Botschaft über ihren Aufenthaltsort zu übersenden. Ein unvorhergesehener Wind führt ihn erneut nach Mülanz und weiter nach Bayreuth, St. Görgen und Bad Herrenleis. Seinen Tod erleidet er während eines Gewitters, durch das sein Luftschiff zerstört wird und mit ihm auf dem Boden zerschellt.

Jean Paul schuf mit seinem Text ein soziales Experiment, das die Erkenntnisse der Wärmelehre auf das Raumempfinden des Protagonisten überträgt. Mit dieser Transformation von Wissen auf ein Konzept der Soziologie vollführt der Autor ein Konzept, das erst zu Beginn des 20. Jahrhunderts vermehrte Anwendung fand und die Ambivalenz des Raumes kennzeichnet. Soziologisch gesehen kann sich ein Raum einerseits nur durch die körpergebundene Wahrnehmung und den wechselseitigen Kontakt bilden.[669] Andererseits ist nicht der Raumbegriff für die Reproduktion einer Gesellschaft entscheidend, sondern die räumliche Komponente erhält lediglich metaphorische Bedeutung für gesellschaftliche Strukturen.[670] Beim

---

[668] Vgl. Ishihara 2005: 129.
[669] Ziemann, „Der Raum der Interaktion – eine systemtheoretische Beschreibung", 2003: 132.
[670] Ebd.: 132.

Giannozzo liegt der erste Aspekt vor, weil der Protagonist durch sein Luftschiff seinen Raum und seine Perspektive ausdehnt, während er durch die Interaktion mit der Menschheit seinen Raum eingrenzt und fixiert.

Die Zusammenführung des soziologischen mit dem physikalischen Raumbegriff kann daher erfolgen, weil beide Modelle die Interaktion eines Objektes oder mehrerer Objekte mit anderen Körpern in einem örtlich fixierten Rahmen betrachten und zur genaueren Beschreibung Richtungsattribute verwenden. Die Unterschiede ergeben sich daraus, dass die Physik die Materialität der Teilchen hervorhebt, während die Soziologie abstraktere Vorstellungen von Individuen wählt. Weiterhin herrscht in der Physik ein stärkerer deterministischer Raum-Zeitbegriff vor als in der soziologischen Forschung. Zudem vollziehen sich in der Physik die Beobachtungen von Experimenten orts- und personenneutral, während in der Soziologie die Vorgänge von differierenden Perspektiven, Methoden und Fragestellungen abhängig ist. Schließlich geht die Physik von einem statistischen Charakter aller Naturgesetze aus. Im Gegensatz dazu sind soziale Prozesse, wie auch die Kritik an der Soziophysik belegt, viel zu komplex und von vielen Komponenten beeinflusst, sodass sichere Voraussagen unmöglich sind.[671] Die Soziophysik kann hingegen diese Unterschiede reduzieren und die beiden wissenschaftlichen Disziplinen stärker verbinden.

Für die Beschreibung des Raumbegriffs und Raumausdehnung im *Giannozzo* ist allerdings nicht vordergründig der Wärmebegriff entscheidend, sondern der gegensätzliche Kältetopos. Nicht nur die Wärme kann bestimmte Gegenstände ausdehnen, sondern auch die Kälte. Insbesondere beim Wasser ist diese Wirkung präsent und entfaltet eine große Kraft.[672]

Im Unterschied zu Texten von Arnim, Kleist oder Brentano erfährt besagter Topos innerhalb der Erzählung von Jean Paul eine Positivierung. Das 19. Jahrhundert assoziiert mit der Kälte den anstehenden Weltuntergang[673] oder, wie bereits dargelegt, negative Gefühle sowie Empfindungen und gewisse Antipathien von Figuren. Die Vorläufer dieser Charaktereigenschaften sind in der Elementarlehre und in ih-

---

[671] Zur genaueren Beschreibung der Homologie zwischen dem soziologischen und dem physikalischen Raum sowie die Optionen, die die Physik der Soziologie bieten kann, siehe Sturm, „Der Begriff des Raums in der Physik – eine soziologische Perspektive", 2003.

[672] Dyckerhoff, *Collegium über Naturlehre und Astronomie bei Georg Christoph Lichtenberg, Göttingen 1796/1797. Ein Skizzenbuch der Experimentalphysik*, 2011: 107, Gamauf, „Erinnerungen aus Lichtenbergs Vorlesungen über Erxlebens Naturlehre. Drittes und letztes Bändchen", 2008 [1821] oder Lichtenberg 2010: 112.

[673] Helmut Lethen führt die Weltuntergangsangst auf die Endlichkeit von Wärmeressourcen sowie auf den Wärmetod zurück, wonach sämtliche Vorgänge auf der Erde an einem bestimmten Punkt zum Erliegen kommen. Erst in der Avantgarde erfährt der Kältetopos eine Aufwertung, da nun mit ihr Freiheit und Chance auf Mobilität möglich ist. Besonders in der Architektur ist diese Aufwertung deutlich, da Architekte Lichtquellen freilegen und metallische Möbel, Stahlbeton, Glas, Aluminium und Schleiflackmöbel verwenden. Vgl. Lethen, 2002: 91.

ren humoralpathologischen Folgerungen zu finden.[674] Gerade Phlegmatiker galten als kalt und waren daher gefühl- und leidenschaftslos, träge, gleichgültig und zeigten nur wenig Begeisterung für neue Reize.

Durch die Entdeckung der Polarregionen fand der Kältetopos in der Romantik eine vermehrte Verwendung und erhob sich innerhalb dieser Epoche zu einer erhöhten Komplexität, aber auch Ambiguität, weil die Wissenschaftler in den Polarregionen unter Vereinsamung litten, aber dafür als besonders erkenntnisreich galten.[675]

Der Text Jean Pauls repräsentiert somit im Sinne Kosellecks eine Änderung der klassischen Topoi, weil mit dem Begriff der Kälte nicht mehr der Tod oder das Gefrieren assoziiert wird, sondern die persönliche Grenzverschiebung und die unendlichen Möglichkeiten des Daseins. Der Protagonist befindet sich auf der Schwelle neuzeitlicher Vielfalt, dem Chaos und den Paradoxien und übt sich in vormodernen Formen der Welterschließung.[676]

Die Ausdehnung des Raumes ist nicht nur anhand der Kältetopik erklärbar, sondern auch mithilfe des Luftschiffes. Die Entdeckungen auf dem Gebiet der Wärmelehre führten zur Entwicklung dieser Konstruktionen, wodurch sich die Verbindung dieser zwei Kollektivsymbole begründet. Die Etablierung der Luftschiffe als Kollektivsymbol erfolgte um 1800 in einem Kontext, in dem technische Apparate mit der Natur und dem darin lebenden Menschen verbunden waren. Innerhalb dieser natürlich-technischen Äquivalenzserie zählten die Luftschiffe zu den relevantesten Symbolen, weil sie zugleich den Aufstieg des Menschen und das Nutzbarmachen von natürlichen Ressourcen vereinten.[677] Dennoch unterliegen sie einer starken Ambivalenz, indem sie auf der einen Seite den technischen Fortschritt repräsentieren, aber auch durch die Unkontrollierbarkeit und Unlenkbarkeit Gefahren bergen.

Für den Auftrieb machen sich Luftschiffe das Prinzip der Wärmeausdehnung zu Nutze. In Abhängigkeit des Aggregatzustandes erfährt jeder Körper durch die Wärmeeinwirkung eine spezifische Ausdehnung. So dehnen sich feste Körper verglichen mit flüssigen Körpern geringer aus, während sich gasförmige Stoffe am weitesten ausdehnen. Zurückzuführen ist diese Veränderung auf den zunehmenden Platzbedarf der Atome. Bei einer Temperaturerhöhung vergrößert sich die mittlere kinetische Energie der Teilchen, sodass deren Schwingungsamplitude zunimmt. Bei gasförmigen Körpern sind die Teilchen zudem im Gegensatz zu flüssigen und besonders bei festen Körpern nicht durch Anziehungskräfte miteinander verbunden, sodass die Wärmeausdehnung in einem stärkeren Ausmaß stattfindet.

---

[674] Werner, *Die Kälte-Metaphorik in der modernen deutschen Literatur*, 2006: 7.

[675] Vgl. ebd.: 2.

[676] Niehle, „Die ästhetische Funktion des Raumes. Jean Pauls Des Luftschiffers Giannozzo Seebuch", 2013: 83.

[677] Vgl. Link 1988: 293.

Die Prinzipien der Wärmeausdehnung treffen allerdings nicht auf alle Materialien zu, weil sich beispielsweise das Volumen von Ton unter Wärmeeinfluss verringert.

Das Wirkprinzip der Luftschiffe basiert nicht nur auf der Wärmeausdehnung, sondern auch auf dem statischen Auftrieb. Ein Brenner erwärmt die im Inneren der Ballonhülle befindliche Luft, wodurch sie sich sukzessive ausdehnt. Die erwärmte Luft hat verglichen mit der kühleren Umgebungsluft eine geringere Dichte und erzeugt dadurch einen Auftrieb. Sobald der Betrag der Auftriebskraft größer ist als der Betrag der Gewichtskraft des Ballons, ist die resultierende Kraft nach oben gerichtet und das Luftschiff steigt.

Die Idee zur Konstruktion von Luftschiffen ersann der Jesuit Francesco de Lana bereits im Jahr 1670.[678] Aber erst 1709 führte der Jesuit Betholomeu Lourenco de Gusmao eine nach ihm entworfene Gondel mit vierzehn kleinen Ballons dem Hof in Lissabon vor, die allerdings von einem Windstoß erfasst und zerstört wurde.[679] Gegen 1783 konkurrierten zwei verschiedene Systeme um die sicherste und tragfähigste Luftschiffkonstruktion. Einerseits entwickelten die Gebrüder Michel Joseph und Etienne Jacques de Montgolfier die nach ihnen benannten Montgolfieren, die dank erhitzter Luft aufstiegen. Öffentlich vorgeführt haben sie ihre Erfindung am 5. Juni 1783 auf dem Marktplatz von Annonay sowie auf Anregung Lavoisiers am 19. September des gleichen Jahres in Versailles, wobei der erste bemannte Flug am 21. November 1793 stattfand.[680] Andererseits entwickelte der Physiker Jacques Alexandre César Charles die nach ihm benannten Charlieren, die mit dem gefährlichen und schwer zu handhabenden Wasserstoff befüllt waren und am 27. August 1783 der Öffentlichkeit in Paris vorgestellt wurden.[681] Die Entdeckung des Wasserstoffs durch Henry Cavendish im Jahr 1766 veranlasste auch Lichtenberg, praktische Experimente zu den Luftschiffen aufzustellen, die die Praktikabilität dieser nachweisen sollten. Er zweifelte an dem Gelingen bemannter Flüge und verwendete daher zunächst mit Wasserstoff gefüllte Schweinsblasen, um unter anderem die Dauer des Schwebezustandes zu untersuchen. Im Dezember 1783 gelang es ihm schließlich, dass die Schweinsblase emporstieg und mehrere Tage an der Zimmerdecke verblieb. Seine Beobachtungen über die Schweinsblase teilte er in den Briefen an Samuel Thomas Sömmering vom 2. Januar 1784 mit:

> „Ich ließ gestern eine Blase daraus verfertigen, nicht so groß als die erste Schweinsblase, um geschwind fertig zu werden. Diese hängt ungefirnißt nun 15 Stunden an meiner Decke und hat noch gar keinen animum zu fallen, gestern Abend um 7 Uhr ließ ich sie steigen, und ich schreibe dieses heute Morgen um 10 […]. So eben schlägt es halb 12, und meine Blase hängt noch so wie vorher. Ich bließ mit einem Blasebalg neben ihr vorbei an die Wand, zu sehen, ob sie

---

[678] Schwedt, *Chemie und Literatur. Ein ungewöhnlicher Flirt*, 2009: 45.
[679] Ebd.: 45.
[680] Schwedt, *Goethe als Chemiker*, 1998: 186.
[681] Ebd.: 186.

nicht gar der Teufel angeleimt hätte, so sank sie auf den Stoß der Luft etwa ½ Fuß, stieß aber gleich mit beträchtlicher Stärke wieder an. Ich habe Hoffnung, daß mit dieser Amniumshistorie, verbunden mit Firniß sich vielleicht etwas erhalten läßt, was sich der Permanenz nähert."[682]

Seine Beobachtungen veröffentlichte Lichtenberg im Aufsatz *Vermischte Gedanken über die aerostatischen Maschinen* aus dem *Göttingischen Magazin* von 1783, den Jean Paul als Vorbild für seinen *Giannozzo* nutzte.[683] Die wissenschaftlichen Beschreibungen der Luftschiff- und Schweinsblasenkonstruktion könnte Jean Paul als Anlass genommen haben, seine Erzählung als einen Konstruktionsbericht zu beginnen:

„Ich hab' ein Doppel-Azot [...] ausgefunden, wodurch die Luft-Schifferei so allgemein werden kann, daß man die andere zu sehr verachten wird [...]. Nehmet also, ihr Leute, ein halbes Pfund ... Aber in unserer alles entmastenden Zeit halt' ich gewiß mit recht dieses Revolutions-Rezept zurück, bis wenigstens allgemeiner Friede wird. Dem Chemiker geb' ich etwas, wenn ich sage: Giannozzo ist im Besitz einer ganz neuen, noch einmal so leichten azotischen Luft – er extrahiert sie sogar oben, wenn der Eudiometer mehr phlogistische Luft ansagt – er lässet immer ein Naphta-Flämmchen brennen, wie unter dem Teekessel flackert – er treibt droben oft die Kugel höher, ohne das Abzugsgeld von Ballast auszuwerfen – er hat einen Flaschenkeller von Luft bei sich – die Kugel hat nur den Halbmesser anderer Kugeln, die nicht mehr tragen, zum Diameter – sie besteht [...] aus einem feinen, aber unbekannten Leder mit Seide überzogen."[684]

Jean Paul beschreibt bei diesem Zitat eine Charliere, die wie auch das historische Vorbild von Seide ummantelt ist. Zusätzlich benennt er anhand des Terminus „Doppel-Azot", der auf die französische Bezeichnung für Stickstoff rekurriert, eine fiktive Luftart, deren Dichte noch geringer ist als die von Stickstoff oder den von Charles verwendeten Wasserstoff. Im Gegensatz zu dem historischen Vorbild ist die von Giannozzo entwickelte Charliere lenkbar und besitzt einen Glasboden. Darüber hinaus ist anhand dieser Textstelle die diskursive Position des Luftschiffes ersichtlich. Ballone sind durch die metonymische örtliche und zeitliche Nähe zur Französischen Revolution zum Symbol dieser geworden, wodurch sie teilweise negative Attribute erhielt.[685] Jean Paul wertet diese diskursive Position dahingehend

---

[682] Lichtenberg 1966a: 101.

[683] Gerade die fragmentarische, zum Weiterdenken anregende Arbeitsweise und die Ambivalenz zwischen Spekulation und Verstand, Glaube und Wissen als Ausgangsort ästhetischer Widerspruchslösungen machten Lichtenberg interessant für die Rezeption von Jean Paul. Näheres dazu unter: Oesterle, „Lichtenberg und die Folgenden. Zu Lichtenbergs Rezeption in der Romantik", 1988.

[684] Jean Paul, „Des Luftschiffers Giannozzo Seebuch", 1969 [1801]: 665f.

[685] Link 1986: 131.

auf, dass der Protagonist seine Bauweise erst veröffentlicht, wenn allgemeiner Friede herrsche und die Revolution vorüber sei. Durch die zeitliche Distanz erfährt demnach das Luftschiffsymbol eine positive diskursive Position. Den Vorwurf der Gefährlichkeit und Unkontrollierbarkeit entkräftet Jean Paul schließlich damit, dass er in seinem *Kampaner Tal* (1797) auch Frauen aufsteigen lässt, was die Harmlosigkeit und Ungefährlichkeit der Luftschiffe beweist.[686]

Giannozzo befindet sich in zwei diametral entgegengesetzten Raumkonzepten. Auf der einen Seite ist er auf der Erde beheimatet, möchte aber auf der anderen Seite der auf der Erde befindlichen Menschheit entsagen und sich lieber in die Lüfte erheben:

> „Den wahren Himmel auf Erden, sagt' ich oft, besitzt wohl niemand als ein Seefisch […]. Fast wie einem solchen Fisch im Wasser war mir gestern nachts in der Luft als ich herauskam aus dem Novitätentempel. Welche lüftende Freiheitsluft gegen den Kerkerboden unten! Hier ein rauschendes Nachtluft-Meer, drunten ein morastiges Krebsloch!"[687]

Giannozzo fühlt sich nur in der Nähe der Sonne, in für ihn kalten Gefilden fernab der Menschen wohl. Wissenschaftlich ließe sich dem entgegenhalten, dass in der Nähe der Sonne keine kalten Temperaturen vorherrschen. Jean Paul bezieht sich allerdings bei seinem Bild auf eine Forschungshypothese, die um 1800 lediglich eine Minderheit der Naturforscher vertrat. Es handelt sich dabei um das Bild der Sonne als kalter, elektrischer Kugel, wie in dem Registereintrag unter Wärme nachzulesen: „Die Sonne *eine* elektrische Kugel u. *selbst* kalt [Hervorhebungen im Original]."[688] Um 1800 nahm die Forschung allgemein an, dass die Elektrizität beim Durchgang durch verdünnte Luft Licht und Wärme hervorbringe. Diesem Gedanken entsprechend handele es sich bei der Sonne um einen elektrischen Körper, die durch ihren schnellen Umlauf Licht und Wärme erzeugt. Die Newtonianer erklärten daraufhin die Sonne als heißen Körper. Nur eine Minderheit widersprach dieser Auffassung und nahm stattdessen an, dass die Sonnenstrahlen nur erwärmen können, sobald sie auf den Wärmestoff treffen, aber an sich nicht warm seien. Der Protagonist erweitert daher seinen bekannten, warmen Raum, um sich in einen kalten und für ihn idyllischen Bereich aufzuhalten. In diesem Raum kann er ungestört seinen Forschungen nachgehen und die Welt erkunden, sodass er auch seinen wissenschaftlichen Horizont erweitern kann. Die Unbegrenztheit des Himmels und die ungeahnten Möglichkeiten, die dieser bietet, stehen stellvertretend für den endlosen Forschergeist mitsamt den Gelegenheiten zur Entdeckung unerschlossener

---

[686] Schmidt, „Wenn Frauen in die Luft gehen. Aspekte eines Kollektivsymbols bei Jean Paul, August Lafontaine und Adalbert Stifter", 2001: 178.

[687] Jean Paul 1969 [1801]: 676.

[688] Jean Paul, *Ezerpte & Register. Digitale Edition.* URL: www.jean-paul-portal.de. Quicklink: >Exzertpenhefte online<. Nummer des Registereintrags [register-waerme-0106], abgerufen am 17.08.2019 um 12:57.

und unentdeckter Gebiete. Die Grenzen des atmosphärischen Raumes werden dabei neu ausgelotet, wodurch ein zu erschließender neuer epistemischer Raum entsteht, der die ansonsten unsichtbare Gefühlswelt des Protagonisten sichtbar macht und mit der Atmosphäre gleichsetzt.[689] So illustriert die ausdehnende Wirkung der Kälte des Raumes nicht nur seine neu gewonnene Freiheit, sondern illustriert auch seine Stimmung gegenüber dem Rest der Menschheit, wobei er „kalt" und „eiskältern" reagiert und einen „Fieberfrost" verspürt.[690] Diese Emotionen stimmen ihn vorerst euphorisch sowie erhaben und er beweist durch Streiche, dass er verglichen mit den am Boden befindlichen Menschen durch seinen Intellekt und seine Luftschiffkonstruktion überlegen ist. Je länger er allerdings der Einsamkeit ausgesetzt ist, desto schwermütiger wird der Protagonist. Dieser Umschwung ist daran deutlich, dass er nicht mehr die Schönheit der Natur wahrnimmt, sondern die Langlebigkeit und monotone Rekurrenz:

> „[...] und als so auf dem langen Farbenklavier des Lebens alle finstere und lichte Farben vor mir laufen aufgehüpfet waren: so wurde mir auf meinem alles zusammenspinnenden Weberschiffe miserabel, leer und wehmütig zumute."[691]

Seine positiv konnotierten Gefühle der Kälte verkehren sich demnach ins Gegenteil und evozieren ein Gefühl der Einsamkeit und Leere. Bereits Lichtenberg hat in diesem Zusammenhang erwähnt, dass in der Luft schwebende Teilchen die Gefrierung befördern können.[692] Der durch die Kälte und das Luftschiff erweiterte Raum vermittelt nun nicht mehr Geborgenheit und wissenschaftlicher Fortschritt, sondern Einsamkeit und Monotonie der Naturerscheinungen.

Um seiner Einsamkeit zu entfliehen und wieder die Anwesenheit von Menschen zu spüren, lenkt Giannozzo sein Luftschiff zu einer italienischen Siedlung und setzt zur Landung an, sodass er „tiefer der Wärme entgegen fuhr."[693] Jean Paul verweist bei den Temperaturunterschieden auf die meteorologischen Beobachtungen, wonach auf Meeresniveau höhere Temperaturen als in hohen Lagen vorherrschen. Dieses lediglich in der Troposphäre entstehende Phänomen ist darauf zurückzuführen, dass die von der Sonne kommende Wärmestrahlung die Erdoberfläche erwärmt. Ein Teil der Wärmeenergie wird an die Atmosphäre abgegeben, wobei sich die Luftschichten stärker erwärmen, die sich näher an der Erdoberfläche befinden. Mit zunehmender Höhenlage ist die Erwärmung geringer. Allerdings können bestimmte Klima- und Wetterphänomene, wie beispielhaft die Inversion, zu kühleren Temperaturen in Bodennähe führen. Zusätzlich rekurriert Jean Paul auch an dieser Stelle auf die Theorie der Sonne als elektrischer Kugel. Die von der

---

[689] Theilen, „Über den Wolken. Die Kartographie der Atmosphäre in Jean Pauls „Des Luftschiffers Giannozzo Seebuch", 2014: 262f.

[690] Jean Paul 1969 [1801]: 694f.

[691] Ebd.: 690.

[692] Lichtenberg 2010: 137.

[693] Jean Paul 1969 [1801]: 695.

Sonne kommenden Strahlen können nur eine Ortschaft erwärmen, sobald Wärme-stoff in ausreichender Konzentration vorhanden ist. Dieser Umstand trifft auf den Erdboden zu. Im Gebirge ist allerdings kein Wärmestoff enthalten, sodass eine Er-wärmung durch die Sonnenstrahlen nicht stattfinden kann, wodurch im Gebirge kühlere Temperaturen vorherrschen. Als Pionier der barometrischen und thermo-metrischen Messungen in Gebirgen erwies sich Saussure, der unter anderem das Hygrometer verbesserte, mit dem Jean Paul eigenständig Versuche durchführte.[694]

In der italienischen Siedlung angekommen, lebt Giannozzo insbesondere in der Anwesenheit von Teresa wieder auf und „fühlt sich wie ein anderer Mensch"[695], der erneut die Schönheit der Natur genießen kann. Synästhetische Neologismen wie beispielhaft „Lichtduft"[696] betonen seine verklärte Stimmung. Dieser Zustand hält allerdings nicht lange an, weil er sich wieder nach seiner Einsamkeit sehnt: „Aber hier ists zu heiß; ich kühle meinen Wein oben im Himmel."[697] Durch die Interaktion mit Teresa und seiner Umgebung fixiert und beschränkt Giannozzo un-bewusst seinen Raum, der somit als soziales Konstrukt erscheint. Dem nach Frei-heit und Selbstverwirklichung strebenden Protagonisten missfällt diese Situation, sodass er folglich seine Reise im Himmel fortsetzt.

Ein großer Bereich der soziophysikalischen Modelle umfasst in diesem Kontext der Raumausfüllung die Beschreibung von multiethnischen Gesellschaften und ob diese sich eher im Sinne einer Integration oder Segregation anordnen. Das Konzept der *social temperature*[698] beschreibt in diesem Zusammenhang die Toleranz einer bereits bestehenden Gesellschaft gegenüber einer Minderheit in Abhängigkeit von der Zeit und der Temperatur. Je schneller die Temperatur ansteigt, desto höher ist die Toleranz der Gesellschaft gegenüber der Minderheit, sodass Ghettobildungen und Segregation nicht stattfinden. Diese Toleranz steigt ebenfalls mit der Verweil-dauer t innerhalb einer anderen ethnischen Gruppe, sodass 2009 der chinesische Physiker Yi-Fang Chang die folgende Gleichung[699] konzipierte:

$$T = c\bar{K}(t) \tag{30}$$

$\bar{K}$ = *durchschnittliche soziale kinetische Energie*

Auch in physikalischen Systemen liegt eine Segregation vor, sobald Stoffe sich nicht ineinander lösen, wobei es zur Bildung von getrennten Volumenelementen kommt, deren Inhalte sich nicht mit der Umgebung austauschen. Diese Löslichkeit verbessert sich mit ansteigender Temperatur, sodass die Volumenelemente unter-

---

[694] Saussure 1900 [1784]: 15.

[695] Jean Paul 1969 [1801]: 696.

[696] Ebd.: 695.

[697] Ebd.: 698.

[698] Das Konzept der *social temperature* findet sich beispielhaft in: Schulze, „Potts-like Model for ghettoformation in multi-cultural societies", 2005.

[699] Chang, „Social synergetics, social physics, and research of fundamental laws in social complex systems", 2009: 6. Abgerufen am 13.10.2019 um 13:47.

einander wechselwirken. Die folgende Abbildung veranschaulicht die Veränderungen innerhalb eines physikalischen Systems bei ansteigender Temperatur *T*.

Abbildung 12: Muster vollständiger Segregation und Durchmischung in physikalischen Körpern

Für *Giannozzo* liegt die vereinfachende Annahme zugrunde, wonach sich der namensgebende Protagonist gegenüber seiner gesamten Umwelt abschottet. Die niedrigen Temperaturen der kalten Gefilde zu Beginn seiner Reise korrelieren mit seiner geringen Toleranz Anderen gegenüber, sodass Giannozzo eine geringe *social temperature* aufweist. Je weiter er sich dem warmen, Wärmestoff enthaltenen Erdboden nähert, desto mehr nimmt auch seine Wärme sowie Toleranz gegenüber seinen Mitmenschen wieder zu, sodass er kurzfristig über eine hohe *social temperature* verfügt. Der Protagonist verhält sich dementsprechend wie ein erwärmter Körper, der solange tolerant agiert, wie Wärme in ihm enthalten ist. Sowohl die soziale und die physikalische Segregation sind in diesem Zustand aufgehoben, weil er mit seiner Umgebung wechselwirkt und sich darin auflöst. Die neue Umgebung fungiert allerdings als kaltmachende Materie, weil er seine wissenschaftlichen Forschungen nicht weiterverfolgen kann und seine Umgebung ihn missversteht. Als Folge resultiert eine Abnahme seiner Wärme und seiner *social temperature*, sodass er schließlich wieder mit seinem Luftschiff aufbricht und mit dieser Handlung eine erneute Segregation herbeiführt. Dieses Dilemma ist darauf zurückzuführen, dass sich Giannozzo nach dem sehnt, was er nicht besitzen oder erfahren kann. Sobald er diesen Besitz oder diese Erfahrung verspürt hat, sehnt er sich wieder nach seinem ursprünglichen Zustand. Dieses Oszillieren zwischen zwei Zuständen führt unweigerlich zu seinem Tode, weil er zwei Gegensätze nicht vereinen kann. Ebenso Lichtenberg argumentiert in diesem Kontext, dass Kälte- oder Eis-Teilchen eine Polarität besitzen.[700] Auf der einen Seite kann Giannozzo im Himmel der Menschheit entfliehen und seine wissenschaftlichen Studien betreiben. Die erhoffte Kälte und der durch sie erweiterte Raum propagieren allerdings auf der anderen Seite nur seine „zweite Hölle"[701] und eine Illusion nach scheinbarer Glückseligkeit und Harmonie, die sich für ihn ins Gegenteil verkehrt, so wie auch bei dem scheinbaren Bedürfnis nach Säure und Kälte: „Gräbt nicht das ganze Jahrhundert nach den beiden besten Heilmitteln der *Säuere* und der *Kälte*? das [sic!] ist aber *Kalk* und *Phlogis-*

---

[700] Lichtenberg 2010: 131.
[701] Jean Paul 1969 [1801]: 670.

ton [Hervorhebungen im Original].“[702] Sein unbestimmtes Wesen ist bereits zu Beginn seines Reiseberichts deutlich, als er der Menschheit entsagen, aber auch gleichzeitig bei seinen Freunden verweilen möchte:

„Aber ich strecke meine Arme […] Dank-betend gegen dich aus, göttliche Sonne, und danke dir, daß ich dir näher bin und ferner von den Menschen, sowohl von den Sachsen als von allen andern! – Ich will sterben, schlaf' ich diese Nacht drunten. – Und doch möchte' ich an dem Steine liegen, wo du einschliefst, heiliger Gustav, und heute zu diesem Jakobs-Kopfkissen niederfahren!“[703]

In diesem Zusammenhang wertet Jean Paul die eingangs geschilderte Thematik des einsamen Polarforschers dahingehend um, dass sich Giannozzo in relativer Nähe zu seinen Mitmenschen befindet. Zwar kann auch er in kalten Bereichen seine Forschungen betreiben und verspürt dabei eine kurzfristige Euphorie, allerdings schwankt er stets zwischen dem Ausüben seiner wissenschaftlichen Tätigkeit im Freien und dem herbeigesehnten Menschenkontakt.

Jean Pauls Text belegt eindeutig die Unhaltbarkeit des sozialen Experiments, sobald eine Figur keinen konsequenten Platz und Raum in der Gesellschaft gefunden hat. Sie sehnt sich zwar wie Giannozzo nach Selbstverwirklichung, unabhängig von dem jeweiligen Umfeld, bemerkt allerdings nicht, dass für ein Leben außerhalb des originären Raumes erst einmal ein derartiger Bereich durch Kommunikation geschaffen werden muss. Giannozzo fehlt die Interaktion mit seiner Umwelt, empfindet aber auch gleichzeitig nicht den Wunsch, mit seiner Umgebung zu agieren, wodurch eine soziale Ironie vorliegt. Der Protagonist kann dementsprechend in keinem der beiden Räume längere Zeit verbleiben. Der einzige Ausgang liegt im Tod, den er auch schlussendlich als sein Schicksal anerkennt. Die Soziophysik kann zwar nicht die inneren Befindlichkeiten und Wünsche der männlichen Figur beschreiben, aber dafür zumindest die räumliche Ein- und Ausgliederung des Protagonisten.

6.1.3 Ein Parasit in warmen Gefilden bei *Dr. Katzenbergers Badereise* (1809)

Jean Paul schuf mit seiner Satire *Dr. Katzenbergers Badereise*[704] eine textuelle Experimentalanordnung, bei der das Kompositionsprinzip des Textes mit dem überge-

---

[702] Ebd.: 708.
[703] Ebd.: 668.
[704] Michael Will hat in seinem *Findbuch zu Jean Pauls Exzerpten* (2019) anhand von *Dr. Katzenbergers Badereise* exemplarisch herausgearbeitet, wie Einträge aus den Exzerpten Einzug in die literarischen Texte von Jean Paul genommen haben. In dem erwähnten Roman befinden sich um die 150 explizite Exzerptbezüge aus 57 (erste Auflage) beziehungsweise 93 (zweite Auflage) Exzerptheften, die überwiegend aus dem medizinischen Bereich entnommen wurden. Es ist allerdings nicht möglich, eine genaue Anzahl zu nennen, da im literarischen Exzerpieren keine genauen Quellen genannt werden und einige Exzerpteinträge nicht rekonstruiert oder aufgefunden werden können. Die genaue Fallstudie findet sich in: Will 2019: 475–516.

ordneten Thema der Missbildungen und dem abweichenden Ästhetikbegriff des Protagonisten korreliert. Der Autor verwendet das Konzept der Digression, indem er die Haupthandlung in drei Bände mit insgesamt 45 Summula untergliedert, die zusätzlich von Vorreden und den sogenannten Werkchen unterbrochen sind. Strukturell wird demnach das übergeordnete Thema zu Missbildungen und deren zusammengesetzter Charakter auf der Textebene fortgeführt.

Dr. Katzenberger vertritt mit der Faszination für Missgeburten die Teratogenie, deren systematische Herstellung von monströsen Kreaturen als Metapher für die heterogene und allegorische Organisation von Wissen dient.[705] Insbesondere die Epigenetiker versuchten die organische Deformation in ein quasi-naturwissenschaftliches Erklärungsmodell einzubetten.[706]

In dieser Tradition steht der namensgebende Protagonist Dr. Katzenberger, der zusammen mit seiner Tochter Theoda eine Reise in den Badeort Bad Maulbronn plant. Die wahren Reisegründe verschweigt Dr. Katzenberger allerdings seiner Tochter. Zum einen möchte er den Rezensenten seiner Schriften, den Brunnen-Arzt Strykius, „beträchtlich ausprügeln"[707] und zum anderen vor der Patenschaft des Kindes von Theodas Freundin Bona entfliehen. Damit die beiden nicht alleine zum Badeort reisen müssen, schaltet Dr. Katzenberger eine Annonce, auf die Herr Nieß antwortet, der sich als Freund des berühmten Autors Theudobach, der Lieblingsschriftsteller Theodas, ausgibt. In Wahrheit sind Herr Nieß und Herr Theudobach ein und dieselbe Figur. In dem Badeort angekommen, soll dieser Umstand mithilfe eines Theaterstückes dem Publikum eröffnet werden. Kurz vor seiner Bekanntgabe erscheint im Saal der namensgleiche Autor und Mathematiker Herr von Theudobach, Hauptmann in preußischen Diensten.[708] Zwischen den beiden männlichen Figuren entsteht ein Identitätskonflikt, wer der echte Literat Theudobach sei. Theoda beendet diese Diskussion, indem sie den Hauptmann als den von ihr bewunderten Autor benennt. Dabei unterläuft ihr ein Missverständnis, weil Herr Nieß in Wahrheit ihr Lieblingsliterat ist. Der Hauptmann ist zwar auch ein Schriftsteller, allerdings beschränken sich seine Texte auf mathematische und kriegerische

---

[705] Hermann, „Monströse Verbindungen. Experimentelle Wissenschaft und poetische Kombination um 1800", 2004: 105.

[706] Wieland, „Gestörter Organismus: Jean Pauls Ästhetik der Abweichung in der Erzählung Dr. Katzenbergers Badereise", 2011: 12.

[707] Jean Paul, *Dr. Katzenbergers Badereise*, 2013 [1809]: 21.

[708] Robert Merton hat im Rahmen seiner korrelationistischen Betrachtungsweise der Wissenschaft den Einfluss von sozialen Kräften auf wissenschaftliche Diskussionen untersucht. Er zeigte, dass sich eine Vielzahl prominenter Wissenschaftler, darunter Galilei, Newton oder Leonardo da Vinci, bereits im 17. Jahrhundert mit militärischen Problemen beschäftigten, wobei sie entweder direkt militärische Fragestellungen beantworteten oder indirekt naturwissenschaftliche Phänomene behandelten, die relevant für das Militär waren. Merton schlussfolgerte, dass sich die wissenschaftliche Forschung mit Fragen beschäftigte, die aus anderen institutionellen Bereichen stammten. Näheres dazu unter: Merton: „Interactions of science and military technique", 1973.

Thematiken. Nachdem Theoda einen Brief ihrer Freundin Bona über die Geburt ihres Kindes erhalten hat, reist sie aus Bad Maulbronn ab. Ebenso der Hauptmann Theudobach verlässt den Badeort. Als Dr. Katzenberger einige Tage nach seiner gelungenen Vergeltung über die beleidigenden Rezensionen seiner Bücher in sein Haus zurückkehrt, erfährt er von der Verlobung seiner Tochter mit dem Hauptmann.

Dr. Katzenberger vertritt als Anatom einen abweichenden Ästhetikbegriff, der sich im Verhalten gegenüber den restlichen Figuren und in seinen Ansichten über deformierte Körper manifestiert. Er besitzt nicht nur eine Sammlung von in Spiritus eingelegten Missgeburten, seine Faszination erstreckt sich soweit, dass er sich als Frau oder als Kind eine Missgeburt wünscht:

> „Ich für meine Person könnte für dergleichen viel hingeben, ich könnte z. B. mit einer weiblichen Missgeburt, wenn sie sonst durchaus nicht wohlfeiler zu haben wäre, in den Stand der Ehe treten; und ich will dirs nicht verstecken, Theoda – da die Sache aus reiner Wissenschaftsliebe geschah […], weil sie doch im schlimmsten Falle bloß mit einem monstrosen Ehesegen mein Kabinett um ein Stück bereichert hätte; aber leider, hätt' ich beinah' gesagt, aber gottlob, sie bescherte mir dich als eine Bestätigung der Lavater'schen Bemerkung, dass die Mütter, die sich in der Schwangerschaft vor Zerrgeburten am meisten gefürchtet, gewöhnlich die schönsten gebären."[709]

Dr. Katzenberger empfindet das als schön und ästhetisch, was andere Figuren als missraten bezeichnen würden. Für ihn liefern nicht die perfekten Körper Aufschlüsse über die Naturgesetze, sondern die missratenen Körper:

> „[…] haben Sie meine de monstris epistola gelesen oder nicht; inzwischen habe ich darin ohne Bedenken die allgemeine Gleichgültigkeit gegen echte Missgeburten gerügt und es sei frei heraus gesagt, wie man Wesen vernachlässigt, die uns am ersten die organischen Baugesetze eben durch ihre Abweichungen gotischer Bauart lehren können. Gerade die Weise, wie die Natur zufällige Durchkreuzungen und Aufgaben (z. B. zweier Leiber mit *einem* Kopfe) doch organisch aufzulösen weiß, dies belehrt [Hervorhebungen im Original]."[710]

Zu einer allumfassenden Erkenntnis gelangt das Individuum nach der Ansicht Dr. Katzenbergers daher nicht allein über die Betrachtung des Schönen, vielmehr sind Missgeburten mit perfekten Körpern auf der gleichen Ebene einzuordnen und repräsentieren somit nur den gegensätzlichen Ausdruck einer Natursprache. Jean Paul steht mit dieser Haltung in konträrer Position zu klassischen Autoren wie Goethe oder Friedrich Schiller, die das Schöne als Ideal in ihren jeweiligen Werken auffassten. In diesem Zusammenhang ist für Schiller mit der Schönheit ein Ver-

---

[709] Jean Paul 2013 [1809]: 55.
[710] Ebd.: 54.

nunftbegriff kombiniert, die den Menschen erneut zu seiner wahren Bestimmung leitet und die daher als „eine nothwendige Bedingung der Menschheit"[711] aufzufassen ist. Die Trennung der Wissenschaften und der Stände sowie die Entfremdung von Kirche und Staat entfielen zu Lasten der Menschen, weil sie die ursprüngliche Harmonie zwischen Natur und Geist nicht mehr erfahren und nur noch einen Teil ihrer Anlagen ausüben konnten:

> „Ewig nur an ein einzelnes kleines Bruchstück des Ganzen gefesselt, bildet sich der Mensch selbst nur als Bruchstück aus; ewig nur das eintönige Geräusch des Rades, das er umtreibt, im Ohre, entwickelt er nie die Harmonie seines Wesens, und anstatt die Menschheit in seiner Natur auszuprägen, wird er bloß zu einem Abdruck seines Geschäfts, seiner Wissenschaft."[712]

Trotz des Fortschritts müsste das Individuum weiterhin seine Empfindungen für Ästhetik beibehalten und diese auch erkennen. Für Johann George Sulzer ist dementsprechend eine Person nur dann ästhetisch veranlagt, wenn sie das Vermögen besäße, das Schöne zu empfinden.[713] In diesem Sinne erläutert Gotthold Ephraim Lessing in seinem *Laokoon* (1766), dass das schöne Äußere einer Figur nicht bloß benannt und enumeriert werden soll, sondern der Autor müsse zwecks einer stärkeren Wirkung die Reaktionen der Umgebung beschreiben, woraus der Leser das schöne Äußere ableiten muss.[714]

Für Dr. Katzenberger stellt der klassische Schönheitsbegriff allerdings nur ein Relikt unaufgeklärter Zeiten dar. Nicht die Schönheit führt zur wissenschaftlichen Erkenntnis und Vernunft, sondern das Hässliche mitsamt seinen favorisierten Missgeburten. Dementsprechend sieht der Protagonist nicht die Schönheit und Unvollkommenheit der Dinge, sondern stets den wissenschaftlichen Nährwert. Ebenso prosaisch und sachlich beschreibt Dr. Katzenberger den Abschied von seiner Geliebten und benennt wortwörtlich die Schwere seines Herzens: „Zwei Pfund – also halb so schwer als meine Haut – ist meines wie Ihres bei Mond- und Sonnenlicht schwer."[715] Mit dieser Verwissenschaftlichung verliert die ästhetische Empfindung stark an Wert und weist gegenüber der wissenschaftlichen Vernunft lediglich eine marginale Bedeutung auf.[716] Gerade in Liebesangelegenheiten verwendet Jean Paul technische Apparate und naturwissenschaftliche Umschreibungen. So untersucht er die Gefühle Klotildes mithilfe

---

[711] Schiller, *Über die ästhetische Erziehung des Menschen in einer Reihe von Briefen*, 2009 [1794]: 43.

[712] Ebd.: 25.

[713] Sulzer, *Allgemeine Theorie der schönen Künste, in einzeln, nach alphabetischer Ordnung der Kunstwörter auf einander folgenden Artikeln abgehandelt*, 1777: 616.

[714] Lessing, *Werke 1766–1769*, 1990: 164f.

[715] Jean Paul 2013 [1809]: 46.

[716] Zur genaueren Unterscheidung zwischen Vernunft, Erkenntnis und Schönheit siehe Schaer, *Ex negativo. „Dr. Katzenbergers Badereise" als Beitrag Jean Pauls zur ästhetischen Theorie*, 1983.

eines Feuermessers oder ordnet diese in Temperaturskalen ein. Weiterhin materialisiert er im *Giannozzo* weibliche Figuren als Diamanten, die Chemiker auf ihre Brennbarkeit respektive Gefühlsäußerung untersuchen.[717] Bei Jean Paul lässt sich somit eine Erotisierung der Wissenschaften benennen, durch die er einerseits Liebesgefühle vereinfacht und anschaulich darzustellen versucht, aber auch andererseits die Komplexität dieser eingesteht und daher als ideale Versuchsobjekte bestimmt. Relevant ist hierbei zu erwähnen, dass der Doktor nicht von Beginn an eine derartig wissenschaftsorientierte Haltung einnahm. Jean Paul verwendet das Konzept der Phlogistontheorie, um diesen sukzessiven Prozess zu illustrieren: „Das wissenschaftliche Licht verkalkte nämlich seine edeln Metalle und äscherte sie zu Papiergeld ein."[718] Bei diesem Zitat beschreibt Jean Paul den Vorgang der Calcination, wobei nach Stahl ein Metall unter Abgabe von Phlogiston zu einem Metallkalk oxidiert. Die Poetisierung der Phlogistontheorie verdeutlicht die Veränderungen von Dr. Katzenbergers Verhalten im Zuge der Arbeit mit den Wissenschaften. Die Metalle repräsentieren sein früheres, unwissenschaftliches Leben, während die Metallkalke seinen durch die Naturwissenschaften dominierten Alltag kennzeichnen. Der die Verbrennung förderliche Stoff Phlogiston als Symbol für eine warme, freundlich gesinnte Figur ist abhanden gekommen, sodass lediglich der kalte, unfreundliche Charakterzug verbleibt.

Die Aufdeckung eines gemeinsamen Themas innerhalb eines Werkes eines Autors ist auf das gewählte und bereits im vierten Kapitel beschriebene Verfahren zur Anwendung der Soziophysik zurückzuführen. Soziale und naturwissenschaftliche Systeme weisen auf der Makroebene Analogien auf, sodass exemplarisch gilt, dass sich zwei Körper anziehen. Auf der Mikroebene ließe sich in einem zweiten Schritt klassifizieren, welche Voraussetzungen für die Verbindung erfüllt sein müssen und welche Auswirkungen resultieren. Ursprünglich sollte sich die Soziophysik lediglich auf die Interpretation der Figurenkonstellation eines Textes konzentrieren. Allerdings ist durch diese erweiterte Annahme nicht nur bestimmbar, dass sich zwei Figuren anziehen, sondern auch, aus welchen Gründen dies erfolgt oder welche Auswirkungen diese Affinität hat. Zudem ist wie bei Jean Paul ein übergeordnetes Konzept benennbar. In diesem Fall behandelt der Autor im Sinne der Erotisierung der Wissenschaften die Figuren als Versuchsobjekte, bei denen wissenschaftliche Experimente oder Apparate den Grad ihrer Liebe überprüfen sollen. Der Anwendungsbereich der Soziophysik ist daher nicht nur auf die Figurenkonstellation eines literarischen Textes beschränkt, sondern kann auch thematische Unterschiede und Gemeinsamkeiten zwischen mehreren Texten eines Autors oder zwischen Texten mehrerer Autoren aufdecken.

---

[717] Jean Paul 1969 [1801]: 700.
[718] Jean Paul 2013 [1809]: 20.

Bedingt durch die Tatsache, dass das Hässliche und das Schöne auf einer Ebene liegen, existiert für Dr. Katzenberger der Ekel nicht, der teilweise das Hässliche begleitet. So verspeist er während eines Aufenthaltes in St. Wolfgang Spinnen, die er im Keller des Wirtshauses sucht:

„[...] um fette Spinnen zu erjagen, die für ihn (wie für das oben gedachte Paar) Landaustern und lebendige Brouillon-Kugeln waren, die er frisch aß. Ja er hatte sogar – um den allgemeinen Ekel des Wirtshauses, wo möglich, zurechtzuweisen – vor den Augen der Wirtin und der Aufwärter reife Kanker auf Semmelschnitte gestrichen und sie aufgegessen, indem er Stein und Bein dabei schwur – um mehr anzuködern –, sie schmecken wie Haselnüsse."[719]

Ekel ist nach Winfried Menninghaus einer der heftigsten Affektionen des menschlichen Wahrnehmungssystems und macht sich im vollständigen Körper bemerkbar, gleichgültig, welches Sinnesorgan den Reiz aufnimmt.[720] „Er ist ein Alarm- und Ausnahmezustand, eine akute Krise der Selbstbehauptung gegen eine unassimilierbare Andersheit, ein Krampf und Kampf."[721] Mit der Thematisierung des Ekelhaften widerspricht Jean Paul in der Figur des Dr. Katzenbergers explizit der Ästhetik um die Mitte des 18. Jahrhunderts, die ein Verbot desselben forderte.[722] Die literarische Figur setzt sich als Anatom und Physiologe explizit dem Ekelhaften in wissenschaftlicher Absicht aus, hat aber bereits eine Distanz aufgebaut, sodass er keinen Ekel verspürt. Das Ekelhafte und Abstoßende erfährt zudem dadurch eine Milderung, dass die Spinnen angeblich nach Haselnüssen schmecken und das Beharren Katzenbergers auf dieser Tatsache lächerlich wirkt. Auch Lessing argumentiert, dass das Ekelhafte und das Hässliche für den Literaten brauchbar seien, indem sie mit den vermischten Empfindungen der Lächerlichkeit auf der einen und dem Schrecklichen auf der anderen Seite je nach Situation spezifische Wirkungen beim Leser hervorbringen können.[723]

Der Roman zentriert daher insgesamt die Ambivalenz zwischen einem klassischen, schönheitsorientierten und einem wissenschaftsorientierten Ästhetikbegriff, der bei den überwiegenden Figuren auf Ablehnung stößt. Soziologisch liegt herbei deviantes Verhalten vor, bei dem Menschen von den Normen der Gesellschaft abweichen und die Ordnung gestört wird.[724] Derartiges Benehmen führt zu negativen Sanktionen, die sich in Dr. Katzenbergers Gegenwart durch Beleidigungen oder Unfreundlichkeit ausdrücken. Um die Figuren zusammenzufassen, die entweder den ersten oder den zweiten Ästhetikbegriff vertreten, bietet sich das Kon-

---

[719] Ebd.: 37.
[720] Menninghaus, *Ekel. Theorie und Geschichte einer starken Empfindung*, 2009: 7.
[721] Ebd.: 7.
[722] Ebd.: 15.
[723] Lessing 1990: 165.
[724] Eine genaue Erläuterung der Devianz findet sich bei: Vester, *Kompendium der Soziologie I: Grundbegriffe*, 2009. Relevant sind hierbei die Seiten 91–104.

zept der *kalten persona* nach Helmut Lethen an.[725] Er entwickelte sein Konzept basierend auf Autoren der Nachkriegszeit wie Bertolt Brecht oder Ernst Jünger, die sich gegenüber Einflüssen von außen schützen wollten und eine Barriere um sich herum aufgebaut haben, die ihnen Handlungssicherheit bot. Daraus entstand eine *kalte persona*, die empathielos war und zu Gewalt neigte. Lethens Körperkonzept ist als Partikel der romantischen Anthropologie aufzufassen, weil innerhalb der Romantik Prinzipien wie der *homo electrificatus* oder der in dieser Arbeit vorkommende und neu entwickelte *homo calefiatus* zur Beschreibung des Verhaltens literarischer Figuren, insbesondere zur Deutung der Liebesbeziehung zwischen Protagonisten, auftreten. Die Bildung von Körperkonzepten, die sich aus der Vereinigung von mehreren Wissenschaften ergaben, kam nach der Romantik in Anbetracht der Ausdifferenzierung der Wissenschaften zum Erliegen. Stattdessen verlagerte sich der Fokus auf Metaphern, wie die bereits genannte Auflösung oder Entladung, die zwar immer noch eine Nähe zu den positivistischen (Natur-)Wissenschaften suggerieren, aber eine vollständige Vereinigung nicht mehr ermöglichen. Der Vorwurf des Anachronismus lässt sich somit dadurch entkräften, dass Lethen ein Körperkonzept entwickelt hat, das näher an der Tradition der Romantik anschließt. Die *kalten personae* zeichnen sich, wie Dr. Katzenberger, nicht nur durch eine starke Wissenschaftsorientierung auf, sondern auch durch Gewalttätigkeit, sarkastisches und unfreundliches Auftreten sowie Empathielosigkeit.[726] Im Gegensatz dazu weisen *warme personae*, wie beispielhaft Herr Nieß, den klassischen Ästhetikbegriff auf, schätzen die Schönheit der Naturdinge sowie den Umgang mit der Umwelt.

Dr. Katzenberger fühlt sich lediglich in der Umgebung von Figuren aufgehoben, die seinen kalten und empathielosen Charaktermerkmalen entsprechen. Jean Paul nutzt hierfür das Bild der mechanischen Wärmeerzeugung durch Reiben:

„Vor allem Warmen überlief gewöhnlich des Doktors innern Menschen eine Gänsehaut; kalte Stichworte hingegen rieben wie Schnee seine Brust und Glieder warm und rot."[727]

Gegenüber Themen, die ihn nicht interessieren, verhält sich Dr. Katzenberger kühl und ablehnend. Diese Haltung ändert sich, sobald ein Aspekt oder Themenkomplex zur Debatte steht, für den er sich begeistern kann. Dann erfolgt physikalisch durch die Reibung eine Vermehrung seiner inneren freien Wärme, sodass er immer „feuriger fort [fuhr]."[728]

---

[725] Eine vollständige Beschreibung und exemplarische Analyse der *kalten persona* in Texten der Gegenwart findet sich in: Lethen, *Verhaltenslehren der Kälte. Lebensversuche zwischen den Kriegen*, 2014.

[726] Vgl. Ebd.: 68, 178.

[727] Jean Paul 2013 [1809] 99.

[728] Ebd.: 112.

Zusätzlich verweist Jean Paul auf die Affinitätslehre, indem sich lediglich *kalte personae* untereinander verstehen. Mit *warmen personae*, wie beispielhaft mit Autoren wie Herr Nieß, entstehen nur Missverständnisse und unüberbrückbare Differenzen: „Ich bin ein Dichter, und Sie ein Wissenschafts-Weiser; dies erklärt unseren Unterschied."[729] Im Umgang mit unterschiedlich gesinnten Menschen dient ein weiteres soziophysikalisches Modell, mit dem sich insbesondere die Dynamik der Meinungsbildung beschreiben lässt. Vereinfacht kann ein Mensch entweder mit dem Gegenüber in seinen Auffassungen übereinstimmen oder nicht. Für diese vereinfachte Annahme bedient sich die Soziophysik des Ising-Modells mitsamt seinen Modifikationen.[730] Dieses Modell der theoretischen Physik hat Ernst Ising erstmals 1924 untersucht und bezieht sich auf den Ferromagnetismus in Festkörpern. Dabei liegt die vereinfachte Annahme zugrunde, wonach der Eigendrehimpuls der Atome oder Ionen, der sogenannte Spin, nur zwei diskrete Zustände annehmen kann. Die Spinkomponenten tragen daher entweder die Werte +1 oder -1. In Abhängigkeit von der Temperatur verschieben sich der Zustand und die Stärke des Magnetes. Je höher die Temperatur ist, desto eher gilt der Magnet als entmagnetisiert, sodass er seine polare Ausrichtung verliert. Bereits bei der Kritischen Temperatur T_C erfolgt der Zusammenbruch des Magnetismus. Strukturell liegt daher bei niedrigen Temperaturen eine Ordnung vor, während bei hohen Temperaturen dieser geordnete Zustand aufgehoben ist.

Angesichts dieser binären Betrachtungsweise eignet sich das Ising-Modell, um die polaren Dynamiken innerhalb einer menschlichen Kommunikation zu beschreiben. Dies trifft auch für eine Abendgesellschaft im Badeort Maulbronn zu, bei der Dr. Katzenberger zusammen mit einem alten Kollegen und einer Frauengruppe diniert. Die beiden männlichen Figuren führen für sie unterhaltsame Gespräche und tauschen sich über ihre neuen Errungenschaften und Entdeckungen aus. Sie nehmen daher den Zustand +1 an. Sobald allerdings Dr. Katzenberger die weiblichen Figuren anspricht, können diese seinen Thematiken nicht folgen. Bei dieser Konstellation tritt der Zustand -1 ein. Trotzdem liegt noch ein System der Ordnung unterhalb der Kritischen Temperatur vor, weil die weiblichen Figuren Dr. Katzenberger und seinen Kollegen dulden. Dies ändert sich allerdings als die beiden Gelehrten ekelerregende Thematiken wählen und die Frauengruppe verärgern. Entsprechend der eingangs geschilderten Thematik zur mechanischen Reibung erfahren die beiden Gelehrten durch gleiche Erlebnisse und Interessen eine Erwärmung, sodass der zu Beginn des Abendessens konstatierte geordnete Zustand zwischen den Figuren aufgehoben ist. Wie auch beim Ising-Modell liegt durch die erhöhte Temperatur der männlichen Protagonisten ein ungeordneter Zustand vor, der sich

---

[729] Ebd.: 100.

[730] Ein guter Überblick über das Ising-Modell und seinen Modifikationen findet sich in: Stauffer/Moss de Oliveira/de Oliveira/Sá Martins, *Biology, Sociology, Geology by Computational Physicists*, 2011.

in einer Verärgerung der weiblichen Figuren äußert. Sie verlassen direkt den Tisch, wodurch die Kritische Temperatur vorliegt und damit eine Störung, die sich auf das geordnete System auswirkt.

An dieser Stelle ist weiterhin das Modell des *damage spreading* wirksam.[731] Infolge einer Handlung oder Kommentar einer Person verändert sich die Meinung des Gegenübers rapide. Genau wie bei der Abendgesellschaft reicht ein Kommentar Dr. Katzenbergers aus, damit die bereits angespannte Situation einen Wendepunkt erfährt und das Erscheinungsbild den beiden Gelehrten gegenüber noch weiter verschlechtert. Auf soziologischer Ebene fungiert Dr. Katzenberger daher als Parasit, der das System und die Ordnung stört.[732] Solange der Protagonist während einer Kommunikationssituation konforme Verhaltensweisen demonstriert, hat die geordnete Gesellschaft Bestand. Mit jeder Abweichung verfällt das System immer mehr in Unordnung, bis es schlussendlich in einer Auflösung begriffen ist, wie anhand der verlassenden Frauengruppe deutlich ist. Der Ausgangspunkt der Systemauflösung ist auf den Kontrast zwischen den beiden Ästhetikbegriffen und deren Unvereinbarkeit zurückzuführen.

Dr. Katzenbergers Verhältnisse zu annähernd sämtlichen Figuren im Roman entsprechen ebenfalls einem Zustand von -1, der auf Meinungsverschiedenheiten hindeutet. So widerspricht er der Kritik des Brunnenarztes Dr. Strykius, missachtet die Hausordnung der Gutshausbesitzerin in St. Wolfgang oder betrügt einen Apotheker um den Preis eines achtbeinigen Hasens. Die Gründe für diese Streitigkeiten mögen variieren, doch bleiben diese bei der Soziophysik unberücksichtigt, die lediglich die Auswirkungen der Meinungsunterschiede fokussiert. Vereinfacht ist daher feststellbar, dass bedingt durch diese Verschiedenheit Konflikte resultieren. Wie auch bei der Statistischen Physik oder der Wahrscheinlichkeitsrechnung kommt es nicht auf die Art, sondern lediglich auf die Anzahl der Ereignisse an. So sind auch bei *Dr. Katzenbergers Badereise* die Gründe für die Meinungsverschiedenheiten belanglos. Aus der Anzahl der vorkommenden Streitigkeiten ist hingegen zu entnehmen, dass der namensgebende Protagonist mit einer verhältnismäßig hohen Wahrscheinlichkeit Konflikte herbeiführt. Mit diesem gleichartig statistischen Benehmen korreliert die Figurenkonstellation im Roman mit dem Verhalten großflächiger sozialer Systeme.

Im Falle des „echten" Autoren Herr Theudobach entstehen allerdings keine Konflikte oder Meinungsverschiedenheiten. Dies ist zum einen darauf zurückzuführen, dass Dr. Katzenberger aus Liebe zu seiner Tochter Theoda sein Verhalten reflektiert. Hinzu kommt, dass die beiden männlichen Figuren zumindest teilweise

---

[731] Vgl. ebd.: 204.
[732] Serres, *Der Parasit*, 2002 [1980]. Auch Luhmann verwendet für seine Systemtheorie den Begriff des Parasiten, ohne diesen systematisch zu entfalten. Eine explizitere Anwendung dieser Begrifflichkeit auf der Ebene der Interaktion, Organisation und Gesellschaft findet sich bei: Schneider, „Parasiten sozialer Systeme", 2015.

die gleichen Merkmale aufweisen, wodurch der neutrale Zustand 0 resultiert. Theudobach vereint in sich sowohl Eigenschaften der *kalten persona* als auch der *warmen persona*, weil er als Literat das mit Theoda gemeinsame sensible, ästhetische Gefühl, aber auch das ernste, rationale und exakt vorgehende Gemüt eines Wissenschaftlers wie Dr. Katzenberger vertritt: „Der Hauptmann, schon von Natur und Wissenschaft ernst, war durch die plötzliche unberechnete Lohe der Liebe nur noch ernster geworden."[733] Herr Nieß dagegen wäre als Schwiegersohn nicht in Betracht gekommen, weil er lediglich die Charaktereigenschaften einer *warmen persona* vertritt und daher zwischen Theoda und Dr. Katzenberger nicht hätte vermitteln können. In der Figur des Hauptmanns von Theudobach wird daher das von der romantischen Naturphilosophie angestrebte Ziel der Vereinigung sämtlicher Wissenschaften und Künste erfüllt. Weiterhin ist mithilfe des Prinzips der *homines calefiati* begründbar, warum die beiden schlussendlich eine Liebesbeziehung eingehen. Die Liebeswerbung und Liebesentstehung zwischen Theoda und dem Hauptmann vollzogen sich über einen längeren Zeitraum. Weiterhin verfällt der Autor in eine literarische Apathie, durch die er sich nicht mehr vollständig auf seine Arbeit konzentrieren kann. Das Hemmnis für eine Beziehung ist zurückzuführen auf die Schamgefühle und das gebrochene Ehrgefühl Theodas, bewirkt durch das öffentliche Missverständnis ihrerseits. Schließlich haben sie freiwillig und ohne äußere Einflüsse ihre Partnerwahl getroffen, auch wenn Dr. Katzenberger erst mit der Aussicht auf die wissenschaftliche Untersuchung der in einer Höhle befindlichen Bärenknochen, die sich im Besitz des Hauptmanns befindet, der Hochzeit zustimmt.

Jean Pauls Text konstruiert mit dem Kontrast zwischen zwei Ästhetikbegriffen ein System, das durch Unvereinbarkeit und der schlussendlichen Auflösung geprägt ist. Das reduktionistische Konzept ist insofern erfüllt, indem die jeweiligen Vertreter mitsamt ihren Merkmalen diametral gegenübergestellt werden und stets aufeinandertreffen. Mikrosysteme, wie die beschriebene abendliche Tischgesellschaft, stellen dabei die Mikroebene dar, die repräsentativ für die Makroebene, der Satire, wirkt. Die Soziophysik kommt bei dem vorherrschenden Ästhetikdiskurs teilweise zum Erliegen, weil sie die subjektiven Einschätzungen nach der Schönheit und dem Hässlichen nicht abbilden kann. Sie kann lediglich die Auswirkungen der Meinungsverschiedenheiten demonstrieren, nicht aber deren Ursachen.

6.2 Erweiterter Wissenskreis bei E. T. A. Hoffmann

Genau wie Jean Paul weist auch Hoffmann (1776–1822) kein naturwissenschaftliches Studium auf. Nach seinem Studium der Rechte in Königsberg nahm er die Stelle eines preußischen Regierungsrates an und fand nur am Wochenende Zeit, sich seinen eigentlichen Interessen, der Poesie, Musik, der Kunst und den (Natur-)Wissenschaften zu widmen, wie er seinem Freund Theodor Hippel in

---

[733] Jean Paul 2013 [1809]: 204.

einem Brief aus dem Jahr 1796 gestand: „[...] denn wisse, nur Sonntag blühn bei mir Künste und Wissenschaften."[734] Hoffmann verfolgte den Wunsch, seinen ungeliebten Beruf aufzugeben und sich vollständig auf künstlerischem Gebiet zu betätigen, wie er in einem Tagebucheintrag vom 8. Oktober 1803 verdeutlicht:

> „Wäre er [Cousin Hoffmanns] gestorben, so hätte ich ihn wahrscheinlich beerbt, und vielleicht hätte ich [dann noch] den lyrischen Traum des wirksamen freyen Künstlerlebens realisieren können. Ich hätte das unerträgliche Joch abgeschüttelt und wäre nach meinem Eden gezogen!"[735]

Parallel zu seinem Beruf als Regierungsrat arbeitete er nebenberuflich als Musiklehrer sowie Künstler und leitete zeitweise ein Theater, für das er Bühnenstücke schrieb. Zudem zeigte Hoffmann ein großes Interesse an Naturwissenschaften. Insbesondere ärztliche und psychiatrische Bereiche und Techniken wie der Mesmerismus und der Somnambulismus übten eine Faszination auf Hoffmann aus. Das aus diesen Disziplinen stammende Wissen sollte dazu beitragen, die Schattenseiten eines Menschen zu entschlüsseln. Zu diesem Zweck las er die pseudowissenschaftlichen Traktate von Franz Anton Mesmer, C. A. F. Kluge, Philippe Pinel und Johann Christian Reil.[736] Seine Freundschaft mit den Psychiatrieärzten Adalbert Friedrich Marcus und Friedrich Speyer in Bamberg erweiterten und intensivierten seine Kenntnisse. Durch seinen Kontakt mit dem Kaffeehausbesitzer Adolph Wagner kam er mit der romantischen Naturphilosophie in Berührung, die für ihn immer mehr an Bedeutung gewann und las infolgedessen Schriften von Schelling, Johann Christian Wiegleb, vor allem seine *magia naturalis*, und Gotthilf Heinrich von Schubert, insbesondere die *Ansichten von der Nachtseite der Naturwissenschaft* (1808) und seine *Symbolik des Traumes* (1814).[737] Die Texte der Naturforscher und Naturphilosophen konnte sich Hoffmann von Carl Friedrich Cunz ausleihen, der eine Leihbibliothek führte, zu der er freien Zugang besaß.[738] Darüber hinaus pflegte er Brieffreundschaften zu Naturforschern, wie beispielsweise Adalbert von Chamisso, den er bei Fragen und Unklarheiten im Bereich der Botanik kontaktierte.[739] Hoffmann sammelte nicht nur theoretisches Wissen, sondern führte auch physikalische Experimente

---

[734] Hoffmann/Steinecke/Segebrecht, *E. T. A. Hoffmann. Frühe Prosa: Briefe, Tagebücher, Libretti, juristische Schrift, Werke 1794–1813*, 2003: 51.

[735] Hoffmann/Schnapp, *E. T. A. Hoffmann. Tagebücher*, 1971: 57.

[736] Günzel, *E. T. A. Hoffmann. Leben und Werk in Briefen, Selbstzeugnissen und Zeitdokumenten*, 1979: 275.

[737] Ebd.: 274f.

[738] Braun, *E. T. A. Hoffmann. Dichter, Zeichner, Musiker: Biographie*, 2004: 99.

[739] Die Fragen stellt Hoffmann beispielhaft in Briefen an Chamisso vom 6.11.1818, 27.1.1819 oder vom 28.2.1819. Vgl. Hoffmann/Steinecke/Allroggen, *E. T. A. Hoffmann. Späte Prosa, Briefe, Tagebücher und Aufzeichnungen, juristische Schrift, Werke*, 2004: 148–160.

mit Franz von Holbein durch.[740] Mit seinen literarischen Texten und naturwissenschaftlichen Kenntnissen gilt er als Schlüsselfigur auf der Grenze zwischen wissenschaftlichen und poetischen Argumentationsfeldern.[741]

6.2.1 Künstliche Wärme in *Die Jesuiterkirche in G.* (1816)

Das zeitgenössische Publikum hat die Erzählung *Die Jesuiterkirche in G.* günstiger aufgenommen als andere Nachtstücke Hoffmanns, aber auch sie fristet unter Literaturwissenschaftlern ein Schattendasein, obwohl sie als Künstlernovelle wegweisend für andere Texte gilt.[742] Das abgekürzte G steht für die niederschlesische Stadt Glogau, in der Hoffmann von 1796 bis 1798 im Haus seines Onkels lebte. Dort traf der romantische Autor den Miniaturmaler Aloys Molinary, der Renovierungsarbeiten in der dortigen Jesuiterkirche ausführte und bei dessen Arbeiten er assistieren durfte.[743]

Seine Eindrücke in Glogau verarbeitete Hoffmann in seiner Erzählung vielfältig. Der Ich-Erzähler aus der *Jesuiterkirche in G.* erleidet einen Unfall, wobei seine Kutsche erheblichen Schaden erlitt. Während dieser unfreiwilligen Unterbrechung seiner Reise besucht der Ich-Erzähler seinen alten Bekannten, Aloysius Walther, der als Professor an dem Jesuiten-Kolleg arbeitet. Er beaufsichtigt die Anfertigung eines Altarbildes durch den Maler Berthold, den der Ich-Erzähler unterstützt. Neugierig über dessen Lebensumstände geworden, empfängt er von dem Professor Walther einen biographischen Bericht über den Künstler, der allem Anschein nach seine Frau und sein Kind ermordet hat. Nach der Konfrontation des Malers mit seinem angeblichen Verbrechen verlässt der Ich-Erzähler G. und reist weiter.

Hoffmann schuf mit seiner Novelle ein künstlerisches Experiment, das einerseits erkenntnistheoretische Aspekte mit Kunst und andererseits die parasitäre Wirkung von Kunstwerken, ausgedrückt durch die Wärmelehre, verknüpft. Die Verbindung aus Kunst und Wärme ergibt sich daraus, dass die Erkenntnis aus Kunstwerken gleichzusetzen ist mit der zur Wärmetopik gehörigen Flamme, die in Berthold entfacht werden soll, „daß sie hell auflodert und [ihn] erleuchtet."[744] Zudem beginnt ab der zweiten Hälfte des 18. Jahrhunderts die vielfältige Übertragung des Wärmetopos auf innere Zustände, die Mut, Begeisterung, Leidenschaftlichkeit, Empfindsamkeit und Innigkeit implizieren.[745]

---

[740] Braun 2004: 52.

[741] Brandstetter/Neumann, „Romantische Wissenspoetik. Die Künste und die Wissenschaften um 1800", 2004: 12.

[742] Heimes, „Die Jesuiterkirche in G.", 2012: 191.

[743] Ebd.: 190f.

[744] Hoffmann/Steinecke/Allroggen, „Die Jesuiterkirche in G.", 2009 [1816]: 129.

[745] Grimm, Jacob/Grimm, Wilhelm, *Deutsches Wörterbuch. Online-Version*. URL: http://woerterbuchnetz.de/cgibin/WBNetz/wbgui_py?sigle=DWB&mode=Vernetzung&hitlist=&patternlist=&lemid=GW07179#XGW07179, Registereintrag [Wärme], abgerufen am 20.08.2019 um 15:35.

Der Text repräsentiert im Sinne Kosellecks eine Etablierung neuer Kultur- und Denksysteme, indem die traditionelle Nachahmungslehre durch eine neue Produktionsästhetik abgelöst wird, die das schaffende Talent des Künstlers zentriert. Erst die Kreativität ermöglicht die Entwicklung neuer Formen und Perspektiven, die zu neuen Betrachtungsweisen führen können. Die Kunst repräsentiert dementsprechend eine Erkenntnisform, die Schelling benennt als „die einzige und ewige Offenbarung, die es giebt."[746] Nach seiner Auffassung ist das Kunsttalent von der Natur gegeben. Aber selbst bei einem angeborenen Talent kann die Kunst nur „todte Producte" hervorbringen, wenn ein Maler lediglich die Oberfläche betrachtet und mimetisch abbildet.[747] Ein wahrer Künstler betrachtet stets die Tiefe der abzubildenden Gegenstände.[748] Das Gleiche gilt für den Maler Berthold aus der Erzählung *Die Jesuiterkirche in G.* Trotz großem Talent und Sinn für Ästhetik erscheinen seine Landschaften stets leblos, weil er die Natur lediglich mimetisch abbildet:

> „Einige von ihm [Berthold] dort aufgestellte Stücke von wunderbarer Anmut und Klarheit bewährten des Künstlers Ruf und selbst die Historienmaler gestanden, es läge auch in dieser reinen Nachahmung der Natur viel Großes und Vortreffliches […]."[749]

Einen ersten Hinweis darüber, was seinen Gemälden fehlen könnte, erhält er von einem alten Malteser, der selber als Landschaftsmaler tätig ist. Nicht allein die Mimesis der Natur ermöglicht die Erkenntnis, sondern die innere Einsicht in die Schönheit der Natur:

> „Auffassung der Natur in der tiefsten Bedeutung des höhern Sinns, der alle Wesen zum höheren Leben entzündet, das ist der heilige Zweck aller Kunst. Kann denn das bloße genaue Abschreiben der Natur jemals dahin führen? – Wie ärmlich, wie steif und ungezwungen sieht die nachgemalte Handschrift in einer fremden Sprache aus, die der Abschreiber nicht verstand und daher den Sinn der Züge, die er mühsam abschnörkelte, nicht zu deuten wußte. So sind die Landschaften deines Meisters korrekte Abschriften eines in ihm fremder Sprache geschriebenen Originals."[750]

Insbesondere das Verhältnis von Einbildungskraft und Visualität, dessen Konstellation sich vermehrt um 1800 literarisch manifestiert, nimmt beim Malen eine zentrale Position ein.[751] Hoffmann ist wie kaum ein anderer romantischer Autor der Imagination verpflichtet und thematisiert zugleich immer wieder Aspekte visuel-

---

[746] Schelling, *System des transzendentalen Idealismus*, 1924 [1800]: 460.
[747] Ebd.: 461.
[748] Ebd.: 462.
[749] Hoffmann/Steinecke/Allroggen 2009 [1816]: 126f.
[750] Ebd.: 129f.
[751] Kaufmann/Kirves/Uhlmann, „Einleitung", 2014: 13.

ler Wahrnehmung.[752] In der Tradition des Serapionistischen Prinzips bedient sich der Autor entweder optischer Apparate oder Kunstwerke, um das Unsichtbare sichtbar zu machen. In diesem Zusammenhang ist vor allem die Anamorphose oder auch Verstreckung zu nennen, die auf der Ablenkung und Lenkung von Lichtstrahlen beruht. Bei anamorphotischen Bildern laufen die abzubildenden Gegenstände nicht planparallel, sondern schräg zur Maltafel projiziert und sind erst im schrägen Winkel sichtbar. Der Einsatz von Anamorphosen etablierte sich zu einem relevanten Bestandteil der Hoffmannschen Wissenschaftspoetik und ist meistens auf den Einsatz von dioptrischen Medien und weniger auf den Standortwechsel des Betrachters zurückzuführen.[753] Eine weitere von Hoffmann erwähnte illusionistische Maltechnik stellt das Trompe l'oeil dar, das auf Wand- und Deckenmalereien einen Eindruck von Dreidimensionalität vermittelt und den Raum optisch erweitert.[754] Erst das durch visuelle Techniken repräsentierte mediale Feld kann zwischen der Kunst und den Wissenschaften vermitteln, sodass sich neue Wege des Denkens und Wahrnehmens ergeben.[755]

Kunstwerke gehören nicht den klassischen Erkenntnisformen an, weil sie nicht auf die Anerkennung von Aussagen als wahr oder falsch zurückgreifen.[756] Sie sind den nicht propositionalen Erkenntnisformen zugeordnet, bei denen zur Entwicklung kognitiver Fähigkeiten neben traditionellen Wissenselementen weitere, insbesondere persönliche Betrachtungen notwendig sind.[757] Jedes Kunstwerk unterliegt subjektiven Eindrücken, wodurch individuelle Interpretationen resultieren. Gerade bei Vexierbildern oder Anamorphosen stehen die Teile des Gemäldes für sich. Erst wenn ein Individuum sämtliche Teile des Bildes in ihrer Gesamtheit betrachtet, entsteht in Abhängigkeit des individuellen Standpunktes die Einheitlichkeit des Kunstwerkes. Kunstwerke gelten daher als besondere Erkenntnisformen, weil sie die gleiche Vereinigung in einem Individuum hervorbringen und daher ganzheitliches Denken ermöglichen.[758] Nur in der Gesamtschau seines Lebens unter Berücksichtigung sämtlicher Details vermag das Individuum zur Erkenntnis zu ge-

---

[752] Ebd.: 13.

[753] Neumann, „Romantische Aufklärung – Zu E. T. A. Hoffmanns Wissenschaftspoetik", 1997: 131f.

[754] Hoffmann hat die Trompe l'oeil-Technik den Jesuitern zugeschrieben, die zu Ehren der mathematischen Ökonomie an dem euklidischen Winkel festgehalten haben. Allerdings ist die Projektion nur auf ebenen Flächen möglich. Es stellte sich daher die Frage, wie sich die Linearperspektive auch auf Krümmungen anwenden ließ. Die Lösung hierfür erfand der Jesuiterpater Andrea Pozzo in seinem 1693 erschienen Text *De perspectiva picterum atque architectorum*. Kittler, *Optische Medien. Berliner Vorlesung 1999*, 2011 [1999]: 102.

[755] Brandstetter/Neumann 2004: 12.

[756] Bauereisen/Pabst/Vesper, „Einleitung", 2009: 23.

[757] Vgl. ebd.: 23f.

[758] Zantwijk, „Ästhetische Anschauung. Die Erkenntnisfunktion der Kunst bei Schelling", 2007: 138.

langen. Insgesamt geschieht die Bewusstwerdung durch Kunstwerke daher mittels Anschauung und ist nicht an Sprache gebunden.[759]

Das in Hoffmanns Text dargestellte künstlerische Experiment ist nur dann erfolgreich, sobald die aus Kunstwerken abgeleitete Erkenntnis durch Selbstanalyse sowie durch neue Möglichkeiten der Darstellung erfolgt. Bei bloßen mimetischen Nachbildungen misslingen sowohl das künstlerische Experiment als auch die damit zusammenhängende Erkenntnisgewinnung. Dieses Scheitern illustriert der Literat anhand des Verhältnisses zwischen Berthold und seiner späteren Frau, der Prinzessin Angiola T. aus Neapel. Enttäuscht über seinen Misserfolg als Landschaftsmaler reist der Protagonist nach Italien, um seine Fähigkeiten zu erweitern. Bei der ersten Begegnung mit Angiola empfindet er unverzüglich die „[volle] Glut des Lebens"[760] und beginnt mit dem Porträtieren von Heiligen- und Altarbildern. Für die Darstellung von Heiligen, Engeln und Madonnen verwendet er stets die Gesichtszüge seiner Angebeteten. Solange Angiola als idealisierte, unerreichbare Liebe fungiert, erscheinen seine Altarbilder beseelt und erwecken in jedem Betrachter ein Gefühl von Glückseligkeit und Vollkommenheit. Dieser Umstand erlaubt zweierlei Schlüsse. Zum einen wirken entsprechend der neuen romantischen Produktionsästhetik seine Kunstwerke deswegen beseelt und vollkommen, weil er seine Geliebte nur basierend auf seinen Erinnerungen malt und ihr Erscheinungsbild durch neue Darstellungen variiert. Eine bloße Mimesis vollzieht sich dabei nicht. Zum anderen sollen die Erkenntnis und die Selbstanalyse durch Kunst mithilfe der durch die Wärmetopik ausgedrückten Leidenschaft für die Malerei erfolgen. Die Liebe zu Angiola verdrängt allerdings diese Empfindungen, sodass eine Erkenntnis durch die Kunstwerke nicht erfolgen kann. Hoffmann negativiert somit die Liebe zu einer Frau, indem sie die wahre Erkenntnis vortäuscht.

Die Liebe zu einer Frau verhindert nicht nur die erkennende Selbstanalyse, sondern kann auch die Existenz gefährden. Dieser Umstand trifft auf Bertholds Erfolg zu. Seit dem Moment der Liebesbekundung verfügt Berthold nicht mehr über sein künstlerisches Talent, das nur unter der Prämisse einer idealisierten Liebe Bestand hatte:

> „Er gedachte Trotz zu bieten der unheimlichen Gewalt, die ihn zu erfassen schien, er bereitete die Farben, er fing an zu malen; aber seine Kraft war gebrochen, all' sein Bemühen, so wie damals, nur die ohnmächtige Anstrengung des unverständigen Kindes. Starr und leblos blieb was er malte, und selbst Angiola – Angiola, sein Ideal, wurde, wenn sie ihm saß und er sie malen wollte, auf der Leinwand zum toten Wachsbilde, das ihn mit gläsernen Auge anstierte."[761]

---

[759] Ebd.: 134.
[760] Hoffmann/Steinecke/Allroggen 2009 [1816]: 134.
[761] Ebd.: 137f.

Die ehemals beseelt und lebendig wirkenden Altarbilder entstehen nun nicht mehr aus der gedanklichen Wiedergabe, sondern beruhen auf rein mimetischer Anschauung, weil Angiola Berthold Modell steht, sodass dementsprechend das bloße Abmalen seine Kreativität ersetzt. Der beginnende Misserfolg Bertholds ist nicht nur durch seine bloße Mimesis bedingt, sondern auch durch die parasitäre Wirkung der Kunstbilder, die der physikalische Prozess der Wärmeleitung illustriert. Von Angiola geht zwar ein „Feuerblick"[762] aus, der allem Anschein nach die innere freie Wärme Bertholds vermehrt. Allerdings fungiert Berthold nur als Übermittler der Wärme, die sich schlussendlich in seinen Kunstwerken manifestiert. Er nimmt dementsprechend die von Angiola kommende Wärme nicht auf, sondern überträgt sie nur auf seine Bilder, wodurch sie bis zu einem gewissen Punkt belebt wirken. Bereits zu Beginn ist in Bertholds Augen ein Feuer bemerkbar, aus denen „heiße Tränen"[763] strömen. Damit deutet sich bereits an, dass der Maler schon vor dem Treffen mit Angiola ein künstlerisches Talent besitzt, dieses allerdings lediglich für mimetische Darstellungen verwendete. Die Wärmeübertragung und somit die Vermehrung seines künstlerischen Potenzials sind daher nicht funktionsfähig, weil Berthold entsprechend der Soziophysik als figurierter physikalischer Körper zu keiner weiteren Aufnahme von Wärme beziehungsweise Talent fähig ist. Äquivalent zu physikalischen Körpern vollzieht sich keine Temperaturerhöhung, sondern eine Phasenumwandlung zweiter Art. Im Gegensatz zu Phasenumwandlungen erster Art, zu denen alle Arten von Aggregatzustandsänderungen gehören, tritt keine Wärmezugabe oder -abgabe auf. Eine Phasenumwandlung zweiter Art bezeichnet verschiedene Übergänge zwischen Phasen innerhalb eines Stoffes, die strukturell nicht sichtbar sind. So vollzieht sich auch keine äußerliche Veränderung Bertholds, sondern eine innere, die dadurch erkennbar ist, dass Berthold angesichts des fehlenden künstlerischen Potenzials und Erfolgs seiner Frau mit einem „hell aufflammende[n] Haß"[764] begegnet, obwohl sie anfänglich sein Ideal und seinen Engel verkörpert. Zur Klassifikation der einzelnen Phasenumwandlungen dienen Phasendiagramme, die Paul Ehrenfest konzipiert hat. Ein derartiges Diagramm erscheint auch für das Verhältnis zwischen Berthold und seiner Geliebten plausibel. Die Ordinate markiert dabei die zunehmende Frustration Bertholds F_B, die gegen seine Hass- respektive Schuldgefühlen gegenüber seiner Frau T_A aufgetragen wird. Je länger Berthold der Wärme seiner Frau ausgesetzt ist und keinen Erfolg verspürt, desto stetiger schneller seine Frustration exponentiell an. Der Kritische Punkt P_C markiert den Höhepunkt der Phasenumwandlung, bei dem sich der Phasenübergang vollzieht und die Liebesgefühle von Berthold in Hass umschlagen. Nach dem vermeintlichen Mord an seiner Frau entfällt das Objekt des Zornes, sodass die Frustration abnimmt. Die Kurve erreicht dennoch nicht den Nullwert, weil

---

[762] Ebd.: 134.
[763] Ebd.: 133.
[764] Ebd.: 138.

Berthold weiterhin seinen Schuldgefühlen ausgesetzt ist, diese aber teilweise verdrängen kann. Diese vermehren sich nun stetig, als der Ich-Erzähler den Künstler erneut mit seiner Tat konfrontiert. Dieser Sachverhalt korreliert mit der Systemtheorie, weil Systeme nur Frequenzen produzieren können, die bereits zu Beginn vorhanden waren.[765] Es resultieren daraus lineare Kurvenverläufe, wie anhand Abbildung 13 ersichtlich.

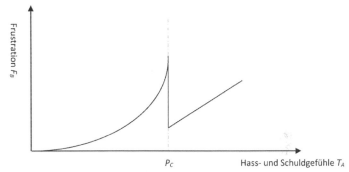

Abbildung 13: Auftragung für F_B gegen T_A für die Phasenumwandlung Bertholds

Aus diesem Verhältnis folgt, dass aus anfänglich sinnlichen und liebevollen Leidenschaften sukzessiv Gefühle des Zorns entstehen. Diese Umwandlung kann sich dadurch vollziehen, weil die Wärmetopik beide Empfindungsbereiche umschreibt. Zudem demonstriert Hoffmann mit dieser Umkehr der Gefühle, dass die Liebe zu einer Frau lediglich von kurzer Dauer ist und nicht die Erkenntnis oder das ersehnte Ziel herbeiführen.

Die parasitäre Wirkung der Kunstwerke beruht darauf, dass sie Angiola ihre Wärme bis zu dem Punkt, an dem sie keine Wärme mehr abgeben kann, entziehen. Wie auch beim *Findling* führt ein übermäßiger Abgang von Wärme unweigerlich zum Tod. Bereits die Beschreibungen von Angiola als „tote[s] Wachsbild" mit einem „leichenblasse[n] Gesicht"[766] bestätigen nicht nur die aufzehrende Wirkung der Kunstwerke, sondern deuten zusätzlich ihr späteres Schicksal voraus. Anfänglich verfügt Angiola noch über ihre volle Wärme und somit Lebensenergie. Diese überträgt sich auf die Bilder, die dadurch belebt wirken. Je mehr allerdings die Kunstwerke ihre Lebensenergie rauben, desto unbeseelter wirken auch die Kunstwerke. In diesem Zusammenhang greift Hoffmann die barocke Vorstellung einer aufzehrenden Liebe auf, wie sie auch Jean Paul im *Hesperus* schildert, indem er überwiegend Begriffe aus dem Wortfeld des Feuers zur Beschreibung der Liebe zwischen Angiola und Berthold verwendet, die Zerstörung konnotieren.

---

[765] Luhmann 2017: 124f.
[766] Hoffmann/Steinecke/Allroggen 2009 [1816]: 138.

Mit dem Körperkonzept der liebenden *homines calefiati* ist weiterhin begründbar, warum die Liebe der beiden zum Scheitern verurteilt ist. Die Liebesentstehung und Liebeswerbung vollziehen sich nicht über einen längeren Zeitraum, sondern nehmen eine kurze Zeitspanne ein. Weiterhin empfinden die beiden Figuren kein Gefühl der Apathie oder Lähmung. Im Gegenteil verspürt Berthold einen belebenden und berauschenden, schöpfenden Zustand. Schließlich müssen die beiden keine Hindernisse in Form von persönlichen Konflikten, familiären Bestimmungen oder dergleichen überwinden. Die Liebe zwischen den beiden entspricht nur in dem Aspekt dem entwickelten Körperkonzept der liebenden *homines calefiati*, wonach die Herkunft der Liebenden gleichgültig ist, weil Angiola als wohlhabende und angesehene Prinzessin einen bürgerlichen Maler liebt.

Die Rolle der Kunstwerke als Instanz der Erkenntnis und Selbstanalyse wird insbesondere während der gemeinsamen Arbeit des Ich-Erzählers mit dem Maler ersichtlich. Berthold macht sich für den Tod seiner Familie verantwortlich und verdrängt diese Tat. Erst die Konfrontation mit dem Geschehenen in der Kunst verleitet ihn dazu, über seine Handlungen erneut zu reflektieren. Die Kunst hilft ihm dabei, weil sich in ihr seine Taten spiegeln. Ähnliches schreibt auch Ritter in seinem Text *Physik als Kunst* (1806):

> „Nach einer langen Pause dann, binnen der der Mensch beynahe müßig stand, und zwischen Erinnerung und Hoffnung fast gleich unentschieden, den bloßen Strom der Zeit allein gehorchte, worauf dann aber doch die Hoffnung siegte, die seitdem fast die Erinnerung verdrängt, und allen Blick der Zukunft zugelenkt, erschien auch – in der Malerey – nunmehr die That allmälig wieder, indem ihr Werk der Fläche, ob es gleich, wo sie das höchste leistete, mehr auf den Thäter als die That gesehn (ja nur sehn konnte), doch durch den Betrachter erst zu einem Wollen körperlich wird; wodurch sie gleichsam, in der Aufforderung an ihn, es zu ergänzen, ihm das Beginnen neuer Eigener That verkünden will."[767]

Der Maler verfällt in einem gelösten, euphorischen Zustand, weil er die Wahrheit über den Tod seiner Familie erkennt. Die Kunst vermag demnach zugleich Schmerz zu stillen, aber auch den inneren Zwiespalt eines Menschen zu lösen.[768] Bertholds Karriere als Künstler war stets von einem Oszillieren zwischen seinem wahren, leidenschaftlichen Kunsttalent und einer idealisierten Liebe zu einer Frau geprägt. Erst der Einblick in die Kunst kann diese Widersprüche aufheben und sowohl zu einer Erkenntnis als auch zu einer Identität führen.[769] Bezeichnend ist, dass Berthold keine expressiven Gefühlsäußerungen tätigt, sondern gemäßigte Freude zeigt. Nicht Aufruhr und Beschwichtigung der Leidenschaften ist der Zweck der

---

[767] Ritter 1806: 58.
[768] Schelling 1924 [1800]: 459.
[769] Vgl. Pfotenhauer, *Um 1800. Konfigurationen der Literatur, Kunstliteratur und Ästhetik*, 1991: 2.

Kunst, sondern die kontemplativ erzeugte Einsicht, die nie leidenschaftslos, aber wohl temperiert ist.[770] Entsprechend äußert sich Schelling über die Gefühle, die die Erkenntnis durch ein Kunstwerk in einem Menschen erzeugen:

> „Der äussere Ausdruck des Kunstwerks ist also der Ausdruck der Ruhe, und der stillen Größe, selbst da, wo die höchste Spannung des Schmerzens oder der Freude ausgedrückt werden soll."[771]

Berthold begeht nach der Fertigstellung seines Altarbildes Selbstmord, welcher als Eingeständnis seiner Schuld aufzufassen ist.

Hoffmanns Novelle demonstriert das Scheitern des künstlerischen Experiments, sobald nicht das schaffende Moment des Künstlertums vollzogen wird, sondern lediglich das bloße mimetische Abbilden. Die Ironie liegt weiterhin darin, dass die Liebe zu einer Frau die Leidenschaft zu der Malerei verdrängen kann, wobei das Ich diesen Umstand nicht bemerkt. Zwar hat diese Liebe nur eine begrenzte Beständigkeit gegenüber den Empfindungen zu der Kunst, allerdings täuscht diese Glückseligkeit und Vollkommenheit vor, die ein Künstler nur durch seine Werke erhält. Die Soziophysik rückt angesichts des Erkenntnisbegriffs der Kunstwerke in den Hintergrund, allerdings kann sie das Scheitern des künstlerischen Experiments sowie den Verfall des Liebesobjekts durch geeignete Diagramme und theoretische Aspekte darstellen.

6.2.2 Dunkle Wärme und kaltes Licht bei *Die Bergwerke zu Falun* (1819)

Die Erzählung *Die Bergwerke zu Falun* zählt neben Goethes *Wahlverwandtschaften* (1809) zu den bekanntesten Verbindungen von Literatur und anorganischer Chemie, doch erzielte sie im Gegensatz zum erwähnten Roman keine große Wirkung bei der zeitgenössischen Leserschaft.[772]

Hoffmann schuf mit seinem Text ein experimentelles Psychogramm, das die Erkenntnisse aus der Wärmelehre mit dem geistigen Verfall des Protagonisten verknüpft. Damit repräsentiert die Erzählung im Sinne Kosellecks eine Etablierung neuer Denksysteme, weil der Vernunftdiskurs der Aufklärung durch die Darstellung des sukzessiv eintretenden Wahnsinns abgelöst wird. Der Hoffmannsche Text zentriert dabei vordergründig den Bergwerkstopos, wodurch er in der Tradition von Novalis fragmentarischem Roman *Heinrich von Ofterdingen* (1802), Tiecks Erzählung *Der Runenberg* (1804) oder das in Arnims Roman *Armut, Reichtum, Schuld und Buße der Gräfin Dolores* (1810) vorkommende Gedicht *Des ersten Bergmanns ewige Jugend* steht. Anders als bei den erwähnten Texten verweist Hoffmann expli-

---

[770] Zantwijk 2007: 147.

[771] Schelling 1924 [1800]: 464.

[772] Küchler-Williams, „Was konserviert der Bergmann zu Falun – Kuper- oder Eisenvitriol? Eine chemische Fußnote zu den Variationen des ‚Bergwerks zu Falun'", 2000: 191.

zit auf Schuberts *Ansichten von der Nachtseite der Naturwissenschaft* als Quelle, die wiederum selber auf ein historisches Ereignis aus dem Jahr 1719 in der schwedischen Stadt Falun rekurrieren. Zu diesem Zeitpunkt entdeckten Bergleute die vollständig durch Vitriol[773] konservierte Leiche eines vor 50 Jahren verschütteten Bergmanns. Schubert schreibt dazu:

> „Auf gleiche Weise verfiel auch jener merkwürdige Leichnam, von welchem Hülpher, Cronstedt und die schwedischen Tagebücher erzählten, in eine Art von Asche, nachdem man ihn, dem Anscheine nach in festem Stein verwandelt, unter einem Glasschrank vergeblich vor dem Zutritt der Lust gesichert hatte. Man fand diesen ehemaligen Bergmann, in der schwedischen Eisengrube zu Falun, als zwischen zween Schachten ein Durchschlag versucht wurde. Der Leichnam, ganz mit Vitriol durchdrungen, war Anfangs weich, wurde aber, so bald man ihn an die Luft gebracht, so hart als Stein. Funfzig Jahre hatte derselbe in einer Tiefe von 300 Ellen, in jenem Vitriolwasser gelegen, und niemand hätte die noch unveränderten Gesichtszüge des verunglückten Jünglings erkannt […] da kömmt an Krücken und mit grauem Haar ein altes Mütterchen, mit Thränen über den geliebten Toden, der ihr verlobter Bräutigam gewesen, hinkend, die Stunde segnend, da ihr noch an den Pforten des Grabes ein solches Wiedersehen gegönnt war […]."[774]

Weitere Informationen über das Ereignis, über das Bergwerk sowie die spezifische bergmännische Ausdrucksweise entnimmt Hoffmann aus den Reiseberichten *Reise durch Schweden im Jahr 1804* (1806) von Ernst Moritz Arndt und *Reise durch Skandinavien in den Jahren 1806 und 1807* (1811) von Johann Friedrich Ludwig Hausmann, auf die er in seiner Erzählung in einer Fußnote verweist: „S. die Beschreibung der großen Pinge zu Falun in Hausmanns Reise durch Skandinavien. V Teil. Seite 96 ff."[775]

Hoffmanns Text berichtet davon, wie der Matrose Elis Fröbom von einer längeren Schiffsfahrt heimkehrt und von dem Tod seiner Mutter erfährt. Desillusioniert

---

[773] Als Vitriole wurden seit ihrer Erforschung die in Wasser löslichen Sulfate zweiwertiger Schwermetalle (Mangan, Eisen, Kobalt, Nickel, Kuper, Zink) bezeichnet. Am häufigsten finden sich blaue Kupfer-, grüne Eisen- und weiße Zinkvitriole. Der Name Vitriol stammt von dem lateinischen Wort *vitreus* für gläsern, da alle Vitriole unter der Bindung von Wassermolekülen in durchsichtigen Kristallen ausfallen. Schubert unterliegt bei seinem Text Fehlinformationen aus seinen Quellen, da nicht Eisenvitriol, sondern Kupfervitriol in dem Bergwerk für die Konservierung des Leichnams verantwortlich ist. Weiterhin kommt Kupfervitriol im Gegensatz zu Eisenvitriol in unterirdischen Gewässern in Reinform vor. Zudem befindet sich Kupfervitriol oft als einziges Vitriol in einer Ader, während Eisenvitriol mit den Vitriolen des Magnesiums, Mangans, Kobalts, Nickels und Zinks oft vermischt ist. Hoffmann unterliegt nicht diesen fehlerhaften Informationen, da er zusätzlich zu Schuberts Text auch andere Quellen rezipierte. Ebd.: 193ff.

[774] Schubert, *Ansichten von der Nachtseite der Naturwissenschaft*, 1967 [1808]: 215f.

[775] Hoffmann, „Die Bergwerke zu Falun", 2015 [1819]: 220.

von seinem Beruf entschließt er sich nach einer längeren Phase des Zögerns, dem Rat eines Bergmannes zu folgen und als Bergmann in der Stadt Falun zu arbeiten. In einer dortigen Pinge trifft er auf Pehrson Dahlsjö und seiner Tochter Ulla, in die sich Elis verliebt. Am Tag der Hochzeit der beiden Figuren betritt der Protagonist die Pinge, um seiner Geliebten einen Kristall zu besorgen. Elis erleidet den Tod, als der Stollen über ihn einstürzt. Sein Leichnam kann erst 50 Jahre später bei einem Durchbruch geborgen werden.

Die gesamte Erzählung ist durchzogen von Dichotomien, die den Wahnsinn einleiten und verstärken. Der Protagonist Elis Fröbom hegt angesichts der Wahl seines Berufs anfänglich Zweifel. Dieser Zwiespalt spiegelt sich weiterhin in seiner Position zwischen seiner realen Verlobten Ulla und der metaphysischen Bergkönigin. Weiterhin dominieren der *hell-dunkel*-Kontrast der Oberfläche und des Bergwerkes sowie die naturwissenschaftliche Polarität zwischen der Wärme und dem Licht. Zudem entwirft Hoffmann mithilfe der Wärmelehre und besonders der Vakuumtechnik einen Reaktionsverlauf, der das sich verändernde Handlungsmuster des Protagonisten veranschaulicht. Elis entwickelt sich von einem anfänglich hochsensiblen und emotionalen Charakter zu einer gefühlskalten und einer für Gefühle unempfänglichen Figur. In diesem Zusammenhang empfindet er anfänglich Mitleid und Schuldgefühle angesichts des Todes seiner Mutter und bedauert, dass er ihr beim Sterben bedingt durch seinen Beruf als Matrose nicht beistehen konnte:

> „Sein ganzes Leben auf der See erscheine ihm wie ein irres zweckloses Treiben, ja, wenn er daran denke, daß seine Mutter vielleicht schlecht gepflegt von fremden Leuten, so ohne Trost sterben müssen, komme es ihm ruchlos und abscheulich vor, daß er überhaupt zur See gegangen, und nicht lieber daheim geblieben, seine arme Mutter nährend und pflegend."[776]

In dieser Situation erscheint ein alter Bergmann, der zum einen Elis Zweifel an seiner Berufswahl weiter schürt und zum anderen ihn zu einem Leben als Bergmann überreden möchte. Anfänglich missfällt ihm die Vorstellung von einer Arbeit in der Tiefe, weil er den Himmel und die Sonne nicht mehr erblicken kann und beschreibt einen Stollen als „schauerliche Höllentiefe."[777] An dieser Stelle setzt die Wärmeleitung ein, um die Überzeugungskraft des alten Bergmannes zu illustrieren. Während seiner Erzählung von der Schönheit eines Bergwerkes und der tieferliegenden Gesteinen wurde sein Blick „immer glühender."[778] Diese Steigerung verweist auf die vermehrte Ansammlung der freien Wärme beziehungsweise relativen Wärme nach Crawford, die sich auf Elis übertragen soll. Anders als Kleist, Arnim oder Jean Paul verwendet Hoffmann somit die Wärmeleitung nicht nur zur Übertragung von Liebe, Emotionen oder Gesundheit, sondern zur Übertragung von Gedanken und

---

[776] Ebd.: 212.
[777] Ebd.: 241.
[778] Ebd.: 215.

Vorstellungen. Infolgedessen verlieren die ursprünglichen, negativen Bilder zum Beruf des Bergmannes sukzessive ihre Wirkung und

> „es war ihm, als sei er schon hinabgefahren mit dem Alten in die Tiefe, und ein mächtiger Zauber halte ihn unten fest, so daß er nie mehr das freundliche Licht des Tages schauen werde. Und doch war es ihm wieder, als habe ihm der Alte eine neue unbekannte Welt erschlossen, in die er hineingehöre, und aller Zauber dieser Welt sei ihm schon zur frühsten Knabenzeit in seltsamen geheimnisvollen Ahnungen aufgegangen."[779]

Diese Begegnung markiert den Anfangszustand und den Beginn der nun einsetzenden Entwicklung. Elis weist noch einen hohen Grad an Emotionen und Gefühlen auf und ist bereit, selbst über einen für ihn abschreckenden Beruf nachzudenken, sodass er noch empfänglich für die Meinung anderer Figuren ist. So nimmt er zu diesem Zeitpunkt auch noch den Ratschlag des alten Bergmannes an und reist nach Falun, um dort als Bergmann zu arbeiten. An dem Marktplatz ankommend, erblickt er Pehrson Dahlsjö und dessen Tochter Ulla, für die er eine starke Sympathie empfindet: „So wie Elis Fröbom die Jungfrau erblickte, war es ihm, als schlüge ein Blitz durch sein Innres und entflammte alle Himmelslust, allen Liebesschmerz."[780] Wie Jean Paul beim *Hesperus* wendet Hoffmann die Thermoelektrizität an, um die entstehenden Gefühle des Protagonisten zu literarisieren. Im Gegensatz zu den liebenden *homines calefiati* verläuft die Liebesentstehung veranschaulicht durch den Blitz plötzlich und impulsiv. Erst die Anwesenheit von Elektrizität bewirkt, dass sich die Liebesgefühle einer literarischen Figur in einer schnelleren Geschwindigkeit und Intensität ausbilden, als wenn lediglich Wärme vorhanden ist. Dennoch verläuft die Liebeswerbung über einen längeren Zeitraum, weil sich Elis der Gefühle von Ulla für ihn nicht sicher sein kann.

Entsprechend des Körperkonzepts der liebenden *homines calefiati* sind zwischen Ulla und Elis zudem die Standesschranken überwunden, weil Ulla als Tochter eines erfolgreichen und angesehenen Bergwerkbesitzers einen einfachen Bergmann liebt. Berücksichtigung finden demnach lediglich die individuellen Interessen der Liebenden und nicht die Erwartungen der Gesellschaft oder der Familienmitglieder. Bis die beiden ein Paar werden, bedarf es dennoch einer List von Pehrson Dahlsjö. Er stellt Elis einen reichen Handelsherrn aus Göteborg als Ullas Bräutigam vor, woraufhin er in die Pinge flieht und den alten Bergmann um Hilfe anfleht. Elis verbringt eine Nacht in der Tiefe, bis Pehrson Dahlsjö ihn findet und zu sich nach Hause führt, wo er seine List auflöst. Wie auch beim *Käthchen von Heilbronn* oder *Hesperus* müssen auch die liebenden *homines calefiati* ein Hindernis überwinden oder um ihre Liebe kämpfen, bis sie ein Paar werden. Die Hindernisse repräsentieren in diesem Zusammenhang die unerwartete Reaktion Pehrson Dahlsjös und

---

[779] Ebd.: 215f.
[780] Ebd.: 223.

dessen List. Er wünschte sich allerdings Ellis von Beginn an als Schwiegersohn, sodass er schließlich den beiden Liebenden seinen Heiratssegen erteilt.

Die abendliche Flucht in die Pinge markiert einen entscheidenden Zeitpunkt innerhalb der Wandlung des Protagonisten. Während Elis vor der nächtlichen Begegnung mit dem alten Bergmann und der Bergkönigin emotionsgeladen und hochsensibel auf sein Umfeld reagierte, vollzieht sich nun ein sukzessiver Wechsel zu einem gefühlskalten Charakter. Entscheidend an dieser Stelle sind der direkte Körperkontakt mit der Wand der Pinge sowie die Berührung durch die Bergkönigin. Sie wirken wie eine kaltmachende Materie, die die Wärmeabgabe respektive Gefühlsabgabe des Protagonisten bewirken. Gleichzeitig erleidet Elis eine Sinnesverwirrung, infolge derer er zusehends den Bezug zur Realität verliert. In diesem Zusammenhang gebraucht Hoffmann das Bild des Äthers, der in Form eines „blauen durchsichtig funkelnden Nebels"[781] erscheint. Diese allumfassende Substanz repräsentiert nicht mehr wie bei Jean Paul einen glücklichen, traumhaften Zustand, sondern eine Selbst- und Weltentfremdung, wodurch er eine Negativierung erfährt. Das Bild des Äthers korreliert mit dem Bergwerkstopos und die Arbeit im Inneren eines Stollens, indem sie auf die Vergänglichkeit des Lebens sowie Selbstverlust und Auflösung des Selbst hindeuten.[782] Diese schleichende Charakterumwandlung bewirkt weiterhin die Verstärkung der Dichotomien, insbesondere bezogen auf das Verhältnis der beiden Frauenfiguren und dem Wechselspiel zwischen der Ober- und der Unterwelt. Dieser innere Dualismus ist daran ersichtlich, dass Elis Gefühle zwischen einer Sinnenliebe zu der mythologischen Bergkönigin, die er während seines Traumerlebnisses und seiner Liebesflucht in die Pinge erblickt hat, und einer Seelenliebe zu Ulla oszillieren. Er fühlt sich dadurch wie „in zwei Hälften geteilt."[783] Die beiden Frauenfiguren bilden eine Einheit, weil Ulla die metonymische Verschiebung der Bergkönigin repräsentiert, die Elis auf der einen Seite beglückt und die Arbeit in der Tiefe vergessen lässt: „In dieser Zeit verscheuchte Ulla's Liebe, die nun hell und klar aus ihrem kindlichen Herzen ausströmte das Andenken an die verhängnisvollen Abenteuer im Schacht."[784] Aber auf der anderen Seite bewegt die Liebe zu Ulla Elis zu einer vermehrten Arbeit im Bergwerk wie Pehrson Dahlsjö feststellt: „Mußte ich es denn nicht längst wissen, daß du Ulla liebtest, und wohl nur ihretwegen mit so viel Fleiß und Eifer in der Grube arbeitetest?"[785] Die beiden weiblichen Figuren sind eingebettet in einer lokalen Dichotomie. Ulla ist Repräsentantin der Oberfläche, während die metaphysische Bergkönigin die Tiefe beheimatet. Kollektivsymbolisch steht der Wärme-Komplex aus Licht, Sonne, Höhe und Organik gegen den Kälte-Komplex aus Dun-

---

[781] Ebd.: 232.
[782] Vgl. Heimes, „Die Bergwerke zu Falun", 2012: 279 und Schellenberger-Diederich, *Geopoetik. Studien zur Metaphorik des Geistes in der Lyrik von Hölderlin bis Celan*, 2006: 154.
[783] Hoffmann 2015 [1819]: 235.
[784] Ebd.: 235.
[785] Ebd.: 233.

kelheit, Tiefe und Anorganik-Organik, wobei die Metallbäume und Metallpflanzen eine symbolische Interferenz bilden. Bäume und Pflanzen sind an der Oberfläche angesiedelt und daher dem ersten Komplex zugeordnet. Bei den *Bergwerken zu Falun* sind sie aber mit Attributen versehen, durch die sie ebenso dem zweiten Komplex zugehörig sind: „Er [Elis] blickte in die paradiesische Gefilde der herrlichsten Metallbäume und Pflanzen, an denen wie Früchte, Blüten und Blumen feuerstrahlende Steine hingen."[786] Durch das Operieren der Metallbäume und Metallpflanzen in zwei Komplexen und lokalen Zonen spiegelt sich die Oberfläche in der Tiefe, wobei sie dadurch ein illusionistisches Gefühl der Oberfläche vermitteln. Diese Idee der Täuschung entnimmt Hoffmann aus Schuberts *Ansichten von der Nachtseite der Naturwissenschaft*:

> „Metalle, besonders die baumförmigen, blätterartigen, ahmen die höhere organische Welt, oft bis zur Täuschung nach. Das ganze Reich der Metalle, scheint an den Gränzen der beyden Welten, aus dem Untergang und einer der Verwesung ähnlichen Vernichtung des Unorganischen entstanden, und in sich den Keim der neuen, organischen Zeit zu tragen."[787]

Das Spiegeln der Oberfläche ist weiterhin daran ersichtlich, dass Elis im dunklen Schacht eine Lichterscheinung bemerkt, die vordergründig auf der Oberfläche angesiedelt ist, wodurch diese scheinbar Elemente der Oberwelt vermitteln. Diese Lichterscheinung ermöglicht nach Scheele erst die Wärmeerscheinungen[788], die er bei den „feuerstrahlenden" Steinen wahrnimmt. Mithilfe der Wärmelehre ist somit seine verzehrte Wahrnehmung und die Täuschung belegbar. Ein Licht kann nur leuchten, aber nicht wärmen. Ebenso kann der materielle Feuerstoff wärmen, aber nicht leuchten, worauf der Begriff der „dunklen Wärme" verweist. Der Ausdruck „feuerstrahlen" konnotiert allerdings, dass Feuer sowohl leuchten als auch wärmen kann. In der Tiefe sind somit die an der Oberfläche auftretenden Gesetze aufgehoben.

Die Nachahmung der Metallbäume und -pflanzen bewirkt in Elis ein Gefühl der Geborgenheit, das sich durch einen glühenden Strahl verstärkt, der auf die Wärmeleitung und die Übertragung von Gefühlen rekurriert. Dieses Gefühl erfährt durch das Erscheinen der Bergkönigin eine Intensivierung. Diese drückt ihn „mütterlich an ihre Brust"[789], sodass er in einen Zustand der Schwerelosigkeit verfällt, der an Befindlichkeiten im Mutterschoß erinnert. Nicht umsonst gilt das Bergwerk als Ort der Initiation in den mütterlichen Erdleib.[790] Die Erde als mütterlicher Leib ist eine zentrale Metapher der Romantik, wobei Autoren wie Tieck, Arnim oder Hoffmann

---

[786] Ebd.: 232.

[787] Schubert 1967 [1808]: 201.

[788] Vgl. Scheele 1894 [1777]: 54.

[789] Hoffmann 2015 [1819]: 232.

[790] Böhme, „Montan-Bau und Berg-Geheimnis. Zum Verhältnis von Bergbauwissenschaft und hermetischer Naturästhetik bei Novalis", 1988: 68.

auf Novalis Bezug nehmen, der das Deutungsmuster des Bergwerks als gynäko-morphe Technik dem hermetischen Schrifttum der Alchemie entnommen hat.[791]

Die integrative Funktion der Metallbäume und -pflanzen führt zu einer Pendel-bewegung zwischen zwei konträren Welten, denen Elis ausgesetzt ist. Die Öffnung der Pinge markiert dabei die Ambivalenzzone zwischen den beiden entgegenge-setzten Welten, wobei die Vertreter der jeweiligen Zone Elis beeinflussen. Ulla und Pehrson Dahlsjö sind Motivatoren für ein Leben an der Oberfläche, während die Bergkönigin und der alte Bergmann Elis zu einem Leben in der Tiefe verführen wollen.

Die Wirkung der kaltmachenden Materie entfaltet eine immer größere Wirkung, sodass sie auch an der Oberfläche wirksam ist. Dieser Sachverhalt wird daran deut-lich, als Elis das Gefühl habe, eine „eiskalte Hand [griffe] in sein Inneres hinein."[792] Er verliert zusehends ein Gefühl für die Realität und schwärmt nur noch für die Unterwelt, für die er ambivalente Gefühle hegt:

> „Alle Herrlichkeit, die ihn unten in der Teufe mit der höchsten Wonne erfüllt, erschien ihm jetzt wie eine Hölle voll trostloser Qual trügerisch ausgeschmückt zur verderblichsten Verlockung!"[793]

Selbst die „heißen Tränen"[794] Ullas am Tag ihrer Hochzeit können Elis nicht erwär-men und von seinem Drang, in die Tiefe zurückzukehren, umstimmen. Er verkör-pert damit im Sinne der Soziophysik nun nach Abschluss der Reaktion ein Wärme-vakuum, dem die kaltmachende Materie sämtliche Wärme entzogen hat.[795] Auch an dieser Stelle bildet sich erneut die diametrale Einheit der beiden Frauenfiguren ab. Ulla konnte mit ihrer Liebe Elis Wärme befördern, während die Bergkönigin mitsamt ihrer Umgebung als kaltmachende Materie explizit diese Wärme bis zum Nullpunkt entzieht. Genau wie bei dem physikalischen Vorbild kann keine Wär-meleitung erfolgen, weil keine Materie vorhanden ist, die die Wärme vermitteln kann. Der Einfluss der Bergkönigin hat mit dem vollständigen Entziehen von Elis Wärme ihren Höhepunkt erreicht, sodass Ullas Bemühen erfolglos bleibt. Die heu-tige Forschung hat zwar bewiesen, dass Wärmestrahlung sowie elektromagneti-sche Wellen, wie beispielhaft das Licht, sich im Vakuum fortpflanzen. Allerdings haben die Forscher um 1800 angenommen, dass der Äther lediglich Licht und

---

[791] Ebd.: 73.
[792] Hoffmann 2015 [1819]: 234.
[793] Ebd.: 234.
[794] Ebd.: 237.
[795] Die verbreitete Erforschung und Erzeugung eines Vakuums begann im 17. Jahrhundert, obwohl bereits Demokrit die Annahme eines luftleeren Raumes untersuchte. Populär wurde die Untersuchung und öffentliche Demonstration des Vakuums durch Otto von Guericke, der 1657 mithilfe der Magdeburger Halbkugeln die Kraft und den Zusammen-halt zweier durch ein Vakuum verbundener Halbkugeln bewies. Zur Vakuumerzeugung wird sich heutzutage entweder spezifischer Pumpen oder chemischer Verfahren bedient.

Wärme vermitteln kann, während das Vakuum nicht für den Materietransport imstande wäre. Daher verwendet Hoffmann das Bild des Wärmevakuums, um das erfolglose Bitten Ullas zu verdeutlichen. Daraus folgt, dass physikalische Prozesse wie die Wärmeleitung auf die Übertragung und die Existenz von Emotionen hindeuten, während das Vakuum die Unempfänglichkeit für Gefühle vermittelt. Die Entwicklung Elis von einer sensiblen und emotionalen Figur bis hin zu einem gefühlskalten Wärmevakuum erscheint durch eine Exponentialfunktion plausibel, die in den Naturwissenschaften die zeitliche Änderung einer Größe angibt. Bei der vorliegenden Wandlung handelt es sich um einen exponentiellen Zerfall, bei der die Menge an Wärmestoff monoton abnehmend gegen den Nullpunkt als Anzeichen für das entstehende Vakuum konvergiert und in der folgenden Abbildung als Lösung der Differentialfunktion aufgetragen wird:

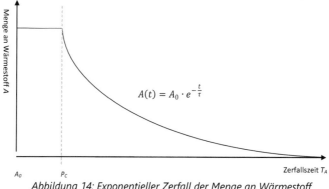

Abbildung 14: Exponentieller Zerfall der Menge an Wärmestoff

τ markiert die Zeitspanne, in der eine Größe A, in dem Fall die Menge an Wärmestoff, jeweils auf das $1/e$-fache abfällt. Daher trägt sie auch die allgemeine Bezeichnung *Zeitkonstante*, während sie in der Physik als *Lebensdauer* bekannt ist. An der Stelle A_0 unterlag Elis noch nicht dem Einfluss der Bergkönigin und des alten Bergmannes und verfügte dementsprechend über sein gesamtes Wärme- und Gefühlsvermögen. Erst ab dem Kritischen Punkt P_C, an dem er vermehrten Kontakt mit den mythologischen Figuren aufwies, nimmt sowohl sein Emfindungsvermögen als auch sein Wärmevorrat bis zum Nullpunkt ab. An dieser Stelle ist die Entwicklung zum Wärmevakuum abgeschlossen und Elis ist für die Gefühle und Ratschläge seiner Verlobten unempfänglich.

Die Interpretation der *Bergwerke zu Falun* führt zu einer weiteren Modifikation der Soziophysik. Diese Methode sollte nach einer anfänglichen Annahme zu Beginn der Arbeit lediglich zur Analyse des Verhaltens und der Beziehungsstrukturen von rein körperlichen Figuren dienen. In Form von Elis hat sich allerdings gezeigt, dass die Protagonisten auch immaterielle Formen annehmen können, mit denen sich ein bestimmter Sachverhalt besser ausdrücken kann, als wenn dieser seine materielle Gestalt beibehalten würde. Literarische Figuren repräsentieren somit nach dieser Erweiterung nicht nur materielle Atome, sondern auch immaterielle Formen, wie beispielhaft ein Wärmevakuum. Trotz dieser Modifikation ist wichtig zu erwähnen, dass die Figur die Funktion und die Eigenschaften des jeweiligen immateriellen Gegenstandes annimmt, mit dem sie gleichgesetzt wird.

Die Ästhetik des Schreckens sollte Elis vor einem weiteren Gang in die Tiefe bewahren, doch stattdessen führt sie zum völligen Realitätsverlust, der Elis schließlich dazu verleitet, Ulla einen Almandin aus dem Bergwerk zu holen:

> „Unten in der Teufe liegt in Chlorit und Glimmer eingeschlossen der kirschrot funkelnde Almandin, auf den unsere Lebenstafel eingegraben, den mußt du von mir empfangen als Hochzeits-Gabe. Er ist schöner als der herrlichste blutrote Karfunkel, und wenn wir in treuer Liebe verbunden hineinblicken in sein strahlendes Licht, können wir es deutlich erschauen, wie unser Inneres verwachsen ist mit dem wunderbaren Gezweige das aus dem Herzen der Königin im Mittelpunkt der Erde emporkeimt."[796]

Hoffmann widerspricht mit der Wahl des Hochzeitsgeschenks dem romantischen Konzept, wonach der Karfunkel der höchste und wertvollste Kristall darstellt, der beispielhaft in Novalis Roman *Heinrich von Ofterdingen* als Symbol für das höchste Liebesglück, der Poesie und der inneren Transzendenz fungiert.[797] Bei Hoffmann hingegen ist der Almandin das Symbol für das höchste Liebesglück von Ulla und Elis. Dieses verkehrt sich einerseits ins Gegenteil, indem die Pinge während Elis versuchter Bergung des Almandins einstürzt und die Bergleute ihn trotz größter Anstrengung nicht bergen können. Im Almandin materialisiert Hoffmann daher den Vorgang einer verhängnisvollen Bemächtigung, worauf statt Freiheit Untergang folgt.[798] Der Kristall gilt somit als moralische Metapher für den Hochmut des Menschen gegenüber der Natur, die er auszubeuten versucht.[799] Andererseits repräsentiert der Almandin das scheinbare, kurzfristige Liebesglück zweier Protagonisten, dem zerstörerische Kräfte entgegenwirken, sodass eine dauerhafte Verbindung unmöglich ist. Das romantische Liebeskonzept und damit auch das Körperkonzept der *homines calefiati* sind bei den *Bergwerken zu Falun* somit nicht erfüllt, weil die beiden Liebenden keine gemeinsame Zukunft haben.

Fünfzig Jahre später finden Bergleute wie auch bei Schubert die durch Vitriolwasser konservierte Leiche von Elis bei einem Durchschlag. Niemand konnte die Leiche identifizieren, bis sich Ulla näherte und ihren Geliebten erblickte. Während

---

[796] Ebd.: 236f.

[797] Rudtke, *Herzstein und Wortkristall – eine literarische Mineralogie. Ausprägung eines Motivfeldes in Romantik, Moderne und Gegenwart*, 2014: 96.

[798] Ebd.: 96.

[799] Wellenberger, *Der Ernst des Unendlichen. Die Poetologie der Romantik und ihre Umsetzung durch E. T. A. Hoffmann*, 1986: 182.

ihrer Umarmung von Elis Leichnam verstirbt sie und die Leiche zerfällt zu Asche. Das Begräbnis der beiden Liebenden vollzieht sich in der gleichen Kirche, in der fünfzig Jahren die Hochzeit stattfinden sollte:

> „In der Kopparbergs-Kirche, dort wo vor funfzig Jahren das Paar getraut werden sollte, wurde die Asche des Jünglings beigesetzt und mit ihr die Leiche der bis in den bittern Tod getreuen Braut."[800]

Mit der lokalen Vereinigung des Begräbnisses mit der geplanten Hochzeit entspricht Hoffmann damit der Idee Schuberts, wonach zwei entgegengesetzt scheinende Dinge vereinigt werden.[801]

Hoffmanns Text präsentiert eindeutig die Verknüpfung von Erkenntnissen aus der naturwissenschaftlichen Forschung, insbesondere der Wärmelehre und der Vakuumtechnik, mit psychologischen Fragen nach dem Inneren Wesen eines Individuums. Der Charakter eines Menschen ist zu komplex, sodass sich Literaten vielfältigen Möglichkeiten zur Beschreibung und Darstellung der inneren Vorgänge einer Person widmeten. Die Naturwissenschaften dienen somit als Hilfswissenschaft, um die psychologische Fragen sowie den psychologischen Werdegang einer Person vereinfacht zu skizzieren. Die Soziophysik kann zwar, im Gegensatz zur psychoanalytischen Literaturinterpretation, keine tiefgreifenden psychologischen Fragen beantworten. Dennoch kann sie die Wandlung einer Figur ausgehend von physikalischen Deutungen skizzieren.

6.2.3 Glühende Liebesumkehr in *Der Elementargeist* (1821)

Ebenso wie andere Texte Hoffmanns war *Der Elementargeist* sowohl vom zeitgenössischen Publikum als auch von Literaturwissenschaftlern einer großen Kritik ausgesetzt und blieb infolgedessen unberücksichtigt.[802] Der Autor erzählt darin die Beschwörung eines Elementargeistes durch den Major O'Malley, der als Liebesobjekt für den Obristen Viktor von S. dienen soll. Die Lehre der Elementargeister geht auf den Arzt Paracelsus zurück, der in seiner 1566 erschienenen Abhandlung *Liber de nymphis, sylphis, pygmaeis et salamandris, et de caeteris spiritibus* vier den Elementen zugeordnete, seelenlose Wesen unterscheidet, die nur ausgewählte Menschen wahrnehmen können. Die Undinen repräsentieren bei seiner Lehre das Wasser, die Sylphen die Luft, die Gnomen die Erde und die Salamander das Feuer. Das Wissen über den Elementargeist-Komplex entnimmt Hoffmann unter anderem aus der deutschen Übersetzung des *Graf von Gabalis oder Gespräche über die verborgenen Wissenschaften* (1782) von Nicolas Pierre Henri Montfaucon de Villars sowie aus Jacques Cazottes Roman *Le diable amoureux* (1772), den Hoffmann im Januar 1821

---

[800] Hoffmann 2015 [1819]: 239.
[801] Schubert 1967 [1808]: 76.
[802] Kilcher/Burkhardt, „Der Elementargeist", 2015: 371.

bei seinem Leihbibliothekar Friedrich Wilhelm Joseph Kralowsky ausgeliehen hatte.[803] Beide Texte finden innerhalb der Handlung mehrmals Erwähnung und dienen als Vergleichsinstanz für die Ereignisse Viktors, sodass sie selber ein narratives Element repräsentieren. Inhaltlich weisen Cazottes Roman und die Hoffmannsche Erzählung explizite Parallelen auf. So erweckt der Protagonist Alvare in einer Zeremonie den Teufel, der ihm zunächst in verschiedenen Gestalten erscheint, bis er sich schlussendlich in die wunderschöne Biondetta materialisiert. Anfänglich kann er ihren Reizen widerstehen, doch schließlich verbringen sie eine Nacht miteinander, in der sich Biondetta als Beelzebub zu erkennen gibt.

Hoffmann schuf mit seinem Text eine soziale Versuchsanordnung, die poetologische und ästhetische Konzepte mit dem naturwissenschaftlichen Bild des Kristalls kombinierte. *Der Elementargeist* befindet sich damit auf der Schwelle zur Moderne, die den Kristall und kristalline Formen als Instanz der Subjektivierung und Gedankenform wertet. Das dazugehörige Prinzip des Anorganischen stand Ende des 18. Jahrhunderts in enger Korrelation zu dem Organischen. Anfang des 19. Jahrhunderts fand allerdings eine Trennung der beiden Seinsbereiche statt, wodurch das Anorganische teilweise als Gegensatz zum Lebendigen aufgefasst wurde. Die in der romantischen Naturphilosophie propagierte Einheit des Organischen mit dem Anorganischen ist demnach hinfällig. Vielmehr entstand eine Ästhetisierung des Anorganischen, das nun eine Relativierungsform des Lebens und der lebendigen Organismen darstellte.[804] Erst durch das Anorganische wird das Organische sichtbar. Damit rückten sämtliche Formen des Steinernen, Metallischen und Kristallinen sowie der Prozess der Kristallisation in den Vordergrund der Betrachtung sowohl der Literaten als auch der Naturforscher und -philosophen wie Goethe oder Kant. Gerade der Vorgang der Kristallisation mit der anschließenden Kristallbildung und Auflösung repräsentiert ein Modell, mit dem sich abstrakte Vorgänge, Ausformungen und Emergenzen veranschaulichen lassen.[805] Diesen Prozess überträgt Hoffmann in seinem Text auf die veränderte Haltung gegenüber Frauen und der geschlechtlichen Liebe, die sich bereits während der Zeremonie zur Heraufbeschwörung des Elementargeistes, eines Salamanders, zeigt.

Der Major O'Malley führt den Protagonisten Viktor in sein verborgenes Labor, wodurch er in der Tradition der Arkanwissenschaften steht, die aus Angst vor Entdeckung und dem Schutz des Wissenschaftlers an geheimen Orten betrieben und deren Erkenntnisse nur verschlüsselt tradiert wurden.[806] Das Ziel der Geheimwissenschaften war die Offenbarung sämtlicher Geheimnisse der Natur. Der Weg dahin führte über die Produktion neuer Substanzen, die Beschwörung der Natur-

---

[803] Ebd.: 372.

[804] Hottner, *Kristallisationen. Ästhetik und Poetik des Anorganischen im späten 18. Jahrhundert*, 2020: 44.

[805] Ebd.: 78.

[806] Neumeyer, „Arkanwissenschaften", 2015: 237f.

kräfte sowie die Manipulation von Menschen, wobei die Experimente keinen geregelten Abläufen folgten.[807] Um den Elementargeist heraufzubeschwören, benötigt der Major Viktors Blut, einen Metallspiegel sowie weitere Ingredenzien und Gerätschaften, mit deren Hilfe er eine portable Figur, einen sogenannten Teraphim, erschafft. Von diesem puppenähnlichen Gegenstand geht eine „elektrische Wärme"[808] aus, die in Viktor überströmt. An dieser Stelle verweist Hoffmann auf die durch die Elektrizität beschleunigte Wärmeleitung, die in Viktor ein Gefühl der Liebe vermittelt. Vor dem Treffen mit O`Malley verspürte Viktor keinerlei Ambitionen, eine Liebesbeziehung mit einer Frau einzugehen:

> „[…] ja ein gewisses kindliches, scheues Wesen in der Gesellschaft hatte mich entfernt gehalten von dem Frauenzimmer, so wie die besondere Richtung meines Geistes jedem Aufwallen roher Begierde widerstand. Ich kann mit Recht behaupten, daß ich ganz unschuldig war, da weder mein Verstand noch meine Phantasie sich bis jetzt mit dem Verhältnis des Mannes zum Weibe beschäftigt hatte."[809]

Erst die sukzessive Wärmeerhöhung kehrt Viktors anfängliches Desinteresse in eine gänzlich gegensätzliche, starke Leidenschaft für das weibliche Geschlecht um:

> „[…] Jetzt erst wurde das Mysterium einer Sinnlichkeit in mir wach, die ich nicht geahndet. Meine Pulse schlugen, ein verzehrendes Feuer durchströmte Nerven und Adern bei jenen Szenen der gefährlichsten, ja grauenvollsten Liebe, […]. Ich unterlag der wollüstigen Qual […]."[810]

Diese Entwicklung ist gleichzusetzen mit dem sukzessiven Vorgang der Kristallisation, bei der erst allmählich der Endzustand in Form des fertigen Kristalls respektive der vollen leidenschaftlichen Gefühle erreicht ist. Die Kristallisation setzt sich stets aus den beiden Teilprozessen Keimbildung und Kristallwachstum zusammen, unabhängig davon, ob eine feste, flüssige oder gasförmige Phase vorliegt.

Ein Kristall entsteht entsprechend der Keimbildung, sobald sich an einem Kristallisationskeim entsprechendes Material anlagert, sodass sich ein submikroskopischer Kristallkeim bildet. Diesem Bild entsprechend besaß Viktor bereits vor der Ankunft O'Malleys und des von ihm heraufbeschwörten Elementargeistes einen gewissen Hang zum weiblichen Geschlecht, auch wenn dieses Gefühl lediglich latent vorlag: „Jetzt erst wurde das Mysterium einer Sinnlichkeit in mir wach, die ich nicht geahndet."[811] Erst mit der alchemistischen Prozedur wurden diese Empfin-

---

[807] Ebd.: 239.

[808] Hoffmann, „Der Elementargeist", 1963 [1821]: 426.

[809] Ebd.: 421.

[810] Ebd.: 421.

[811] Ebd.: 421. Zur Thematik des Unbewussten in der Romantik siehe unter anderem: Görner, *Die Pluralektik der Romantik. Studien zu einer epochalen Denk- und Darstellungsform*, 2010: 160–181.

dungen freigesetzt, die sich schlussendlich in den starken Affekten für den Elementargeist namens Aurora manifestierten. Nicht umsonst erklärt Christian Samuel Weiss, „daß überhaupt die Krystallisationen nur die Äußerung dessen sind, was im Inneren alles schon da ist".[812]

Viktors Leidenschaft vermehrt sich gemäß des Kristallwachstums, als aus dem Teraphim der Salamander namens Aurora erwächst, der als eine anmutige, junge Frau mit feuerrotem Gewand und rötlichen Haaren erscheint. Als sie Viktor küsst, „[zuckte] alle Glut der Liebe des brünstigsten Verlangens wie ein Blitzstrahl durch [s]ein Inneres."[813] Auch an dieser Stelle führt Hoffmann erneut die Thermoelektrizität auf, die wie beispielsweise beim *Hesperus* die Entstehung von Gefühlen beschleunigt oder bereits bestehende Gefühle intensiviert. Entgegen des Körperkonzepts der liebenden *homines calefiati* geschieht die Liebesentstehung und Liebeswerbung schnell, impulsiv und plötzlich, sodass bereits eine Vorahnung auf das Scheitern der Liebesbeziehung gegeben ist. Zusätzlich unterliegen die Figuren, abgesehen von der Herkunft, keinen Hindernissen oder Standesschranken und keiner der beiden verfällt in einem apathischen Zustand.

Der Prozess der Kristallisation endet in Form eines gänzlich entwickelten makroskopischen Kristalls respektive der voll ausgebildeten Gefühle für Aurora. Um diese wandelbaren, polaren Einstellungen zu poetisieren, dient das Prinzip der pyro- oder piezoelektrischen Ladungsumschichtung, die insbesondere bei einem Turmalin beobachtbar ist. Bei Turmalinen handelt es sich um eine in Sri Lanka aufgefundene Kristallgruppe, die erst in der Mitte des 18. Jahrhunderts nach Europa gelangte. Großes Interesse gewann der Turmalin erst nach 1750, der anschaulich die Wirkungen der positiven und negativen Elektrizität sowie die damit zusammenhängende Polarität darstellen konnte. Erreicht die Temperatur einen bestimmten Grad, ändert sich die elektrische Polung des Kristalls. Damit entspricht der Turmalin dem Schellingschen oder Ritterschen Leitgedanken einer allumfassenden Naturpolarität.[814] In diesem Zusammenhang figuriert Hoffmann Viktor der Soziophysik entsprechend als kristallinen Turmalin und sein sich verändernder Bezug zu Frauen entspricht den verschiedenen Polen. Vor der elektrischen Wärme und dem Experiment empfindet Viktor kein Interesse an Frauen. Erst durch das Experiment und die zugeführte Wärme des Teraphims empfindet Viktor eine Leidenschaft, die bei ihm körperliche Ausmaße annimmt, weil er eine „glühende Liebe", einen „brennenden Durst" oder eine „glühende Scham"[815] verspürt. Daraus folgt, dass die Wärmetopik dazu dient, um die ungezügelten Leidenschaften einer Figur darzustellen und verweist erneut auf die barocken, aufzehrenden Liebesvorstellungen, die mit dem Gedanken der

---

[812] Weiss, „Über die Krystallisation des Feldspathes", 1804: 713.

[813] Hoffmann 1963 [1821]: 431.

[814] Breidbach/Wiesenfeldt, „„Könnte nicht also auch die Erdkugel ein großer Turmalin sein?". Eine exemplarische Einführung in Sprach- und Denkmuster der experimentellen Physik um 1800", 2009: 21f.

[815] Hoffmann 1963 [1821]: 427f.

Auflösung einhergehen. Die Darstellung einer Figur als Turmalin basiert auf der Grundannahme um 1800, wonach besagter Kristall anschaulich physikalische Operationen zur temporären Ladungsumschichtung beschreiben kann.[816] Diese Eigenschaft macht sich die Soziophysik zunutze, indem sie dadurch die Einstellungsänderung einer Figur durch äußere Einflüsse beschreiben kann.

Durch den Einfluss von Radioaktivität, bestimmten Stoffen oder hohen Temperaturen kann ein Kristall zerfallen. Nach der barocken Liebesvorstellung würde dementsprechend auch Viktor bedingt durch seine ungezügelten Leidenschaften, die im Text mit Attributen des Feuers versehen sind, eine Auflösung erleiden, die im Text in Form des Seelenraubes durch den Major vonstattengehen soll. An dem Abend, an dem der gemeinsame ewige Bund zwischen dem Salamander und dem Protagonisten geschlossen werden soll, würde zwar Viktor Aurora zur Frau erhalten, aber auch gleichzeitig seine Seele an dem Major verlieren. Bereits die Beschreibung des Äußeren desselben deutet an, dass es sich bei O'Malley um eine mephistophelische Figur handelt:

> „Denke dir einen baumstarken Mann von sechs Fuß Höhe, dessen Bau man gerade nicht ungeschickt nennen kann, aber kein Glied paßt zum andern, und die ganze Figur scheint zusammengewürfelt wie in jenem Spiel, in dem Figuren aus einzelnen Teilen, deren Nummer die Würfel bestimmen, zusammengefügt werden. Die Adlernase, die fein geschlitzten Lippen würden das Antlitz zum Edlen erheben; aber sind die hervorstehenden Glasaugen beinahe widrig, so tragen die hohen schwarzen buschigen Augenbrauen den Charakter der komischen Maske."[817]

Die Auflösung Viktors kann im letzten Moment sein Diener Paul Talkebarth verhindern. Er verfügt als närrischer Charakter über das kindliche Gemüt, der die Absichten von O'Malley erkennt. So greift er sowohl bei der anfänglichen Zeremonie zur Beschwörung von Aurora als auch bei der geplanten sexuellen Vereinigung zwischen Viktor und dem Salamander rettend ein und vertreibt damit Aurora sowie den satanischen Major. Trotz seines scheinbar stupiden und wirren Geistes offenbaren sich doch in seinen Worten große Erkenntnisse in kabbalistischem Gedankengut und in der Verführung Viktors:

> „Die Salamander seien die schlimmsten Dinge deren sich der Teufel bediene, um arme Menschenseelen ins Verderben zu locken, weil sie gewisse Begierden nun! Man müsse nur standhaft bleiben und Gott fest im Herzen behalten – da erblickte ich denn auch selbst in dem Kaffeesatze ganz natürlich, ganz ähnlich den Herrn Major O'Malley."[818]

---

[816] Vgl. Breidbach/Wiesenfeldt 2009: 33.
[817] Hoffmann 1963 [1821]: 409.
[818] Ebd.: 435.

Paul Talkebarth spricht explizit an, dass der Glaube eine Person vor sündigen Verführungen bewahren kann. Darüber hinaus stellt seine kabbalistische Praxis des Kaffeesatz-Lesens eine magisch-hermetische Tradition sowie eine Analogie zur romantischen Schriftpraxis der (Selbst-)Reflexion dar.[819]

Zum Schluss der Erzählung Viktors ist die Opposition zwischen dem Organischen und dem Anorganischen hervorgehoben. Nach Arthur Schopenhauer ist das Lebendige über eine ständige Bewegung, eine fortwährende Veränderung sowie einem ständigen Austausch mit der Umgebung definiert, während das Anorganische durch eine Ruhe gegenüber dem Äußeren, Abgeschlossenen und Toten gekennzeichnet ist.[820] Während Viktor unter dem Einfluss des Majors und des Salamanders das Organische verkörperte, indem er im Austausch mit den beiden mythologischen Figuren stand und seine Einstellung gegenüber Frauen relativierte, weist er nun keine gefühlvollen Regungen mehr auf und er habe auch bis zu seinem Tod nicht geheiratet, was auf das Ausbleiben liebevoller Gefühle hindeutet. Dieser Umstand korreliert mit Schopenhauers Definition des Anorganischen nach dem gleichen, fortwährenden und toten Zustand.

Hoffmanns Text belegt die veränderte Neuausrichtung des Verhältnisses aus Anorganik und Organik. Während zum Ende des 18. Jahrhunderts die Einheit aus den beiden Seinsbereichen dominierte, vollzog sich zu Beginn des 19. Jahrhunderts eine Trennung der beiden Konzepte, die auch innerhalb der romantischen Literatur zu konstatieren ist. Beim *Käthchen von Heilbronn* vergleicht der Autor die Protagonistin lediglich mit einem Kristall. Bei den *Bergwerken zu Falun* ist zwar eine Verbindung aus dem Anorganischen mit dem Organischen präsent, allerdings dient diese Konstellation aus Metallblumen und Metallpflanzen lediglich der Illustrierung des aufkommenden Wahnsinns des Protagonisten, sodass die Einheit dämonisiert wird. Bei dem *Elementargeist* hingegen ist eine Ästhetik des Anorganischen wirksam, die die lebendigen Organsimen zu denken versucht und dabei Eigenschaften und Merkmale hervorhebt. Die Soziophysik bedient sich in diesem Sinne der Kristallisation, um auf eine reduktionistische Sichtweise die Verhaltensänderung des Protagonisten hinzuweisen. So korreliert die Aufteilung in Keimbildung, Kristallwachstum und Auflösung mit der veränderten Haltung gegenüber Frauen, wobei die Auflösung bedingt durch das Eingreifen einer Figur nicht eintritt. Handlungsausgang und Kristallisationsprozess können demnach vereinfacht durch die Soziophysik beschrieben werden.

---

[819] Kremer, „Kabbalistische Signaturen. Sprachmagie als Brennpunkt romantischer Imagination bei E. T. A. Hoffmann und Achim von Arnim", 1999: 200.

[820] Schopenhauer, *Die Welt als Wille und Vorstellung I und II*, 1988 [1819]: 345.

6.3 Eichendorffs religiöse Wissenschaftspoetik

Eichendorff (1788–1857) unterscheidet sich von den fünf zuvor thematisierten Autoren dahingehend, dass er trotz einer Nähe zu den Naturwissenschaften diese nicht ausgelebt und in diesem Zusammenhang eigene Studien betrieben hat. Sein Hauptstudium war die Jurisprudenz, die er von 1805 bis 1806 in Halle, von 1807 bis 1808 in Heidelberg sowie von 1810 bis 1812 in Wien studierte.[821] Zwischen seinen Studien unternahm er zusammen mit seinem Bruder mehrere Bildungsreisen. Während seines Studiums in Halle besuchte Eichendorff aber auch physikalische und mathematische Vorlesungen und studierte zwei Semester Bergbau- und Hüttenkunde.[822] Zu seinen Dozenten zählten auch Steffens und Fichte, für den er im Gegensatz zu Steffens keine große Sympathie hegte:

> „Den 14ᵗ giengen wir zum 1ᵗ male in Fichtes philos[ophischen] Vorlesungen, die er in einem tapezierten Sale des Pr. Heinrischen Palais von 1–2 Mittags las. Höchstkomische, kleine, lahme Figur mit versoffner Nase in Spentzer u. Camaschen. Sonderbares Accentuiren."[823]

Vor seinem Studium in Halle schloss er im Jahre 1804 sein physikalisches Examen ab und überlegte, ob er nicht Physik studieren solle.[824] Auch im Bekanntenkreis war eine Verbindung zu den Naturwissenschaften zu verzeichnen, weil sein Onkel in Schlesien ein Steinkohlebergwerk besaß, durch das er sein Bergbaustudium intensivieren und auf eine praktische Stufe hätte führen können.[825] Seine Bekanntschaften mit Arnim, Brentano oder Joseph Görres veranlassten ihn schließlich dazu, sich der Literatur zu widmen. Eichendorff entwickelte nicht nur eine Skepsis gegenüber den Naturwissenschaften, sondern lehnte diese sowie eine Verbindung aus den Künsten und den Wissenschaften gemäß der romantischen Naturphilosophie ab, wie der Brief an Philipp Veit vom 28.1.1815 verdeutlicht: „[...] selbst die allgemeine Fertigkeit, über Kunst und Wissenschaft abzusprechen erschreckt und stört mich mehr, als es mich erfreut, denn es scheint mir wenig Liebe darin zu seyn."[826]

Trotz seiner augenscheinlichen Ablehnung der Wissenschaft gegenüber verwendet er dennoch naturwissenschaftliche Vergleiche und Analogien, wie beispielhaft das Gespräch vom 19. August 1811 mit Adam Müller über Magnetismus veranschaulicht:

---

[821] Frühwald, *Joseph von Eichendorff. Leben und Werk in Texten und Bildern*, 1988: 66, 75.

[822] Schiwy, *Eichendorff. Der Dichter in seiner Zeit: eine Biographie*, 2000: 161.

[823] Eichendorff/Kosch et al., *Sämtliche Werke des Freiherrn Joseph von Eichendorff. Historisch-kritische Ausgabe: Tagebücher: Text*, 2006: 365.

[824] Ebd.: 103, 132.

[825] Vgl. Gold, *Erkenntnisse unter Tage. Bergbaumotiv in der Literatur der Romantik*, 1990: 17.

[826] Eichendorff/Steinsdorff, *Joseph von Eichendorff. Briefe 1794–1857*, 1992: 56.

„Mann u. Weib sind einzeln [...] dem allgemeinen Magnetismus der Sonne (Schlaf) unterworfen. Durchs Magnetisiren: Heraustreten aus dem allg[emeinen] Magn[etismus] in eine gesezlose Freiheit, in [die] den besonderen Mag[netismus], wo man die Natur übersieht. Mann u. Weib werden Eins, also ein gantz anderes Wesen."[827]

Eichendorff wendet das Konzept des Magnetisierens an, um zu beschreiben, wie aus zwei gegensätzlichen Geschlechtern, dem Minus- und dem Pluspol entsprechend, in einer Beziehung eine Einheit resultiert. Im alleinigen Zustand sind sie dem allgemeinen Magnetismus unterworfen, der in einen besonderen Magnetismus umschlägt, sobald der passende Partner gefunden ist. In diesem Zusammenhang sei darauf verwiesen, dass sich Eichendorffs Poetik dadurch auszeichnet, dass die Wissenschaften, die Poesie und das Leben ineinander übergehen, sodass er eine fiktive Welt erschuf, die der Wirklichkeit gleicht.[828] Daher benutzt er (natur-)wissenschaftliche Thematiken, um die Vorgänge aus dem realen Leben abzubilden. Diese sind allerdings in Eichendorffs Primärtexten nicht immer so eindeutig zu identifizieren, wie das aufgeführte Bildnis über den Magnetismus.

6.3.1 Lähmende Wirkung durch Wärme in *Die Zauberei im Herbste* (1808)

Eichendorffs Erzählung *Die Zauberei im Herbste* galt als Vorarbeit zu seiner Märchennovelle *Das Marmorbild* (1819) und blieb dementsprechend von der literaturwissenschaftlichen Forschung unberücksichtigt, obwohl mittlerweile neuere Tendenzen die Eigenständigkeit des Textes hervorheben.[829] Thematisch und motivisch weisen die beiden Texte Parallelen auf, insbesondere die dargebotene Verführung durch eine Venusfigur. Dennoch gibt es gerade in der Auflösung Unterschiede. Die bei Eichendorff übliche Erlösung durch den Glauben und christliche Transzendentalvorstellungen sind aufgehoben, stattdessen verfällt der Protagonist dem Wahnsinn, wodurch der Text in diesem Punkt eher der Poetik Hoffmanns entspricht.[830]

Die *Zauberei im Herbste* beginnt damit, dass sich der Ritter Ubaldo im Wald verirrt und an die Höhle eines Einsiedlers gelangt. Er darf dort die Nacht verbringen und der Einsiedler geleitet ihn am nächsten Morgen zu seinem

---

[827] Eichendorff/Kosch et al. 2006: 414.
[828] Vgl. Frühwald, „Repräsentation der Romantik. Zum Einfluß Achim von Arnims auf Leben und Werk Joseph von Eichendorffs", 1986: 2.
[829] Vgl. Mühlher, „Die Zauberei im Herbste. Aus der Werkstatt des jungen Eichendorff", 1964; Winkler, *Werkgenetische Untersuchungen zu Joseph von Eichendorffs „Die Zauberei im Herbste". Versuch einer Ordnung der überlieferten Texte*, 1996 oder insbesondere Landfester, „Herbst der Zauberei: Kritik der Selbstkritik in Eichendorffs „Das Marmorbild", 2009.
[830] Auch wenn die *Zauberei im Herbste* für die Poetik von Eichendorff stellenweise untypisch ist, gibt es dennoch zahlreiche Unterschiede zwischen seinen Texten und denen Hoffmanns. Näheres dazu unter: Nehring, „Eichendorff und E. T. A. Hoffmann: Antagonistische Bruderschaft", 1985.

Schloss. Ubaldo wiederholt den Besuch bei dem Eremiten und lädt ihn nach einiger Zeit auf sein Schloss ein, wo dieser ihm seine Lebensgeschichte berichtet. Demnach habe er sich in eine Frau verliebt, die seine Gefühle erwiderte. Die beiden Liebenden können aber nur zusammen sein, wenn der Liebesrivale, ein Freund des Erzählers, sterbe. Der Eremit führt diese Tat aus und verbringt eine Nacht mit seiner Geliebten. Im nächtlichen Mondschein erblickt er allerdings nur eine steinerne, verzerrte Visage, die ihn zur Flucht verleitet. Er sucht daraufhin eine Höhle auf, in der er seine Handlungen bereuen möchte. Ubaldo erkennt in dem Eremiten seinen Jugendfreund Raimund wieder, der dem Wahnsinn verfallen ist, aus Enttäuschung über sein Leben in den Wald läuft und nie mehr gesehen ward.

Eichendorff schuf mit seinem Text ein experimentelles Psychogramm, das die Erkenntnisse aus der Wärmelehre mit dem geistigen Verfall des Protagonisten verknüpft. Damit repräsentiert die Erzählung im Sinne Kosellecks eine Etablierung neuer Denksysteme, indem der Vernunftdiskurs der Aufklärung durch die Darstellung des sukzessiv eintretenden Wahnsinns abgelöst wird. Der Herbst markiert in diesem Zusammenhang den Höhepunkt des im Vergehen begriffenen Geisteszustands und, wie auch bei anderen Texten Eichendorffs, stets die Zeit der aufkommenden Verführung. Folglich gilt für den Text, dass der Protagonist Raimund bedingt durch seine Leidenschaften und Gefühle für die mythologische Venusgestalt dem Wahnsinn verfällt. Der Text folgt somit der barocken Vorstellung, wonach die Wärme- und Feuertopik menschliche Leidenschaften repräsentieren, die allerdings eine verzehrende, selbstauflösende Wirkung auf das Individuum ausüben. Relevant ist anzumerken, dass hierbei eine Umdeutung naturwissenschaftlicher Theoriebestände vorliegt. Nach der Bewegungstheorie der Wärme weist ein Atom eine höhere Aktivität und kinetische Energie auf, je höher die Temperatur ist. Folglich müsste Raimund im Sommer den höchsten Grad seiner Leidenschaft sowie seiner Wärme für die Venusgestalt empfinden. Zu begründen ist dieser Jahreszeitenwechsel mit der Umbruchsituation während des Herbsts. Diese natürliche Veränderung der Umgebung korreliert mit dem beginnenden geistigen Verfalls des Protagonisten, wobei der Wechsel von gesund zu krank erfolgt. Dieser eintretende Wahnsinn wird an dem beginnenden Realitätsverlust deutlich, als der Protagonist den Garten der Venusgestalt betritt. Während im regulären Realitätssystem die Natur bereits an Farbintensität und Schönheit verliert, überdauert im wunderbaren Realitätssystem die Pracht der Pflanzen:

> „So kam ich endlich aus dem Walde heraus und erblickte ein blankes Schloß, das auf einem Berge vor mir lag. Rings um das Schloß, vom Gipfel bis zum Walde hinab, lachte ein wunderschöner Garten in den buntesten Farben, der das Schloß wie ein Zauberring umgab. Alle Bäume und Sträucher in demselben, vom Herbste viel kräftiger gefärbt als anderswo, waren purpurrot, goldgelb und feuerfarb; hohe Astern, diese letzten Gestirne des versinkenden Sommers, brannten

dort im mannigfaltigen Schimmer. Die untergehende Sonne warf gerade ihre Strahlen auf die liebliche Anhöhe, auf die Springbrunnen und die Fenster des Schlosses, die blendend blitzten."[831]

Raimund ist einer Illusion ausgesetzt, wodurch er nicht mehr das Reale von dem Traumhaften unterscheiden kann. Gerade die funkelnden und blendenden Attribute der Pflanzen und der Wasseroberflächen imaginieren eine Illusion. Das, was er sieht, besteht aus Lichtreflexen, die die Realität lediglich spiegeln und in überhöhtem Maß abbilden. Die Verblendung Raimunds hat zur Folge, dass er nicht die Gefahr erkennt, die von dem Garten ausgeht. Dieser erhält zwar durch die Lexeme [lieblich], [wunderschön] und [lachte] positiv konnotierte Eigenschaften, allerdings dominieren die mit der Feuertopik verbundenen Lexeme wie beispielhaft [feuerfarb], [brannten] oder [blendend]. Diese korrelieren mit der negativen diskursiven Funktion des Feuers nach Zerstörung und deuten bereits die aufzehrende Wirkung auf den Protagonisten voraus. In diesem Zusammenhang lässt sich dementsprechend nicht bloß von einem Zauberring, sondern von einem Feuerring sprechen, der Undurchdringlichkeit und Ausweglosigkeit konnotiert und damit die dauerhafte Verführung Raimunds prophezeit.

In diesem illusionistischen Garten trifft er auf die Venusgestalt in einer für ihn ungekannten Schönheit. Raimund ist sofort von ihrem Liebreiz überwältigt und empfindet direkt eine starke Zuneigung, die sich in einem „flammenden Schauer"[832] äußert. Diese Verbindung von starken Liebesgefühlen und der Flammentopik sind typisch für Eichendorff und kennzeichnen stets den Liebesrausch des verführten Protagonisten, der sich der Venusgestalt vollständig hingibt.[833] Nach dem Prinzip der liebenden *homines calefiati* weisen zwei Aspekte darauf hin, dass das Verhältnis der beiden Figuren nicht realisierbar ist. Zum einen verlaufen die Liebeswerbung und die Entstehung der Liebesgefühle unmittelbar und nicht über einen längeren Zeitraum. Zum anderen empfindet Raimund zuallererst sinnliche Gefühle für die Venusgestalt. Bei den *homines calefiati* hingegen dominieren, wie beispielsweise beim *Käthchen von Heilbronn*, die inneren, tugendhaften und altruistischen Werte einer weiblichen Figur und nicht deren sexuelle Anziehungskraft.

Raimund möchte sich vorerst von seinen leidenschaftlichen Gefühlen befreien und läuft in den Wald, „um die Flammen zu kühlen, die [sein] Inneres durchtobten."[834] Wie bereits beim *Hollin* beschreibt das Verhältnis zwischen der Attraktivkraft und der Repulsivkraft die Fremdbestimmung eines physikalischen Objektes durch äußere Einflüsse, wobei die Attraktivkraft überwiegt. Der Wald erscheint

---

[831] Eichendorff/Frühwald/Schillbach: „Die Zauberei im Herbste. Ein Märchen", 2007 [1808]: 17.

[832] Ebd.: 20.

[833] Pikulik, „Der experimentelle Charakter von Eichendorffs Dichtung", 1989: 28.

[834] Eichendorff/Frühwald/Schillbach 2007 [1808]: 20.

somit im Sinne der Soziophysik als rettende kaltmachende Materie und Repulsivkraft, die den in Raimund enthaltenen Wärmestoff vermindern und ihn somit abkühlen soll. Durch die Analyse der *Zauberei im Herbste* ergibt sich eine weitere Modifikation der Soziophysik. Zu Beginn der Analysen galt die Annahme, wonach eine materielle Figur mit einer weiteren materiellen Figur als physikalisches Objekt wechselwirkt. Bei dem beschriebenen Wald in Eichendorffs Text handelt es sich allerdings um ein gesamtes Gebiet mit einer Vielzahl von Pflanzen und Bäumen. Im Sinne der im vierten Kapitel beschriebenen Vereinfachung und Reduktion ist der Wald im Gesamten als ein einzelnes materielles Objekt anzusehen, mit dem der Protagonist wechselwirkt. Diese Reduktion folgt der Vielteilchentheorie, die in der Festkörperphysik und Statistischen Mechanik die Wechselwirkungen einer großen Anzahl von Teilchen untersucht und beschreibt. Die Problematik liegt darin, dass sich ein derat komplexes System von dem Verhalten eines einzelnen Atoms gravierend unterscheidet. Hinzu kommen die vielfachen Wechselwirkungen und Abhängigkeiten der jeweiligen Teilchen untereinander. Zur einfacheren Handhabung wird das Vielteilchensystem in mehrere Einteilchen-Zustände zerlegt, die sich durch charakteristische Merkmale auszeichnen. Die einzelnen Teilchen bilden dabei jeweils unabhängige Einheiten, aus denen ein mittlerer Wert berechnet wird, sodass diese Theorie die Bezeichnung *mean field theory* trägt. Dementsprechend werden bei der Interaktion mit Raimund nicht die einzelnen Pflanzen und Stäucher betrachtet, sondern der Wald im Gesamten.

Mithilfe dieser Modifikation lässt sich der Anwendungsbereich der Soziophysik auch auf komplexere Gebiete und Räume ausbauen, weil jede Figur in Abhängigkeit der räumlichen Umgebung anders agiert und unterschiedlich beeinflusst wird. Auch bei dieser Modifikation ist wichtig zu erwähnen, dass das gesamte Gebiet als einzelnes Objekt fungiert und zudem die Eigenschaften des physikalischen Objektes oder physikalischen Kraft übernimmt, die es repräsentiert.

Von der Venusgestalt und ihrer Umgebung gehen allerdings eine so starke Attraktionskraft aus, dass sich Raimund ihrer Anziehung und seiner Leidenschaften nicht entziehen kann. Je weiter sich Raimund als erhitzter Körper von dem begehrten Objekt bewegt, desto stärker wird auch die Attraktivkraft, sodass er eine größere Anstrengung aufbringen muss, damit er sich nicht mehr im Wirkungskreis befindet. Dieser zusätzliche Kraftaufwand bewirkt allerdings, dass sich seine absolute Wärme und damit seine Leidenschaft vergrößern: „Aber je weiter ich floh, desto lebendiger gaukelten jene Bilder vor meinen Augen, desto verzehrender langte der Schimmer jener jugendlichen Glieder mir nach."[835] Wie auch beim *Hollin* dominiert die Attraktivkraft gegenüber der Repulsivkraft, die damit das leidenschaftliche sowie freiheitsstrebende Moment der Figuren ausdrückt.

---

[835] Ebd.: 20.

Solange sich Raimund unter dem Einfluss der Venusgestalt und ihres Schlosses befindet, hat das Feuer und die Flammen als Ausdruck seiner Leidenschaft und der stetig zunehmenden Attraktivkraft eine lähmende Wirkung auf ihn. Ersichtlich ist dieses anhand von Ausdrücken wie „eingewurzelt" oder „ich konnte nicht fort."[836] Mit dieser Wirkung der Wärme und des Feuers widerspricht Eichendorff der gängigen physikalischen Auffassung um 1800, wonach die Flammen oder allgemein die Wärme eine belebende und aktivierende Wirkung haben. So charakterisiert Descartes Flammenteilchen wie folgt:

> „Die Flamme setzt sich aus kleinen Teilen zusammen, die sich getrennt voneinander sehr schnell und sehr heftig bewegen und die deshalb die Teile der Körper, die sie berühren und die ihnen nicht zu viel Widerstand entgegensetzen, anstoßen und in ihre Bewegung mitreißen."[837]

Auch Lichtenberg vertritt die Auffassung nach der belebenden Wirkung der Flammenteilchen indem er schreibt, dass „die Wärme andere Stoffe [entwickelt] und diese wieder andere, und so fort."[838] Mit Eichendorffs Konzept der lähmenden Wirkung der Wärme bezieht er sich auf Steffens, der die Flammen als hervortretende Oszillationen des Ruhenden charakterisiert.[839] Diesen Gedanken wandelt Eichendorff so um, dass er damit einen verhängnisvollen Stillstand evoziert, den ein liebendes Individuum erleidet und damit dem apathischen Zustand eines *homo calefiatus* gleicht. Zudem führt diese Textstelle den Gedanken des undurchdringlichen Feuerrings fort, durch den der Protagonist von der Landschaft und dem Raum eingegrenzt und beherrscht wird, wobei die Räumlichkeiten und der Gemütszustand des Protagonisten eine auffällige Korrespondenz bilden und eine „Seelenlandschaft" intendieren.[840] Eine weite Landschaft repräsentiert die Entgrenzung des Subjekts, während eine enge, begrenzte Fläche die Unterdrückung des Protagonisten verdeutlicht. In diesem Zusammenhang illustriert der eingrenzende Feuerring die Abhängigkeit Raimunds, die immer stärkere Züge annimmt, bis sie schlussendlich in seiner vollständigen Verführung durch die Venusgestalt kulminiert und er „von soviel Schönheit überwältigt, zu ihren Füßen nieder[sank]".[841] Diese Annahme korreliert teilweise mit dem naturwissenschaftlichen Tatbestand, wonach ein Atom infolge des erhöhten Drucks eine vermehrte

---

[836] Ebd.: 19f.
[837] Descartes/Tripp 1989 [1664]: 13.
[838] Lichtenberg, *Vermischte Schriften. Neunter Band*, 1972: 240.
[839] Steffens 1806: 144.
[840] Öhlschläger, „Die Macht der Bilder: zur Poetologie des Imaginären in Joseph von Eichendorffs „Die Zauberei im Herbste", 2005: 7 und Koschorke, *Die Geschichte des Horizonts. Grenze und Grenzüberschreitung in literarischen Landschaftsbildern*, 1990: 193f. Zur weiteren Symbolik des Kreises siehe: Marhold, „Motiv und Struktur des Kreises in Eichendorffs Novelle „Das Marmorbild"", 1987.
[841] Eichendorff/Frühwald/Schillbach 2007 [1808]: 18.

Bewegung aufweist. So steigert sich auch dementsprechend die Leidenschaft Raimunds zum einen durch die Enge des Raumes und zum anderen durch die Attraktivkraft der Venusgestalt und ihrer Umgebung, wodurch die innere Wärme Raimunds zunimmt. Oberflächlich weist er keine erhöhte Bewegung auf, allerdings bezieht sich die vermehrte Bewegung auf die gesteigerte Ansammlung seiner Gefühle und Leidenschaften.

Die beiden Figuren verbringen eine gemeinsame Nacht, die nicht nur den Beginn des Winters, sondern auch das vorzeitige Ende der Illusion darstellt. Die Venusgestalt besticht nun nicht mehr durch ihre Schönheit, sondern wirkt wie eine leblose Statue:

> „Meine Geliebte lag auf seidenem Lager schlafend neben mir hingestreckt. Ich betrachtete sie mit Erstaunen, denn sie war bleich wie eine Leiche, ihre Locken hingen verwirrt und wie vom Winde zerzaust um Angesicht und Busen herum. […] Es kam mir vor, als sähe ich ein steinernes Bild, schön, aber totenkalt und unbeweglich. Ein Stein blitzte wie Basiliskenaugen von ihrer starren Brust, ihr Mund schien mir seltsam verzerrt."[842]

Die Metamorphose der Venusgestalt und der Umgebung bewirkt ein Aufheben der Attraktivkraft. Die Illusion durch den Feuerring und die Schönheit der weiblichen Figur sind aufgehoben, sodass Raimund keine Abhängigkeit oder inneren Druck verspürt, die ihn in seiner Bewegung einschränken. Diese neugewonnene Freiheit führt zu einem Bewegungsgewinn, sodass der Protagonist die phantastische Umgebung verlassen kann.

Der Einfluss der Venusgestalt auf Raimund erstarkt jeden Herbst allerdings aufs Neue, sodass er auch nach seinem Lebensbericht und seiner Flucht von Ubaldos Schloss erneut ihre Stimme vernimmt und ihr, von seinen aufkommenden Leidenschaften getrieben, in den Wald folgt:

> „Da sprengte plötzlich unten auf einem schlanken Rosse das schöne Zauberfräulein, lächelnd, in üppiger Jugendblüte, vorüber. Silberne Sommerfäden flogen hinter ihr drein, die Aster von ihrer Stirne warf lange grünlich goldene Scheine über die Heide. In allen Sinnen verwirrt, stürzte Raimund aus dem Garten, dem holde Bilde nach. […] und im Wahnsinn verloren ging der arme Raimund den Klängen nach in den Wald hinein und ward niemals mehr wiedergesehen."[843]

Eichendorffs Erzählung veranschaulicht eindeutig den schleichenden Verfall eines Protagonisten infolge von sowohl äußeren als auch inneren Einflüssen und Kräften. Dadurch nimmt er bereits, wie Hoffmanns *Bergwerke zu Falun*, Annahmen aus der Psychodynamik und der Psychophysik vorweg, die den Verlauf und den Aus-

---

[842] Ebd.: 23.
[843] Ebd.: 27.

löser innerer Befindlichkeiten als Reaktion von externen und internen Faktoren untersuchen.[844] Die Korrelation ergibt sich unter anderem daraus, dass ähnlich deterministische Systeme und fest definierte Instanzen vorliegen, innerhalb derer seelische Kräfte wirken. Zudem ist der Raumbegriff von großer Relevanz, der bei strukturierten oder topischen Modellen Verwendung findet. Für die Darstellung derartiger Modelle ist sowohl das Zusammenspiel aus empirisch-anatomischen und spekulativ-metaphysischen Gegebenheiten, als auch die Beschreibung mithilfe von Begriffen wie Dynamik dienlich. Ebenso der prozesshafte Verlauf eines Krankheitsbildes erinnert an einen Reaktionsverlauf aus der Thermodynamik oder Ähnlichem. Schließlich wenden auch Soziologen das Konzept der Psychodynamik an, um die inneren Befindlichkeiten einer Gesellschaft als Reaktion externer Faktoren zu beleuchten.[845] Die Soziophysik kann nun diese drei Disziplinen kombinieren, indem sie den dynamischen Verlauf der Gemütszustände einer Figur in Abhängigkeit von äußeren Einflüssen mithilfe von naturwissenschaftlichen Theorien beschreibt. Die Darstellungen der psychodynamischen und physikalischen Umstände weisen zwar einen hohen Grad an Reduktionismus auf, wodurch ein Informationsverlust resultiert, allerdings ist auf diese Weise die vereinfachte Beschreibung des Prozesses gewährleistet.

6.3.2 Farbiges warmes poetisches Gemüt in *Ahnung und Gegenwart* (1815)

Ahnung und Gegenwart ist Eichendorffs erster Roman und umfasst den Werdegang des Grafens Friedrich nach dessen Studium bis zu seinem Eintritt in den Priesterstand. Innerhalb dieser beiden Pole trifft er auf Leontin, der ihn nach einem Raubüberfall auf seinem Schloss beherbergt, dessen Schwester Rosa, mit der er eine kurzzeitige Beziehung führt, den Knaben Erwin sowie den Dichter Faber. Die Figuren unternehmen zusammen mit weiteren Gefolgsleuten einen Jagdausflug, bei dem sich die Protagonisten trennen. Friedrich, Erwin und Leontin reisen alleine weiter und treffen bei verschiedenen abendlichen Veranstaltungen Julie, die spätere Frau Leontins, Rosa und deren Freundin Gräfin Romana. Die Rheinfahrt markiert die Trennung von Friedrich und Leontin sowie den vermeintlichen Tod Erwins. Die beiden erstgenannten Figuren treffen sich erneut nach dem überstandenen Krieg, bei dem sie verwundet wurden und ihren gesamten Besitz verloren. Auch begegnet Friedrich Erwin, der im Sterben liegt und sich als Mädchen heraus-

---

[844] Auch die Psychoanalyse gilt als Teil der Psychodynamik, die Einflüsse auf die seelischen Zustände mithilfe des Zusammenspiels aus Triebkräften (Libido) und Hemmnissen (Destrudo) beschreibt. Zur weiteren Lektüre bieten sich unter anderen am: Mentzos, *Lehrbuch der Psychodynamik. Die Funktion der Dysfunktionalität psychischer Störungen*, 2017 oder Uexküll, *Grundfragen der psychosomatischen Medizin*, 1963.

[845] Vgl. Schülein, *Gesellschaft und Psychodynamik. Eine systematische Skizze*, 2018 oder Schulz-Nieswandt, *Der inklusive Sozialraum. Psychodynamik und kulturelle Grammatik eines sozialen Lernprozesses*, 2013.

stellt. Vor ihrem Tod fordert sie ihn dazu auf, einen Mann mit einer Augenverletzung aufzusuchen. Es stellt sich heraus, dass besagter Mann namens Rudolph der Bruder Friedrichs und der Vater Erwines ist. Er führte eine Beziehung mit Angelina, mit der die beiden Brüder aufwuchsen. Aus dieser Beziehung entstand Erwine. Sie verließ ihn allerdings und heiratete einen Grafen, den Rudolph zu einem späteren Zeitpunkt tötete. Seitdem lebt er als Maler und Eremit. Desillusioniert von der Welt, tritt Friedrich in den Priesterstand ein, verheiratet Leontin und Julie, die Europa verlassen wollen und verabschiedet sich von seinem Bruder, der nach Ägypten aufbricht.

Eichendorff schuf mit seinem Roman ein soziolinguistisches Experiment, das den Erfolg einer Interaktion zwischen zwei diametralen Figurentypen mithilfe naturwissenschaftlicher Erkenntnisse sowohl aus der Wärme- als auch aus der Affinitätslehre misst. Mit dieser Transformation von Wissen auf das gesellschaftliche Leben realisiert der Literat ein Konzept, das erst zu Beginn der 1960er Jahre von Basil Bernstein und später William Labov praktiziert wurde. Obwohl die theoretischen Ansätze der beiden Linguisten Unterschiede aufweisen, zentrieren sie die sprachlichen Unterschiede zwischen Gesellschaftsschichten und Personengruppen. Die makroskopische Ebene der Soziolinguistik untersucht, welche Sprache ein Individuum zu welchem Zeitpunkt und unter Abhängigkeit von sozialen Räumen spricht, um einen bestimmten Zweck zu erfüllen. Auf der Mikroebene stehen die Varietäten von Sprache im Mittelpunkt und die Differenzierung in Soziolekten, Dialekten und Regiolekten. Bei *Ahnung und Gegenwart* dagegen stehen diametrale Figurentypen im Mittelpunkt, die sich aus dem Verhältnis von Wärme, Farbe und Einblick in die Naturdinge bilden. Zur mathematischen Bestimmung einer gelingenden Kommunikation sind vordergründig keine Parameter oder Variablen entscheidend, sondern dementsprechend das Verhältnis der Wärme und der Farbentstehung im Zusammenhang mit einer poetischen Einstellung des Protagonisten. Zur vereinfachten Annahme ist anschließend im zweiten Schritt die Entwicklung einer mathemtatischen Gleichung ratsam. In diesem Sinne ließe sich eine Ästhetisierung des Formelhaften benennen, bei der die mathematischen Formeln als Kunstwerke und ästhetische Bilder behandelt werden. Eine ästhetische Formel ist einerseits dann gegeben, sobald Harmonie und Regelmäßigkeit sowie teilweise Kürze vorliegen. Andererseits soll eine derartige Formel auf möglichst kleinem Raum viel Informationen bieten und den jeweiligen Sachzusammenhang optimal beschreiben. Indizes und andere mathematische Operatoren stören hingegen den ästhethsichen Bildcharakter der Formeln.[846]

---

[846] Zur Ästhetsik der Formeln siehe: Höfer, „Die Ästhetik der Formel – Formeln sind Bilder", 2015 oder Groscurth, „Formel und Form. Zur Poetik von mathematischer und ästhetischer Rationalität", 2013.

Eichendorff vertritt in seinem Text die Auffassung, dass ein Individuum nicht über die Verbindung der Naturwissenschaft mit der Poesie oder der „wissenschaftlichen Philosophie"[847] zur allgemeinen Erkenntnis gelangen kann, sondern über ein sittliches, selbstloses, tugendhaftes und poetisch empfindsames Verhalten. Die Poesie und die Naturwissenschaft sind für ihn zwei verschiedene, unvereinbare Disziplinen:

> „Seine Lieblingsidee war, ein Luftschiff zu erfinden, mit dem man dieses lose Element eben so bezwingen könnte wie das Wasser, und er wäre beinahe ein Gelehrter geworden, so hartnäckig und unermüdlich verfolgte er diesen Gedanken. Für Poesie hatte er, sonderbar genug, durchaus keinen Sinn."[848]

Auch die Verbindung aus Poesie und anderen schönen Künsten wie der Malerei führen nicht zu einem glücklichen, erkenntnisreichen Leben, wie anhand von Rudolph deutlich ist. Erfinder, Naturwissenschaftler, Maler oder Poeten gelangen nicht zur Erkenntnis, solange sie nur ihre Erfindungen und ihre Kunstwerke betrachten. Sie müssen sich stattdessen ihrer Phantasie, ihrem Geist und ihrem Gefühl gänzlich hingeben.[849] Das Erlangen von Kenntnissen über das Innere des Menschen, der sich im Einklang mit der Natur befindet, setzt demnach die geistige Entwicklung in Zusammenhang mit der Betrachtung von Moral, Schönheit und Tugend voraus:

> „Die Poesie liegt vielmehr in einer fortwährend begeisterten Anschauung und Betrachtung der Welt und der menschlichen Dinge, sie liegt eben so sehr in der Gesinnung, als in den lieblichen Talenten, die erst durch die Art des Gebrauches groß werden. [...] Moral, Schönheit, Tugend und Poesie wird alles Eins in den adeligen Gedanken, in der göttlichen sinnigen Lust und Freude und dann mag freilich das Gedicht erscheinen, wie ein in der Erde wohlgegründeter, tüchtiger, schlanker, hoher Baum [...]."[850]

Sämtliche Figuren, die kein sittliches, tugendhaftes und empfindsames Gemüt besitzen und daher nicht zur Erkenntnis gelangen, umschreibt Echendorff als kalt und farblos. So „sei Leontin doch eigentlich kalt"[851] oder es „blieb immer ein dunkler, harter Fleck in [Rudolph], der keine Farben annahm."[852] Erst bei Vermehrung der Wärme ist eine Figur in der Lage, zu dichten und die Schönheit zu erkennen. So geschehen bei Leontin, als er in einem „hitzigen Fieber"[853] verfallen ist. Fried-

[847] Eichendorff/Frühwald/Schillbach, „Ahnung und Gegenwart", 2007 [1815]: 380.
[848] Ebd.: 157.
[849] Schaum, *Poesie und Wirklichkeit in Joseph von Eichendorffs „Ahnung und Gegenwart"*, 2008: 10f.
[850] Eichendorff/Frühwald/Schillbach 2007 [1815]: 204.
[851] Ebd.: 86.
[852] Ebd.: 344.
[853] Ebd.: 259.

rich hingegen verfügt bereits über das selbstlose, tugendhafte und empfindsame Gemüt. Wie auch Arnim verwendet Eichendorff das Bild der tönenden Memmnon-Statue, um das poetisch-empfindsame Gemüt Friedrichs zu unterstreichen. Zudem kann er die Hieroglyphenschrift entziffern, die für Leontin ein unerklärliches Rätsel darstellt. Bei dieser handelt es sich um ein von Eichendorff langjähriges genutztes Gleichnis, das auch in anderen Texten der Romantik zu finden ist und als schwer „nachzumalende" Urschrift stets zwischen Natur und Kultur oszilliert.[854] Die Bilderschrift enthält für simple Gemüter nicht lesbare Zeichen.[855] Erst ein poetisch-empfindsames Wesen kann die Chiffernschrift entschlüsseln und zur wahren Naturerkenntnis gelangen. Voraussetzung hierfür ist, dass die Figur keine neuen Zeichen hinzufügen darf.[856] Nicht umsonst umschreibt Eichendorff Friedrich als passiven Charakter, der sich von Ideen anderer leiten lässt und selber keine Vorschläge tätigt.[857] Er fertigt keine Kunstwerke an, sondern entdeckt in seiner natürlichen Umgebung künstlerisches Potenzial. So illustrieren die Newtonschen Farbringe, bei denen es sich um konzentrische Farbringe handelt, die an der Berührungsfläche zwischen zwei aufeinander liegenden Linsen oder Glasplatten entstehen, sobald Licht einfällt, die Schönheit eines Waldes und die damit aufkommenden Erinnerungen:

> „Das Rauschen des Waldes, der Vogelsang rings um ihn her, diese seit seiner Kindheit entbehrte grüne Abgeschiedenheit, alles rief in seiner Brust jenes ewige Gefühl wieder hervor, das uns wie in den Mittelpunkt alles Lebens versenkt, wo alle die Farbenstrahlen, gleich Radien, ausgeh'n […]."[858]

Die Verbindung von Farbe und Naturerkenntnis sowie Farbe und Flamme ergibt sich für Eichendorff aus der Lektüre der Texte Steffens, der ihn in seiner Poetik beeinflusst hat. Insbesondere die Abhandlung zu den Farbkugeln von Philipp Otto Runge war ausschlaggebend für das Verfassen von *Ahnung und Gegenwart*. Darin schildert der Künstler im ersten Teil, wie das Modellieren der Farbkugeln erfolgte. Auf einem dreidimensionalen Kugelmodell trägt er die Grundfarben Blau, Gelb und Rot sowie auf einer separaten Kugel die Nichtfarben Weiß und Schwarz auf. Die Trennung ergibt sich daraus, dass die letztgenannten die Grundfarben in ihrer Helligkeit beeinflussen. Aus diesen Farben ergeben sich je nach Helligkeit und Sättigung abgestufte Mischfarben von unterschiedlicher Intensität. Eine Übersicht über die Farbkugeln liefert die folgende Abbildung:[859]

---

[854] Kittler, *Aufschreibesysteme 1800–1900*, 2003: 105.
[855] Köhne, *Hieroglyphenschrift. Untersuchungen zu Eichendorffs Erzählungen*, 1986: 36.
[856] Ebd.: 36.
[857] Vgl. Schaum 2008: 10.
[858] Eichendorff/Frühwald/Schillbach 2007 [1815]: 130.
[859] Abbildung entnommen aus: Steffens/Runge 1810: 17.

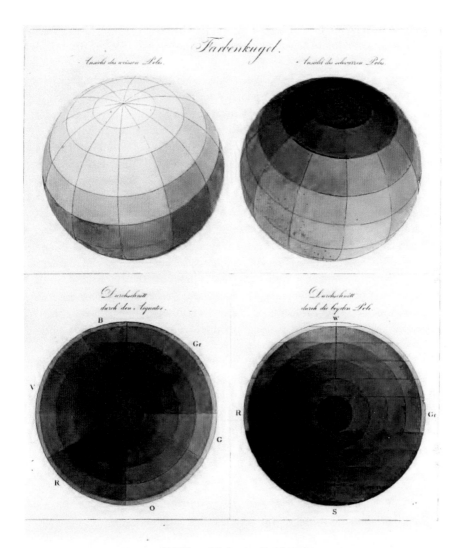

Abbildung 15: Runges Farbkugeln

In Eichendorffs Roman erwähnt Leontin die Farbkugeln explizit als er von „farbigen Kugeln"[860] spricht. Auch die in der Abhandlung getätigten Aussagen Steffens finden in der Poetik Eichendorffs Verwendung. Nach Steffens eröffnet sich eine höhere und geistige Ansicht aller Verhältnisse des Daseins in den Farben.[861] Nur durch sie können die heitersten und geistigen Äußerungen großer und tiefer Na-

---

[860] Eichendorff/Frühwald/Schillbach 2007 [1815]: 161.
[861] Steffens/Runge 1810: 31f.

turideen entstehen.[862] Diese Idee setzt sich in Friedrich fort, der als farbiger Charakter über eine besondere Sensibilität und über eine intensive Wahrnehmung der Naturdinge verfügt.

Die Farben sind zudem nur am hellen, warmen Tag existent, nicht aber in der kühlen Nacht.[863] Daraus konstruiert Eichendorff die Dichotomie zwischen den empfindsamen, warmen, farbenfrohen Figuren und den kalten, eintönigen, profanen Figuren. Entsprechend der Affinitätslehre nach Bergmann können sich auch nur diejenigen Figuren verständigen, die über den gleichen Charakter und die gleichen Wesensmerkmale verfügen: „[...] die kalten Menschen verstehen mich gar nicht. Auch sie sind der einzige, der mich ganz versteht."[864] Ebenso Werner ist davon überzeugt, dass die Ähnlichkeit der Farben den Grad der Verwandtschaft oder der physischen Anziehung anzeigt.[865] Auch in diesem Zusammenhang lässt sich ein soziophysikalisches Modell aufführen, welches die Dynamiken einer Sprache oder eines Gesprächs beschreibt. Dieses Konzept basiert auf dem Axelrod-Modell, das die Assimilation und Diversität einer gesellschaftlichen Gruppe durch Interaktion betrachtet.[866] Je ähnlicher die kommunizierten Werte dabei sind, desto erfolgreicher verläuft die Anpassung. Eine binäre Struktur ist daher auch bei diesem Modell erkennbar. Entweder die Kommunikation ist erfolgreich oder die Verschiedenheit der Gesprächspartner und der übermittelten Werte führen zu einem Abbruch der Interaktion. Diese Konstellation ist auch auf *Ahnung und Gegenwart* übertragbar. Alle Figuren im Roman sprechen dieselbe Sprache *L*. Verschiebungen ergeben sich dadurch, dass bei einigen Figuren ein prosaischer Wortstil vorliegt, während Protagonisten wie Friedrich dichten und einen poetischen Wortstil wählen, sodass eine Unterscheidung zwischen L_1 und L_2 erfolgt. Die bei der Interaktion zwischen zwei Figuren übermittelten Lexeme und Werte erhalten die Parameterbezeichnung *q* und *p*, sodass sich die folgende Gleichung ergibt:

$$F(L) = \frac{1}{2}(L_1 q_1 p_1 + L_2 q_2 p_2) \tag{31}$$

Für L > 0 stimmen sowohl der Wortstil als auch die übermittelten Werte überein, sodass das Gespräch erfolgreich verläuft. Dies ist dann der Fall, wenn entweder zwei poetisch, warme Figuren aufeinandertreffen oder wenn zwei prosaisch, kalte Figuren kommunizieren. Bei dem umgekehrten Fall L < 0 führen zwei unterschiedliche Figurentypen ein Gespräch, sodass die Interaktion bei einem gewissen Punkt zum Erliegen kommt. In Anlehnung an ein thermodynamisches System ist dieser Punkt als *Kritischer Punkt* P_c beschreibbar, bei dem zwischen zwei Interaktionspart-

---

[862] Ebd.: 32.
[863] Ebd.: 50.
[864] Eichendorff/Frühwald/Schillbach 2007 [1815]: 120.
[865] Werner 1788: 104.
[866] Axelrod, „The dissemination of culture – A model with local convergence and global polarization", 1997.

nern keine Kommunikation mehr möglich ist. Als eines der prägnantesten Beispiele für diesen Sachverhalt dient das abendliche Gespräch zwischen Friedrich, Leontin und dem Dichter Faber, welches das poetische Talent eines Schriftstellers thematisiert. Friedrich und Faber beginnen dieses Gespräch mit der Lebensweise eines Literaten, doch bevor die Figuren diese Diskussion vertiefen können, unterbricht Leontin Faber, weil ihm „jeder ernsthafte Diskurs über Poesie die Brust zusammenschnürte."[867] Friedrich ist bei dieser ersten Phase des Gesprächs der Auffassung, dass er und Faber über das gleiche poetisch-empfindsame Wesen besitzen. Diese Annahme trifft scheinbar zu, weil beide Figuren unverzüglich die gleiche Thematik wählen, sodass die Interaktion erfolgreich verlaufen könnte. Im weiteren Verlauf des Gesprächs bemerkt Friedrich, dass er und Faber unterschiedliche Ansichten über die Tätigkeit des Dichters besitzen. Während letzterer die poetische Tätigkeit lediglich als bedeutungslose Taschenspielerei erachtet, besitzt die Poesie nach Friedrich eine tiefergehende Wirkung, weil nur ein Dichter ergreifende Texte schreiben und von der Leserschaft geachtet werden kann, sobald dieser an das glaubt, was er verfasst. Andernfalls ergeht es ihm wie Faber, der nur teilweise ästhetisch anmutende Texte niederschreibt. Nach Friedrichs Auffassung soll ein Poet mit offenen Augen die Welt erkunden und jede noch so gering erscheinende Naturerscheinung würdigen. Leontin und Faber missverstehen jedoch Friedrichs Worte und so stellt er am Ende des Gesprächs resigniert fest: „Sie meinen es doch alle beide nicht so, wie ich."[868]

Die Erforschung sprachlicher Interaktionen korreliert mit der sogenannten sozialen Netzwerkanalyse, die soziale Beziehungen und deren Intensität analyisert.[869] Dabei repräsentieren die Personen Einheiten, deren individuelle Attribute oder Eigenschaften belanglos sind, sondern lediglich deren Interaktionsmuster Berücksichtigung finden. Diese vereinfachte Annahme ist daher gewinnbringend für die Soziophysik, weil sie das Gelingen und Scheitern der Interaktionen sowie die Intensität der Beziehungen mathematisch darstellen kann. Der Zusammenhang zwischen der sozialen Netzwerkanalyse und sprachlicher Interaktionen liegt im Strukturalismus begründet. Gerade die moderne Form der Netzwerkforschung beschäftigt sich mit der Interpretation sprachlicher Inhalte und Zeichen als Merkmal von Beziehungsstrukturen in Netzwerken.[870] Der Zusammenhang dieser beiden Bereiche ist daher bedeutend, weil Barrieren für die Verbreitung und Entstehung von Beziehungsstrukturen erklärbar sind.[871] Eine Ordnung in der Sprache begünstigt eine soziale Struktur und dementsprechend das positive Verhalten der Individuen. Bei negativen Beziehungen dagegen ist die Sprache und somit die Interaktion be-

---

[867] Eichendorff/Frühwald/Schillbach 2007 [1815]: 80.

[868] Ebd.: 83.

[869] Weitere Informationen über die Netzwerkanalyse finden sich in: Stegbauer, *Netzwerkanalyse und Netzwerktheorie. Ein neues Paradigma in den Sozialwissenschaften*, 2010.

[870] Vgl. Stegbauer, „Soziale Netzwerke und sprachliche Intetaktion", 2018: 5f.

[871] Vgl. ebd.: 14.

schränkt. Dieser Fall trifft auf *Ahnung und Gegenwart* zu. Innerhalb der abendlichen Interaktion zwischen Friedrich, Faber und Leontin werden unterschiedliche Werte vermittelt, sodass die verschiedenen Sprachsysteme und Sprachtypen keine Ordnung generieren. Folglich resultiert eine gescheiterte Kommunikation zwischen den drei männlichen Figuren. Bedingt durch diese unterschiedlichen Sprachmuster müsste eine schwach ausgeprägte Beziehungsstruktur erkennbar sein. Für Friedrich und Faber tritt dieser Sachverhalt zu, weil sie nach dem abendlichen Gespräch nur noch bei dem gemeinsam angetretenen Jagdausflug kurzzeitig Kontakt halten. Bei Friedrich und Leontin dagegen ist eine stark ausgeprägte Beziehungsstruktur erkennbar, weil sie noch weitere Orte erkunden und an gemeinsamen Veranstaltungen teilnehmen. Anhand dieses Beispiels ist ersichtlich, dass formelhafte Strukturen und theoretische Annahmen Veränderungen innerhalb der Figurenkonstellation deuten können. Allerdings weisen sie in bestimmten Fällen auch Schwächen auf. Eine bestimmte Figur, wie exemplarisch Faber, mag zwar nur in geringem Kontakt zu der Hauptfigur stehen, ist aber dennoch für den Kontrast oder für ein spezifisches poetisches Konzept bedeutend. Daher sollten stets neben den mathematischen und physikalischen Vereinfachungen zusätzlich auch die Funktionen der einzelnen Figuren bei einer soziophysikalischen Analyse im Fokus stehen. Dieser Sachverhalt bezieht sich ebenso auf die computerbasierte Analyse von Figurenkonstellationen.[872]

Eichendorffs Roman führt die Soziolinguistik in den Bereich des Reduktionismus, indem individuelle Biographien und Merkmale wie Herkunft keine Berücksichtigung finden, sondern lediglich sprachliche Verhaltensmuster. Rein physikalische Prinzipien und Theorien verwendet Eichendorff nicht, um die Interaktion zwischen zwei diametralen Figurentypen zu beschreiben, allerdings besteht die Leistung der Soziophysik in diesem Text darin, aus den gegebenen Informationen eine Formel aufzustellen, die basierend auf den reduzierten Merkmalen der Protagonisten das Scheitern oder Gelingen einer Interaktion vorausdeuten kann.

6.3.3 „Feurige Nasen" zur Charakterbildung in *Dichter und ihre Gesellen* (1834)

Eichendorffs Roman *Dichter und ihre Gesellen* zentriert den Grafen Fortunat und dessen Begegnungen mit den Mitgliedern einer Theatergruppe. Zu Beginn seiner Reise zu einem angesehenen Literaten trifft er auf seinen alten Kommilitonen Walter, der ihn zu sich nach Hause einlädt. Dort begegnet er dessen Verlobten Florentine, dessen Onkel, dem Amtmann, sowie dessen Neffen Otto. Die beiden ehema-

---

[872] Zur computerbasierten Analyse von Figurenkonstellationen siehe: Elson/Dames/McKeown, *Extracting social networks from literary fiction*, 2010; Krug/Jannidis et al., *Comparison of methods for the identification of main characters in german novels*, 2016; Krug/Jannidis et al., *Rule-based coreference resolution on german historic novels*, 2015; Trilcke, „Social Network Analysis (SNA) als Methode einer textempirischen Literaturwissenschaft", 2013 oder Trilcke/Fischer/Kampkaspar, *Digitale Netzwerkanalyse dramatischer Texte*, 2015.

ligen Studienkollegen verlassen nach einem kurzen Aufenthalt das Anwesen, um ihre Reise fortzusetzen. Fortunat macht die Bekanntschaft mit der Theatergruppe um den Prinzipal Sorti mitsamt dem Maler Guido, dem Tenor Lothario sowie dem Musiker Dr. Dryander. Auch Otto stößt zu einem späteren Zeitpunkt hinzu und trägt der Gruppe sein selbstgeschriebenes Bühnenstück vor, das allerdings kritisiert wird. Die Schausteller trennen sich nach einigen Kontroversen und begegnen an verschiedenen Orten und Zeitpunkten Fortunat, der in Rom die Bekanntschaft mit dem Marchese A. sowie dessen Tochter Fiametta macht. Nach dem Tod ihres Vaters und dem Verlust ihres Besitzes kehren die beiden als Liebespaar nach Deutschland zurück.

Eichendorff entwirft mit seinem Roman ein soziales Experiment, das das Gelegenheitshafte sowie das ständige Durch- und Überkreuzen von Begegnungen betont, wobei die genauen Abläufe und Ausgänge ungewiss bleiben und sich je nach Gelegenheit anders entfalten. Bei dieser Versuchsanordnung liegt nicht, anders als beim *Findling*, die Transformation eines bestimmten naturwissenschaftlichen Sachverhalts im Mittelpunkt, sondern die Korrespondenz zwischen einer Gesellschaft und eines Experiments, dessen Ergebnis ungewiss ist. Im Roman ist diese Verunsicherung daran ersichtlich, dass die in dem Text vorkommenden Protagonisten ihren weiteren Lebensweg nicht vorherbestimmen können. Dieser entfaltet sich je nach Gelegenheit, Umfeld und zufälligen Begegnungen, wodurch Eichendorff den Okkasionalismus vertritt.[873] Des Weiteren stellen die Protagonisten eher eindimensionale, inkonsistente Spielfiguren dar, die sich beliebig im Sinne einer Versuchsanordnung verschieben lassen.[874] Eichendorff präsentiert daher eine experimentelle Figurenkonstellation, um zu offenbaren, wie einzelne Figurentypen in spezifischen Situationen und Räumen reagieren. Ganz im Sinne soziophysikalischer Modelle verkörpern die literarischen Figuren physikalische Objekte, die unter dem Einfluss verschiedener Raumkonzepte stehen und untereinander interagieren.[875]

Der Literat figuriert seine Figuren als atomare Teilchen, die sich inmitten anderer Teilchen befinden, an denen sie bei Berührung ihre eigene Bewegungsenergie vermitteln. Entsprechend einer Kettenfortpflanzung treten diese Teilchen wiederum in einem erneuten Kontakt zu anderen, sodass die übermittelte Energie ein zweites Mal übertragen wird. Als Beispiel fungiert die Interaktion zwischen der Hauptfigur Fortunat, seinem kurzzeitigen Gastgeber dem Amtmann sowie dessen Neffen Otto. Letzterer möchte der Rechtswissenschaft zugunsten einer Tätigkeit als Dichter nach dem Examen entsagen. Ermutigt durch das Leben Fortunats und dem Geldgeschenk des Amtmanns tritt er dennoch eine Reise nach Italien an, wo er seiner späteren Frau Annidi begegnet. Eine Handlung einer Figur hat demnach immer Auswirkungen auf die späteren Tätigkeiten einer zweiten Figur. In diesem

---

[873] Pikulik 1989: 29f.
[874] Ebd.: 31.
[875] Vgl. Lingg 2015: 267f.

Sinne beeinflussen nicht nur Figuren sich gegenseitig, sondern auch die Räume, in denen sie agieren. Ottos Aufenthalt in Italien sollte nur von kurzer Dauer sein. Die Liebe zu seiner Frau und die euphorische Stimmung, die er in Italien durch seine Gedichte erfährt, veranlassen ihn dazu, für immer in diesem Land zu leben. Allerdings betrügt ihn seine Frau und er kann nicht an den erwünschten Erfolg anschließen, sodass er Italien verlässt und als Eremit leben will. Doch auch in Deutschland findet er nicht sein Glück und begeht Selbstmord.

Die Vielzahl der Figuren und ihrer gegenseitigen Begegnungen in unterschiedlichen Räumen literarisiert Eichendorff als ein komplexes soziophysikalisches Modell, das im Umfang die Systeme anderer Autoren übertrifft. Während bei den einfachen Modellen bedingt durch die geringe Anzahl an Figuren Vorhersagen möglich sind, können im vorliegenden System Eigenabweichungen und Instabilitäten durch die Emergenz neuer Systemeigenschaften entstehen, weil die weitere Handlung nicht eindeutig bestimmbar und für den Lesen ersichtlich ist. Die Konzeption eines derart komplexen Systems begründet Eichendorff damit, dass er sämtliche Facetten eines Dichterlebens abbilden möchte, wie er in dem Brief an Theodor von Schön vom 12. April 1833 schreibt: „Was meine Poesie anbetrifft, so schreibe ich jetzt [...] an einem größeren Roman, der die verschiedenen Richtungen des Dichterlebens darstellen soll."[876] Auffällig ist, dass Fortunat im Verlauf der Handlung stets gleiche Figuren an verschiedenen Orten sowie Zeitpunkten trifft und sämtliche Protagonisten über ihn verbunden scheinen. Dieser Sachverhalt ist mithilfe des *small-world*-Phänomens erklärbar, das Stanley Milgram 1967 prägte. Dieses sozialpsychologische Experiment ist der Auffassung, dass jedes Individuum innerhalb einer sozialen Gesellschaft über eine kurze Kette von Bekanntschaftsbeziehungen miteinander vernetzt ist.[877] Seit den 1990er Jahren wendet die mathematische Netzwerkanalyse computerbasierte Modelle zur Darstellung von Bekanntschaftsbeziehungen an. Sogenannte Knoten repräsentieren die einzelnen Individuen, während verschieden breite Kanten die Intensität der einzelnen Kontakte veranschaulichen. Innerhalb dieser Netzwerke sind zum einen die Transitivität, die Verbindung zweier Knoten über einen dritten, sowie der relativ geringe Durchmesser des Netzwerkes zu beobachten. Die Transitivität ist mithilfe des Clustering-Koeffizienten berechenbar, der einen hohen Wert für *small worlds* annimmt, wenn sämtliche Knoten miteinander verbunden sind. Auch für das Netzwerk in *Dichter und ihre Gesellen* liegt ein hoher Clustering-Koeffizient vor, weil Fortunat sämtliche Figuren miteinander verbindet und durch seine Kontakte ebenfalls verschiedene Figuren kennenlernt. Im Sinne Kosellecks demonstriert der letzte romantische Roman daher einen

---

[876] Schillbach/Schultz, „Dichter und ihre Gesellen. Entstehung und Entwürfe", 2007: 682.

[877] Genauere Beschreibungen und Modifikationen des Small-World-Phänomens finden sich in: Buchanan, *Small Worlds. Das Universum ist zu klein für Zufälle*, 2002; Milgram, „The small world problem", 1967 oder Watts, *Small Worlds. The dynamics of networks between order and randomness*, 2004.

Umbruch. Nicht die Subjektivität eines einzelnen Protagonisten liegt im Fokus, sondern die Abbildung einer pluralistischen Wirklichkeit.[878] Eichendorff präsentiert mehrsträngige Handlungen, die alle von Fortunat als gemeinsamer Nenner geschnitten werden. Das soziale Netzwerk rund um Fortunat illustriert die folgende Abbildung, wobei nur die wichtigsten Figuren aufgeführt sind.

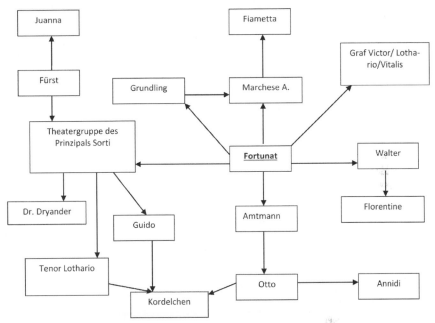

Abbildung 16: Soziales Netzwerk um Fortunat

Die engmaschige Vernetzung eines *small-world*-Netzwerkes ermöglicht die Aufrechterhaltung des Netzwerkes. Sollte allerdings eine wichtige Person, oder eine wichtige Figur, wegfallen, zerfällt das System in mindestens zwei Teile. Auch bei *Dichter und ihre Gesellen* ist ein derartiger Zusammenbruch zu verzeichnen, sobald Fortunat nicht mehr als verbindendes Element zur Verfügung steht. Das erste System bildet sich um die reisende Theatergruppe mit Kordelchen, Guido und dem Fürsten. Marchese A., dessen Tochter Fiametta und Grundling repräsentieren das zweite, römische System und das dritte System, das Heidelberger-System, bildet sich um Walter, dessen Verlobte Florentine und dem Amtmann. Otto ist ein Sonderfall, weil er mehreren Systemen zugehörig ist.

Der Lebensweg der Protagonisten bleibt zwar insgesamt ungewiss, allerdings kann das physikalische Prinzip der Diffusion die momentanen Interaktionen weniger Figuren illustrieren. Die Diffusion stellt den Ausgleich von Konzentrationsun-

---

[878] Vgl. Offermanns, „Eichendorffs Roman »Dichter und ihre Gesellen«", 2018 [1975]: 384.

terschieden bedingt durch die thermische Energie und die damit zusammenhängende Brownsche Bewegung der Teilchen dar. Je höher dabei die Temperaturen sind, desto stärker ist die Brownsche Bewegung und desto schneller erfolgt die Durchmischung. Adolf Fick hat die grundlegenden Gesetzesmäßigkeiten der Diffusion ermittelt und postuliert, dass die Gesetze dieses physikalischen Vorgangs mit denen der Wärmeleitung nach Fourier äquivalent sind, weil bei beiden der Teilchentransport innerhalb eines bestimmten Zeitraumes stattfindet. Ausgelöst wird die gerichtete Bewegung der Teilchen durch ein Konzentrationsgefälle, oder Konzentrationsgradient, zwischen zwei Orten unterschiedlicher Konzentration eines Stoffes. Quantitative Aussagen über die gerichtete Bewegung der Teilchen macht die Teilchenstromdichte J, die angibt, wie viele Teilchen innerhalb einer bestimmten Zeit diffundieren. In Abhängigkeit der Temperatur und des Drucks besitzt jedes Teilchen einen spezifischen Diffusionskoeffizient D. Die Gültigkeit seiner Annahme über die gerichtete Teilchenbewegung führte zur Formulierung des Ersten Fickschen Gesetzes:

$$J = -D\frac{\partial c}{\partial x} \tag{32}$$

J = Teilchenstromdichte
D = Diffusionskoeffizient
$\frac{\partial c}{\partial x}$ = Konzentrationsgradient

Die Gültigkeit des Zweiten Fickschen Gesetzes ist dagegen lediglich aus der Gültigkeit des ersten Gesetzes ableitbar und damit für die weitere Betrachtung irrelevant.

Für die Figurenkonstellation in *Dichter und ihre Gesellen* erscheint insbesondere die Diffusion in Festkörpern plausibel. Die Durchmischung kann dabei nur erfolgen, sobald im perfekten Gittersystem Leerstellen vorliegen, zwischen denen sich die Teilchen bewegen können. Für die Figurenkonstellation ist gerade der Mechanismus bedeutsam, bei dem zwei Teilchen ihre Plätze beziehungsweise mehrere Teilchen ihre Ringsysteme tauschen können. Im Sinne der Soziophysik sind die Teilchen mit den Figuren vergleichbar, die solange ihre Partner tauschen, bis sie den für sie perfekten Ort oder Partner gefunden haben, wobei dieser mit der vollständigen Durchmischung korreliert. Am deutlichsten ist dieser Sachverhalt bei den Frauenfiguren Kordelchen und Fiametta ersichtlich. Kordelchen geht im Laufe der Handlung Beziehungen zu Lothario, Guido und Otto ein, wobei diese den Platz jeweils mit einem anderen tauschen. Die Geschwindigkeit dieses Tauschvorgangs korrespondiert dabei mit dem physikalischen Vorbild, weil auch die Diffusion bei vermehrter Temperatur schneller erfolgt. So werfen sowohl Guido als auch später Otto Kordelchen „feurige Blicke"[879] zu oder teilen mit ihr „glühende Küsse"[880],

---

[879] Eichendorff/Frühwald/Schillbach 2007 [1815]: 178.
[880] Ebd.: 257.

wobei diese Attribute auf eine erhöhte Temperatur hindeuten. In diesem Zustand geht Kordelchen mit der jeweiligen Männerfigur eine sofortige Beziehung ein, die allerdings nur von kurzer Dauer ist, weil ihre Gefühle ebenso schnell abnehmen. Sobald ein neuer männlicher Protagonist auftaucht, erregt sie in ihm wieder die gleichen Leidenschaften, sodass dieser eine erhöhte Temperatur aufweist. Je höher diese Temperatur, respektive die Leidenschaften sind, desto stärker ist der Wunsch nach einer sofortigen Beziehung mit Kordelchen. So ist dieser Umstand beispielhaft bei dem Studenten Otto zu verzeichnen, der sich bei einem gemeinsamen Leseabend „immer mehr ins Feuer [las]."[881] Diese Leidenschaften nehmen nicht ab, sondern steigen solange weiter an, bis der männliche Protagonist ein Liebesverhältnis mit Kordelchen eingeht. Auch Otto findet keine Maßnahme, die seine „brennendroten Lippen [kühlen]"[882] kann. Bei der höchsten Temperatur, die sich bei Otto über ein „Feuermeer"[883] bemerkbar macht, nimmt die männliche Figur schließlich die Position des alten Geliebten ein. Kordelchen wird allerdings bedingt durch ihr launisches und stürmisches Wesen bei keiner Männerfigur glücklich. Erst als sie einem ursprünglichen, wahnsinnig anmutenden Naturzustand verfällt, begegnet sie einem imaginierten Geliebten, bei dem sie allem Anschein nach ihr Glück gefunden hat. Fiametta dagegen tauscht nicht nur ihren Vater gegen ihren späteren Ehemann Fortunat, sondern sie verlässt ihre Heimatstadt Rom und wird in Deutschland heimisch. In Rom war sie nach dem Bankrott und der Krankheit ihres Vaters unglücklich und erst nach dem Ortswechsel bessert sich in Gegenwart ihres Geliebten ihr Wohlbefinden.

Auffällig ist, dass eine Vielzahl der in dem Roman vorkommenden Figuren als Folie fungieren, die keine tiefgehenden Merkmale und Eigenschaften aufweisen. Dieser Aspekt unterstützt ihren Charakter als Spielfiguren, wobei die individuellen Züge zugunsten eines allgemeinen Figurentypus aufgegeben werden, der stellvertretend für wohlgezeichnete Protagonisten steht. Herbei ist anzumerken, dass ein bestimmter Figurentypus für einen bestimmten Ausgang stehen könnte, wobei der Autor spezifizierende Merkmale hinzufügen kann. Im Gegensatz dazu sollen die Schauspieler aus *Dichter und ihre Gesellen* in einem Theaterstück Gewohnheiten und Merkmale einstudieren, die sie voneinander unterscheiden. Die Charakterdarstellungen profitieren dabei aus den Erkenntnissen aus der Physiognomik. Dabei handelt es sich um eine populärwissenschaftliche Disziplin, die versuchte, durch Betrachtung der äußeren physiologischen Merkmale eines Körpers, insbesondere des Gesichts, Rückschlüsse auf die Charakterzüge und Temperamente eines Individuums zu schließen. Als ein relevanter Vertreter ist Lavater zu nennen, dessen *Physiognomische Fragmente zur Beförderung der Menschenkenntnis und Menschenliebe* (1775–1778) zu einem Erfolg wurden, weil sie zum ersten Mal mit rationalen Me-

---

[881] Ebd.: 200.
[882] Ebd.: 258.
[883] Ebd.: 261.

thoden in das Innere der Menschen einzudringen versuchten und gleichzeitig den Anspruch einer modernen Wissenschaft erhoben. Zu den prominenten Kritikern der Lavaterschen Physiognomik zählten unter anderem Goethe oder Lichtenberg[884], der die Gefahr voreiliger Rückschlüsse und unbegründeter Schuldzuweisungen hervorhebt:

> „Denn ob die Physiognomik überhaupt, auch in ihrer größten Vollkommenheit, je Menschenliebe befördern werde, ist wenigstens ungewiß: daß aber mächtige, beliebte und dabei tätige Stümper in ihr, der Gesellschaft gefährlich werden können, ist gewiß."[885]

Ein weiterer Kritikpunkt betrifft die selektive Betrachtung der Gesichtsmerkmale. Ein umfassendes Urteil beruht auf der genauen Berücksichtigung der Mund-, Nase-, Stirn- und Augenpartien sowie deren Verhältnis zueinander. Lavater konzentrierte sich aber überwiegend auf die Stirnpartie und deren Relation zur Nase. Dabei attestierte er der Nase eine besondere, einmalige Bedeutung: „Eine physiognomisch-gute Nase wiegt unaussprechlich viel in der Waage der Physiognomik. Sie kann durch nichts, was es sey, überwogen werden."[886] Lediglich durch die Betrachtung der Nasenform konnte Lavater Rückschlüsse auf den Charakter und auf die körperliche Verfassung eines Menschen treffen, weil dieser Körperteil als *pars pro toto* des vollständigen Gesichts gilt.[887]

---

[884] Nach der Aussage des Hannoverschen Leibarztes und Philosophen Johann Georg Zimmermann diskreditierte Lichtenberg die Lavatersche Physiognomik, da er sich persönlich angegriffen fühlte. Lediglich ein schöner, wohlgestalteter Körper ist nach dieser Lehre tugendhaft, während ein deformierter Körper, wie bei Lichtenberg, Laster anzeigen würde. Lichtenberg argumentierte dagegen in seinem Essay *Über Physiognomik; wider die Physiognomen* (1778) sachlich und rational, dass äußere Einwirkungen einen Körper unansehnlich erscheinen lassen könnten, aber diese keinerlei Auswirkungen auf den menschlichen Charakter haben. Lichtenberg zentriert stattdessen in seiner Pathognomik den Gedanken, dass spezifische Verhaltensweisen und Affekte eine körperliche Ausdruckssprache hätten. Zudem kritisiert Lichtenberg, dass Lavater keine Selbstbeobachtung betrieben habe, um zur anthropologischen Wahrheit zu gelangen. Siehe: Pfotenhauer 1991: 8ff. Zur weiteren Lektüre über den Physiognomikstreit zwischen Lichtenberg und Lavater siehe: Ohage, „„Raserei für Physiognomik in Niedersachsen". Lavater, Zimmermann, Lichtenberg und die Physiognomik", 1992; Arburg, „Lichtenberg contra Lavater: Überlegungen anlässlich eines Lichtenberg-Fundes in Lavaters ‚L'art de connaître les hommes par la physiognomie'", 2001; Arburg, *Kunst-Wissenschaft um 1800. Studien zu Georg Christoph Lichtenbergs Hogarth-Kommentaren*, 1998; Hoffmann, „Gefährliche Ehrlichkeit: der Physiognomikstreit zwischen Lichtenberg und Lavater", 2017 oder Riha, „Zum Fragment von Schwänzen. Georg Christoph Lichtenbergs Beitrag zum *Physiognomik*-Streit", 1992.

[885] Lichtenberg/Promies, *Schriften und Briefe. Band 3: Kommentar zu Band I und Band II*, 1994: 264.

[886] Lavater/Riha, *Von der Physiognomik und hundert physiognomische Regeln*, 1991 [1772]: Seite 79.

[887] Lavater hat in seinen Bilderdeutungen eine Vielzahl unterschiedlicher Gesichts- und Nasenformen beschrieben und ihnen spezifische Charaktereigenschaften attestiert. Näheres dazu unter: Lavater, *Physiognomische Fragmente. Ausgewählt und kommentiert von Friedrich Märker*, 1949 [1775–1778]: 26–213.

Trotz unterschiedlicher Auslegungen und Modifizierungen der Physiognomik ist am Beispiel der Temperamentenlehre eine Grundkonstanz erkennbar. Die Unterscheidung der vier Temperamente des Sanguinikers, Melancholikers, Phlegmatikers und Cholerikers ist durch die Jahrtausende, von der Antike bis zu populären Vorstellungen moderner Forschungen, im Wesentlichen unverändert geblieben.[888] Bei der Beschreibung der Gesichtszüge des Phlegmatikers und des Cholerikers greift Lavater auf die Opposition *warm-kalt* zurück, wobei die ausdehnende Wirkung der als warm klassifizierten Empfindungen wie Zorn oder Hass erneut wirksam ist. So beschreibt er die Phlegmatiker als kalt, die Choleriker dagegen als feurig.[889] Der physiognomische Hauptunterschied besteht darin, dass er bei den Gefühlskalten das Gesicht als hohl, eisig, gesteinhart und gruftartig beschreibt.[890] Bei den Gefühlvollen und den Cholerikern sind die Gesichtspartien ausgeprägter und erscheinen voluminöser.[891]

Die Wahl für die Opposition *warm-kalt* ist durch zwei verschiedene Aspekte begründbar. Zum einen erzeugen Physiognomiker, aber auch Maler und Literaten, eine größere Wirkung, Vorstellungskraft und Vereinfachung, wenn sie eine diametrale Bildidee repräsentieren.[892] Relevanter ist zum anderen, dass Naturforscher wie Descartes oder Künstler wie Charles Le Brun die Physiognomik, insbesondere das Erkennen der menschlichen Leidenschaften, mathematisch und physikalisch zu begründen versuchten. So schreibt Descartes in seiner *Traité des passions de l'âme* (1694), dass er sich den Leidenschaften und deren Gesichtsausdrücke auf Gesicht und Körper „nicht als Redner, selbst nicht als Philosoph, sondern allein als Physiker nähern"[893] möchte. Die Physiognomik bedient sich somit physikalisch bekannter Auswirkungen der Wärme, um Beobachtungen für Leser vereinfacht darstellen und beschreiben zu können. Insbesondere die Opposition aus warm und kalt illustriert anschaulich die spezifischen Charakteristika der Figurentypen. Für die Gegensätzlichkeit hätte auch die Elektrizität fungieren können, die die Gesellschaft um 1800 als epochale Metapher präsenter diskutierte als die Wärmelehre, allerdings war der Unterschied zwischen der positiven und negativen Elektrizität nicht allen Bevölkerungsschichten bekannt, sodass die Bezeichnungen auf alltäglichen Beobachtungen basieren.

Für die Protagonisten in dem Roman *Dichter und ihre Gesellen* sind die Erkenntnisse aus der Physiognomik ausschlaggebend für die angemessene Verkörperung der zu mimenden Theaterfigur. Eine besondere Stellung kommt auch bei Eichen-

---

[888] Vgl. Borrmann, *Kunst und Physiognomik. Menschendeutung und Menschendarstellung im Abendland*, 1994: 14.

[889] Lavater 1949 [1775–1778]: 214f.

[890] Ebd.: 218.

[891] Vgl. ebd.: 218.

[892] Borrmann 1994: 17.

[893] Descartes/Adam/Tannery, *Le Monde: description du corps humain; passions de l'âme; anatomica; varia*, 1967 [1694]: 326.

dorff der Nase zu, anhand derer unverzüglich die Persönlichkeit der Figur ablesbar ist. Insofern soll sich der Schauspieler bei dem Einstudieren der Rolle auf die Nase konzentrieren:

> „Oh, fiel ihm Kordelchen – so hieß die Reiterin – in die Rede, der Ruprecht ist ein eingefleischter Shakspeare, hat er sich nicht schon allmählich Bardulphs feurige Nase anstudiert? – Und in der Tat, seine stolze Nase leuchtete immer schöner, je trüber das Licht in der Glaskugel zu verlöschen begann."[894]

Eichendorff rekurriert an dieser Stelle auf die verschiedenen Temperamente, die die Opposition *kalt-warm* genauer klassifizieren kann. Ein Charakter mit einer „feurigen Nase" gilt entsprechend der Physiognomik als edles, stolzes, warmes, intelligentes, soziales und fröhliches Individuum. Im Gegensatz dazu vermittelt eine kalte Nase die nachfolgenden Charakterzüge:

> „Sehr abwärts sinkende Nasen sind nie wahrhaft gut, wahrhaft froh, oder groß. Immer sinnen sie Erdwärts, sind verschlossen, kalt, unherzlich, unmittheilsam, oft boshaft-witzig, übellaunig, oder tief hypochondrisch, oder melancholisch; obenher gebogen, furchtbar, wollüstig."[895]

Der Zusammenhang zwischen Wärme respektive Feuer und Nase ergibt sich zudem daraus, dass Erasmus von Rotterdam in dem Dialog *De Captandis Sacerdotis* aus den *Vertrauten Gesprächen* (1518) der Nase die Funktion eines Blasebalgs zuschreibt, der Feuer entfachen kann.[896] Die besondere Bedeutung der Nase ist auf die Aufwertung der Gesichtssinne während des empirischen Sensualismus zurückzuführen, der nicht nur die Basis vieler heutzutage noch gebräuchlicher Sprichwörter über die Nase darstellt[897], sondern auch den Geruchssinn als Quelle systematischer Erkenntnisse und kindlicher, latenter Erinnerungen hervorhebt.[898] Im 18. und beginnendem 19. Jahrhundert ist zusätzlich ein Nasen-Phallozentrismus zu verzeichnen, wobei Literaten den Zusammenhang zwischen Nase, Sexualscham und Virilität des Mannes literarisch verarbeiteten, ohne diesen zu explizieren.[899]

Andere Körperteile führt Eichendorff bei den Theaterproben auch auf, unterliegen aber in ihrer Bedeutung der Nase, die auch bei den Regieanweisungen für das

---

[894] Eichendorff/Schillbach, „Dichter und ihre Gesellen. Novelle", 2007 [1834]: 152.

[895] Lavater/Riha 1991 [1772]: 79.

[896] Rotterdam, *Vertraute Gespräche*, 1947 [1518]: 147–152.

[897] Katharina Baisch differenziert die Vielzahl der Nasen-Sprichwörter in die drei Themenkomplexe *Eigenes/Fremdes*, *Strafe/Schuld* und *Täuschung/Tausch*. Die genauen Analysen sowie eine Auflistung verschiedener Sprichwörter findet sich in: Baisch, *Die kulturelle Bedeutung der Nase in Literatur und Medizin. Eine kulturelle Musterung in der Moderne*, 2007.

[898] Le Guérer, *Die Macht der Gerüche. Eine Philosophie der Nase*, 1992: 13f.

[899] Himberg, „Phantasmen der Nase. Literarische Anthropologie eines hervorstechenden Organs", 2001: 91.

Theaterstück eine zentrale Rolle zukommt: „Rasch an das Licht tretend und ein Papier entfaltend, las er: da ist Herr *Ruprecht* – feurig von Nase, erhaben von Nase, blühend von Nase – was? nichts [sic!] als lauter Nase! [Hervorhebungen im Original]."[900] Die zentrale Stellung der Nase für die Charakterdeutung ist nach Eichendorff darauf zurückzuführen, dass sie der Ort der Seele sei: „Freilich die Nase ist ein empfindlicher Teil, da sitzt die Seele schon tiefer und wärmer, die ficht so leicht nichts an."[901] Der romantische Autor widerspricht damit den Vorstellungen aus der griechischen Antike sowie der Renaissance, wonach die Seele im Gehirn beziehungsweise im Herzen zu finden ist.[902] Der Zusammenhang zwischen Seele, Nase und Wärme basiert auf religiösen Transzendentalvorstellungen, wonach die Seele ein in der Körperwärme sich manifestierendes Lebensprinzip darstellt. Des Weiteren schildert die *Genesis* die Entstehung der lebendigen Seele durch das Zuführen des Lebensodems über die Nase. Erst durch die Seele wird der Mensch zu einem individuellen Charakter. Für die Schauspieler aus *Dichter und ihre Gesellen* liegt damit der Fokus beim Einstudieren der Rolle auf der Nase, weil eine schöne, feurige Nase identitätsstiftend und ehrwürdig ist.[903] Lediglich die perfekte Nasenhaltung lässt das Schauspiel plausibel und den Schauspieler glaubwürdig erscheinen. Eine schlechte Inszenierung der Nase dagegen führt zu einem Ehrverlust. Äquivalent dazu sieht sich ein seelenloser Mensch mit dem Vorwurf der mangelnden Tiefe und einer fehlenden Persönlichkeit konfrontiert. Der religiöse Eichendorff verbindet dementsprechend wissenschaftliche Erkenntnisse mit christlichem Gedankengut. Daraus begründet sich auch die vermehrte Lektüre Eichendorffs von Steffens Werk, weil er wie kaum ein anderer Naturforscher um 1800 naturphilosophische, naturwissenschaftliche und religiöse Thematiken in seinen Schriften kombinierte.

Anhand des Romans von Eichendorff ist eindeutig der durch die Soziophysik vertretene reduktionstische Ansatz ersichtlich. Literarische Figuren werden auf die nötigsten Merkmale und Eigenschaften reduziert und individuelle Verhaltensweisen finden keine Berücksichtigung. Die Protagonisten repräsentieren daher Spielfiguren, die gelenkt werden und keine individuellen Entscheidungen treffen, weil sie in Abhängigkeit ihres Umfeldes und externer Faktoren einer stetigen Beeinflussung unterliegen. Die vorhersagende Funktion der Methodik kommt allerdings dadurch zum Erliegen, dass die hohe Anzahl der Figuren und Schauplätze die Vorhersagbarkeit der Handlungen einschränkt. Die Soziophysik eignet sich aber auch bei derartigen hochkomplexen Fällen, um zumindest die Interaktion zwischen wenigen Figuren durch physikalische Prozesse zu veranschaulichen.

---

[900] Eichendorff/Schillbach 2007 [1834]: 152f.

[901] Ebd.: 137.

[902] Vgl. Mulsow, *Frühneuzeitliche Selbsterhaltung. Telesio und die Naturphilosophie der Renaissance*, 2013. Zur Lektüre bietet sich in diesem Zusammenhang insbesondere das vierte Kapitel „Zur Geschichte von Wärme und Seele in der Renaissance: *calidum innatum* und *calor coelestis*" an.

[903] Vgl. ebd.: 97f.

6.3.4   Eine Wärmekraftmaschine bei *Das Schloss Dürande* (1837)

Die Novelle *Das Schloß Dürande* porträtiert vordergründig einen nach dem Vorbild der Französischen Revolution erschaffenen Aufruhr des Bürgertums.[904] Hervorzuheben ist in diesem Zusammenhang die neuplatonisch-gnostische Licht- und Wärmemetaphorik sowie die ambivalenten Naturbilder, die den Fortgang und die Entwicklung desselben anschaulich unterstützen. Die Natursprache ist aber im Gegensatz zu Autoren wie Novalis nie rational erschließbar, weil ihr der Aspekt naturwissenschaftlicher Objektivität fehlt.[905] Die Wärmetopik bildet eine Interferenz, indem sie gleichzeitig sowohl auf der Makroebene den näherkommenden Aufruhr ankündigt als auch auf der Mikroebene die körperliche und mentale Entwicklung des jungen Jägers Renald Dübois illustriert. In der gleichen Weise, wie sich die durch die Wärme- und Lichtmetaphorik beschriebenen Wetterverhältnisse in Abhängigkeit von der räumlichen und zeitlichen Entfernung des Aufstands ändern, entwickelt sich auch die benannte Figur bedingt durch innere und äußere Umstände.

Weiterhin porträtiert der Text die Liebesbeziehung zwischen Gabriele Dübois, die Schwester Renalds, und dem Grafen Hippolyt Dürande. Dieses Verhältnis stößt allerdings bei Renald auf Widerstand, sodass er seine Schwester in ein Kloster überführt. Die Gefühle Gabrieles sind allerdings so stark, dass sie ihrem Geliebten heimlich nach Paris folgt. Renald erfährt von der Abwesenheit seiner Schwester und ist der Meinung, dass der junge Graf sie entführte, sodass er nach Paris reist, um ihn mit seiner angeblichen Tat konfrontiert. Hippolyt weist ihn allerdings zurück. Renald wähnt Gabriele im Pariser Palast der Dürandes, sodass er den Vater Hippolyts aufsucht. Dieser sperrt ihn allerdings in die Psychiatrie, aus der Renald nach einigen Monaten fliehen kann. Er schließt sich einer Gruppe Kämpfer an, die den Palast der Dürandes stürmen wollen. Bei der schlussendlichen Stürmung sterben die drei Figuren.

Eichendorff schuf mit seiner Novelle eine mechanische Versuchsanordnung, die die Attribute und Funktionsweise einer Wärmekraftmaschine auf eine literarische Figur überträgt. Mit dieser Anwendung von Wissen auf die Figurenkonstellation vollführt der Autor das Konzept des Maschinenmenschen, das seit dem langen 19. Jahrhundert bis zum 21. Jahrhundert stets Berücksichtigung fand. Bereits seit Julien Offrey de la Mettries Text *L'homme machine* (1747) soll die Maschinentheorie des Lebendigen Fragen nach der Beschaffenheit des Menschen beantworten.[906] Ausge-

---

[904] Vgl. Hartmann, „Eichendorffs Novelle „Das Schloß Dürande". Eine gescheiterte Kommunikation", 1986 und Koopmann, „Eichendorff, das Schloß Dürande und die Revolution", 1988.

[905] Goodbody, *Natursprache. Ein dichtungstheoretisches Konzept der Romantik und seine Wiederaufnahme in der modernen Naturlyrik (Novalis-Eichendorff-Lehmann-Eich)*, 1984: 158.

[906] Einen Überblick über die Entwicklung und Tradierung des Mensch-Maschinen-Konstrukts von den Anfängen bis zur modernen Ki- und Robotik-Forschung bietet Jank, *Der homme machine des 21. Jahrhunderts. Von lebendigen Maschinen im 18. Jahrhundert zur humanoiden Robotik der Gegenwart*, 2014.

hend vom menschlichen Vorbild entstanden so funktionsfähige Automaten, wie beispielhaft der Flötenspieler von Jacques de Vaucanson oder der Schachtürke von Wolfgang von Kempelen. Eichendorff wertet das Konzept dahingehend um, dass eine mechanische Apparatur als Vorbild für eine literarische Figur dient, sodass sie ihre Funktionen und Attribute erhält. Die Mechanik erfährt in diesem Kontext eine Ästhetisierung, indem ein naturwissenschaftliches Konstrukt auf die Verhaltensänderung zweier Protagonisten übertragen wird und damit ein dynamisches Wechselspiel aus Aktion und Reaktion anthropomorphisiert. Eichendorff verwendet hierfür das Bild einer Wärmekraftmaschine, die mechanische Arbeit verrichtet, während sie im ständigen Austausch mit einer Wärmesenke und einer Wärmequelle verbunden ist. Im Sinne des ersten Grades der Soziophysik figuriert Eichendorff Renald als Wärmekraftmaschine, seine Schwester Gabriele als Wärmequelle und ihren Geliebten Graf Hippolyt Dürande als Wärmesenke. Diese soziophysikalische Konstellation liegt darin begründet, dass sich Renalds Antrieb zu Beginn der Novelle lediglich nach seiner Schwester richtet. Dementsprechend basiert seine Leistungsfähigkeit auf der Liebe zu ihr, die „[seine] einzige Freude und [sein] Stolz [war]."[907] Zu weiteren Handlungen sieht sich Renald gezwungen, als der junge Graf Dürande Interesse an Gabriele bekundet. Ein Teil der Wärme und Leistungsfähigkeit Renalds überträgt sich an die Wärmesenke Hippolyt Dürande, weil er ihn als seinen Rivalen in der Gunst um die Liebe Gabrieles ansieht. Renald fühlt sich angesichts der Stellung und Herkunft des Grafens kleinlich und devot, erkenntlich daran, dass es ihm bei der ersten Begegnung im Mondschein so vorkommt, „als wär' er [Hippoylt Dürande] plötzlich größer geworden."[908] Bedingt durch diesen Kraftverlust sieht sich Renald nicht imstande, Gabriele von Hippolyt fernzuhalten. Als Folge überführt er sie in ein Kloster, damit sie Abstand zu ihrem adligen Geliebten erhält.

In gleicher Weise funktioniert das soziophysikalische Zusammenspiel aus Antrieb, Leistungsfähigkeit und Kraftverlust nach Gabrieles Ausbruch aus dem Kloster. Zu Beginn ihres dortigen Aufenthalts besuchte ihr Bruder sie jeden Tag. Je länger sie allerdings im Kloster verweilt, desto mehr nehmen seine Besuche ab. Die Aktivität der Wärmekraftmaschine verringert sich, weil zum einen die Wärmequelle in einiger Entfernung zu ihr positioniert ist, sodass der Zufluss an Wärme verhindert wird. Die anfänglichen Besuche sind daher lediglich die Resultate der Restenergie, die Renald noch besitzt. Zum anderen befindet sich die Wärmesenke ebenfalls in einiger Entfernung sowohl zur Wärmequelle als auch zur Wärmekraftmaschine. Renald muss dementsprechend nicht mit dem Liebesrivalen konkurrieren und wähnt seine Schwester in Sicherheit. Nach Gabrieles Flucht aus dem Kloster wird Renald allerdings eine Handlung abverlangt. Seine Bruderliebe und Sorge um seine Schwester veranlassen ihn dazu, nach Paris zu reisen, um Hippolyt mit

---

[907] Eichendorff/Schillbach: „Das Schloß Dürande. Eine Novelle", 2007 [1837]: 425.
[908] Ebd.: 425.

dem Verschwinden Gabrieles zu konfrontieren. Entscheidend ist an dieser Stelle, dass die Wärmequelle entgegen des naturwissenschaftlichen Vorbildes nicht anwesend sein muss, um der Wärmekraftmaschine Energie in Form von Wärme zuzuführen. Eichendorff hebt somit die Stärke der Liebeskraft einer Figur hervor, die sie zu erhöhter Aktivität befördern kann. Diese Kraft reicht jedoch nicht aus, um gegen die stärkere Wärmesenke bestehen zu können. Der junge Graf bringt Renald im Bezug auf die Frage nach dem Verbleib seiner Schwester nur Spott entgegen und lacht ihn aus. Dieser Umstand ist relevant für das Verhältnis der Wärmekraftmaschine Renald zu der Wärmesenke Hippolyt Dürande. Solange sich Renald unterwürfig und devot gegenüber dem Sohn seines Auftraggebers verhält, dominiert die Wärmesenke, die eine vermehrte Menge an Wärme aus der Maschine zu ihren Gunsten zieht, sodass sie nicht vollständig funktioniert und leistungsfähig ist. Erst als sowohl der junge Graf als auch dessen Vater den Jäger abwiesen und in die Psychiatrie einsperrten, zieht Renald nicht nur aus seiner Liebe zu seiner Schwester Energie, sondern auch von seinem Recht, sie wiederzusehen und gegen das ihm entgegengebrachte Unrecht anzutreten. Seine vermehrte Wärmeaufnahme macht sich daran bemerkbar, dass „feurige Figuren wechselnd auf dem dunklen Grund seiner Seele [spielten]"[909] und er den Mut findet, sich den Dürandes aufzulehnen.

Die Entlassung Renalds aus der Psychiatrie markiert innerhalb der Novelle einen Umbruch. Auf der Makroebene repräsentieren die sich verschlechternden Wetterbedingungen und die aufziehenden Gewitter als Anzeichen für den nahenden Aufruhr diesen Wechsel. Auf der Mikroebene hingegen erfährt die Wärmekraftmaschine durch gesteigerte motivationale Aspekte eine erhöhte Wärmezufuhr. Von Anfang an ist zwischen Renald und dem Aufruhr eine Verbindung zu verzeichnen, weil sich auch auf seiner Stirn ein Wetterleuchten und ein „Zucken" bemerkbar macht, „wie wenn es von ferne blitzte."[910] Renald nimmt daher in der Novelle bedingt durch seine erhöhte Leistungsfähigkeit eine führende Position ein, um der bestehenden Feudalherrschaft der Dürandes ein Ende zu setzen.

Dieser Umbruch ist ebenso relevant für das sich verändernde Verhältnis zwischen Renald und Hippolyt Dürande, das die Entoptik aus Goethes im Jahr 1820 publiziertem Nachtrag zur *Farbenlehre* anschaulich illustriert. Entopische Farben oder auch entopische Figuren entstehen dadurch, dass eine Konstruktion aus Spiegeln und Gläsern dem Sonnenlicht ausgesetzt ist. Die so entstehenden Farben wechseln in ihre jeweiligen Komplementärfarben, wenn sich der Winkel der Spiegelkonstruktion zum Sonnenlicht um einen gewissen Grad ändert. Entoptische Farben resultieren daher aus dem Verhältnis von Erwärmung und Abkühlung. Diese Temperaturunterschiede sind auch für das wechselnde Verhältnis von Renald und Hippolyt dienlich. Der junge Graf Dürande verhält sich zu Beginn unüberlegt, dominant und übermütig. Ebenso soll er einige Liebesverhältnisse füh-

---

[909] Ebd.: 445.
[910] Ebd.: 425.

ren. Im Gegensatz dazu verhält sich Renald vorerst rational sowie überlegt und wiegt seine Entscheidungen ab. Somit entspricht Hippolyt einem warmen, leidenschaftlichen Charakter, während Renald kalte Charakterzüge aufweist. Diese Konstellation ändert sich nach Renalds Aufenthalt in der Psychiatrie. Wie bereits dargelegt, erhitzt sich sein Gemüt, sodass er nun dominante und unüberlegte Entscheidungen trifft, die ihn als warmen Charakter auszeichnen. So lehnt er sich gegen die Dürandes auf oder gibt bei der Stürmung auf das Schloss Dürande unkontrolliert Schüsse ab. Der junge Graf dagegen verhält sich bei der Revolte rational sowie überlegt und entwirft eine Strategie, um schwerwiegende Verluste zu vermeiden. Verglichen mit dem erwärmten Renald weist er eine kühlere Temperatur auf.[911]

Renald funktioniert nur solange als Wärmekraftmaschine, wie seine Schwester Gabriele als Wärmereservoir lebt. Sobald sie gestorben ist und er die Auswirkungen seines Handelns wahrnimmt, verlassen ihn auch seine Kraft und seine Leistung. Dieser Umstand ist auf der schlussendlichen Stürmung des Schlosses Dürande deutlich. Gabriele hat sich den Mantel des jungen Grafens angezogen, um die Kugeln auf sich zu lenken. Mehrere Kugeln verwunden sie tödlich, darunter einige ihres Bruders. Direkt nach ihrem Tod empfindet Renald eine „plötzliche Kühle"[912], die sich physikalisch dadurch erklärt, dass die Wärmequelle erloschen ist. Als er schließlich von dem Schlosswart Nicolo erfährt, dass Hippolyt Gabriele nicht entführte und sie sich intensiv liebten, erkennt er erst seinen Irrtum. Der schleichende Verfall der Wärmekraftmaschine Renald geht einher mit dem Ergrauen seiner Haare und dem Gefühl der Lebensmüdigkeit. Da er auch für den Tod der Wärmesenke Hippolyt Dürande verantwortlich ist, würde er wortwörtlich heiß laufen, wie sich bereits daran zeigt, dass jeder seiner Tritte ein Feuer verursacht: „[...] es war, als schlüge Feuer auf, wohin er trat."[913] Um dem Wärmetod zu entgehen, setzt er seinem Leben selbst ein Ende, als er das Schloss und sich in Brand setzt.

Das Liebesverhältnis zwischen dem Grafen Hippolyt Dürande und Gabriele entspricht in Teilen dem Körperkonzept der liebenden *homines calefiati*. Die bürgerliche Herkunft Gabrieles ist dem adligen Hippolyt gleichgültig, sodass die Liebenden die Standesschranken aufheben können. Weiterhin müssen die Liebenden zwei Hindernisse überwinden. Zum einen Renalds Ablehnung gegenüber dem Grafen und zum anderen Gabrieles Scheu vor ihrer bürgerlichen Herkunft, sodass

---

[911] Bereits die Namenssymbolik liefert Hinweise auf die Entwicklungssituation und die Wertung der Figuren. Der Name Hippolyt rekurriert auf die antike Mythologie, in der Hippolytos einen Jäger darstellt, der sich dem Vorwurf stellen muss, er habe ein Liebesverhältnis zu seiner Stiefmutter Phaidra aufgebaut und schließlich einem Racheakt zum Opfer fällt. Eichendorff deklariert Renald bereits durch die lautliche Rekurrenz zu seinem literarischen Vorbild Rinaldo aus Christian August Vulpius Roman *Rinaldo Rinaldini* (1798) als Räuber und Unruhestifter. Näheres dazu unter: Hartmann 1986: 1861

[912] Eichendorff/Schillbach 2007 [1837]: 461.

[913] Ebd.: 465.

sie sich als Gärtner ausgibt, um immer in seiner Nähe zu sein. Schließlich ist bei ihnen die Wärmeleitung aktiv, die sich über „glühende Küsse"[914] ausdrückt. Daneben sprechen einige Punkte gegen das Konzept der liebenden *homines calefiati*. Die Liebeswerbung und die Liebesentstehung erfolgen in einem kurzen Zeitraum und keiner der beiden Figuren verfällt in einem apathischen oder zumindest passiven Zustand. Eichendorff modifiziert das Körperkonzept dahingehend, dass er zwar die Seelenliebe als möglich ansieht und ihr eine hohe Liebeskraft anerkennt, allerdings führt die Auslebung dieser Gefühle zu dem sicheren Untergang oder zumindest zu einer Verzweiflung der Liebespartner, sodass das romantische Idealbild eine negative Wirkung erfährt. Eine Vereinigung der Liebenden ist bei der Novelle trotz eines erbitterten Kampfes nur im Tode möglich:

> „Immer ferner und leiser verhallten unterdes schon die Stimmen vom Schlosse her, der Graf wankte verblutend, sein steinernes Wappenschild lag zertrümmert im hohen Gras, dort stürzt' er tot neben Gabrielen zusammen. Sie atmete nicht mehr, aber der Himmel funkelte von Sternen, und der Mond schien prächtig über das Jägerhaus und die einsamen Gründe [...]. Dort wurden die Leichen von Nicolo gefunden, der vor Ungeduld schon mehrmals die Runde um das Haus gemacht hatte. Er lud Beide mit dem Banner auf das Pferd, die Wege standen verlassen, Alles war im Schloß, so brachte er sie unbemerkt in die alte Dorfkirche. Man hatte dort vor Kurzem erst die Sturmglocke geläutet, die Kirchtür war noch offen [...]. Da senkte er betend das stille Brautpaar in die gräfliche Familiengruft und die Fahne darüber, unter der sie noch heut zusammen ruhen."[915]

Wie auch bei den Hoffmannschen *Bergwerken zu Falun* folgt Eichendorff Schuberts Gedanken, wonach Hochzeit und Beerdigung als gegensätzliche Pole örtlich vereint werden können.

Eichendorffs Text veranschaulicht eindeutig die Unhaltbarkeit des sozialen Experiments, sobald ein Bestandteil des naturwissenschaftlichen Apparates ausfällt. Erst unter der Prämisse eines stabilen Wechselspiels zwischen den Figuren bleibt das Verhältnis aus Aktion und Reaktion bestehen und der Apparat überdauert. Anhand des Bildes der Wärmekraftmaschine ist zudem die poetische Entwicklung der Wärmelehre ersichtlich. Während Arnim beim *Findling* noch auf frühe Annahmen aus der mechanischen Wärmelehre zurückgreift, erweitert und vertieft Eichendorff beim *Schloß Dürande* angesichts des wissenschaftlichen Fortschritts die motivationalen Aspekte für die Handlungen der Figuren. Das mechanische Bild der Reibung drückt aus, dass lediglich eine äußere Wirkung Piachi und Nicolo zu einer Reaktion befähigt. Intrinsische Gründe verleiten dagegen Renald zu seinen Handlungen, wodurch sein Tatendrang im Inneren, wie bei einer Wärmekraftmaschine, entsteht und nicht als Reaktion auf externe Einflüsse zu werten ist. Hervorzuheben ist

---

[914] Ebd.: 419.
[915] Ebd.: 460.

allerdings bei dieser Unterscheidung, dass das Verhalten der Figuren beim *Findling* infolge der externen Faktoren stärker auf formelhaften soziophysikalischen Gegenseiten beruht. Im Gegensatz dazu unterliegen die Protagonisten aus der Novelle eher den motivationalen Gründen. Die Soziophysik erweist sich dennoch als praktikable Methode, um wissenschaftliche Fortschritte und die sich damit zusammenhängenden Verhaltens- und Antriebsmuster der Figuren innerhalb der literarischen Texte aufzudecken. Für Texte, die wie Goethes *Wahlverwandtschaften* oder Kleists *Findling* direkt auf naturwissenschaftlichen Theorien aufbauen, ist jedoch das Anwenden der Soziophysik erleichtert, weil der Fokus auf die Korrespondenz zwischen Naturwissenschaft und Soziologie gerichtet ist und weniger auf den emotionalen und motivationalen Aspekten einer Figur. Insgesamt sind dennoch der Verlauf der Charakterumdeutung sowie das damit zusammenhängende Verhältnis zwischen drei Figuren durch das naturwissenschaftliche Bild der Wärmekraftmaschine verinfacht darstellbar.

7. Multidisziplinäre Rhetorik der Wärme im Roman

Die beiden Ziele dieser Arbeit bestanden darin, einerseits zu überprüfen, inwiefern die ausgewählten Autoren der Romantik die Wärmelehre für ihre jeweiligen Texte nutzten und bei Bedarf adaptierten. Andererseits wurde die Soziophysik auf die Figurenkonstellation literarischer Texte angewendet und dabei modifiziert. Dadurch bedingt vertritt die Arbeit einen entschieden reduktionistischen Literaturbegriff. Dieser aus den Naturwissenschaften abgeleitete Reduktionismus[916] betrachtet nicht individuelle Verhaltensweisen und Handlungsoptionen der Protagonisten, sondern verfolgt die Annahme, dass sich die Figuren wie Atome nach spezifischen physikalischen Gesetzmäßigkeiten verhalten. Durch diese reduktionistische Betrachtungsweise ist eine bestimmte Vorhersage der Handlungen möglich. Demgegenüber konstatiert die Pluralistische Kritik, dass das Verhalten der literarischen Figuren, ähnlich wie das der realen Menschen, zu vielfältig und komplex sei, damit soziophysikalische Modelle die zahlreichen Verhaltensmöglichkeiten aufzeigen können. Dennoch stellen selbst literarische Figuren Vereinfachungen der realen Welt dar, die bestimmten deterministischen Mustern folgen und sich innerhalb eines sozialen Systems befinden, sodass diese mit physikalischen Körpern vergleichbar sind, die ebenfalls formelhaften Gesetzmäßigkeiten innerhalb einer spezifischen Makrostruktur unterliegen.

Ein weiterer Kritikpunkt betrifft die Tatsache, dass nur wenige Texte, wie beispielhaft Goethes *Wahlverwandtschaften*, nach naturwissenschaftlichen Theorien und formelhaften Annahmen konzipiert sind, bei denen die Soziophysik vereinfacht anwendbar ist. Zudem kommt die Methode bei einer Vielzahl von Schauplätzen und Figuren zum Erliegen. In diesem Punkt setzt eher die „Philosophie des Zufalls"[917] ein, sodass die Vorhersage einzelner Handlungen nicht möglich erscheint. Die Tendenz, das Unkontrollierbare, Zweckfreie, Chaotische sowie Zufällige zum wirksamen Moment zu steigern, erhält in der Romantik eine Faszination.[918] Allerdings stellen die inkalkulablen Elemente per se Stilverfahren dar, die die Autoren zumeist so konstruieren, dass ein störungsfreier Ablauf resultiert. Zudem weisen Naturwissenschaften und Gesellschaften strukturelle Korrespondenzen auf, weil sowohl Experimente als auch Handlungen, zumindest bei einer überschaubaren Anzahl von Parametern, während des Vorgangs ungewiss erscheinen,

---

[916] Weiterführende Informationen zum Reduktionismus siehe: Kratky/Bonet, *Systemtheorie und Reduktionismus*, 1989.

[917] Stanislaw Lem hat in dem ersten Band der „Philosophie des Zufalls" ein empirisches Modell der Literaturwissenschaft entwickelt, das unter anderem die Rolle des Zufalls in literarischen Texten untersuchen soll. Im zweiten Band wendet er sein theoretisches Modell auf konkrete literarische Texte an. Näheres dazu unter: Lem, *Philosophie des Zufalls. Zu einer empirischen Theorie der Literatur. Band 1 und 2*, 1989 [1983].

[918] Profitlich, „Der Zufall als Problem der Dramaturgie", 2018 [1975]: 172.

aber durch Ableitungen, Kalkulationen und Thesen einzuschätzen sind. Folglich dominiert das Formelhafte gegenüber dem Zufall.

Nichtsdestotrotz eröffnet die Soziophysik eine neuartige, vergleichende Analyse literarischer Texte, indem selbst bei starken menschlichen Gefühlen nicht die individuellen Gründe im Fokus stehen, sondern lediglich die nach physikalischen Grundlagen abgeleiteten Auswirkungen oder die möglichen Interaktionspartner. Die Soziophysik erlaubt das Aufdecken von thematischen Gemeinsamkeiten und Unterschieden zwischen einzelnen Texten sowie die Ableitung von experimentellen poetischen Konzepten.

Die Soziophysik erwies sich daher als praktikable Methode, um die Verhältnisse zwischen zwei oder mehreren Figuren aufzudecken. Sie erlaubt nicht nur, Beziehungen zwischen Figuren anschaulich durch Formeln, Apparate oder Grafiken darzustellen, sondern kann auch komplexe Gesprächsdynamiken oder Meinungsänderungen beschreiben. Dieser Ansatz ist daher nicht nur in der Soziologie zur prägnanten Beschreibung von gesellschaftlichen Relationen verwendbar, sondern auch zur möglichen Formulierung des Verhaltens der Protagonisten in literarischen Texten. Diese Übertragbarkeit kann daher erfolgen, weil die Figurenkonstellationen in Primärtexten eine real existierende Gesellschaft abbilden, die ähnlich einem physikalischen System quantitativen mathematischen Formulierungen und deren Gesetzmäßigkeiten folgen.

Die erste Komplexitätsstufe, bei der lediglich die Figuren in Abhängigkeit von einfachen physikalischen Vorgängen fungieren, bedarf keinerlei Modifikationen und Reduzierungen, weil Prozesse wie Erwärmung und Schmelzen keine tiefergehenden Kenntnisse erfordern und aus dem Alltag bekannt sind. Ein höherer Grad an Abstraktionsvermögen ist nur in Ausnahmefällen notwendig, wenn eine Figur einer oder mehreren Krafteinwirkungen unterliegt. Diese Wechselwirkungen beziehen sich aber ebenso auf einfache physikalische Begebenheiten, sodass der erste Komplexitätsgrad vermehrt vorkommt. Im Verlauf der Analyse hat sich gezeigt, dass vorherige Annahmen über den ersten Komplexitätsgrad der Soziophysik erweitert werden müssen. Es können nicht nur rein materielle Figuren als physikalische Körper fungieren, sondern auch immaterielle Erscheinungen wie beispielhaft ein Wärmevakuum. Weiterhin sind die Interaktionspartner entgegen der vorherigen Annahme nicht nur materieller Natur, sondern können ebenso immaterielle Gestalt in Form von Sinneswahrnehmungen annehmen. Zudem kann eine Figur nicht nur mit einem physikalischen Objekt wechselwirken, sondern mit einem aus mehreren Einheiten bestehenden räumlichen Gebiet, was dem Reduktionsgedanken entsprechend als ein einzelner Körper angesehen wird. Bei diesen Annahmen ist wichtig zu berücksichtigen, dass die Objekte die Eigenschaften des jeweiligen physikalischen Objektes übernehmen, das sie repräsentieren.

Der Einsatzbereich der Methode ist insofern erweiterbar, indem nicht nur rein formelhafte Gesetzmäßigkeiten Anwendung finden, sondern auch anschaulichere Grafiken und Modelle. Allerdings ist der einfache Grad der Soziophysik überwiegend nur bei Figuren einsetzbar, die in direktem Kontakt zueinanderstehen. Hinzu kommt, dass bei komplexen Figurenkonstellationen mit mehr als drei Protagonisten ebenfalls eine schlichte Beschreibung der Figuren als Wärmeteilchen nicht mehr tragfähig ist. Für derartige Verhältnisse eignet sich die zweite Komplexitätsstufe der Soziophysik. Sie ist zwar durch eine Reduktion der physikalischen Inhalte und Operatoren sowie durch genaue Kenntnisse der Statistischen Physik gekennzeichnet, kann aber dadurch Dynamiken, insbesondere zwischen einer Figur und der Umwelt, aufdecken, die sich mit dem vorherigen Komplexitätsgrad nicht erkennen ließen, die lediglich eine Momentaufnahme abbildet.

Bei der zweiten Komplexitätsstufe lässt sich im Besonderen die Verbindung aus Soziologie und Physik verfolgen, weil jeweils ein Konzept aus den beiden Disziplinen für die Beschreibung von Figurenkonstellationen in literarischen Texten aufbereitet und verknüpft wird. Aus dieser Stelle geht allerdings hervor, dass nicht jedes physikalische Modell direkt übernehmbar und von der Soziologie interpretierbar ist, weil trotz ähnlicher Überschneidungen teilweise unterschiedliche Ursachen und Konsequenzen auf atomarer Mikro- beziehungsweise Makroebene vorliegen.[919] Hinzu kommt, dass eine explizite Überprüfung erfolgen muss, ob sich ein physikalisches Modell für die Beschreibung von sozialen Systemen sowie deren Dynamiken eignet. So erlauben zwar bestimmte soziophysikalische Modelle das Vorhersagen von Migrationsbewegungen, aber nicht die Entwicklung von Gesprächsverläufen. Relevant ist hierbei zu erwähnen, dass in den Texten, bei denen der zweite Komplexitätsgrad vorliegt, ebenso die vorkommenden Figuren entsprechend des ersten Komplexitätsgrades der Soziophysik physikalische Körper repräsentieren können. Wie beispielhaft beim *Hesperus* ist die Konzeption zwischen Klotilde, Viktor und Flamin mithilfe des Zusammenhangs zwischen dem Index der Gruppenkohäsion und dem Prinzip der Potentialhyperfläche beschreibbar, aber für die Liebesbeziehung zwischen Viktor und Klotilde greift lediglich das vereinfachte Konzept der Wärmeleitung. Durch diese gemeinsame Betrachtung erfolgt eine tiefergehende physikalische Erklärung über das Verhalten der literarischen Figuren.

Die zweite Komplexitätsstufe der Soziophysik erscheint überwiegend in literarischen Großformen wie dem Roman, weil mit ihnen poetische und ästhetische Konzepte im Gegensatz zu den Kleinformen ihre vollständige Wirkung entfalten können. Die Autoren müssen einzelne Zusammenhänge deutlicher durchdenken und über einen längeren Zeitraum aufrechterhalten, wodurch ebenfalls die Interaktionen der Figuren untereinander oder deren Wechselwirkungen mit der Umwelt komplexer erscheinen. Weiterhin ist der Roman entsprechend der Aussage

---

[919] Weidlich nennt als Beispiel das Verhalten von Gasteilchen und Menschenmassen infolge der Erhöhung des Drucks beziehungsweise „gesellschaftlichen Drucks" bei gleichzeitiger Verringerung des Raumangebots. Er benennt diesen Kritikpunkt an der Soziophysik mit „Argument of Physicalism". Vgl. Weidlich 2008: 40.

von Gamper als literarisches Experimentierfeld[920] aufzufassen, in dem eine besondere experimentelle Ästhetik deutlich ist. So verwendet Eichendorff beispielhaft eine Vielzahl unterschiedlicher Charaktere, die sich wie Spielfiguren in Abhängigkeit der externen Faktoren unterschiedlich verhalten oder Brentano konzipiert mehrere Beziehungskonflikte, die nach begründbaren Mustern verlaufen. Der zweite Komplexitätsgrad geht dementsprechend einher mit einem erhöhten literarästhetischen Wert der Texte.

Weiterhin ist die Anzahl an Räumlichkeiten, Figuren und Handlungssträngen in den literarischen Großformen um eine Vielzahl höher, sodass sich bereits eine gewisse Notwendigkeit nach dem zweiten Komplexitätsgrad ergibt. Zudem weisen Romane und deren kleinere Formate wie Novellen oder Erzählungen eine starke poetologische Offenheit auf und unterliegen durch strukturelle Merkmale keiner stilistischen Begrenzung. Die Lyrik dagegen ist bedingt durch die gebundene Sprache und das Schreiben in Versen als überwiegend resistent gegenüber literarischen Innovationen anzusehen, sodass nur in seltenen Fällen eine experimentelle Wissenspoetik innerhalb dieser Gattung zu verzeichnen ist. Eine Ausnahme bilden die Lehrgedichte, die in hochpoetischer Form Wissensinhalte aus verschiedenen wissenschaftlichen Disziplinen vermitteln.[921]

Schließlich liegt die Hauptaufgabe des Romans darin, eine Figur durch die unterschiedlichen Lebensbereiche zu führen, damit schließlich eine innerlich verknüpfte Einheit möglich ist.[922] Anhand einer so vollkommen poetisierten Figur ist der Einheitsgedanke der romantischen Naturphilosophie deutlich, wonach sämtliche Kräfte, Prinzipien und Wissenschaften universal verbunden sind. Die romantischen Autoren haben in Form von Fragmenten und Stichpunkten ihre Vorstellung einer derartigen Universal- und Totalwissenschaft niedergeschrieben, bevor diese Ideen im Roman ihre Vollendung fanden. Der Roman gilt somit als Abschluss einer fortschreitenden und sich entwickelnden Konzeption des Einheitsgedankens beginnend mit einfachen Studien, über Fragmente, Sammlungen und Enzyklopädien fortführend, bis hin zum fertigen Roman.[923] Der Roman stellt zudem die höchste aller symbolischen Formen dar, die zu einer Reflexion befähigen kann und repräsentiert die fassbare Form des Kunstkontinuums.[924] Nicht umsonst bezeichnet Jean

---

[920] Gamper/Weder, „Gattungsexperimente. Explorative Wissenspoetik und literarische Form: Aphorismus/Fragment/Notat – Essay – Novelle/Roman – Lyrik – Märchen", 2010: 147.

[921] Für den Zeitraum um 1800 sind besonders die Lehrgedichte von Goethe exemplarisch. Weitere Lehrgedichte und Essays über zeitgenössische Naturforscher und naturwissenschaftliche Themen finden sich des Weiteren in: Enzensberger, *Die Elixiere der Wissenschaft. Seitenblicke in Poesie und Prosa*, 2002. Mit dem Themenkomplex der enzyklopädischen Dichtung im Mittelater und der frühen Neuzeit beschäftigt sich Tobias Bulang in seiner 2011 erschienenen Monographie *Enzyklopädische Dichtungen. Fallstudien zu Wissen und Literatur in Spätmittelalter und früher Neuzeit*.

[922] Striedter, *Die Fragmente des Novalis als „Präfigurationen" seiner Dichtung*, 1985: 154.

[923] Vgl. ebd.: 154.

[924] Benjamin 2008: 109.

Paul daher den Roman als „poetische Enzyklopädie", in der er seine Vorstellungen zum Einheitsgedanken literarisiert. Der Roman ist somit die einzige Form, durch die der Literat in einem einzigen Text eine umfassende Weltanschauung darbieten konnte und es ist die verpflichtende Aufgabe sowie das Vorrecht des Romans, die Wiedervereinigung sämtlicher geistigen und seelischen Tendenzen zu vereinen, deren Isolierung Schlegel im modernen Leben bedauerte.[925]

Der Rückgriff der Soziophysik auf die Thermodynamik ist zum einen mit der Anschaulichkeit der Prozesse, insbesondere des Schmelzens und Ausdehnens, aber auch zum anderen mit einer Dynamik erklärbar, die sich besonders für die Entwicklung von Gesellschaftssystemen eignet. Wie auch eine Gesellschaft besteht ein thermodynamisches System zu Beginn in einem Grundzustand, der infolge einer äußeren Kraft zu einem angeregten Zustand reift und neue Strukturen aufweist. Diese beiden Systeme unterscheiden sich zwar in ihrer Mikrostruktur, aber auf der Makrostruktur weisen sie demnach strukturelle Gemeinsamkeiten auf. Die Temperatur gilt dabei stets als Ordnungsparameter, der zwischen zwei gegensätzlichen Zuständen unterscheidet, zum Beispiel zwischen geordnetem und chaotischem Verhalten auf der sozialen Ebene oder zwischen einem niedrigen und einem hohen Energieniveau auf der anderen Seite.

Die Poetisierung der Wärmelehre kann entsprechend des zweiten Ziels der Arbeit zusammenfassend auf unterschiedliche Weisen erfolgen. Nach dem reinen physikalischen Gesichtspunkt verwenden die romantischen Autoren Gesetze, Formeln und Prinzipien, um das Verhalten literarischer Figuren sowie dessen Folgen zu bestimmen. So fungiert die Wärmeleitung zwischen zwei Protagonisten dazu, um die Übertragung von Liebesgefühlen sowie liebevollen Empfindungen, aber auch von Gesundheitszuständen und Gedanken zu literarisieren, wodurch ein Mangel ausgleichbar ist. Die Auswirkungen der Wärme, wie Schmelzen oder Wärmeausdehnung, nutzen die Literaten dagegen, um die sich verändernden Emotionen einer Figur zu beschreiben. In der gleichen Weise, wie die Wärme unter dem Einfluss der Attraktiv- und der Repulsivkraft steht, unterliegen literarische Figuren weiterhin den Entscheidungen und Beeinflussungen durch das jeweilige Umfeld. Die Auswirkungen der Wärme auf den Brechungsindex oder die Polarität des Turmalins und Doppelspats ist mit einer veränderten Wahrnehmung der Protagonisten vergleichbar. Schließlich repräsentiert die mechanische Wärmebewegung der Atome die Lebenskraft und die körperliche Stärke einer Figur, die bei erhöhter Temperatur und entgegengesetztem Widerstand zunimmt. Zumeist äußere Einflüsse bewirken eine vermehrte Bewegungsenergie der Protagonisten, die in einer erhöhten und verbesserten körperlichen Verfassung gegenüber anderen Figuren deutlich ist. Derartige formelhafte und theoretische Annahmen aus dem Bereich der Wärmelehre erfahren eine vollständige Poetisierung, weil literarische Figuren

[925] Eichner, „Friedrich Schlegels Theorie der romantischen Poesie", 1985 [1956]: 174.

ebenso wie hypothetische Wärmeteilchen und physikalische Prozesse nach bestimmten Mustern ablaufen und deren Verhalten vorherbestimmbar ist.

Technische und mechanische Apparaturen sowie mit der Wärmelehre in Verbindung stehende Theorien, wie die Phlogistontheorie oder die Affinitätslehre, erfüllen dagegen in den meisten Fällen die ihnen zugedachte Funktion. In Ausnahmefällen verkörpern Figuren selbst Wärmekraftmaschinen oder brennbare Körper, um erneut die Vorhersagbarkeit der Handlungen aufzuzeigen.

Bei den Theorien zu der Herkunft der Wärme oder des Feuers sowie die Theorie zur Verwandtschaft der Wärme mit dem Licht vollzieht sich ebenfalls keine durchgängige Poetisierung, weil diese Annahmen in den einzelnen literarischen Texten einerseits die eigenen Vorstellungen der Literaten zu einem Phänomen ausdrücken und andererseits eine Hierarchie sowie eine diskursive Bewertung sowohl der Naturphänomene als auch der Sinnesreize abbilden. Lediglich vereinzelt repräsentiert die Wechselwirkung zwischen dem Licht und der Wärme einen Kampf.

Im Gegensatz dazu findet bei den Theorien zur Entstehung und zum Verhältnis der Farben eine Poetisierung statt, indem die Autoren die Unterschiedlichkeit dieser Naturerscheinungen auf die Verschiedenheit der einzelnen Figuren übertragen. Gerade intensive, gesättigte und warme Farben deuten auf ein poetisch-empfindsames Gemüt hin, das mit sich und seiner Umwelt im Reinen lebt und nicht mit inneren Konflikten zu kämpfen hat. Demgegenüber sind blasse und kalte Farben mit profanen und prosaischen Figuren vergleichbar. Ein Farbumschwung oder das Überhandnehmen von gefärbten Schatten deuten zudem die veränderte Wahrnehmung oder innere Gespaltenheit der Protagonisten an.

Die Korpuskulartheorie weist verglichen mit der Undulatiostheorie eine vermehrte Poetisierung und Verwendung innerhalb der literarischen Text auf. Zu begründen ist dieser Umstand mit der erhöhten Akzeptanz durch Autoritäten wie Newton, wodurch in diesem Zusammenhang ebenso die vermehrte wissenschaftliche Betrachtung um 1800 erklärbar ist. Zwar dominierte ab 1830 die Undulationstheorie die Forschung, allerdings kann eine erhöhte literarische Verarbeitung bedingt durch die Auswahl der romantischen Texte nicht nachvollzogen werden. Allerdings ließe sich vorsichtig behaupten, dass der Wechsel von der Teilchen- zur Wellentheorie bereits bei dem Spätromantiker Eichendorff ersichtlich ist. Bei den einzelnen physikalischen Lehrmeinungen ist zudem nicht immer eindeutig bestimmbar, welche Theorie explizit jeder Autor vertritt und welcher er zustimmend oder ablehnend gegenübersteht. Hierbei ist lediglich anzumerken, welche Hypothesen welcher Literat für literarische Zwecke genutzt und modifiziert hat.

Insgesamt ist zu konstatieren, dass die Literaten aus dem Bereich der Wärmelehre hauptsächlich die Wärmeleitung sowie die Auswirkungen der Wärme adaptierten und poetisierten. Dieser Sachverhalt ist darauf zurückzuführen, dass sowohl die Wärmeleitung als auch die Auswirkungen der Körperausdehnung oder des Schmelzens anschauliche Prozesse darstellen, während andere Phänomene nicht sichtbar sind. Diese Kopplung aus naturwissenschaftlicher Anschauung und ästhetischer Anschaulichkeit wurzelt in der rhetorischen Figur der *evidentia*. Bereits Aristoteles empfand das Vor-Augen-Stellen oder Vor-Augen-Führen als wirkungsvolles Stilmittel, um in dem Rezipienten ein besseres Vorstellungsvermögen zu erzeugen. Ein Gegenstand müsse daher im Sinne der *enérgeia* in seiner Wirkung lebendig und beseelt erscheinen. Weiterhin ist die *enárgeia* dann erfüllt, sobald ein Objekt oder die Erzählung eines Ereignisses einen hohen Detailreichtum aufweist. Diese zwei Aspekte der Lebendigkeit und Deutlichkeit fasst Cicero zum Begriff der *evidentia* zusammen, der in den mathematischen und juristischen Sprachgebrauch einging und eine unmittelbare Gewissheit durch eine offenkundige Beweisführung umschreibt. Begriff und Verfahren der Evidenz manifestierten sich ausgehend von der Mathematik, der Rhetorik und der Jurisprudenz bis in den Bereich der Physik, der medialen Künste und der Literatur. Unabhängig von jeder Disziplin gilt die Devise, dass je einprägsamer der Sinneseindruck ist, desto ausgeprägter erweist sich die Vorstellung eines Gegenstandes.[926]

Gerade die literarischen Texte erfüllen die evidentia, indem sie nicht nur einen Gegenstand oder ein Phänomen benennen, sondern dem Rezipierenden auch verschiedene Möglichkeiten zur gedanklichen Realisierung eines Objektes bieten können, wodurch das Erzählen die sprachlich-optische Medientransposition vollführt.[927] Hierbei ist erwähnenswert, dass der Text den Blick des Lesers in affektiver Weise lenkt und ihm das präsentiert, was er vorgibt. Die Gegenstände werden im Einzelnen vorgezeigt und detailreich sowie lebendig beschrieben, anstatt sie lediglich abstrahierend zu benennen.[928] In diesem Zusammenhang präsentiert sich der literarische Text als Speichermedium von Wissen und fungiert damit als vollkommener Gegenstand sinnlicher Erkenntnis.[929]

Phänomene wie die Wärmeleitung oder Auswirkungen wie das Schmelzen und Ausdehnen von Objekten sind somit durch die wahr- und fühlbare Empfindung nicht nur einprägsamer und evidenter als andere wärmetechnische Begebenheiten, sie erfahren durch die Beschreibungen in den analysierten Texten eine lebendigere und anschaulichere Darstellung, die sich in einer zumeist ausführlichen und detailreichen Sprache äußert. Durch diese Physik und Literatur umfassende Evidenz besitzen diese physikalischen Prozesse eine vermehrte Gültigkeit und Gewissheit als nicht-anschauliche Phänomene. Insbesondere für die Sichtbarmachung von Veränderungsprozessen sind evidentielle Apparate, wie beispielhaft das Thermometer oder das Pyrometer, nützlich, die nicht nur demonstrieren, dass eine Änderung einsetzt, sondern vor allem auch, in welchem Grad diese stattfindet. Weiterhin kön-

---

[926] Kemmann, „Evidentia, Evidenz", 1996: 42.
[927] Campe, „Vor Augen stellen: Über den Rahmen rhetorischer Bildgebung", 1997: 220.
[928] Campe, „Evidenz als Verfahren. Skizze eines kulturwissenschaftlichen Konzepts", 2004: 122f.
[929] Vgl. Campe, „Bella Evidentia. Begriff und Figur von Evidenz in Baumgartens Ästhetik", 2001: 255 und Campe, „Zeigen statt Sagen. Kleists *Hier* und *Jetzt* und die Figur des Zeigens", 2010.

nen sich Rezipierende die auf der atomaren Ebene ablaufenden Vorgänge durch die einprägsamen Beschreibungen besser vorstellen und memorieren sowie die zumeist komplexen physikalischen Inhalte leichter verstehen. Diesem Gedanken verpflichtend, führen die Autoren in einigen Fällen einen Gegenstand abschnittsweise ein und beschreiben detailgetreu, wie sich der Vorgang vollzogen hat, sodass das Prinzip der Einprägung mit der Figur der *hypotyposis* erfüllt ist.

Die Anschaulichkeit begründet auch, warum Autoren beispielsweise die Elektrizität oder den Magnetismus um 1800 häufiger in ihren literarischen Texten thematisierten. Die Elektrizität ist wie die Wärme ein unsichtbares Naturphänomen. Lediglich Folgeerscheinungen wie elektrisches Licht oder Erwärmung können das Vorhandensein von Elektrizität oder Wärme belegen. Die Elektrizität ließ sich im Unterschied zur Wärme um 1800 erstmalig durch elektrische Apparaturen und Experimente wie die *Beatifikation, Elektrische Venus* oder *Elektrisierung eines Knaben* sichtbar darstellen. Die elektrischen Demonstrationen sollten neben der Unterhaltung unter anderem dazu dienen, das Phänomen begreifbar und erklärbar zu machen, sodass sich daran weitere Forschungen anschließen konnten. Für die Erforschung der Wärme erfolgten keine derartigen öffentlichen Vorführungen und Experimente, wodurch die Wärmelehre verglichen mit der Elektrizität weniger im Fokus wissenschaftlicher Betrachtung stand und folglich eine geringere Präsenz in literarischen Texten aufwies. So verwenden die Autoren die Wärmetopik zwar in jedem untersuchten Text, allerdings erfüllt sie teilweise atmosphärische Funktionen oder dient noch im Sinne des Barocks als Ausdruck für sinnliche Leidenschaften und Gefühle, sodass sich nicht mit jedem vorkommenden Wärmebegriff eine physikalische Begebenheit assoziieren lässt. Auch wenn die Wärmelehre verglichen mit der Elektrizität ein geringeres Potenzial für eine Poetisierung aufweist, so ist sie dennoch bedeutungsvoll für die Entwicklung der Naturwissenschaften, weil erst die Entwicklung der Wärmelehre zu einer starken Hinwendung zum Abstrakten sowie zur Schaffung von Begriffen geführt hat, die nicht mehr lediglich den Einzelgegenstand betrachten.[930]

Bedingt durch die Anschaulichkeit ist daher nicht für jeden aufgeführten Primärtext explizit eine Poetisierung von Gesetzmäßigkeiten, Theorien oder Apparaten aus der Wärmelehre nachweisbar, dennoch lässt sich die Wahl für eine genauere Betrachtung der Wärmetopik mit einer Veränderung und Ausdifferenzierung der Wissenschaftslandschaft begründen, infolgedessen Literaten, aber auch Künstler und Philosophen, wissenschaftliche Vorgehensweisen, Ausdrucksmittel und Konzepte aufgegriffen haben, um neue sprachliche Muster zu etablieren und alternative Gedankengänge und Verbindungen zu anderen Künsten und Wissenschaften zu entwerfen. Dieses Verknüpfungspotenzial ergibt sich daraus, dass die Wärme nicht nur im physikalischen Bereich angesiedelt ist, sondern auch im

---

[930] Schwabe, „Die Entwicklung der Naturwissenschaften zwischen 1750 und 1850 – Chemie und Physik", 1967: 102.

Kunst- oder Alltagsdiskurs Verwendung findet. Eine weitere Möglichkeit der Poetisierung der Wärme besteht in diesem Zusammenhang darin, dass die Autoren verschiedene Disziplinen wie die Kunst, Religion oder die Musik, aber auch zeitgenössische populäre Wissenschaften wie die Physiognomik aufgriffen und deren Wissensbestände mit physikalischen Begründungen kombinierten. Damit entsprachen die romantischen Autoren dem Einheitsgedanken der romantischen Naturphilosophie, wonach sämtliche Wissenschaften und Künste eine Einheit bilden sollten. So generieren die Künste in Verbindung mit den Naturwissenschaften einen Erkenntnisgewinn, machen Unsichtbares sichtbar oder implizieren ein universales romantisches Konzept, das stellvertretend für die gesamte Epoche ist. Am Beispiel der Physiognomik ist weiterhin ersichtlich, dass Künste und andere wissenschaftliche Disziplinen von den Beobachtungen aus der Wärmelehre profitieren können, weil mit ihrer Hilfe neue Konzepte durch bekannte Auswirkungen und Erklärungen vereinfacht darstellbar und erklärbar sind. Zudem beruhen gerade anthropologische Körperkonzepte wie die liebenden *homines calefiati* oder die *warmen personae* auf der Grundlage der Dichotomie *warm-kalt*, die Figuren sowie deren Verhaltensweisen zusammenfassend und vereinfachend beschreibt. Die neuartigen Impulse aus der Wärmelehre führen insgesamt zu einer veränderten Liebessemantik, die das aus dem Barock stammende Verhältnis zwischen Gefühl und sinnlichen Leidenschaften ablöst und für unterschiedliche, differenziertere Figurenkonstellationen anwendbar ist.

Des Weiteren folgt die Verwendung der Wärmetopik in jedem Primärtext der humoralpathologischen Lehre, wodurch leidenschaftliche, freundlich gesinnte und sympathische, aber auch aggressive und übermütige Personen die Bezeichnung *warm* erhalten, während passive, träge, gleichmütige oder abweisende Charaktereigenschaften mit einem kalten Eindruck aufgeladen sind.[931]

Bedeutend ist darüber hinaus die Betrachtung der Kollektivsymbole und der hergestellten Äquivalenzserien. Insgesamt steht die Wärme in einer sinnlichen Opposition zur Kälte und zum Licht, in einer technischen Verbindung mit dem Luftschiff, zu einer ästhetischen Korrelation mit der Musik und der Kunst und in einem naturwissenschaftlichen Bezug zum Vulkan. Einen Überblick über die verschiedenen Subscriptiones der Wärme-Pictura sowie deren Relationen zu anderen Kollektivsymboliken findet sich in der im Anhang platzierten Tabelle, deren Konzeption in Anlehnung an Link erfolgte, der eine ähnliche Auflistung für das Kollektivsymbol des Luftschiffs erstellt hat.[932] Die für die Wärme erstellte Matrix ist noch unvollständig, sodass weitere Arbeiten diese ergänzen könnten. Dennoch lässt sich be-

---

[931] Vgl. Grimm, Jacob/Grimm, Wilhelm, *Deutsches Wörterbuch. Online-Version*. URL: http://woerterbuchnetz.de/cgibin/WBNetz/wbgui_py?sigle=DWB&mode=Vernetzung&hit-list=&patternlist=&lemid=GW07179#XGW07179, Registereintrag [Wärme], abgerufen am 20.08.2019 um 15:35.

[932] Vgl. Link 1983: 58f.

reits ein Analogiensystem erkennen, das verschiedene Praxis-, Diskurs- und Wissensbereiche miteinander verknüpft.

Für die einzelnen literarischen Autoren sind neben der allgemeinen Aufarbeitung auch charakteristische Merkmale im Umgang mit der Poetisierung der Wärmlehre erwähnenswert. Bei Arnim erfolgt eine chronologische Entwicklung weniger physikalischer Bilder, die er in späteren Arbeiten immer weiter ausbaut. Um seiner angestrebten Einheit der Natur mit dem Menschen gerecht zu werden, geht er mit seinen Bildern immer weiter in die Tiefe, um schlussendlich zur erstrebten Einheit zu gelangen. Seine experimentellen Versuche führt Arnim in der Literatur fort und verarbeitet auch seine persönlichen Theorien. Deswegen ist nur in der Gesamtheit der Schriften der volle Umfang des Neben- und Ineinanders seiner naturwissenschaftlichen und poetischen Theorien zu verstehen.[933]

Kleist verwendet ebenso wie Arnim wenige physikalische Bilder, allerdings verarbeitet er sie in einer größeren Varianz und erteilt ihnen in Abhängigkeit des Textes unterschiedliche Bedeutungen. Er greift dabei nicht auf persönliche Erfahrungen oder Theorien zurück, sondern bezieht sich auf zeitgenössisches, teilweise überholtes Wissen, das er teilweise neu anordnet und mit anderen Annahmen verknüpft.

Brentano nutzt wie Kleist auch naturwissenschaftliche Theorien, Gesetze und Prinzipien, die die Forschung um 1800 diskutierte oder zumindest kurz vor besagtem Zeitpunkt widerlegte. Genau wie Kleist oder Arnim setzt Brentano auf wenige physikalische Bilder. Allerdings erfahren sie im Gegensatz zu den anderen beiden Literaten keine Veränderung in ihrer Struktur oder in ihrer Bedeutung. Brentano greift gleiche Theorien auf und verarbeitet sie in jedem seiner Texte gleichermaßen. Demgegenüber vollzieht sich eine Entwicklung seiner Poetik, die in späteren Jahren nicht mehr den Bezug zwischen Naturphilosophie und Naturwissenschaften fokussiert, sondern wissenschaftliche Theoriebestände mit religiösen Glaubensansätzen zu erklären versucht. Brentano steht damit in der Tradition der Physikotheologie.

Jean Paul zeichnet sich durch seine enorme Lese- und Sammelwut aus. Diese Beschäftigung ist auch in seinem literarischen Werk deutlich, weil er eine Vielzahl unterschiedlicher physikalischer Bilder verwendet, die er darüber hinaus in ihrer Bedeutung vielfach variiert. Dadurch, dass er kein physikalisches Bild häufig thematisiert, kann es sich dementsprechend auch nicht entwickeln, sodass sie eher oberflächlich behandelt, obwohl, wie Arnim verdeutlicht, eine tiefergehende Bedeutung möglich wäre. Obwohl Jean Paul anders als Arnim, Kleist oder Brentano keine naturwissenschaftliche Ausbildung genossen hat, verarbeitet er in seinem literarischen Werk aufbauend auf zeitgenössischen Forschungen auch seine eigenen

---

[933] Burwick, „„Kunst ist Ausdruck des ewigen Daseins": Arnims poetische Ansicht der Natur", 2009: 40.

Theorien und Hypothesen. Im Verhältnis überwiegen aber die öffentlich diskutierten Theoriebestände.

Bei Hoffmann drückt sich ebenfalls sein Interessenreichtum in seinem Werk aus. Für seine Poetik setzt er Prinzipien, Gesetze und Formeln aus verschiedenen wissenschaftlichen Disziplinen ein. Anders als Jean Paul beschränkt er sich allerdings für einen Text auf eine quantitativ niedrigere Anzahl von physikalischen Bildern aus einer Disziplin und verleiht ihnen dadurch eine Tiefe, da er sie vermehrt einsetzt. Eine derartige tiefe Entwicklung wie bei Arnim ist allerdings nicht zu verzeichnen, weil auch Hoffmann auf eine vermehrte Fülle an Bildern setzt.

Eichendorff schließlich setzt wie auch Arnim, Kleist und Brentano auf wenige physikalische Bilder, die nicht sofort klar ersichtlich sind. Erst im Nachhinein ist der wissenschaftliche Bezug offensichtlich. Durch diese Verschleierung überträgt er seine Bilder auf andere Künste und Wissenschaften, sodass es ihm gelingt, bereits in einem Text eine gewisse Bedeutungstiefe seiner Bilder zu generieren. Anders als bei Arnim entwickelt sich daher die Tiefe weniger Bilder nicht über sein gesamtes Werk, sondern die wenigen Bilder werden in jeweils einem Text vertieft und darüber hinaus nicht weiterentwickelt. Wie Hoffmann, Kleist oder Brentano auch nutzt Eichendorff zeitgenössisches Wissen, wobei bei ihm der Einfluss bestimmter Naturforscher noch deutlicher hervorsticht. Hervorzuheben ist zusätzlich, dass Eichendorff christliche Glaubensvorstellungen mit wissenschaftlichen Erkenntnissen koppelt. Bei Brentano ist zwar ebenfalls eine Beschäftigung mit christlichen Thematiken zu verzeichnen, allerdings vollzieht sich eine vermehrte Hinwendung zur Religion erst im Verlauf seines literarischen Schaffens. Zusätzlich begründet Brentano seine christlichen Vorstellungen durch Wissenschaft, während bei Eichendorff beide Bereiche unabhängig voneinander bestehen.

Die sechs romantischen Autoren haben in einer variablen Intensität und Detailliertheit physikalische Phänomene aus dem Bereich der Wärmelehre adaptiert und für ihre Texte literarisiert. Um eine Stufenfolge der Autoren zu etablieren, erscheint die Unterscheidung der heißen und kalten Medien von Marshall McLuhan plausibel. Nach seiner Theorie ist ein heißes Medium

> „eines, das nur einen der Sinne allein erweitert und zwar, bis etwas detailreich ist. Detailreichtum ist der Zustand, viele Daten oder Einzelheiten aufzuweisen [...]. Andererseits erfordern heiße Medien weniger Beteiligung oder Vervollständigung."[934]

Im Gegensatz dazu weisen kalte Medien einen niedrigen Detailreichtum auf und der Rezipient muss Daten und Informationen hinzufügen. Nach dieser Einteilung gelten die Texte von Jean Paul als heiße Medien, weil sie nicht nur ein hohes Aufkommen an physikalischen Bildern aufweisen, sondern der Autor schmückt diese Bilder auch noch detailreich aus. Jean Paul hat bei seiner Bilderkonzeption an das

---

[934] McLuhan, *Die magischen Kanäle. Understanding media*, 1964: 35.

bürgerliche Volk gedacht, das über keinen tiefgehenden Kenntnisstand in Bezug auf die physikalischen Gesetzesmäßigkeiten verfügte. Seine Texte weisen deswegen eine hohe, detailreiche Bilderflut auf, die die Menschen zu belehren versuchten. Hoffmanns Texte hingegen fungieren als warme Medien, weil die Bilder zwar annähernd so detailreich sind, aber in einer geringeren Anzahl als bei Jean Paul vorkommen. Die Texte von Arnim, Kleist und Brentano tragen die Klassifikation *lauwarm*, weil sie noch eine geringere Anzahl an physikalischen Bildern aufweisen als bei Hoffmann und diese auch mit weniger detailreicher wissenschaftlicher Sprache und wissenschaftlichen Begriffen aufgeladen sind. Die Texte von Eichendorff schließlich stellen die kalten Medien dar, weil sie keine wissenschaftlichen Begriffe enthalten und sie die Konzepte nur andeuten, sodass der Leser Informationen gedanklich hinzufügen muss.

Auch bei der Klassifikation der Autoren wird der reduktionistische Gedanke der Arbeit fortgesetzt. Diese vereinfachende Annahme sowie die Radikalität der Soziophysik mögen insbesondere dem hollistischen Literaturbegriff in Gänze widersprechen und generell befremdlich erscheinen, wenn literarische Figuren lediglich als Atome betrachtet werden. Diese Arbeit zeigt demgegenüber, dass sich Figurenkonstellationen und das Verhalten einzelner Figuren auf eine andere, neuartige Weise beschreiben lassen, wodurch sie neue Ansätze für die Literaturwissenschaft bieten könnte. Aus diesem Grund sind die Konzepte der statistischen Physik, wie Weidlich im Eingangssitat argumentiert, universal einsetzbar und nicht nur auf die Physik beschränkt.

8. Literaturverzeichnis

Primärliteratur

Arendt, Rudolf: *Lehrbuch der anorganischen Chemie nach den neuesten Ansichten der Naturwissenschaft, auf rein experimenteller Grundlage. Für höhere Lehranstalten und für den Selbstunterricht.* Leipzig: Leopold Voss, 1875.

Aristoteles: *Metaphysik.* Paderborn: Schöningh, 1961 [348–322 v. Chr.] (Lehrschriften, 8).

Aristoteles: *Physik. Vorlesung über Natur. Erster Halbband. Bücher I-IV.* Griechisch-Deutsch. Hg. v. Hans G. Zekl. Hamburg: Meiner, 1987 [347 v. Chr.] (Philosophische Bibliothek, 380).

Arnim, Ludwig Achim von: „Versuch einer Theorie der elektrischen Erscheinungen [1799]". In: Burwick, Roswitha: *Naturwissenschaftliche Schriften I: Veröffentlichungen 1799–1811.* Berlin u. a.: de Gruyter, 2007a (Ludwig Achim von Arnim: Werke und Briefwechsel, 2), Seite 3–45.

Arnim, Ludwig Achim von: „Zu Girtanners Versuchen mit dem Stickgas [1800a]". In: Burwick, Roswitha: *Naturwissenschaftliche Schriften I: Veröffentlichungen 1799–1811.* Berlin u.a.: de Gruyter, 2007a (Ludwig Achim von Arnim: Werke und Briefwechsel, 2), Seite 328–333.

Arnim, Ludwig Achim von: „Electrische Versuche" [1800b]". In: Burwick, Roswitha: *Naturwissenschaftliche Schriften I: Veröffentlichungen 1799–1811.* Berlin u. a.: de Gruyter, 2007a (Ludwig Achim von Arnim: Werke und Briefwechsel, 2), Seite 237–263.

Arnim, Ludwig Achim von: „Bemerkungen über Volta's Säule, von L. A. Arnim, in Briefen an den Herausgeber. Zweiter Brief [1801]". In: Burwick, Roswitha: *Naturwissenschaftliche Schriften I: Veröffentlichungen 1799–1811.* Berlin u. a.: de Gruyter, 2007a (Ludwig Achim von Arnim: Werke und Briefwechsel, 2), Seite 393–400.

Arnim, Ludwig Achim von: „Hollin's Liebeleben" [1802]. In: ders.: *Sämtliche Romane und Erzählungen. Zweiter Band.* 3 Bände. Hg. v. Walther Migge. München: Carl Hanser Verlag, 2002, Seite 7–86.

Arnim, Ludwig Achim von: „Die Kronenwächter" [1817, 1854]. In: ders.: *Sämtliche Romane und Erzählungen. Erster Band.* 3 Bände. Hg. v. Walther Migge. München: Carl Hanser Verlag, 2002, Seite 515–1056.

Arnim, Achim von: *Unbekannte Briefe von und an Achim von Arnim aus der Sammlung Varnhagen und anderen Beständen.* Hg. v. Hermann F. Weiss. Berlin: Duncker und Humblot, 1986 (Schriften zur Literaturwissenschaft, 4).

Arnim, Ludwig Achim von: *Werke und Briefwechsel.* Band 3, Naturwissenschaftliche Schriften II. Historisch-kritische Ausgabe (Weimarer Arnim-Ausgabe). Hg. v. Roswitha Burwick, 2019 (Werke und Briefwechsel, 3).

Aquin, Thomas von: „Die menschlichen Leidenschaften". In: ders.: *Vollständige, un-gekürzte deutsch-lateinische Ausgabe der Summa theologica*. Bd. 10. Heidelberg u. a., 1955 [1265–1273].

Baader, Franz von: *Vom Wärmestoff, seiner Vertheilung, Bindung und Entbindung, vor-züglich beim Brennen der Körper. Eine Probeschrift*. Wien, Leipzig: Krauss, 1786.

Baader, Franz Xaver von: *Gesammelte Schriften zur Naturphilosophie*. Nachdruck d. Ausg. Leipzig 1852. Hg. v. Franz Hoffmann. Aalen: Scientia Verlag, 1963 (Franz von Baader – Sämtliche Werke, 3).

Baumann, Johann: *Naturgeschichte für das Volk. Ein Buch für Schule und Haus zur Ver-breitung der Erkenntniß Gottes aus seinen Werken*. Mit 208 in den Text eingedruck-ten Abbildungen. Luzern: Meyer, 1837.

Bergmann, Torbern: *Dissertation on elective attractions*. Translated with an introduc-tion by J. A. Schufle. New York, London: Johnson Reprint Corporation, 1968 [1775] (The source of science, 43).

Black, Joseph: *Lectures on the elements of chemistry*. Published from his manuscripts by John Robison. Philadelphia: Mathew Carey, 1806.

Boerhaave, Hermann: *Elements of chemistry*: Being the annual lectures of Hermann Boerhaave. Illustrated with several copper plates. M. D. in two volumes. London, 1735.

Brentano, Clemens: „Godwi, oder das steinerne Bild der Mutter. Ein verwilderter Roman von Maria [1801]". In: ders.: *Werke*. 2. Aufl. München: Carl Hanser Ver-lag, 1963, Seite 7–460.

Brentano, Clemens: „Entweder wunderbare Geschichte von BOGS dem Uhrma-cher, wie er zwar das menschliche Leben längst verlassen, nun aber doch, nach vielen musikalischen Leiden zu Wasser und zu Lande, in die bürgerliche Schüt-zengesellschaft aufgenommen zu werden Hoffnung hat, oder die über die Ufer der Badischen Wochenschrift als Beilage ausgetretene Kontakt-Anzeige nebst des Herrn BOGS wohlgetroffenem Bildnisse und einem medizinischen Gutach-ten über dessen Gehirnzustand" [1807]. In: ders.: *Werke*. 2. Aufl. München: Carl Hanser Verlag, 1963, Seite 873–907.

Brentano, Clemens: *Rheinmärchen*. Hg. v. Karl-Maria Guth. Berlin: Contumax GmbH & Co KG, 2016 [1810–1812, 1846].

Brentano, Clemens: „Romanzen vom Rosenkranz" [1852]. In: Brentano, Clemens; Rauschenberg, Clemens. *Sämtliche Werke und Briefe. Band 10: Romanzen vom Ro-senkranz. Text und Lesarten*. Stuttgart: W. Kohlhammer, 1994, Seite 16–525.

Brentano, Clemens: *Briefe. Erster Band 1793–1809*. Hg. v. Friedrich Seebaß. Nürn-berg: Hans Carl, 1951.

Brentano, Clemens: *Briefe. Zweiter Band 1810–1842*. Hg. v. Friedrich Seebaß. Nürn-berg: Hans Carl, 1951.

Brentano, Clemens; Bohnenkamp, Anne: *Sämtliche Werke und Briefe. Band 11,2. Ro-manzen vom Rosenkranz, Erläuterungen. Historisch-kritische Ausgabe*. Stuttgart: W. Kohlhammer, 2008.

Chladni, Ernst Florens Friedrich: *Entdeckungen über die Theorie des Klanges*. Leipzig: Weidmanns Erben und Reich, 1787.

Chladni, Ernst Florens Friedrich: *Die Akustik*. Leipzig, 1802.

Crawford, Adair: *Experiments and Observations on Animal Heat, and the Inflammation of Combustible Bodies. Being an Attempt to Resolve These Phænomena Into a General Law of Nature*. Philadelphia: Printed for Thomas Dobson, 1787.

Deluc, Jean-André: *Neue Ideen über die Meteorologie. Erster Theil*. Mit Kupfern. Berlin, Stettin: Friedrich Nicolai, 1787.

Deluc, Jean-André: *Neue Ideen über die Meteorologie. Zweyter Theil*. Mit Kupfern. Berlin, Stettin: Friedrich Nicolai, 1788.

Descartes, René; Tripp, Günter Matthias: *Le Monde ou Traité de la lumière. Die Welt oder Abhandlung über das Licht*. Weinheim: VCH Acta Humaniora, 1989 [1664].

Descartes, René; Adam, Charles; Tannery, Paul: *Le Monde: description du corps humain; passions de l'âme; anatomica; varia*. Paris: Vrin, 1967 [1694] (Œuvres de Descartes. Nouvelle présentation, en co-éducation avec le Centre national de la recherche scientifique, 11).

Dyckerhoff, Jakob Friedrich: *Collegium über Naturlehre und Astronomie bei Georg Christoph Lichtenberg, Göttingen 1796/1797. Ein Skizzenbuch der Experimentalphysik*. Hg. v. Gunhild Berg. Göttingen: Wallstein Verlag 2011 (*Lichtenberg-Studien*, 15).

Eichendorff, Joseph von: „Die Zauberei im Herbste. Ein Märchen" [1808]. In: Eichendorff, Joseph; Frühwald, Wolfgang; Schillbach, Brigitte: *Ahnung und Gegenwart. Sämtliche Erzählungen I*. Frankfurt am Main: Deutscher Klassiker Verlag, 2007 (Deutscher Klassiker Verlag im Taschenbuch, Bd. 18), Seite 9–27.

Eichendorff, Joseph von: „Ahnung und Gegenwart. Ein Roman. Mit einem Vorwort von de la Motte Fouqué" [1815]. In: Eichendorff, Joseph; Frühwald, Wolfgang; Schillbach, Brigitte: *Ahnung und Gegenwart. Sämtliche Erzählungen I*. Frankfurt am Main: Deutscher Klassiker Verlag, 2007 (Deutscher Klassiker Verlag im Taschenbuch, Bd. 18), Seite 53–382.

Eichendorff, Joseph von: „Dichter und ihre Gesellen. Novelle" [1834]. In: Eichendorff, Joseph von; Schillbach, Brigitte, Schultz, Hartwig: *Dichter und ihre Gesellen. Text und Kommentar. Sämtliche Erzählungen II*. Frankfurt am Main: Deutscher Klassiker Verlag, 2007 (Deutscher Klassiker Verlag im Taschenbuch, 19), Seite 105–353.

Eichendorff, Joseph von: „Das Schloß Dürande. Eine Novelle" [1837]. In: Eichendorff, Joseph von; Schillbach, Brigitte, Schultz, Hartwig: *Dichter und ihre Gesellen. Text und Kommentar. Sämtliche Erzählungen II*. Frankfurt am Main: Deutscher Klassiker Verlag, 2007 (Deutscher Klassiker Verlag im Taschenbuch, 19), Seite 421–465.

Eichendorff, Joseph von: *Joseph von Eichendorff. Briefe 1794–1857*. Hg. v. Sibylle von Steinsdorff. Stuttgart, Berlin, Köln: Kohlhammer, 1992 (Sämtliche Werke des Freiherrn, 12).

Eichendorff, Joseph von; Kosch, Wilhelm von; Sauer, August; Kunisch, Hermann; Koopmann, Helmut; Steinsdorff, Sibylle von et al.: *Sämtliche Werke des Freiherrn Joseph von Eichendorff. Historisch-kritische Ausgabe: Tagebücher: Text*. Tübingen: Max Niemeyer Verlag, 2006.

Enzensberger, Hans Magnus: *Die Elixiere der Wissenschaft. Seitenblicke in Poesie und Prosa*. Frankfurt am Main: Suhrkamp, 2002.

Euler, Leonhard: *Briefe an eine deutsche Prinzessin über verschiedene Gegenstände aus der Physik und Philosophie*. Aus dem Französischen übersetzt, eingeleitet und erläutert von Andreas Speiser. Braunschweig, Wiesbaden: Vieweg und Sohn, 1986 [1768].

Fichte, Johann Gottlieb: „Grundsätze der gesamten Wissenschaftslehre". In: Fichte, Johann Gottlieb; Fichte, Immanuel Hermann von: *Werke. Zur theoretischen Philosophie 1*. Nachdr. d. Ausg. 1845/46. Berlin: De Gruyter, 1971 (Fichtes Werke, / Johann Gottlieb Fichte. Hrsg. von Immanuel Hermann Fichte, 1), Seite 91–328.

Fischer, Ernst Gottfried: *Lehrbuch der mechanischen Naturlehre. Unbearbeitet von Ernst Ferdinand August. Erster Theil*. Berlin, 1837 [1805].

Fourier, Jean Baptiste Joseph; Weinstein, Bernhard: *Analytische Theorie der Wärme: mit 21 in den Text gedruckten Holzschnitten*. Berlin: Julius Springer, 1884 [1822].

Francisci, Erasmus: *Ost- und westindischer wie auch sinesischer Lust- und Stats-Garten. Mit einem Vorgespräch von mancherley lustigen Discursen*. Nürnberg: Endters, 1668.

Gamauf, Gottlieb: „Erinnerungen aus Lichtenbergs Vorlesungen über Erxlebens Naturlehre. Drittes und letztes Bändchen". In: ders.: *Erinnerungen aus Lichtenbergs Vorlesungen. Die Nachschrift eines Hörers*. Hg. v. der Akademie der Wissenschaften zu Göttingen, bearbeitet von Albert Krayer und Klaus-Peter Lieb. Göttingen: Wallstein, 2008 [1821] (Georg Christoph Lichtenberg, *Gesammelte Schriften. Historisch-kritische und kommentierte Ausgabe – Vorlesungen zur Naturlehre*, 2), Seite 411–490.

Gehler, Johann Samuel Traugott; Brandes, Heinrich Wilhelm: *Physikalisches Wörterbuch. L*. Leipzig: Schwickert, 1831 (Physikalisches Wörterbuch, 6,1).

Gehler, Johann Samuel Traugott; Brandes, Heinrich Wilhelm: *Physikalisches Wörterbuch. W – Wae*. Leipzig: Schwickert, 1841 (Physikalisches Wörterbuch, 10,1).

Girtanner, Christoph: *Anfangsgründe der antiphlogistischen Chemie*. Berlin: Unger, 1792.

Goethe, Johann Wolfgang von: *Farbenlehre. Theoretische Schriften*. Tübingen: Wissenschaftliche Buchgemeinschaft, 1953 [1810].

Gren, Friedrich Albrecht Carl: *Grundriß der Naturlehre*. Halle: Hemmerde und Schwetschke, 1788.

Hegel, Georg Friedrich Wilhelm: „Über das Verhältnis von Klang und Wärme". In: ders.: *Vorlesung über Naturphilosophie, Berlin 1821/22*. Hg. von Boris von Uexküll und Gilles Marmasse. Frankfurt am Main: Lang, 2002 (Wiener Arbeiten zur Philosophie Reihe B, Beiträge zur philosophischen Forschung, 6), Seite 114–121.

Herder, Johann Gottfried: „Abhandlung über den Ursprung der Sprache". In: ders.: *Frühe Schriften 1764–1772*. Hg. v. Ulrich Gaier. Frankfurt am Main: Deutscher Klassiker Verlag, 1985 [1772], Seite 697–810.

Hoffmann, Ernst Theordor Amadeus: „Die Jesuiterkirche in G." [1816]. In: Hoffmann, Ernst Theodor Amadeus; Steinecke, Hartmut; Allroggen, Gerhard: *Nachtstücke. Werke, 1816–1820*. Frankfurt am Main: Deutscher Klassiker Verlag, 2009 (Deutscher Klassiker Verlag im Taschenbuch, 36), Seite 110–140.

Hoffmann, Ernst Theodor Amadeus: „Die Bergwerke zu Falun" [1819]. In: ders.: *Die Serapionsbrüder. Text und Kommentar*. 2. Aufl. Hg. v. Wulf Segebrecht, 2015 (Deutscher Klassiker-Verlag im Taschenbuch, Band 28), Seite 208–241.

Hoffmann, Ernst Theodor Amadeus: „Der Elementargeist" [1821]. In: ders.: *Poetische Werke in sechs Bänden. Band 6: Meister Floh, Briefe aus den Bergen, letzte Erzählungen*. Hg. v. Michael Holzinger. Berlin: Aufbau-Verlag, 1963, Seite 389–440.

Hoffmann, Ernst Theodor Amadeus: *E. T. A. Hoffmann: Tagebücher*. Nach der Ausgabe Hans von Müllers mit Erläuterungen herausgegeben von Friedrich Schnapp. München: Winkler-Verlag, 1971.

Hoffmann, E. T. A.: *E. T. A. Hoffmann. Frühe Prosa: Briefe, Tagebücher, Libretti, juristische Schrift, Werke 1794–1813*. Hg. v. Hartmut Steinecke und Wulf Segebrecht. Frankfurt am Main: Deutscher Klassiker Verlag, 2003 (Sämtliche Werke in sechs Bänden, 1).

Hoffmann, E. T. A.: *E. T. A. Hoffmann. Späte Prosa, Briefe, Tagebücher und Aufzeichnungen, juristische Schriften, Werke*. Hg. v. Gerhard Allroggen und Hartmut Steinecke. Frankfurt am Main: Deutscher Klassiker Verlag, 2004 (Sämtliche Werke in sechs Bänden, 6).

Jean Paul: *Hesperus oder 45 Hundposttage*. München: Piper, 1987 [1795] (Serie Piper, 576).

Jean Paul: „Des Luftschiffers Giannozzo Seebuch" [1801]. In: ders.: *Werke in drei Bänden*. Band II. Hg. v. Norbert Miller. München: Carl Hanser Verlag, 1969, Seite 663–728.

Jean Paul: *Dr. Katzenbergers Badereise*. Mit einem Vorwort von Ulrich Holbein. Wiesbaden: marixverlag GmbH, 2013 [1809].

Jean Paul: *Sämtliche Werke. Historisch-kritische Ausgabe. Bemerkungen über den Menschen*. Hg. v. der Preußischen Akademie der Wissenschaften in Verbindung mit der Akademie zur wissenschaftlichen Erforschung und zur Pflege des Deutschthums. Weimar: Hermann Böhlaus Nachfolger, 1936 (Sämtliche Werke, 5).

Jean Paul: *Sämtliche Werke. Historisch-kritische Ausgabe. Erster Band Briefe 1780–1793*. Mit 7 Tafelbeilagen. Hg. v. der Deutschen Akademie der Wissenschaften zu Berlin. Berlin: Akademie-Verlag Berlin, 1956.

Jean Paul: *Sämtliche Werke. Historisch-kritische Ausgabe. Zweiter Band Briefe 1794–1797. Mit 10 Tafelbeilagen*. Hg. v. der Deutschen Akademie der Wissenschaften zu Berlin. Berlin: Akademie-Verlag Berlin, 1958.

Jean Paul: *Späte Erzählungen, Schriften.* 4. Aufl. Hg. v. Norbert Miller. München, Wien: Carl Hanser Verlag, 1987 (Sämtliche Werke, 6).

Jean Paul: *Ideen-Gewimmel. Texte & Aufzeichnungen aus dem unveröffentlichten Nachlaß.* Hg. v. Thomas Wirtz und Kurt Wölfel. Frankfurt am Main: Eichborn, 1997.

Kandinsky, Wassily: *Über das Geistige in der Kunst, insbesondere in der Malerei.* 10. Aufl., Bern: Benteli, 1973 [1912].

Kant, Immanuel: *Opus postumum I. Erste Hälfte (Convolut I bis IV).* Hg. v. Artur Buchenau. Berlin, Leipzig: de Gruyter, 1936.

Kant, Immanuel: *Opus postumum II. Zweite Hälfte (VII bis XIII).* Hg. v. Artur Buchenau. Berlin, Leipzig: de Gruyter, 1938.

Kant, Immanuel; Pollok, Konstantin: *Metaphysische Anfangsgründe der Naturwissenschaft.* Hamburg: Meiner, 1997 [1786] (Philosophische Bibliothek, 508).

Kirwan, Richard: *An essay on phlogiston, and the constitution of acids.* A new Edition. London: J. Johnson, 1789.

Kleist, Heinrich von: „Das Käthchen von Heilbronn oder Die Feuerprobe. Ein großes historisches Ritterschauspiel" [1808]. In: ders.: *Sämtliche Werke. Dramen, Erzählungen, Gedichte, Briefe.* Hg. v. K. F. Reinking. Wiesbaden: R. Löwit, 1972, Seite 405–506.

Kleist, Heinrich von: *Über das Marionettentheater/Aufsätze und Anekdoten.* Frankfurt am Main: Insel-Verlag, 1963 [1810].

Kleist, Heinrich von: „Allerneuester Erziehungsplan" [1810]. In: ders.: *Sämtliche Werke. Dramen, Erzählungen, Gedichte, Briefe. Mit einer Einführung in Leben und Werk.* Hg. v. K. F. Reinking. Wiesbaden: R. Löwit, 1972, Seite 1031–1037.

Kleist, Heinrich von: „Der Findling" [1811]. In: ders.: *Sämtliche Werke. Dramen, Erzählungen, Gedichte, Briefe.* Hg. v. K. F. Reinking. Wiesbaden: R. Löwit, 1972, Seite 871–886.

Kleist, Heinrich von; Günzel, Klaus: *Kleist. Ein Lebensbild in Briefen und zeitgenössischen Berichten.* Stuttgart: Metzler, 1985.

Kleist, Heinrich von; Sembdner, Helmut: *Sämtliche Werke und Briefe.* 9. Aufl. München: Hanser, 1993 (Hanser-Klassiker).

Lambert, Johann Heinrich: *Pyrometrie oder vom Maaße des Feues und der Wärme.* Berlin: Haude und Spener, 1779.

Lavater, Johann Caspar; Riha, Karl: *Von der Physiognomik und hundert physiognomische Regeln.* 1. Aufl. Frankfurt am Main u. a.: Insel-Verlag, 1991 [1772] (Insel-Taschenbuch, 1366).

Lavater, Johann Caspar: *Physiognomische Fragmente. Ausgewählt und kommentiert von Friedrich Märker.* München: Herimeran, 1949 [1775–1778].

Lavoisier, Antoine Laurent: *Traité élémentaire de chimie. Opuscules physiques et chimiques.* Paris: Cuchet, 1864 [1789].

Lavoisier, Antoine Laurent; Laplace, Pierre Simon de: *Zwei Abhandlungen über die Wärme. Aus den Jahren 1780 und 1784. Mit 13 Figuren im Text.* Hg. v. J. Rosenthal. Leipzig: Wilhelm Engelmann, 1892.

Leibniz, Gottfried Wilhelm: *Lehr-Sätze über die Monadologie, ingleichen von Gott und seiner Existentz, seinen Eigenschafften und von der Seele des Menschen etc. wie auch Dessen letzte Vertheidigung seines Systematis Harmoniae praestabilitae wider die Einwürfe des Herrn Bayle*. Aus dem Französischen übersetzt von Heinrich Köhler. Meyers sel. Witwe Buchhandlung in Jena, Frankfurt und Leipzig, 1720.

Lem, Stanisław: *Philosophie des Zufalls. Zu einer empirischen Theorie der Literatur. Band 1 und 2*. Frankfurt am Main: Suhrkamp, 1989 [1983] (Suhrkamp-Taschenbuch, 1703).

Lessing, Gotthold Ephraim: *Werke 1766–1769*. Hg. v. Wilfried Barner. Frankfurt am Main: Deutscher Klassiker Verlag, 1990.

Lichtenberg, Georg Christoph: *Ausführliche Erklürungen der Hogarthischen Kupferstiche*. Göttingen: Dieterich, 1794.

Lichtenberg, Georg Christop: *Sudelbücher*. Hg. v. Wolfgang Promies. Vollst. Ausg.; band- u. textidentisch mit der Ausg. Hanser, München, Lichtenberg: *Schriften und Briefe*, Bd. 2, 3., rev. Aufl. 1991. München: Dtv, 2005 [1764–1799].

Lichtenberg, Georg Christoph: *Vorlesungen zur Naturlehre. Lichtenbergs annotiertes Handexemplar der vierten Auflage von Johann Christian Polykarp Erxleben: „Anfangsgründe der Naturlehre" (1772)*. Göttingen: Wallstein, 2005 [1787] (Gesammelte Schriften/Georg Christoph Lichtenberg).

Lichtenberg, Georg Christoph: „Erste Abhandlung allgemeine Experimente enthaltend über eine neue Methode, die Natur und die Bewegung der elektrischen Materie zu erforschen". In: *Novi Commentarii Societatis Regiae Scientarum Gottingensis, tom. VIII (1777). Commentationes physicae et mathematicae classis*, p. 168–180. Im Internet erreichbar unter: *Sechs Originalarbeiten von Georg Christoph Lichtenberg über die elektrischen Figuren*. Hrsg. von Olaf Skibbe. URL: http://www.rzuser.uni-heidelberg.de/~gj7/lichtenberg.pdf (Stand: 25.11.2018).

Lichtenberg, Georg Christoph: *Briefe. II: 1782–1789*. Hg. v. A. Leitzmann und C. Schüddekopf. Hildesheim: Georg Olms Verlagsbuchhandlung, 1966a.

Lichtenberg, Georg Christoph: *Briefe. III: 1790–1799*. Hildesheim: Georg Olms Verlagsbuchhandlung, 1966b.

Lichtenberg, Georg Christoph: *Vermischte Schriften. Neunter Band*. Hg. v. Ludwig Christian Lichtenberg und Friedrich Kries. Bern: Herbert Lang, 1972.

Lichtenberg, Georg Christoph: *Briefwechsel. Band III 1785–1792*. München: C. H. Beck, 1990.

Lichtenberg, Georg Christoph; Promies, Wolfgang: *Schriften und Briefe. Band 3: Kommentar zu Band I und Band II*. Frankfurt: Zweitausendeins (Lizenz München: Carl Hanser), 1994.

Lichtenberg, Georg Christoph: *Vorlesungen zur Naturlehre. Notizen und Materialien zur Experimentalphysik*, Teil II. Hg. v. der Akademie der Wissenschaften zu Göttingen, bearbeitet von Albert Krayer, Thomas Nickol und Horst Zehe. Göttingen: Wallstein Verlag 2010 (Georg Christoph Lichtenberg, *Gesammelte Schriften. Historisch-kritische und kommentierte Ausgabe – Vorlesungen zur Naturlehre*, 4).

Liebig, Justus von: „Ueber das Studium der Naturwissenschaften und über den Zustand der Chemie in Preussen" (1840). In: ders.: *Reden und Abhandlungen*. Leipzig, Heidelberg: Winter'sche Verlagshandlung, 1874, Seite 7–36.

Mach, Ernst: *Die Principien der Wärmelehre. Historisch-kritisch entwickelt.* Unveränd. Nachdr. Frankfurt/Main: Minerva, 1981 [1911].

Macquer, Peter Joseph, Leonhardi, Johann Gottfried: *Chymisches Wörterbuch oder Allgemeine Begriffe der Chymie nach alphabetischer Reihenfolge.* Leipzig: Weidmannische Buchhandlung, 1781–1783.

Marat, Jean Paul; Weigel, Christian Ehrenfried: *Physische Untersuchungen über das Feuer.* Leipzig: Crusius, 1782.

Martius, Johann Nicolaus; Wiegleb, Johann Christian; Rosenthal, Gottfried Erich: *Johann Nikolaus Martius Unterricht in der natürllichen Magie, oder zu allerhand belustigenden und nützlichen Kunststücken.* Berlin, Stettin: Friedrich Nicolai, 1797.

Newton, Isaac: *Optik oder Abhandlung über Spiegelungen, Brechungen, Beugungen und Farben des Lichts.* Nachdr. der Ausg. Leipzig, Engelmann, 1898. Braunschweig, Wiesbaden, Berlin, Heidelberg, New York, u. a.: Vieweg; Springer, 2001 [1704] (Edition Vieweg, 1).

Novalis: *Novalis: Werke, Briefe, Dokumente. Fragmente 1.* Hg. v. Ewald Wasmuth. Heidelberg: Verlag Lambert Schneider, 1957.

Novalis: *Novalis: Werke, Briefe, Dokumente. Fragmente 2.* Hg. v. Ewald Wasmuth. Heidelberg: Verlag Lambert Schneider, 1957.

Novalis: *Werke und Briefe.* Hg. v. Alfred Kelletat. München: Winkler-Verlag, 1962.

Patzier, Michael Ignatz: *Anleitung zur metallurgischen Chemie.* Bearbeitet und seit dem Jahre 1792 vorgetragen. Dritter Band. Chemnitz: Ofen, 1805.

Pictet, Marc Auguste: *Essai sur le feu.* Genf: J. G. Gotta, 1790.

Priestley, Joseph: *Experiments and Observations on different kinds of Air.* London: J. Johnson, 1774–1786.

Richter, Jeremias Benjamin: *Über die neuern Gegenstände der Chymie.* Breslau, Hirschberg, Lissa: Korn, 1793.

Ritter, Johann Wilhelm: *Entdeckungen zur Elektrochemie, Bioelektrochemie und Photochemie.* Leipzig: Akademische Verlagsgesellschaft Geest & Portig, 1986 [1798–1809].

Ritter, Johann Wilhelm: *Die Physik als Kunst. Ein Versuch, die Tendenz der Physik aus ihrer Geschichte zu deuten.* München: Joseph Lindauer, 1806.

Ritter, Johann Wilhelm: *Fragmente aus dem Nachlass eines jungen Physikers.* Berlin: Insel-Verlag, 1946 [1810].

Rotterdam, Erasmus von: *Vertraute Gespräche.* Köln: Pick, 1947 [1518].

Saussure, Horace Benedicte de: *Versuch über die Hygrometrie. I. Versuch: Beschreibung eines neuen vergleichbaren Hygrometers; II. Versuch: Theorie der Hygrometrie.* Hg. v. Arthur J. Oettingen. Leipzig: Wilhelm Engelmann, 1900 [1784] (Ostwalds Klassiker der exakten Wissenschaften).

Saussure, Horace Benedicte de: *Versuch über die Hygrometrie. III. Versuch: Theorie der Ausdünstung; IV. Versuch: Anwendung der vorhergehenden Theorie auf einige Phänomene der Meteorologie.* Hg. v. Arthur J. Oettingen. Leipzig: Wilhelm Engelmann, 1900 [1794] (Oswalds Klassiker der exakten Wissenschaften).

Scheele, Carl Wilhelm Ostwald: *Chemische Abhandlung von der Luft und dem Feuer.* Leipzig: Engelmann, 1894 [1777].

Schelling, Friedrich Wilhelm Joseph: *Ideen zu einer Philosophie der Natur.* Leipzig: Felix Meiner-Verlag, 1911 [1797].

Schelling, Friedrich Wilhelm Joseph: *Von der Weltseele: eine Hypothese der höhern Physik zur Erklärung des allgemeinen Organismus.* Hg. v. Hans Michel Baumgarten, Manfred Durner, Ives Radrizzani. Stuttgart: Frommann-Holzboog, 2000 [1798].

Schelling, Friedrich Wilhelm Joseph: *Erster Entwurf eines Systems der Naturphilosophie.* Hg. v. Hans Michel Baumgarten, Manfred Durner, Ives Radrizzani. Stuttgart: Frommann-Holzboog, 2001 [1799].

Schelling, Friedrich Wilhelm Joseph: *System des transzendentalen Idealismus.* Leipzig: Wilhelm Heim, 1924 [1800].

Schelling, Friedrich Wilhelm Joseph von: *System des transzendentalen Idealismus.* Hg. v. Horst D. Brandt und Peter Müller. Hamburg: F. Meiner, 2000 [1800] (Philosophische Bibliothek, 448).

Schelling, Friedrich Wilhelm Joseph: *Ueber das Verhältnis der bildenden Künste zu der Natur.* Hg. v. Lucia Sziborsky. Hamburg: Felix Meiner, 1983 [1807] (Philosophische Bibliothek, 344).

Schiller, Friedrich von: *Über die ästhetische Erziehung des Menschen in einer Reihe von Briefen.* Hg. v. Stefan Matuschek. Frankfurt am Main: Suhrkamp, 2009 [1794] (Suhrkamp Studienbibliothek, 16).

Schlegel, Friedrich: *Gespräch über die Poesie.* Mit einem Nachwort von Hans Eichinger. Stuttgart: J. B. Metzler, 1968 [1800].

Schlegel, Friedrich: „Aus den Fragmenten zur Poesie und Literatur" [1797]. In: Eicheldinger, Martina; Strack, Friedrich: *Fragmente der Frühromantik. Edition und Kommentar.* Berlin [u. a.]: De Gruyter, 2011, Seite 97–109.

Schlegel, Friedrich: „Fragmente (Athenäums-Fragmente)" [1798]. In: Eicheldinger, Martina; Strack, Friedrich: *Fragmente der Frühromantik. Edition und Kommentar.* Berlin [u. a.]: De Gruyter, 2011, Seite 22–83.

Schopenhauer, Arthur: *Die Welt als Wille und Vorstellung I und II.* Hg. von Ludger Lütkehaus. München: dtv Verlagsgesellschaft, 1988.

Schubert, Gotthilf Heinrich von: *Ansichten von der Nachtseite der Naturwissenschaft.* Darmstadt: Wissenschaftliche Buchgesellschaft, 1967 [1808].

Serres, Michel: *Der Parasit.* 6. Aufl. Frankfurt am Main: Suhrkamp, 2002 [1980] (Suhrkamp-Taschenbuch Wissenschaft, 677).

Spinoza, Baruch de: *Descartes Prinzipien der Philosophie in geometrischer Weise dargestellt mit einem Anhang, enthaltend Gedanken zur Metaphysik.* Hamburg: Felix Meiner-Verlag, 2005 [1871] (Philosophische Bibliothek, 94).

Steffens, Henrik: *Beyträge zur innern Naturgeschichte der Erde.* Freyberg: Craz, 1801.

Steffens, Henrik: *Grundzüge der philosophischen Naturwissenschaft. Zum Behuf seiner Vorlesungen.* Berlin: Verlag der Realschulbuchhandlung, 1806.

Steffens, Henrik: *Farben-Kugel oder Construction des Verhältnisses aller Mischungen der Farben zu einander, und ihrer vollständigen Affinität, mit angehängtem Versuch einer Ableitung der Harmonie in den Zusammenstellungen der Farben. Von Philipp Otto Runge, Mahler. Nebst einer Abhandlung über die Bedeutung der Farben in der Natur von Hrn. Prof. Henrik Steffens in Halle.* Hamburg: Friedrich Perthes, 1810.

Steffens, Henrik: *Polemische Blätter zur Beförderung der speculativen Physik.* Breslau: Max, 1829.

Sulzer, Johann George: *Allgemeine Theorie der schönen Künste, in einzeln, nach alphabetischer Ordnung der Kunstwörter auf einander folgenden Artikeln abgehandelt.* Biel: Heilmannischen Buchhandlung, 1777.

Voigt, Johann Heinrich: *Versuch einer neuen Theorie des Feuers, der Verbrennung, der künstlichen Luftarten, des Athmens, der Gärung, der Electricität, der Meteoren, des Lichts und des Magnetismus.* Jena: Akademische Buchhandlung, 1793.

Wagner, Richard: *Oper und Drama.* Hg. v. Dieter Borchmeyer. Frankfurt am Main: Insel-Verlag, 1983 [1851] (Dichtungen und Schriften, 7).

Weiss, Christian Samuel: „Über die Krystallisation des Feldspathes". In: Haüy, René-Just: Lehrbuch der Mineralogie. Aus dem Französischen übersetzt und mit Anmerkungen versehen von Dietrich Ludwig Gustav Karsten, Band 2. Dresden: o. A., 1804, Seite 713–723.

Werner, Georg Friedrich: *Entwurf einer neuen Theorie der anziehenden Kräfte, des Ethers, der Wärme und des Lichts.* Frankfurt und Leipzig: o. A., 1788.

Wieland, Ernst Carl: *Versuch über die natürliche Gleichheit der Menschen: Nebst einem Anhange über das Recht der Wiedervergeltung.* Leipzig: Paul Gotthelf Kummer, 1782.

Sekundärliteratur

Adler, Jeremy D.: *Eine fast magische Anziehungskraft. Goethes „Wahlverwandtschaften" und die Chemie seiner Zeit.* München: C. H. Beck, 1987.

Arburg, Hans Georg von: *Kunst-Wissenschaft um 1800. Studien zu Georg Christoph Lichtenbergs Hogarth-Kommentaren.* Göttingen: Wallstein-Verlag, 1998.

Arburg, Hans Georg von: „Lichtenberg contra Lavater: Überlegungen anlässlich eines Lichtenberg-Fundes in Lavaters ‚L'art de connaître les hommes par la physiognomie'". In: *Lichtenberg-Jahrbuch.* Herausgegeben im Auftrag der Lichtenberg-Gesellschaft. Heidelberg: Universitätsverlag. 2000.2001, Seite 45–65.

Argyle, Michael; Dean, Janet: „Eye-contact, distance and affilation". In: *Sociometry,* 28.1965 (3), Seite 289–304.

Argyle, Michael; Kendon, Adam: „The experimental analysis of social performance". In: *Advances in experimental social psychology,* 3.1967, Seite 55–98.

Aruka, Yuji; Mimkes, Jürgen: „An EvolutionaryTheory of Economic Interaction: Introduction to Socio- and Econophysics". In: Aruka, Yuji (Hg.): *Complexities of Production and Interacting Human Behaviour*. Heidelberg: Physica-Verlag, 2011, Seite 113–128.

Axelrod, R.: „The dissemination of culture – A model with local convergence and global polarization". In: *Journal of Conflict Resolution*, 41.1997, Seite 203–226.

Bach, Thomas; Breidbach, Olaf (Hgg.): *Naturphilosophie nach Schelling*. Stuttgart: Frommann-Holzboog, 2005 (Schellingiana, 17).

Bader, Franz: *Quantenphysik. Quanten-Chemie und Bändermodell*. Hannover: Schroedel, 1972.

Baisch, Katharina: *Die kulturelle Bedeutung der Nase in Literatur und Medizin. Eine kulturelle Musterung in der Moderne*. Saarbrücken: VDM Verlag Dr. Müller, 2007.

Bauereisen, Astrid; Pabst, Stephan; Vesper, Achim: „Einleitung". In: Bauereisen, Astrid, Pabst, Stephan; Vesper, Achim (Hgg.): *Kunst und Wissen. Beziehungen zwischen Ästhetik und Erkenntnistheorie im 18. und 19. Jahrhundert*. Würzburg: Königshausen & Neumann, 2009 (Stiftung für Romantikforschung, 38), Seite 9–34.

Becker, Richard: *Theorie der Wärme*. Berlin, Heidelberg: Springer, 1985.

Becker, Franz; Gerhard, Ute; Link, Jürgen: „Moderne Kollektivsymbolik. Ein diskurstheoretisch orientierter Forschungsbericht mit Auswahlbibliographie (Teil II)". In: *Internationales Archiv für Sozialgeschichte der deutschen Literatur*, 22.1997, Seite 70–154.

Beek, Viola van: „Experimentelle Ästhetik bei Kleist? „Plötzliche Wendungen", „drängende Umstände" und „sonderbare Erscheinungen" in Heinrich von Kleists Erzählungen". In: Gamper, Michael; Wernli, Martina; Zimmer, Jörg (Hgg.): *Wir sind Experimente: wollen wir es auch sein! Experiment und Literatur II. 1790–1890*. Göttingen: Wallstein, 2010, Seite 100–122.

Behler, Ernst: „Friedrich Schlegels Theorie der Universalpoesie" [1957]. In: Schanze, Helmut (Hg.): *Friedrich Schlegel und die Kunsttheorie seiner Zeit*. Darmstadt: Wissenschaftliche Buchgesellschaft, 1985 (Wege der Forschung, 609), Seite 194–243.

Bellwinkel, Hans Wolfgang: „Naturwissenschaftliche Themen im Werk von Thomas Mann". In: Müller, Achim; Quadbeck-Seeger, Hans-Jürgen; Diemann, Ekkehard (Hgg.): *Facetten einer Wissenschaft. Chemie aus ungewöhnlichen Perspektiven*. Weinheim: Wiley-VCH, 2004, Seite 11–29.

Bendels, Ruth: *Erzählen zwischen Hilbert und Einstein. Naturwissenschaft und Literatur in Hermann Brochs „Eine methodologische Novelle" und Robert Musils „Drei Frauen"*. Würzburg: Königshausen & Neumann, 2008 (Epistemata, Reihe Literaturwissenschaft, 650).

Benjamin, Walter: *Der Begriff der Kunstkritik in der deutschen Romantik*. Frankfurt am Main: Suhrkamp, 2008.

Berg, Hermann; Germann, Dietrich: „Ritter und Schelling – Empirie oder Spekulation". In: Lange, Erhard (Hg.): *Die Philosophie des jungen Schelling. Beiträge zur*

Schelling-Rezeption in der DDR. Weimar: Hermann Böhlaus Nachfolger, 1977, Seite 83–114.

Berg, Gunnar: „Die romantische Naturphilosophie im Licht physikalischer Ergebnisse". In: *Blütenstaub: Jahrbuch für Frühromantik*, 1.2007, Seite 253–261.

Berg, Gunnar: „Das nicht irdische, aber kosmisch materiale Element: Lorenz Okens Ideen zur Theorie des Lichts". In: *Blütenstaub: Jahrbuch für Frühromantik*, 3.2017, Seite 185–198.

Bergengruen, Maximilian: „„Heißbrennende Hohlspiegel". Wie Jean Paul durch die Optik seine Poetik sichtbar werden läßt". In: Lange, Thomas; Neumeyer, Harald (Hgg.): *Kunst und Wissenschaft um 1800*. Würzburg: Königshausen & Neumann, 2000 (Stiftung für Romantikforschung, 13), Seite 19–38.

Blamberger: „Der Findling". In: Breuer, Ingo (Hg.): *Kleist-Handbuch. Leben – Werk – Wirkung*. Stuttgart, Weimar: Metzler, 2010, Seite 133–137.

Blamberger, Günter: *Heinrich von Kleist. Biographie*. Frankfurt a. M.: S. Fischer, 2011.

Blechschmidt, Stefan; Heinz, Andrea (Hgg.): *Dilettantismus um 1800*. Heidelberg: Winter, 2007 (Ereignis Weimar-Jena Kultur um 1800. Ästhetische Forschungen, 16)

Böhme, Hartmut: „Montan-Bau und Berg-Geheimnis. Zum Verhältnis von Bergbauwissenschaft und hermetischer Naturästhetik bei Novalis". In: Jamme, Christoph; Kurz, Gerhard (Hgg.): *Idealismus und Aufklärung. Kontinuität und Kritik der Aufklärung in Philosophie und Poesie um 1800*. Stuttgart: Klett-Cotta, 1988 (Deutscher Idealismus, 14), Seite 59–79.

Bonsiepen, Wolfgang: Die *Begründung einer Naturphilosophie bei Kant, Schelling, Fries und Hegel*. Frankfurt a. M.: V. Klostermann, 1997 (Philosophische Abhandlungen, 70).

Borrmann, Norbert: *Kunst und Physiognomik. Menschendeutung und Menschendarstellung im Abendland*. Köln: DuMont, 1994.

Brandstetter, Gabriele; Neumann, Gerhard: „Romantische Wissenspoetik. Die Künste und die Wissenschaften um 1800". In: Brandstetter, Gabriele; Neumann, Gerhard (Hgg.): *Romantische Wissenspoetik. Die Künste und die Wissenschaften um 1800*. Würzburg: Königshausen und Neumann, 2004, Seite 9–13.

Braun, Peter: *E. T. A. Hoffmann. Dichter, Zeichner, Musiker: Biographie*. Düsseldorf: Artemis & Winkler, 2004.

Breidbach, Olaf: „Schellings spekulative Physik". In: Breidbach, Oliver; Burwick, Roswitha (Hgg.): *Physik um 1800 – Kunst, Wissenschaft oder Philosophie?* Paderborn: Fink, Wilhelm, 2009 (Laboratorium Aufklärung, 5), Seite 223–254.

Breidbach, Olaf; Wiesenfeldt, Gerhard: „„Könnte nicht also auch die Erdkugel ein großer Turmalin sein?". Eine exemplarische Einführung in Sprach- und Denkmuster der experimentellen Physik um 1800". In: Breidbach, Oliver; Burwick, Roswitha (Hgg.): *Physik um 1800 – Kunst, Wissenschaft oder Philosophie?* Paderborn: Fink, Wilhelm, 2009 (Laboratorium Aufklärung, 5), Seite 19–38.

Briese, Svenja: *Die Universalpoesie von Friedrich Schlegel.* Hamburg: Diplomica Verlag, 2012.

Brockhaus-Enzyklopädie: *Band 13: LAGI – MAD.* 20. Aufl. Leipzig: Brockhaus, 1998.

Brush, Stephen G.: *Die Temperatur der Geschichte. Wissenschaftliche und kulturelle Phasen im 19. Jahrhundert.* Braunschweig, Wiesbaden: Vieweg+Teubner Verlag, 1987.

Bruyn, Günter de: *Das Leben des Jean Paul Friedrich Richter. Eine Biographie.* Überarb. und vermehrte Neufassung. Frankfurt am Main: S. Fischer, 2013.

Buchanan, Mark: *Small worlds. Das Universum ist zu klein für Zufälle; spannende Einblicke in die Komplexitäts-Theorie.* Frankfurt/Main, New York: Campus-Verlag, 2002.

Buchanan, Mark: *Warum die Reichen immer reicher werden und Ihr Nachbar so aussieht wie Sie. Neue Erkenntnisse aus der Sozialphysik.* Frankfurt, New York: Campus-Verlag, 2008.

Büttner, Urs: „»Durch die Kunst läst sich dies ahnden«: Achim von Arnim im Kontext zeitgenössischer Konzepte von Gefühlserkenntnis der Kunst". In: Pape, Walter; Arnold, Antje (Hgg.): *Emotionen in der Romantik: Repräsentation, Ästhetik, Inszenierung.* Salzburger Kolloquium der internationalen Arnim-Gesellschaft. Berlin, u. a.: De Gruyter, 2012 (Schriften der Internationalen Arnim-Gesellschaft, 9), Seite 139–154.

Büttner, Urs: *Poiesis des ,Sozialen'. Achim von Arnims frühe Poetik bis zur Heidelberger Romantik (1800–1808).* Berlin, u. a.: De Gruyter, 2015.

Bulang, Tobias: *Enzyklopädische Dichtungen. Fallstudien zu Wissen und Literatur in Spätmittelalter und früher Neuzeit.* Berlin: Akademie Verlag, 2011 (Deutsche Literatur-Studien und Quellen, 2).

Burdach, Karl Friedrich: *Handbuch der Pathologie.* Leipzig: Hinrichs, 1808.

Burkhardt, F.: *Die absolute Temperatur. Ein Beitrag zur Geschichte der Wärmelehre.* Pickenhahn und Koenig, 1912.

Burwick, Frederick: „Elektrizität und Optik: Zu den Beziehungen zwischen wissenschaftlichen und literarischen Schriften Achim von Arnims". In: *Aurora. Jahrbuch der Eichendorff-Gesellschaft,* 46.1986, Seite 19–47.

Burwick, Roswitha: „Achim von Arnims Ästhetik: Die Wechselwirkung von Kunst und Wissenschaft, Poesie und Leben, Dichtung und Malerei". In: Burwick, Roswitha; Fischer, Bernd (Hgg.): *Neue Tendenzen der Arnimforschung. Edition, Biographie, Interpretation mit unbekannten Dokumenten.* Bern, Frankfurt am Main, New York, Paris: Peter Lang, 1990 (Germanic Studies in America, 60), Seite 98–119.

Burwick, Roswitha: „,Sein Leben ist groß weil es ein Ganzes war'. Arnims Erstlingsroman *Hollin's Liebeleben* als „Übergangsversuch" von der Wissenschaft zur Dichtung". In: Zimmerli, Walther Christoph; Stein, Klaus; Gerten, Michael (Hgg.): *„Fessellos durch die Systeme". Frühromantisches Naturdenken im Umfeld von Arnim, Ritter und Schelling.* Stuttgart-Bad Cannstatt: Frommann-Holzboog, 1997 (Natur und Philosophie, 12), Seite 49–90.

Burwick, Roswitha; Burwick, Frederick: „Hollin's Liebeleben: Arnim's Transmutation of Science into Literature". In: Shaffer, Elinor S. (Hg.): *The third culture: Literature and science*. Berlin/Boston: De Gruyter, 1998 (European cultures. Studies in Literature and the arts, 9), Seite 103–152.

Burwick, Roswitha; Härtl, Heinz: *„Frische Jugend, reich an Hoffen."* Der junge Arnim. *Zernikower Kolloquium der Internationalen Arnim-Gesellschaft*. Berlin/Boston: De Gruyter, 2000 (Schriften der Internationalen Arnim-Gesellschaft, 2).

Burwick, Roswitha: *Naturwissenschaftliche Schriften I: Veröffentlichungen 1799–1811*. Berlin u. a.: de Gruyter, 2007a (Ludwig Achim von Arnim: Werke und Briefwechsel, 2).

Burwick, Roswitha: „„Verließ die Physick ganz um Trauerspiele zu machen'. Arnims Vernetzung von Naturwissenschaft und Poesie". In: Buschmeier, Matthias; Dembeck, Till (Hgg.): *Textbewegungen 1800/1900*. Würzburg: Königshausen & Neumann, 2007b (Stiftung für Romantikforschung, 35), Seite 213–240.

Burwick, Roswitha: „„„Kunst ist Ausdruck des ewigen Daseins": Arnims poetische Ansicht der Natur". In: Breidbach, Oliver; Burwick, Roswitha (Hgg.): *Physik um 1800 – Kunst, Wissenschaft oder Philosophie?* Paderborn: Fink, Wilhelm, 2009 (Laboratorium Aufklärung, 5), Seite 39–66.

Burwick, Roswitha: „Ahndung, Combination und Metamorphose: Arnims Erklärung komplexer naturwissenschaftlicher und poetischer Zusammenhänge". In: Pape, Walter (Hg.): *Romantische Metaphorik des Fließens. Körper, Seele, Poesie*. Tübingen: Max Niemeyer Verlag, 2012 (Schriften der Internationalen Arnim-Gesellschaft, 6), Seite 155–165.

Caduff, Corina: *Die Literarisierung von Musik und bildender Kunst um 1800*. München: Wilhelm Fink, 2003.

Campe, Rüdiger: „Vor Augen stellen: Über den Rahmen rhetorischer Bildgebung". In: Neumann, Gerhard (Hg.): *Poststrukturalismus. Herausforderung an die Literaturwissenschaft*. Stuttgart: Metzler, 1997 (Germanistische Symposien-Berichtsbände, 18), Seite 208–225.

Campe, Rüdiger: „Bella Evidentia. Begriff und Figur von Evidenz in Baumgartens Ästhetik". In: *Deutsche Zeitschrift für Philosophie*, 49.2001 (2), Seite 243–255.

Campe, Rüdiger: „Evidenz als Verfahren. Skizze eines kulturwissenschaftlichen Konzepts". In: *Vorträge aus dem Warburg-Haus*, 8.2004, Seite 106–133.

Campe, Rüdiger: „Zeigen statt Sagen. Kleists *Hier* und *Jetzt* und die Figur des Zeigens". In: Boehm, Gottfried; Egenhofer, Sebastian; Spies, Christian (Hgg.): *Zeigen. Die Rhetorik des Sichtbaren*. Paderborn: W. Fink (Eikones), 2010, Seite 439–455.

Castellano, Claudio; Fortunato, Santo; Loreto, Vittorio: „Statistical physics of social dynamics". In: *Reviews of modern physics*, 81.2009 (2), Seite 591–646.

Castle, Terry: *The female thermometer. Eighteenth Century culture and the invention of the uncanny*. New York, Oxford: Oxford University Press, 1995.

Daiber, Jürgen: „Die Suche nach der Urformel: Zur Verbindung von romantischer Naturforschung und Dichtung". In: *Aurora. Jahrbuch der Eichendorff-Gesellschaft*, 60.2000, Seite 75–103.

Daiber, Jürgen: *Experimentalphysik des Geistes. Novalis und das romantische Experiment*. Göttingen: Vandenhoeck & Ruprecht, 2001.

Day, Sean: „Was ist Synästhesie?". In: Jewanski, Jörg; Sidler, Natalia (Hgg.): *Farbe, Licht, Musik. Synästhesie und Farblichtmusik*. Unter Mitarbeit von Alexander Laszlo. Bern, New York: Lang, 2006 (Zürcher Musikstudien, 5), Seite 15–30.

Delbrück, Hansgerd: „Warum das Käthchen von Heilbronn die Feuerprobe besteht. Geschichte, Mythologie und Märchen in Kleists „historischem" Ritterschauspiel". In: Colberg, Heidrun; Petersen, Doris (Hgg.): *Spuren. Festschrift für Theo Schumacher*. Stuttgart: Hans. Dieter Heinz Akademischer Verlag, 1986 (Stuttgarter Arbeiten zur Germanistik, 184), Seite 267–302.

Demmerling, Christoph; Landweer, Hilge: *Philosophie der Gefühle. Von Achtung bis Zorn*. Stuttgart: Metzler, 2007.

Dietzfelbinger, Konrad: *Familie bei Kleist*. Inauguraldissertation. Ludwig-Maximilians-Universität München, 1979.

Dietzsch, Steffen: „Vom Licht als das zeugende Prinzip und das Göttliche in der Natur (Schelling)". In: *Blütenstaub: Jahrbuch für Frühromantik*, 3.2017, Seite 21–3.

Drews, Axel; Gerhard, Ute; Link, Jürgen: „Moderne Kollektivsymbolik. Eine diskurstheoretisch orientierte Einführung mit Auswahlbiographie". In: *Internationales Archiv für Sozialgeschichte der deutschen Literatur*, 1. Sonderheft: Forschungsreferate, Tübingen, 1985, Seite 256–375.

Drösch, Christian: *Somnambule Schwärmerei und wunderbarer Magnetismus. Künstlerischer Somnambulismus und ähnliche Phänomene im Prosawerk Ludwig Achim von Arnims*. Würzburg: Königshausen & Neumann, 2012 (Epistemata, 736).

Durner, Manfred: „Theorien der Chemie". In: Schelling, Friedrich Wilhelm Joseph: *Ergänzungsband zu Band 5 bis 9. Wissenschaftshistorischer Bericht zu Schellings naturphilosophischen Schriften 1797–1800. Theorien der Chemie v. Manfred Durner. Magnetismus, Elektrizitat, Galvanismus v. Francesco Moiso. Physiologische Theorien v. Jorg Jantzen*. Stuttgart: Fromman-Holzboog, 1994, Seite 3–164.

Ebeling, Werner; Scharnhorst, Andrea: „Modellierungskonzepte der Synergetik und der Theorie der Selbstorganisation". In: Braun, Norman; Saam, Nicole (Hgg.): *Handbuch Modellbildung und Simulation in den Sozialwissenschaften*. Wiesbaden: Springer Verlag, 2015, Seite 419–454.

Ehrlich, Lothar: „Zu Goethes Verständnis der Natur". In: *Blütenstaub: Jahrbuch für Frühromantik*, 2.2009, Seite 313–323.

Ehrlich, Lothar: „„Bläuliches Licht" im Werk Ludwig Achim von Arnims". In: *Blütenstaub: Jahrbuch für Frühromantik*, 3.2017, Seite 139–154.

Eichner, Hans: „Friedrich Schlegels Theorie der romantischen Poesie" [1956]. In: Schanze, Helmut (Hg.): *Friedrich Schlegel und die Kunsttheorie seiner Zeit*. Darmstadt: Wissenschaftliche Buchgesellschaft, 1985 (Wege der Forschung, 609), Seite 162–193.

Elchlepp, Margarete: *Achim von Arnims Geschichtsdichtung „Die Kronenwächter". Ein Beitrag zur Gattungsproblematik des historischen Romans*. Inauguraldissertation. Freie Universität Berlin, 1967.

Elson, David; Dames, Nicholas; McKeown, Kathleen: *Extracting social networks from literary fiction*. Proceedings of the 48th Annual Meeting of the Association for Computational Linguistics. Uppsala, Schweden: Association for Computational Linguistics, 2010, Seite 138–147.

Encke, Helga: *Bildsymbolik im „Godwi" von Clemens Brentano. Eine Strukturanalyse*. Dissertation. Universität Köln, 1957.

Engelhardt, Dietrich von: *Historisches Bewußtsein in der Naturwissenschaft. Von der Aufklärung bis zum Positivismus*. München: Karl Alber Freiburg, 1979.

Engelhardt, Dietrich von: „Wissenschaft und Philosophie der Natur um 1800. Prinzipien, Dimensionen, Perspektiven". In: Kanz, Kai Torsten (Hg.): *Philosophie des Organischen in der Goethezeit. Studien zu Werk und Wirkung des Naturforschers Carl Friedrich Kielmeyer (1765–1844)*. Stuttgart: Franz Steiner, 1994 (Boethius, 35), Seite 252–269.

Engelhardt, Dietrich von: „Naturforschung im Zeitalter der Romantik". In: Zimmerli, Walther Christoph; Stein, Klaus; Gerten, Michael (Hgg.): *„Fessellos durch die Systeme". Frühromantisches Naturdenken im Umfeld von Arnim, Ritter und Schelling*. Stuttgart-Bad Cannstatt: Frommann-Holzboog, 1997 (Natur und Philosophie, 12), Seite 19–49.

Engelhardt, Dietrich von: „Natur und Geist, Evolution und Geschichte. Goethe in seiner Beziehung zur romantischen Naturforschung und metaphysischen Naturphilosophie". In: Matussek, Peter (Hg.): *Goethe und die Verzeitlichung der Natur*. München: Beck, 1998 (Kulturgeschichte der Natur in Einzeldarstellungen), Seite 58–74.

Esselborn, Hans: „Die Elektrisiermaschine als Erklärungsmodell. Zu Jean Pauls physikalischer Bildlichkeit". In: Oellers, Norbert: *Germanistik und Deutschunterricht im Zeitalter der Technologie. Selbstbestimmung u. Anpassung: Vortr. d. Germanistentages Berlin 1987*. Tübingen: Niemeyer, 1988a, Seite 363–375.

Esselborn, Hans: „Jean Paul als Leser Lichtenbergs. Zum Verhältnis von Naturwissenschaft und Dichtung". In: Promies, Wolfgang; Joost, Ulrich (Hgg.): *Lichtenberg-Jahrbuch 1988*. Lichtenberg-Gesellschaft. Saarbücken: Saarbrücker Druckerei und Verlag SDV, 1988b, Seite 129–151.

Esselborn, Hans: *Das Universum der Bilder. Die Naturwissenschaft in den Schriften Jean Pauls*. Tübingen: Niemeyer, 1989 (Studien zur deutschen Literatur, 99).

Fairclough, Mary: *Literature, electricity and politics 1740–1840. Electrick communication every where*, 2017 (Palgrave studies in literature, science, and medicine).

Fischer, Rachel; Novotny, Jana; Schedy, Andreas; Oetken, Marco: „Das Silberbaum-Paradoxon. Verblüffende Effekte bei der Elektrolyse von Salzlösungen". In: *Chemkon*, 25.2018 (5), Seite 91–95.

Fox, Robert: *The caloric theory of gases. From Lavoisier to Regnault*. Oxford: Clarendon, 1971.

Frei Gerlach, Franziska: *Geschwister. Ein Dispositiv bei Jean Paul und um 1800*. Berlin, u. a.: De Gruyter, 2012 (Studien zur deutschen Literatur, 198).

Frick, Werner: „Und sehe, daß wir nichts wissen können ... Poetische Wissenschaftsskepsis bei Goethe, Kleist und Büchner". In: Elsner, Norbert; Frick, Werner (Hgg.): *„Scientia poetica". Literatur und Naturwissenschaft*. Göttingen: Wallstein, 2004, Seite 243–272.

Frigo, Gian Franco: „Von der spekulativen Rolle des Lichts in Schellings Naturphilosophie". In: Dietzsch, Steffen; Ludwig, Ariane (Hgg.): *Achim von Arnim und sein Kreis*. Berlin, Boston: de Gruyter, 2010 (Schriften der Internationalen Arnim-Gesellschaft, 8), Seite 279–290.

Frühwald, Wolfgang: „Repräsentation der Romantik. Zum Einfluß Achim von Arnims auf Leben und Werk Joseph von Eichendorffs". In: *Aurora. Jahrbuch der Eichendorff-Gesellschaft*, 46.1986, Seite 1–10.

Frühwald, Wolfgang: *Joseph von Eichendorff. Leben und Werk in Texten und Bildern*. Frankfurt am Main: Insel-Verlag, 1988 (Insel-Taschenbuch, 1064).

Frye, Lawrence O.: „Mesmerism and Masks: Images of Union in Achim von Arnim's Hollin's Liebelieben and Die Majoratsherren". In: *Euphorion. Zeitschrift für Literaturgeschichte*, 76.1982, Seite 82–99.

Fulda, Daniel: „Sattelzeit. Karriere und Problematik eines kulturwissenschaftlichen Zentralbegriffs". In: Décultot, Elisabeth; Fulda, Daniel (Hgg.): *Sattelzeit. Historiographiegeschichtliche Revisionen*. Berlin u. a.: De Gruyter, 2016 (Hallesche Beiträge zur europäischen Aufklärung: Schriftenreihe des Interdisziplinären Zentrums für die Erforschung der Europäischen Aufklärung, Martin-Luther-Universität Halle-Wittenberg, 52), Seite 1–16.

Gaderer, Rupert: „Liebe im Zeitalter der Elektrizität. E. T. A. Hoffmanns Homines electrificati". In: *Österreichische Zeitschrift für Geschichtswissenschaften*, 3.2007 (Themenheft: Liebe: Diskurse und Praktiken) [Peer Reviewed Journal], Seite 43–61.

Gaderer, Rupert: *Poetik der Technik. Elektrizität und Optik bei E. T. A. Hoffmann*. Freiburg i. Br: Rombach, 2009 (Rombach-Wissenschaften / Edition Parabasen, 9).

Gallas, Helga: *Kleist. Gesetz, Begehren, Sexualität: Zwischen symbolischer und imaginarer Identifizierung*. Frankfurt am Main und Basel: Stroemfeld, 2005 (Nexus, 77).

Gamper, Michael: *Elektropoetologie. Fiktionen der Elektrizität 1740–1870*. Göttingen: Wallstein, 2009.

Gamper, Michael: „Physik". In: Borgards, Roland; Neumeyer, Harald; Pethes, Nicolas; Wübben, Nicole (Hgg.): *Literatur und Wissen. Ein interdisziplinäres Handbuch*. Stuttgart: Metzler, 2013, Seite 112–118.

Gamper, Michael; Weder, Christine: „Gattungsexperimente. Explorative Wissenspoetik und literarische Form: Aphorismus/Fragment/Notat – Essay – Novelle/ Roman – Lyrik – Märchen". In: Gamper, Michael (Hg.): *Experiment und Literatur. Themen, Methoden, Theorien.* Göttingen: Wallstein-Verlag, 2010, Seite 96–180.

Gamper, Michael; Wernli, Martina; Zimmer, Jörg; Bies, Michael (Hgg.): *Es ist nun einmal zum Versuch gekommen. Experiment und Literatur I. 1580–1790.* Göttingen: Wallstein, 2009.

Gamper, Michael; Wernli, Martina; Zimmer, Jörg (Hgg.): *Wir sind Experimente: wollen wir es auch sein! Experiment und Literatur II. 1790–1890.* Göttingen: Wallstein, 2010.

Gamper, Michael; Wernli, Martina; Zimmer, Jörg; Bies, Michael (Hgg.): *Es ist ein Laboratorium, ein Laboratorium für Worte. Experiment und Literatur III. 1890–2010.* Göttingen: Wallstein, 2011.

Gasiorowicz, Stephen: *Quantenphysik.* 10. Aufl. München: Oldenbourg Wissenschaftsverlag, 2012.

Gebhard, Walter: „Einleitung: Thema Licht". In: Gebhard, Walter (Hg.): *Licht. Religiöse und literarische Gebrauchsformen.* Frankfurt am Main, New York: P. Lang, 1990 (Bayreuther Beiträge zur Literaturwissenschaft, 14), Seite 7–18.

Gerabek, Werner: *Naturphilosophie und Dichtung bei Jean Paul. Das Problem des commercium mentis et corporis.* Stuttgart: Heinz Akad. Verl., 1988 (Stuttgarter Arbeiten zur Germanistik, 202).

Gerlach, Walther: *Die Sprache der Physik.* Hannover, Hamburg, Kiel, Bonn, München: Ferd. Dümmler, 1962 (Mathematisch-naturwissenschaftliche Taschenbücher, 5).

Görner, Rüdiger: *Die Pluralektik der Romantik. Studien zu einer epochalen Denk- und Darstellungsform.* Köln/Wien: Böhlau, 2010 (Literatur und Leben, 78).

Gold, Helmut: *Erkenntnisse unter Tage. Bergbaumotiv in der Literatur der Romantik.* Opladen: Westdeutscher Verlag GmbH, 1990.

Goodbody, Axel: *Natursprache. Ein dichtungstheoretisches Konzept der Romantik und seine Wiederaufnahme in der modernen Naturlyrik (Novalis-Eichendorff-Lehmann-Eich).* Neumünster: Wachholtz, 1984 (Kieler Studien zur Deutschen Literaturgeschichte, 17).

Graczyk, Annette: „Das Geschlechterverhältnis als soziales Experiment. Aufklärung und Abklärung in Goethes *Wahlverwandtschaften*". In: Rudolph, Andre; Stöckmann, Ernst (Hgg.): *Aufklärung und Weimarer Klassik im Dialog.* Tübingen: M. Niemeyer Verlag, 2009 (Untersuchungen zur deutschen Literaturgeschichte, 35), Seite 135–146.

Greiner, Bernhard: „Sturz als Halt. Kleists dramaturgische Physik". In: *Kleist-Jahrbuch.* Stuttgart: J. B. Metzler, 2005, Seite 67–78.

Groscurth, Steffen: „Formel und Form. Zur Poetik von mathematischer und ästhetischer Rationalität". In: *Variations. Literaturzeitschrift der Universität Zürich,* 21.2013 (14), Seite 81–94.

Gruß, Melanie: *Synästhesie als Diskurs. Eine Sehnsuchts- und Denkfigur zwischen Kunst, Medien und Wissenschaft.* Bielefeld: transcript-Verlag, 2017.

Günzel, Klaus: *E. T. A. Hoffmann. Leben und Werk in Briefen, Selbstzeugnissen und Zeitdokumenten.* Düsseldorf: Claassen, 1979.

Haken, Hermann; Schiepek, Günter: *Synergetik in der Psychologie. Selbstorganisation verstehen und gestalten.* Göttingen, Bern, Wien, Paris, Oxford, Prag, Toronto, Cambridge, MA, Amsterdam, Kopenhagen, Stockholm: Hogrefe, 2010.

Haken, Hermann; Wunderlin, Arne: *Synergetik. Eine Einführung.* Berlin: Springer, 1982 (Springer Series in Synergetics, 1).

Hartmann, Regina: „Eichendorffs Novelle „Das Schloß Dürande". Eine gescheiterte Kommunikation". In: *Weimarer Beiträge* 32, 11.1986, Seite 1850–1867.

Haupt, Sabine: *„Es kehret alles wieder". Zur Poetik literarischer Wiederholungen in der deutschen Romantik und Restaurationszeit: Tieck, Hoffmann, Eichendorff.* Würzburg: Königshausen & Neumann, 2002 (Studien zur Literatur- und Kulturgeschichte, 17).

Hayer, Horst Dieter: *Brentanos „Godwi". Ein Beispiel des frühromantischen Subjektivismus.* Frankfurt/M, Bern: P. Lang; H. Lang, 1977 (Europäische Hochschulschriften. Reihe 1, Deutsche Literatur und Germanistik, 188).

Hecht, Eugene: *Optik.* 6. Aufl. München: de Gruyter, 2014.

Hegener, Johannes: *Die Poetisierung der Wissenschaften bei Novalis. Dargestellt am Prozeß der Entwicklung von Werk und Menschheit. Studien zum Problem enzyklopädischen Welterfahrens.* Bonn: Bouvier Verlag Herbert Grundmann, 1975 (Abhandlungen zur Kunst-, Musik- und Literaturwissenschaft, 170).

Heider, Fritz: *Psychologie der interpersonalen Beziehungen.* Stuttgart: Klett, 1977.

Heimböckel, Dieter: „»Warum? Weshalb? Was ist geschehn?«. Nicht-Wissen bei Heinrich von Kleist". In: Bies, Michael; Gamper, Michael (Hgg.): *Literatur und Nicht-Wissen. Historischen Konstellationen 1730–1930.* Zürich: Diaphanes, 2012, Seite 59–76.

Heimes, Alexandra: „Die Jesuiterkirche in G.". In: Kremer, Detlef (Hg.): *E. T. A. Hoffmann. Leben, Werk, Wirkung.* 2. Aufl. Berlin, Boston: De Gruyter, 2012, Seite 190–196.

Heimes, Alexandra: „Die Bergwerke zu Falun". In: Kremer, Detlef (Hg.): *E. T. A. Hoffmann. Leben, Werk, Wirkung.* 2. Aufl. Berlin, Boston: De Gruyter, 2012, Seite 276–286.

Helbing, Dirk; Weidlich, Wolfgang: „Quantitative Soziodynamik: Gegenstand, Methodik, Ergebnisse und Perspektiven". In: *Kölner Zeitschrift für Soziologie und Sozialpsychologie,* 47.1995 (1), Seite 114–140.

Helbing, Dirk: *Stochastische Methoden, nichtlineare Dynamik und quantitative Modelle sozialer Prozesse.* Aachen: Shaker, 1996 (Berichte aus der Physik).

Helbing, Dirk: *Verkehrsdynamik. Neue physikalische Modellierungskonzepte.* Berlin: Springer, 1997.

Helbing, Dirk: *Managing complexity: insights, concepts, applications*. Berlin: Springer, 2008 (Understanding complex systems).

Hennemann, Gerhard: *Naturphilosophie im 19. Jahrhundert*. Freiburg, München: Karl Alber, 1959.

Hermann, Britta: „Monströse Verbindungen. Experimentelle Wissenschaft und poetische Kombination um 1800". In: Barkhoff, Jürgen; Böhme, Hartmut; Riou, Jeanne (Hgg.): *Netzwerke. Eine Kulturtechnik der Moderne*. Köln: Böhlau, 2004 (Literatur – Kultur – Geschlecht Große Reihe, 29), Seite 87–106.

Heuser-Kessler, Marie-Luise: *Die Produktivität der Natur. Schellings Naturphilosophie und das neue Paradigma der Selbstorganisation in den Naturwissenschaften*. Berlin: Duncker & Humblot, 1986 (Erfahrung und Denken, Schriften zur Beförderung der Beziehungen zwischen Philosophie und Einzelwissenschaften, 69).

Hillebrandt, Claudia: *Das emotionale Wirkungspotenzial von Erzähltexten. Mit Fallstudien zu Kafka, Perutz und Werfel*. Berlin/Boston: De Gruyter, 2011 (Deutsche Literatur. Studien und Quellen, 6).

Himberg, Kay: „Phantasmen der Nase. Literarische Anthropologie eines hervorstechenden Organs". In: Benthien, Claudia; Wulf, Christoph (Hgg.): *Körperteile. Eine kulturelle Anatomie*. Hamburg: Rowohlt Taschenbuch Verlag, 2001 (Rowohlts Enzyklopädie, 55642), Seite 84–103.

Höfer, Ronald: „Die Ästhetik der Formel – Formeln sind Bilder". In: ders. (Hg.): *Formeln rasch erfassen und sicher nutzen. Für Ingenieure, Natur- und Betriebswissenschaftler*. 2. Aufl. Wiesbaden: Springer Vieweg, 2015, Seite 27–53.

Höppner, Stefan: *Natur, Poesie. Romantische Grenzgänger zwischen Literatur und Naturwissenschaft: Johann Wilhelm Ritter, Gotthilf Heinrich Schubert, Henrik Steffens, Lorenz Oken*. Würzburg: Königshausen & Neumann, 2017 (Epistemata: Würzburger wissenschaftliche Schriften, Reihe Literaturwissenschaft, 826).

Hoffmann, Volker: „Gefährliche Ehrlichkeit: der Physiognomikstreit zwischen Lichtenberg und Lavater". In: Bunke, Simon; Mihaylova, Katerina (Hgg.): *Im Gewand der Tugend. Grenzfiguren der Aufrichtigkeit*. Würzburg: Königshausen & Neumann, 2017, Seite 121–134.

Hoheisel, Claus: *Physik und verwandte Wissenschaften in Robert Musils Romanfragment*. 4. Aufl., Berlin, Bochum, Dülmen: Europ. Univ.-Verl., 2010 (Bochumer Germanistik, 5).

Hottner, Wolfgang: *Kristallisationen. Ästhetik und Poetik des Anorganischen im späten 18. Jahrhundert*. Göttingen: Wallstein, 2020.

Huge, Eberhard: *Poesie und Reflexion in der Ästhetik des frühen Friedrich Schlegel*. Stuttgart: Metzler, 1971 (Studien zur allgemeinen und vergleichenden Literaturwissenschaft, 6).

Ishihara, Aeka: *Goethes Buch der Natur. Ein Beispiel der Rezeption naturwissenschaftlicher Erkenntnisse und Methoden in der Literatur seiner Zeit*. Würzburg: Königshausen und Neumann, 2005.

Jank, Marlen: *Der homme machine des 21. Jahrhunderts. Von lebendigen Maschinen im 18. Jahrhundert zur humanoiden Robotik der Gegenwart.* Paderborn: Fink, 2014 (Laboratorium Aufklärung, 22).

Janz, Marlies: *Marmorbilder. Weiblichkeit und Tod bei Clemens Brentano und Hugo von Hofmannsthal.* Königstein: Athenäum, 1986.

Jensen, Uffa; Morat, Daniel: „Die Verwissenschaftlichung von Emotionen in der langen Jahrhundertwende (1880–1930)". In: Jensen, Uffa; Morat, Daniel (Hgg.): *Rationalisierungen des Gefühls. Zum Verhältnis von Wissenschaft und Emotionen 1880–1930.* München: Wilhelm Fink, 2008, Seite 11–34.

Jewanski, Jörg: „Von der Farbe-Ton-Beziehung zur Farblichtmusik". In: Jewanski, Jörg; Sidler, Natalia (Hgg.): *Farbe, Licht, Musik. Synästhesie und Farblichtmusik.* Unter Mitarbeit von Alexander Laszlo. Bern, New York: Lang, 2006 (Zürcher Musikstudien, 5), Seite 131–210.

Job, Georg: *Neudarstellung der Wärmelehre. Die Entropie als Wärme.* Frankfurt am Main: Akad. Verl.-Ges., 2001.

Käuser, Andreas: „Synästhesie und das „Verhältnis zum Text". Historische Grundsätze und anthropologische Kontexte". In: Kalisch, Volker (Hg.): *Synästhesie in der Musik, Musik in der Synästhesie. Vorträge und Referate während der Jahrestagung 2002 der Gesellschaft für Musikforschung in Düsseldorf (25.–28. September 2002) an der Robert-Schumann-Hochschule.* Essen: Die Blaue Eule, 2004 (Musik-Kultur, 11), Seite 58–70.

Kamphausen, Georg; Schnelle, Thomas: *Die Romantik als naturwissenschaftliche Bewegung. Zur Entwicklung eines neuen Wissenschaftsverständnisses.* Bielefeld: B. Kleine, 1982 (Report Wissenschaftsforschung Report science studies, 14).

Karpenstein-Eßbach, Christa: „Achim von Arnims Roman ‚Die Kronenwächter' in seiner Stellung zur Romantik". In: *Athenäum*, 5.1995, Seite 101–115.

Kassung, Christian: *Entropie-Geschichten. Robert Musils „Der Mann ohne Eigenschaften" im Diskurs der modernen Physik.* München: Fink, 2001 (Musil-Studien, 28).

Kastinger-Riley, Helene M.: *Clemens Brentano.* Stuttgart: J. B. Metzler, 1985.

Kaufmann, Jürgen; Kirves, Martin; Uhlmann, Dirk: „Einleitung". In: Kaufmann, Jürgen; Kirves, Martin; Uhlmann, Dirk (Hgg.): *Zwischen Sichtbarkeit und Unsichtbarkeit. Visualität in Wissenschaft, Literatur und Kunst um 1800.* Paderborn: W. Fink, 2014 (Laboratorium Aufklärung, 24), Seite 7–16.

Kellner, Beate: „Aspekte der Genealogie in mittelalterlichen und neuzeitlichen Versionen der Melusinengeschichte". In: Heck, Kilian; Jahn, Bernhard (Hgg.): *Genealogie als Denkform in Mittelalter und Früher Neuzeit.* Tübingen: Max Niemeyer Verlag, 2000 (Studien und Texte zur Sozialgeschichte der Literatur, 80), Seite 13–38.

Kemmann, Ansgar: „Evidentia, Evidenz". In: Ueding, Gert; Kalivoda, Gregor (Hgg.): *Historisches Wörterbuch der Rhetorik/Eup – Hör.* Band 3. Tübingen: Max Niemeyer Verlag, 1996, Spalte 33–47.

Keuschnigg, Marc: „Imitation und Konformität". In: Braun, Norman; Saam, Nicole (Hgg.): *Handbuch Modellbildung und Simulation in den Sozialwissenschaften*. Wiesbaden: Springer Verlag, 2015, Seite 903–934.

Kilcher, Andreas B.; Burkhard, Myriam: „Der Elementargeist". In: Kremer, Detlef (Hg.): *E. T. A. Hoffmann. Leben, Werk, Wirkung*. 2. Aufl. Berlin, Boston: De Gruyter, 2012, Seite 371–377.

Kittler, Friedrich A.: *Aufschreibesysteme 1800–1900*. 4., vollständig überarbeitete Neuaufl. München: W. Fink, 2003.

Kittler, Friedrich A.: *Optische Medien. Berliner Vorlesung 1999*. 2. Aufl. Berlin: Merve Verlag, 2011 [1999] (Internationaler Merve-Diskurs, 250).

Kleinert, Andreas: „Physik zwischen Aufklärung und Romantik: Die „Anfangsgründe der Naturlehre" von Erxleben und Lichtenberg". In: Fabian, Bernhard (Hg.): *Deutschlands kulturelle Entfaltung [1763–1790]*. München: Kraus International Publications, 1980 (Studien zum achtzehnten Jahrhundert, 2/3), Seite 99–113.

Knight, David M.: „German Science in the Romantic Period". In: Crosland, Maurice P. (Hg.): *The emergence of science in Western Europe*. London: Macmillan, 1975, Seite 161–178.

Knittermeyer, Hinrich: *Schelling und die romantische Schule*. München: Ernst Reinhardt, 1929 (Geschichte der Philosophie in Einzeldarstellungen, 30/31).

Kober, Friedhelm: „Ein Dämon erzählt aus der Geschichte der Thermodynamik". In: *Praxis der Naturwissenschaften. Chemie*, 48.1999 (4), Seite 2–7.

Koch, Oliver: *Individualität als Fundamentalgefühl. Zur Metaphysik der Person bei Jacobi und Jean Paul*. Hamburg: F. Meiner, 2013 (Studien zum achtzehnten Jahrhundert, 35).

Köchy, Kristian: *Ganzheit und Wissenschaft. Das historische Fallbeispiel der romantischen Wissenschaft*. Würzburg: Königshausen und Neumann, 1997 (Epistemata. Reihe Philosophie, 180).

Köhnke, Klaus: *Hieroglyphenschrift. Untersuchungen zu Eichendorffs Erzählungen*. Sigmaringen: Thorbecke, 1986 (Aurora-Buchreihe, 5).

Köthner, Paul: *Aus der Chemie des Ungreifbaren. Ein Blick in die Werkstätten moderner Forschung*. Osterwieck (Harz): A. W. Zickfeldt, 1906.

Koopmann, Helmut: „Eichendorff, das Schloß Dürande und die Revolution". In: Riemen, Alfred (Hg.): *Ansichten zu Eichendorff*. Sigmaringen: Thorbecke, 1988, Seite 119–150.

Koschorke, Albrecht: *Die Geschichte des Horizonts. Grenze und Grenzüberschreitung in literarischen Landschaftsbildern*. Frankfurt am Main: Suhrkamp, 1990.

Koselleck, Reinhart: „Einleitung". In: Brunner, Otto; Conze, Werder; Reinhart, Koselleck (Hgg.): *Geschichtliche Grundbegriffe. Historisches Lexikon zur politisch sozialen Sprache in Deutschland. Band 1*. Stuttgart: Klett Cotta, 1972a, Seite XIII-XXVII.

Koselleck, Reinhart: „Über die Theoriebedürftigkeit der Geschichtswissenschaft". In: Conze, Werner (Hg.): *Theorie der Geschichtswissenschaft und Praxis des Geschichtsunterrichts*. Stuttgart: Klett, 1972b, Seite 10–28.

Krause, Marcus; Pethes, Nicolas: „Zwischen Erfahrung und Möglichkeit. Literarische Experimentalkulturen im 19. Jahrhundert". In: Krause, Marcus; Pethes, Nicolas (Hgg.): *Literarische Experimentalkulturen. Poetologien des Experiments im 19. Jahrhundert*. Würzburg: Königshausen & Neumann, 2005 (Studien zur Kulturpoetik, 4), Seite 7–18.

Kratky, Karl W.; Bonet, Elfriede Maria (Hgg.): *Systemtheorie und Reduktionismus*. Wien: Edition S., 1989 (Wiener Studien zur Wissenschaftstheorie, 3).

Krauss, Andrea: „Sammeln-Exzerpte-Konstellation. Jean Pauls literarische Kombinatorik". In: *Monatshefte*, 105.2013 (2), Seite 201–224.

Kremer, Detlef: „Kabbalistische Signaturen. Sprachmagie als Brennpunkt romantischer Imagination bei E. T. A. Hoffmann und Achim von Arnim". In: Goodman-Thau, Eveline; Mattenklott, Gert; Schulte, Christoph (Hgg.): *Kabbala und die Literatur der Romantik. Zwischen Magie und Trope*. Tübingen: Niemeyer, 1999 (Conditio Judaica, 27), Seite 197–221.

Krug, Markus; Jannidis, Fotis; Reger, Isabella; Weimer, Lukas; Macharowsky, Luisa; Puppe, Frank: *Comparison of methods for the identification of main characters in german novels*. Krakau: DH Conference, 2016.

Krug, Markus; Puppe, Frank; Jannidis, Fotis; Macharowsky, Luisa; Reger, Isabella; Weimar, Lukas: *Rule-based coreference resolution in german historic novels*. Proceedings of the 4th Workshop on Computational Linguistics for Literature (CLfL). Denver, Colorado, USA: Association for Computational Linguistics, 2015, Seite 98–104.

Küchler-Williams, Christiane: „Was konserviert der Bergmann zu Falun – Kupfer- oder Eisenvitriol? Eine chemische Fußnote zu den Variationen des ,Bergwerks zu Falun'". In: *Athenäum*, 10.2000, Seite 191–197.

Kuhn, Thomas S.: *Die Struktur wissenschaftlicher Revolutionen*. 2. revidierte und um das Postskriptum von 1969 ergänzte 14. Aufl. Frankfurt am Main: Suhrkamp, 1997 (Suhrkamp Taschenbuch Wissenschaft, 25).

Kuhn, Wilfried: *Ideengeschichte der Physik. Eine Analyse der Entwicklung der Physik im historischen Kontext*. Braunschweig, Wiesbaden: Vieweg, 2001.

Landfester, Ulrike: „Herbst der Zauberei: Kritik der Selbstkritik in Eichendorffs „Das Marmorbild". In: Niebala, Daniel (Hg.): *du kritische Seele: Eichendorff: Epistemologien des Dichtens*. Würzburg: Königshausen und Neumann, 2009, Seite 75–87.

Langner, Beatrix: *Jean Paul. Meister der zweiten Welt*. München: Beck, 2012.

Le Guérer, Annik: *Die Macht der Gerüche. Eine Philosophie der Nase*. Stuttgart: Klett-Cotta, 1992.

Lehmann, Johannes Friedrich: *Im Abgrund der Wut. Zur Kultur- und Literaturgeschichte des Zorns*. Freiburg im Breisgau, Berlin, Wien: Rombach, 2012 (Rombach Wissenschaften: Reihe Litterae, 107).

Lethen, Helmut: „Kälte. Eine Zentralmetapher der Erfahrung der Modernisierung". In: *Koreanische Zeitschrift für Germanistik*, 82.2002, Seite 78–94.

Lethen, Helmut: *Verhaltenslehren der Kälte. Lebensversuche zwischen den Kriegen*. 7. Aufl. Frankfurt a. M.: Suhrkamp, 2014 (Edition Suhrkamp, 884).

Lind, Gunter: *Physik im Lehrbuch, 1700–1850. Zur Geschichte der Physik und ihrer Didaktik in Deutschland*. Berlin, New York: Springer-Verlag, 1992.

Lind, Gunter: „Der Einfluss der romantischen Naturphilosophie auf die Physikdidaktik". In: *Paedagogica Historica*, 31.1995 (3), Seite 715–737.

Lingg, Andres Friedolin: „Die Grenzen der Ansteckung. Möglichkeiten der Soziophysik". In: Priddat, Birger P. (Hg.): *Bewegungen in Unsicherheit/Unsicherheit in Bewegung. Ökonomische Untersuchungen*. Marburg: Metropolis, 2015 (Konstanzer Beiträge zum Nichtwissen in der Ökonomie, 2), Seite 261–297.

Link, Jürgen: „Interdiskurs, System der Kollektivsymbole, Literatur (Thesen zu einer generativen Diskurs- und Literaturtheorie)". In: Eschbach, Achim (Hg.): *Perspektiven des Verstehens*. Bochum: N. Brockmeyer, 1986 (Bochumer Beiträge zur Semiotik, 5), Seite 128–146.

Link, Jürgen: „Literaturanalyse als Interdiskursanalyse: Am Beispiel des Ursprungs literarischer Symbolik in der Kollektivsymbolik". In: Fohrmann, Jürgen; Müller, Harro (Hgg.): *Diskurstheorie und Literaturwissenschaft*. Frankfurt a. M.: Suhrkamp, 1988, Seite 284–311.

Link, Jürgen: „Zum Anteil der Diskursanalyse an der Öffnung der Werke: Das Beispiel der Kollektivsymbolik". In: Haß, Ulrike; König, Christoph (Hgg.): *Literaturwissenschaft und Linguistik von 1960 bis heute*. Göttingen: Wallstein, 2003 (Marbacher Wissenschaftsgeschichte, 4), Seite 189–198.

Link, Jürgen: „Kulturwissenschaftliche Orientierung und Interdiskurstheorie der Literatur zwischen horizontaler Achse des Wissens und vertikaler Achse der Macht. Mit einem Blick auf Wilhelm Hauff". In: Mein, Georg; Rieger, Markus (Hg.): *Soziale Räume und kulturelle Praktiken. Über den strategischen Gebrauch von Medien*. Bielefeld: Transcript, 2004 (Kultur und soziale Praxis), Seite 65–84.

Link, Jürgen: *Versuch über den Normalismus: wie Normalität produziert wird*. 5. Aufl. Göttingen: Vandenhoeck & Ruprecht, 2013.

Link, Jürgen; Link-Herr, Ursula: „Diskurs/Interdiskurs und Literaturanalyse". In: *Zeitschrift für Literaturwissenschaft und Linguistik*, 77.1990 (1), Seite 88–99.

Löwenbourg, Heinz Lichem von: *Handbuch der Zahlen und Symbole. Geschichte, Theorie, Wissen, Praxis*. München: Orbis Verl., 1993.

Lorenz, Otto: „Experimentalphysik und Deutungspraxis. Das ‚geheime Gesetz des Widerspruchs' im Werk Heinrich von Kleists". In: Saul, Nicholas (Hg.): *Die deutsche literarische Romantik und die Wissenschaften*. München: Iudicium-Verlag, 1991, Seite 72–90.

Lützeler, Paul Michel; Stašková, Alice (Hgg.): *Hermann Broch und die Künste*. Berlin, u. a.: Walter de Gruyter, 2009.

Luhmann, Niklas: „Kommunikation mit Zettelkästen. Ein Erfahrungsbericht". In: Niklas Luhmann: *Universität als Milieu. Kleine Schriften.* Hg. v. André Kieserling. Haux: Bielefeld, 1992.

Luhmann, Niklas: *Liebe als Passion. Zur Codierung von Intimität.* 13. Aufl. Frankfurt am Main: Suhrkamp, 2015 (Suhrkamp-Taschenbuch Wissenschaft, 1124).

Luhmann, Niklas: *Einführung in die Systemtheorie.* Hg. von Dirk Baecker. 5. Aufl. Heidelberg: Carl-Auer-Systeme-Verlag, 2009.

Luhmann, Niklas: *Systemtheorie der Gesellschaft.* Hg. v. Johannes Schmidt, André Kieserling. Berlin: Suhrkamp, 2017.

Maatsch, Jonas: „,Alle Ideen sind verwandt': Novalis Enzyklopädistik im Kontext". In: *Blütenstaub: Jahrbuch für Frühromantik,* 1.2007, Seite 199–215.

Mäs, Michael: „Modelle sozialer Beeinflussung". In: Braun, Norman; Saam, Nicole (Hgg.): *Handbuch Modellbildung und Simulation in den Sozialwissenschaften.* Wiesbaden: Springer Verlag, 2015, Seite 971–998.

Mandelartz, Michael: *Goethe, Kleist. Literatur, Politik und Wissenschaft um 1800.* Berlin: Erich Schmidt Verlag, 2011.

Marhold, Hartmut: „Motiv und Struktur des Kreises in Eichendorffs Novelle „Das Marmorbild"". In: *Aurora. Jahrbuch der Eichendorff-Gesellschaft,* 47.1987, Seite 101–126.

Marks, Ralph: *Konzeption einer dynamischen Naturphilosophie bei Schelling und Eschenmayer.* München: Holler, 1985.

Marquard, Odo: *Transzendentaler Idealismus, romantische Naturphilosophie, Psychoanalyse.* Köln: Dinter, 1987 (Schriftenreihe zur philosophischen Praxis, 3).

Mayntz, Renate; Holm, Kurt; Hübner, Peter: *Einführung in die Methoden der empirischen Soziologie.* 3. Aufl. Opladen: Westdeutscher Verlag, 1972.

McLuhan, Marshall: *Die magischen Kanäle. Understanding media.* Düsseldorf: ECON Verlag, 1964.

Menninghaus, Winfried: *Ekel. Theorie und Geschichte einer starken Empfindung.* Frankfurt am Main: Suhrkamp-Verlag, 2009 (Suhrkamp-Taschenbuch Wissenschaft, 1634).

Mentzos, Stavros: *Lehrbuch der Psychodynamik. Die Funktion der Dysfunktionalität psychischer Störungen.* 8. Aufl. Göttingen: Vandenhoeck & Ruprecht, 2017.

Merton, Robert: „Interactions of science and military technique". In: ders.: *The sociology of science. Theoretical and empirical investigations.* Chicago: University of Chicago Press, 1973, Seite 204–209.

Metzner, Joachim: „Die Bedeutung physikalischer Sätze für die Literatur". In: *Deutsche Vierteljahrsschrift für Literaturwissenschaft und Geistesgeschichte,* 53.1979 (1), Seite 1–34.

Meyer-Sickendiek, Burkhard: *Affektpoetik. Eine Kulturgeschichte literarischer Emotionen.* Würzburg: Verlag Königshausen & Neumann, 2005.

Michel, Paul: *Physikotheologie. Ursprünge, Leistung und Niedergang einer Denkform.* Zürich: Beer, 2008 (Neujahrsblatt / hg. v. der Gelehrten Gesellschaft in Zürich (ehemals Gesellschaft der Gelehrten auf der Chorherren) zum Besten der Waisenhäuser, 171).

Mierbach, Julia: „Die Reihe. Zur mathematischen Poetik einer Denkfigur um 1800 (Goethe, Schelling, Herbart, Novalis)". In: *Deutsche Vierteljahrsschrift für Literaturwissenschaft und Geistesgeschichte*, 92.2018 (3), Seite 377–427.

Milgram, Stanley: „The small world problem". In: *Psychology today*, 1.1967 (1), Seite 60–67.

Mimkes, Jürgen: „Die familiale Integration von Zuwanderern und Konfessionsgruppen – zur Bedeutung von Toleranz und Heiratsmarkt". In: Klein, Thomas (Hg.): *Partnerwahl und Heiratsmuster. Soziostrukturelle Voraussetzungen der Liebe*. Opladen: Leske und Budrich, 2001, Seite 233–262.

Mimkes, Jürgen: „A thermodynamic formulation of Social Science". In: Chakrabarti, B. K.; Chakraborti, Anirban; Chatterjee, Arnab (Hgg.): *Econophysics and sociophysics. Trends and perspectives*. Weinheim: Wiley-VCH, 2006, Seite 279–309.

Momberger, Manfred: *Sonne und Punsch. Die Dissemination des romantischen Kunstbegriffs bei E. T. A. Hoffmann*. München: W. Fink, 1986 (Literatur in der Gesellschaft, 9).

Mühlher, Robert: „Die Zauberei im Herbste. Aus der Werkstatt des jungen Eichendorff". In: *Aurora. Eichendorff-Almanach*, 24.1964, Seite 46–65.

Müller, Götz: *Jean Pauls Ästhetik und Naturphilosophie*. Tübingen: Niemeyer, 1983 (Studien zur deutschen Literatur, 73).

Müller, Götz: „Jean Pauls Privatenzyklopädie. Eine Untersuchung der Exzerpte und Register aus Jean Pauls unveröffentlichtem Nachlaß". In: *Internationales Archiv für Sozialgeschichte der deutschen Literatur*, 11.1986, Seite 73–114.

Müller, Ingo: *Grundzüge der Thermodynamik mit historischen Anmerkungen*. Mit 164 Abbildungen: Springer Berlin Heidelberg, 1994.

Müller, Lothar: „Die ›Feuerwissenschaft‹. Romantische Naturwissenschaft und Anthropologie bei Johann Wilhelm Ritter". In: Schings, Hans-Jürgen (Hg.): *Der ganze Mensch. Anthropologie und Literatur im 18. Jahrhundert*. Stuttgart: Metzler, 1994 (DFG-Symposion, 1992), Seite 260–284.

Müller-Wille, Staffan: „Genealogie, Naturgeschichte und Naturgesetz bei Linné und Buffon". In: Heck, Kilian; Jahn, Bernhard (Hgg.): *Genealogie als Denkform in Mittelalter und Früher Neuzeit*. Tübingen: Max Niemeyer Verlag, 2000 (Studien und Texte zur Sozialgeschichte der Literatur, 80), Seite 109–122.

Mulsow, Martin: *Frühneuzeitliche Selbsterhaltung: Telesio und die Naturphilosophie der Renaissance*. Berlin: de Gruyter, 2013 (Frühe Neuzeit, 41).

Mutschler, Hans-Dieter: *Spekulative und empirische Physik. Aktualität und Grenzen der Naturphilosophie Schellings*. Stuttgart: W. Kohlhammer, 1990 (Münchener Philosophische Studien, 5).

Nehring, Wolfgang: „Eichendorff und E. T. A. Hoffmann: Antagonistische Bruderschaft". In: *Aurora. Jahrbuch der Eichendorff-Gesellschaft*, 45.1985, Seite 91–105.

Neubauer, John: „Das Verständnis der Naturwissenschaften bei Novalis und Goethe". In: Uerlings, Herbert (Hg.): *Novalis und die Wissenschaften*. Tübingen: Max Niemeyer, 1997, Seite 49–64.

Neuhold, Martin: *Achim von Arnims Kunsttheorie und sein Roman „Die Kronenwächter" im Kontext ihrer Epoche*. Tübingen: M. Niemeyer, 1994 (Hermaea, 73).

Neumann, Gerhard: *Ideenparadiese. Untersuchungen zur Aphoristik von Lichtenberg, Novalis, Friedrich Schlegel und Goethe*. München: Fink, 1976.

Neumann, Gerhard: „Romantische Aufklärung – Zu E. T. A. Hoffmanns Wissenschaftspoetik". In: Schmiedt, Helmut; Schneider, Helmut J. (Hgg.): *Aufklärung als Form. Beiträge zu einem historischen und aktuellen Problem*. Würzburg: Königshausen & Neumann, 1997, Seite 106–148.

Neumeyer, Harald: „Arkanwissenschaften". In: Lubkoll, Christine; Neumeyer, Harald (Hgg.): *E. T. A.-Hoffmann-Handbuch. Leben – Werk – Wirkung*. Stuttgart: Metzler, 2015 (Neuerscheinungen J. B. Metzler), Seite 237–241.

Neumeyer, Harald: „Wie eine Naturwissenschaft zum Märchen wird: Die Alchemie-Debatte der Aufklärung und ihre literarischen Folgen". In: Freiburg, Rudolf; Lubkoll, Christine; Neumeyer, Harald (Hgg.): *Zwischen Literatur und Naturwissenschaft. Debatten – Probleme – Visionen 1680–1820*. Berlin: de Gruyter, 2017 (Literatur- und Naturwissenschaften, 5), Seite 63–84.

Neureuter, Hans Peter: *Das Spiegelmotiv bei Clemens Brentano. Studie zum romantischen Ich-Bewußtsein*. Frankfurt a. M.: Athenäum-Verlag, 1972 (Goethezeit, 5).

Niehle, Victoria: „Die ästhetische Funktion des Raumes. Jean Pauls *Des Luftschiffers Giannozzo Seebuch*". In: Corkhill, Alan; Mehigan, Tim (Hgg.): *Raumlektüren. Der Spatial Turn und die Literatur der Moderne*. Bielefeld: Transcript Verlag, 2013, Seite 69–86.

Niehle, Victoria: *Die Poetik der Fülle. Bewältigungsstrategien ästhetischer Überschüsse 1750–1810*. Göttingen: V&R unipress, 2018 (Literatur- und Mediengeschichte der Moderne, 6).

Nieraad, Jürgen: *„Bildgesegnet und bildverflucht": Forschungen zur sprachlichen Metaphorik*. Darmstadt: Wissenschaftliche Buchgesellschaft, 1977 (Erträge der Forschung, 63).

Öhlschläger, Claudia: „Die Macht der Bilder: zur Poetologie des Imaginären in Joseph von Eichendorffs „Die Zauberei im Herbste"". In: Neumann, Gerhard; Oesterle, Günter (Hgg.): *Bild und Schrift in der Romantik*. Würzburg: Königshausen und Neumann, 1999, Seite 279–300.

Oesterle, Günter: „Lichtenberg und die Folgenden. Zu Lichtenbergs Rezeption in der Romantik". In: Promies, Wolfgang; Joost, Ulrich (Hg.): *Lichtenberg-Jahrbuch 1988*. Lichtenberg-Gesellschaft. Saarbücken: Saarbrücker Druckerei und Verlag SDV, 1988, Seite 158–170.

Offermanns, Ernst L.: „Eichendorffs Roman »Dichter und ihre Gesellen«". In: Wagner, Rainer; Pestalozzi, Karl; Balzer, Berndt; Arntzen, Helmut; Emrich, Wilhelm

(Hgg.): *Literaturwissenschaft und Geschichtsphilosophie: Festschrift für Wilhelm Emrich*. Berlin, u. a.: De Gruyter, 2018 [1975], Seite 373–387.

Ohage, August: „„„Raserei für Physiognomik in Niedersachsen". Lavater, Zimmermann, Lichtenberg und die Physiognomik". In: Joost, Ulrich (Hg.): *Georg Christoph Lichtenberg. 1742–1799; Wagnis der Aufklärung.* München: Hanser, 1992, Seite 175–184.

Paetzold, Heinz: „Synästhesie". In: Barck, Karlheinz; Fontius, Martin; Schlenstedt, Dieter; Steinwachs, Burkhart; Wolfzettel, Friedrich (Hgg.): *Ästhetische Grundbegriffe. Postmoderne bis Synästhesie.* Stuttgart: Metzler, 2010 (Ästhetische Grundbegriffe. Historisches Wörterbuch in sieben Bänden, 5), Seite 840–868.

Pälike, Dieter: „Wissenschaftstheoretische Aspekte in Schellings naturphilosophischer Interpretation der Chemie". In: Lange, Erhard (Hg.): *Die Philosophie des jungen Schelling. Beiträge zur Schelling-Rezeption in der DDR.* Weimar: Hermann Böhlaus Nachfolger, 1977, Seite 114–131.

Parr, Rolf: „Monströse Körper und Schwellenfiguren als Faszinations- und Narrationstypen ästhetischen Differenzgewinns". In: Geisenhanslüke, Achim; Mein, Georg (Hgg.): *Monströse Ordnungen. Zur Typologie und Ästhetik des Anormalen.* Bielefeld: Transcript Verlag, 2009 (Literalität und Liminalität, 12), Seite 19–42.

Pentland, Alex: *Social physics. How good ideas spread: the lessons from a new science,* New York: Penguin Books, 2014.

Pentland, Alex: *Social physics. How social networks can make us smarter.* Published with a new preface. New York: Penguin Books, 2015.

Petersdorff, Dirk von: „Ein Knabe saß im Kahne, fuhr an die Grenzen der Romantik. Clemens Brentanos Roman „Godwi"". In: Arnold, Heinz Ludwig (Hg.): *Aktualität der Romantik.* München: Ed. text + kritik, 1999 (Text + Kritik, 143), Seite 80–94.

Pethes, Nicolas: „Literatur- und Wissenschaftsgeschichte. Ein Forschungsbericht". In: *Internationales Archiv für Sozialgeschichte der deutschen Literatur.* Hg. v. Norbert Bachleitner, Christian Begemann, Walter Erhart, Gangolf Hübinger, 28.2003 (1), Seite 181–231.

Pfotenhauer, Helmut: *Um 1800. Konfigurationen der Literatur, Kunstliteratur und Ästhetik.* Tübingen: Max Niemeyer Verlag, 1991 (Untersuchungen zur deutschen Literaturgeschichte, 59).

Pfotenhauer, Helmut: *Jean Paul. Das Leben als Schreiben/Biographie.* München: Carl Hanser Verlag, 2013.

Pikulik, Lothar: „Der experimentelle Charakter von Eichendorffs Dichtung". In: *Aurora. Jahrbuch der Eichendorff-Gesellschaft,* 49.1989, Seite 21–37.

Plessner, Helmuth: „Die Musikalisierung der Sinne. Zur Geschichte eines modernen Phänomens". In: *Merkur. Deutsche Zeitschrift für europäisches Denken,* 26.1972 (293), Seite 837–845.

Posch, Thomas: *Die Mechanik der Wärme in Hegels Jenaer Systementwurf von 1805/06. Ein Kommentar vor dem Hintergrund der Entwicklung der Wärmelehre von 1620 bis 1840.* Aachen: Shaker, 2005 (Berichte aus der Philosophie).

Prange, Regine: „Schellings Kristall. Zur Rezeptionsgeschichte einer Identitätsmetapher in Kunst und Kunsttheorie, mit Lacan betrachtet (Teil 1)". In: *Imago: interdisziplinäres Jahrbuch für Psychoanalyse und Ästhetik*, 2.2013, Seite 73–113.

Pravida, Dietmar: *Die Erfindung des Rosenkranzes. Untersuchungen zu Clemens Brentano Versepos.* Frankfurt am Main: P. Lang, 2005 (Forschungen zum Junghegelianismus, 13).

Profitlich, Ulrich: „Der Zufall als Problem der Dramaturgie". In: Wagner, Rainer; Pestalozzi, Karl; Balzer, Berndt; Arntzen, Helmut; Emrich, Wilhelm (Hgg.): *Literaturwissenschaft und Geschichtsphilosophie: Festschrift für Wilhelm Emrich.* Berlin, u. a.: De Gruyter, 2018 [1975], Seite 160–177.

Pross, Wolfgang: *Jean Pauls geschichtliche Stellung.* Tübingen: M. Niemeyer Verlag, 1975 (Studien zur deutschen Literatur, 44).

Pross, Wolfgang: „Lorenz Oken – Naturforschung zwischen Naturphilosophie und Naturwissenschaft". In: Saul, Nicholas (Hg.): *Die deutsche literarische Romantik und die Wissenschaften.* 1 Symposions: Papers: Iudicium, 1991, Seite 44–71.

Rankl, Maximilian: *Jean Paul und die Naturwissenschaft.* Frankfurt am Main, Bern, New York: P. Lang, 1987 (Europäische Hochschulschriften. Reihe I, Deutsche Sprache und Literatur, 1022).

Reichertz Jo: *Qualitative und interpretative Sozialforschung. Eine Einladung.* Wiesbaden: Springer VS, 2016 (Studientexte zur Soziologie).

Renneke, Petra: *Poesie und Wissen. Poetologie des Wissens der Moderne.* Heidelberg: Winter, 2008 (Beiträge zur neueren Literaturgeschichte, 261).

Riedel, Erwin; Janiak, Christoph: *Anorganische Chemie.* 8. Aufl. Berlin, New Yorker: De Gruyter, 2011 (De-Gruyter-Studium).

Riha, Karl: „Zum Fragment von Schwänzen. Georg Christoph Lichtenbergs Beitrag zum *Physiognomik*-Streit". In: *Kritik, Satire, Parodie.* Opladen: Westdeutscher-Verlag, 1992, Seite 27–36.

Rosenberger, Ferdinand: *Die Geschichte der Physik in Grundzügen mit synchronistischen Tabellen der Mathematik, der Chemie und beschreibenden Naturwissenschaften sowie der allgemeinen Geschichte. III: Geschichte der Physik in den letzten hundert Jahren.* Hildesheim: Georg Olms Verlagsbuchhandlung, 1965.

Roth, Stefan; Stahl, Achim: *Mechanik und Wärmelehre. Experimentalphysik – anschaulich erklärt.* Berlin, Heidelberg: Springer Spektrum, 2016 (Lehrbuch).

Ruben, Peter: „Zur Kritik der romantischen Naturphilosophie Schellings". In: Lange, Erhard (Hg.): *Die Philosophie des jungen Schelling. Beiträge zur Schelling-Rezeption in der DDR.* Weimar: Hermann Böhlaus Nachfolger, 1977, Seite 132–140.

Rudelius, Beltraut: *Achim von Arnim und die Wissenschaft.* Dissertation. Johann Wolfgang Goethe-Universität Frankfurt am Main, 1944.

Rudtke, Tanja: *Herzstein und Wortkristall – eine literarische Mineralogie. Ausprägung eines Motivfeldes in Romantik, Moderne und Gegenwart.* Heidelberg: Winter, 2014.

Rüger, Alexander: „Dualistische Entwürfe zur Einheit der Naturphänomene und die Anfänge der Romantischen Naturphilosophie". In: *Berichte zur Wissenschaftsgeschichte: Organ der Gesellschaft für Wissenschaftsgeschichte*, 8.1985 (4), Seite 219–232.

Sasse, Günter: *Die Ordnung der Gefühle. Das Drama der Liebesheirat im 18. Jahrhundert.* Darmstadt: Wissenschaftliche Buchgesellschaft, 1996.

Sauter, Fritz: „Physikalische Vorstellungen über die Natur des Lichts". In: Bauer, K. H.; Ernst, F.; Friedrich, H.; Fucks.; Holst, E. v.; Hund, Fr. et al. (Hgg.): *Studium generale. Zeitschrift für interdisziplinäre Studien. Zeitschrift für die Einheit der Wissenschaften im Zusammenhang ihrer Begriffsbildungen und Forschungsmethoden.* Berlin, Göttingen, Heidelberg [u. a.]: Springer-Verlag, 13.1960 (8), Seite 450–464.

Schäfer, Arnim; Vogl, Joseph: „Feuer und Flamme. Über ein Ereignis des 19. Jahrhunderts". In: Schmidgen, Henning; Geimer, Peter; Dierig, Sven; Alt, Casey (Hgg.): *Kultur im Experiment.* Berlin: Kulturverlag Kadmos, 2004, Seite 191–214.

Schäfer, Armin: „Poetologie des Wissens". In: Borgards, Roland; Neumeyer, Harald; Pethes, Nicolas; Wübben, Nicole (Hgg.): *Literatur und Wissen. Ein interdisziplinäres Handbuch.* Stuttgart: Metzler, 2013, Seite 36–41.

Schaefer, Clemens; Bergmann, Ludwig: *Lehrbuch der Experimentalphysik: Band 1: Mechanik – Akustik – Wärmelehre.* Berlin u. a.: De Gruyter, 2011.

Schaer, Michel: *Ex negativo. „Dr. Katzenbergers Badereise" als Beitrag Jean Pauls zur ästhetischen Theorie.* Göttingen: Vandenhoeck & Ruprecht, 1983 (Palaestra, 276).

Schellenberger-Diederich, Erika: *Geopoetik. Studien zur Metaphorik des Gesteins in der Lyrik von Hölderlin bis Celan.* Bielefeld: Aisthesis, 2006.

Schelling, Thomas C.: „Dynamic Models of Segregation". In: *Journal of Mathematical Sociology,* 1.1971 (1), Seite 143–186.

Schillbach, Brigitte; Schultz, Hartwig: „Dichter und ihre Gesellen. Entstehung und Entwürfe". In: Eichendorff, Joseph von; Schillbach, Brigitte; Schultz, Hartwig: *Dichter und ihre Gesellen. Text und Kommentar. Sämtliche Erzählungen II.* Frankfurt am Main: Deutscher Klassiker Verlag, 2007 (Deutscher Klassiker Verlag im Taschenbuch, 19), Seite 682–709.

Schiwy, Günther: *Eichendorff. Der Dichter in seiner Zeit: eine Biographie.* München: Beck, 2000.

Schellenberger-Diederich, Erika: *Geopoetik. Studien zur Metaphorik des Gesteins in der Lyrik von Hölderlin bis Celan.* Bielefeld: Aisthesis, 2006.

Schleiden, Matthias Jacob: *Schelling's und Hegel's Verhältniß zur Naturwissenschaft,* Leipzig: Engelmann, 1844.

Schmidt, Herminio: *Heinrich von Kleist. Naturwissenschaft als Dichtungsprinzip.* Bern, Stuttgart: Haupt, 1980.

Schmidt, Jörn: „Zellularautomaten". In: Braun, Norman; Saam, Nicole (Hgg.): *Handbuch Modellbildung und Simulation in den Sozialwissenschaften.* Wiesbaden: Springer Verlag, 2015, Seite 515–546.

Schmidt, Sabine: „Wenn Frauen in die Luft gehen. Aspekte eines Kollektivsymbols bei Jean Paul, August Lafontaine und Adalbert Stifter". In: Storck, Joachim W.; Schweikert, Rudi; Schmidt, Sabine (Hgg.): *Korrespondenzen. Festschrift für Joachim W. Storck aus Anlass seines 75. Geburtstages*. 2. Aufl. St. Ingbert: Röhrig, 2001 (Mannheimer Studien zur Literatur- und Kulturwissenschaft, 20), Seite 175–200.

Schneider, Wolfgang Ludwig: „Parasiten sozialer Systeme". In: Tyrell, Hartmann; Heintz, Bettina (Hgg.): *Interaktion – Organisation – Gesellschaft revisited. Anwendungen, Erweiterungen, Alternativen*. Stuttgart: Lucius & Lucius Verlagsgesellschaft mbH, 2015, Seite 86–108.

Schneider, Ulrike; Völkening, Helga; Vorpahl, Daniel (Hgg.): *Zwischen Ideal und Ambivalenz. Geschwisterbeziehungen in ihren soziokulturellen Kontexten*. Bern: Peter Lang, 2015.

Schröder, Jürgen: „Kleists Novelle ,Der Findling'. Ein Plädoyer für Nicolo". In: Kording, Inka; Knittel, Anton Philipp (Hgg.): *Heinrich von Kleist. Neue Wege der Forschung*. Darmstadt: Wissenschaftliche Buchgesellschaft, 2003, Seite 40–58.

Schülein, Johann August: *Gesellschaft und Psychodynamik. Eine systematische Skizze*. Wiesbaden: Springer VS, 2018.

Schulz, Gerhard: *Kleist: eine Biographie*. München: Beck, 2007.

Schulze, Christian: „Potts-like Model for ghettoformation in multi-cultural societies". In: *International Journal of Modern Physics*, 16.2005 (3), Seite 351–355.

Schulz-Nieswandt, Frank: *Der inklusive Sozialraum. Psychodynamik und kulturelle Grammatik eines sozialen Lernprozesses*. Baden-Baden: Nomos, 2013 (Studien zum sozialen Dasein der Person, 6).

Schumann, Detlef W.: „Rätsel um Eichendorffs ›Ahnung und Gegenwart‹. Spekulationen" [1977]. In: Riemen, Alfred; Grunewald, Eckhard (Hgg.): *Ansichten zu Eichendorff. Beiträge der Forschung 1958 bis 1988*. Sigmaringen: Jan Thorbecke, 1988, Seite 206–238.

Schwabe, Kurt: „Die Entwicklung der Naturwissenschaften zwischen 1750 und 1850 – Chemie und Physik". In: Klingenberg, Anneliese (Hg.): *Das Jahrhundert Goethes. Kunst, Wissenschaft, Technik und Geschichte zwischen 1750 und 1850*. Berlin: Aufbau-Verlag, 1967, Seite 93–110.

Schwedt, Georg: *Goethe als Chemiker*. Berlin: Springer, 1998.

Schwedt, Georg: *Chemie und Literatur. Ein ungewöhnlicher Flirt*. Weinheim: Wiley-VCH Verlag, 2009 (Erlebnis Wissenschaft).

Schweizer, Stefan: *Anthropologie der Romantik. Körper, Seele und Geist: anthropologische Gottes-, Welt- und Menschenbilder der wissenschaftlichen Romantik*. Paderborn, München: Schöningh, 2008.

Scobel, Wolfgang; Lindström, Gunnar, Langkau, Rudolf: *Physik kompakt 1. Mechanik, Fluiddynamik und Wärmelehre*. Berlin, Heidelberg: Springer, 2002.

Segeberg, Harro: *Literatur im technischen Zeitalter. Von der Frühzeit der deutschen Aufklärung bis zum Beginn des Ersten Weltkriegs*. Darmstadt: Wissenschaftliche Buchgesellschaft, 1997.

Shaftesbury, Anthony Ashley-Cooper Earl of: *Der Gesellige Enthusiast. Philosophische Essays*. Hrsg. v. Karl-Heinz Schwabe, aus dem Englischen übertragen von Ludwig Heinrich Hölty und Johann Lorenz Benzler. München: Beck, 1990 (Bibliothek des 18. Jahrhunderts).

Siebert, Eberhard: „Grüne Gläser und Gelbsucht. Eine neue Hypothese zu Kleists Kantkrise". In: Barthel, Wolfgang; Häker, Horst; Marquardt, Hans; Ott, Werner; Siebert, Eberhard; Weigel, Alexander; Weiss, Hermann (Hgg.): *Beiträge zur Kleist-Forschung*. Frankfurt (Oder): Kleist-Museum, 2000, Seite 213–224.

Sieder, Reinhard: *Sozialgeschichte der Familie*. Frankfurt am Main: Suhrkamp, 1987.

Siegel, Carl: *Geschichte der deutschen Naturphilosophie*. Leipzig: Akademische Verlagsgesellschaft, 1913.

Simmel, Georg: *Soziologie: Untersuchungen über die Formen der Vergesellschaftung*. 4. Aufl. Berlin: Duncker und Humblot, 1958 [1908].

Simmel, Georg: *Soziologie. Untersuchungen über die Formen der Vergesellschaftung*. Hg. v. Otthein Rammstedt. Frankfurt am Main: Suhrkamp, 1992 [1908] (Gesamtausgabe / Georg Simmel, 11).

Simonyi, Károly: *Kulturgeschichte der Physik. Von den Anfängen bis 1990*. 2. Aufl. Thun: H. Deutsch, 1995.

Snelders, Henricus A. M.: „Romanticism and dutch scientists". In: Poggi, Stefano; Bossi, Maurizio (Hg.): *Romanticism in science. Science in Europe, 1790–1840*. Dordrecht: Kluwer academic, 1994 (Boston studies in the philosophy of science, 152), Seite 175–188.

Snelders, Henricus A. M.: „Über den Einfluß des Kantianismus und der romantischen Naturphilosophie auf Physik und Chemie in Deutschland zu Beginn des 19. Jahrhunderts". In: Donnert, Erich (Hg.): *Europa in der Frühen Neuzeit. Festschrift für Günter Mühlpfordt*, Weimar: Böhlau-Verlag, 1997 (Aufbruch zur Moderne, 3), Seite 767–777.

Snow, Charles Percy: „Die zwei Kulturen". In: Kreuzer, Helmut (Hg.): *Literarische und naturwissenschaftliche Intelligenz. Dialog über die 2 Kulturen*. Stuttgart: Klett, 1969, Seite 11–25.

Sommer, Marianne; Müller-Wille, Staffan; Reinhardt, Carsten: *Handbuch Wissenschaftsgeschichte*. Stuttgart: J. B. Metzler, 2017.

Specht, Benjamin: „Fiktionen von der Einheit des Wissens: Achim von Arnims Meteorologie-Projekt und Hollin's Liebeleben (1802) im Kontext der frühromantischen Enzyklopädistik". In: *KulturPoetik*, 9.2009 (1), Seite 23–44.

Specht, Benjamin: *Physik als Kunst. Die Poetisierung der Elektrizität um 1800*. Berlin: De Gruyter, 2010 (Studien zur deutschen Literatur, 193).

Sprenger, Florian: „Sternenstaub. Zur Anschaulichkeit elektrischer Phänomene Ende des 18. Jahrhunderts". In: Kaufmann, Jürgen; Kirves, Martin; Uhlmann, Dirk (Hgg.): *Zwischen Sichtbarkeit und Unsichtbarkeit. Visualität in Wissenschaft, Literatur und Kunst um 1800*. Paderborn: W. Fink, 2014 (Laboratorium Aufklärung, 24), Seite 39–64.

Stadler, Ulrich: *Der technisierte Blick. Optische Instrumente und der Status von Literatur: ein kulturhistorisches Museum.* Würzburg: Königshausen & Neumann, 2003.

Stahlberg, Dagmar; Frey, Dieter: „Konsistenztheorien". In: Frey, Dieter; Greif, Siegfried (Hgg.): *Sozialpsychologie: ein Handbuch in Schlüsselbegriffen.* 2. Aufl. München: Psychologie-Verlag-Union, 1987, Seite 214–221.

Staiger, Emil: *Die Zeit als Einbildungskraft des Dichters. Untersuchungen zu Gedichten von Brentano, Goethe und Keller.* 3. Aufl. Zürich: Atlantis, 1963.

Stauffer, D.; Moss de Oliveira, S.; Oliveira, P. M. C. de; Sá Martins, J. S.: *Biology, sociology, geology by computational physicists.* Amsterdam: Elsevier, 2011 (Monograph series on nonlinear science and complexity, 1).

Stegbauer, Christian: *Netzwerkanalyse und Netzwerktheorie. Ein neues Paradigma in den Sozialwissenschaften.* 2. Aufl. Wiesbaden: VS, Verlag für Sozialwissenschaften, 2010 (Netzwerkforschung, 2).

Stegbauer, Christian: „Soziale Netzwerke und sprachliche Interaktion". In: Schlobinski, Peter; Neuland, Eva (Hgg.): *Handbuch Sprache in sozialen Gruppen.* Berlin: De Gruyter, 2018 (Handbücher Sprachwissen, 9), Seite 3–16.

Striedter, Jurij: *Die Fragmente des Novalis als „Präfigurationen" seiner Dichtung.* München: W. Fink, 1985.

Ströker, Elisabeth: *Denkwege der Chemie. Elemente ihrer Wissenschaftstheorie.* Freiburg: Alber, 1967 (Studium generale).

Strube, Irene; Remane, Horst; Stolz, Rüdiger: *Geschichte der Chemie. Ein Überblick von den Anfängen bis zur Gegenwart.* 2., berichtigte Aufl. Berlin [Ost]: Deutscher Verlag der Wissenschaften, 1988.

Sturm, Gabriele: „Der Begriff des Raums in der Physik – eine soziologische Perspektive". In: Krämer-Badoni, Thomas; Kuhm, Klaus (Hgg.): *Die Gesellschaft und ihr Raum. Raum als Gegenstand der Soziologie.* Opladen: Leske + Budrich, 2003 (Stadt, Raum und Gesellschaft, 21), Seite 233–249.

Teichmann, Jürgen: „Johann Wilhelm Ritter – ein romantischer Physiker". In: Zimmerli, Walther Christoph; Stein, Klaus; Gerten, Michael (Hgg.): *„Fessellos durch die Systeme". Frühromantisches Naturdenken im Umfeld von Arnim, Ritter und Schelling.* Stuttgart-Bad Cannstatt: Frommann-Holzboog, 1997 (Natur und Philosophie, 12), Seite 331–340.

Trilcke, Peer: „Social Network Analysis (SNA) als Methode einer textempirischen Literaturwissenschaft". In: Ajouri, Philip (Hg.): *Empirie in der Literaturwissenschaft.* Münster: Mentis-Verlag, 2013 (Poetogenesis, 8), Seite 201–247.

Trilcke, Peer; Fischer, Frank; Kampkaspar, Dario: *Digitale Netzwerkanalyse dramatischer Texte.* Graz: DHd Tagung, 2015.

Theile, Gert: „Hinter Glas: Romantische Facetten eines modernen Tops bei Hoffmann, Arnim und Tieck". In: Pape, Walter; Arnold, Antje (Hgg.): *Emotionen in der Romantik. Repräsentation, Ästhetik, Inszenierung.* Salzburger Kolloquium der Internationalen Arnim-Gesellschaft. Berlin: De Gruyter, 2012, Seite 155–168.

Theilen, Ines: „Über den Wolken. Die Kartographie der Atmosphäre in Jean Pauls „Des Luftschiffers Giannozzo Seebuch"". In: *Zeitschrift für Germanistik*, 24.2014 (2), Seite 256–266.

Uexküll, Thure von: *Grundfragen der psychosomatischen Medizin.* Hamburg: Rowohlt, 1963.

Utz, Peter: *Das Auge und das Ohr im Text. Literarische Sinneswahrnehmung in der Goethezeit.* München: W. Fink, 1990.

Vester, Heinz-Günter: *Kompendium der Soziologie I: Grundbegriffe.* Wiesbaden: VS Verlag für Sozialwissenschaften, 2009 (Kompendium der Soziologie, 1).

Walch, Johann Georg: *Philosophisches Lexicon: Darinnen die in allen Theilen der Philosophie, als Logic, Metaphysic, Physic, Pneumatic, Ethic, natürlichen Theologie und Rechts-Gelehrsamkeit, wie auch Politic vorkommenden Materien und Kunst-Wörter erkläret und aus der Historie erläutert; die Streitigkeiten der ältern und neuern Philosophen erzehlet, die dahin gehörigen Bücher und Schrifften angeführet, und alles nach Alphabetischer Ordnung vorgestellet werden.* Leipzig: Gleditsch, 1726.

Watts, Duncan J.: *Small worlds. The dynamics of networks between order and randomness.* NJ: Princeton Univ. Press, 2004 (Princeton studies in complexity).

Weidlich, Wolfgang: „Physics and social science — The approach of synergetics". In: *Physics Reports*, 204.1991 (1), Seite 1–163.

Weidlich, Wolfgang: „Synergetik und das Problem des interdiszplinären Methodentransfers zur Modellierung zur Soziodynamik". In: Gsänger, Matthias; Klawitter, Jörg (Hgg.): *Modellbildung und Simulation in den Sozialwissenschaften.* Dettelbach: Röll, 1995 (Forum für interdisziplinäre Forschung, 13), Seite 61–76.

Weidlich, Wolfgang: *Sociodynamics. A systematic approach to mathematical modelling in the social sciences.* Mineola, N. Y: Dover, 2008.

Weigel, Sigrid: „Der Findling als gefährliches Supplement. Der Schrecken der Bilder und die physikalische Affekttheorie in Kleists Inszenierung diskursiver Übergänge um 1800". In: *Kleist-Jahrbuch*, 2001, Seite 120–135.

Weingärtner, Hermann: *Chemische Thermodynamik.* Stuttgart, Leipzig, Wiesbaden: Vieweg+Teubner Verlag, 2003.

Weisrock, Katharina: *Götterblick und Zaubermacht. Auge, Blick und Wahrnehmung in Aufklärung und Romantik.* Opladen: Westdeutscher Verlag, 1990 (Kulturwissenschaftliche Studien zur deutschen Literatur).

Wellenberger, Georg: *Der Unernst des Unendlichen. Die Poetologie der Romantik und ihre Umsetzung durch E. T. A. Hoffmann.* Marburg: Hitzeroth, 1986 (Marburger Studien zur Literatur, 3).

Welsch, Norbert; Liebmann, Claus: *Farben. Natur, Technik, Kunst.* 3. Aufl. Heidelberg: Spektrum, 2012.

Welsh, Caroline: *Hirnhöhlenpoetiken. Theorie zur Wahrnehmung in Wissenschaft, Ästhetik und Literatur um 1800.* Freiburg im Breisgau: Rombach, 2003 (Rombach Wissenschaften. Reihe Litterae, 114).

Weltzien, Friedrich: „Elektrisches Menetekel. Ritters Abbreviaturen einer allgemeinen Schrift". In: Kleinschmidt, Erich (Hg.): *Die Lesbarkeit der Romantik. Material, Medium, Diskurs*. Berlin: Walter de Gruyter, 2009, Seite 185–212.

Wernecke, Ingrid; März, Roland: *Kristall. Metapher der Kunst: Geist und Natur von der Romantik zur Moderne: Ausstellung vom 31. August bis 16. November 1997*, Lyonel-Feininger-Galerie Quedlinburg. Quedlinburg: Landkreis; Lyonel-Feininger-Galerie, 1997.

Werner, Martin: *Die Kälte-Metaphorik in der modernen deutschen Literatur*. Inauguraldissertation. Heinrich-Heine-Universität Düsseldorf, 2006.

Wetzels, Walter D.: *Johann Wilhelm Ritter, Physik im Wirkungsfeld der deutschen Romantik*. Berlin, New York: De Gruyter, 1973 (Quellen und Forschungen zur Sprach- und Kulturgeschichte der germanischen Völker, 59).

Wieland, Magnus: „Gestörter Organismus: Jean Pauls Ästhetik der Abweichung in der Erzählung Dr. Katzenbergers Badereise". In: *New German Review: A journal of germanic studies*, 24.2011 (1), Seite 7–25.

Wilde, Emil: *Geschichte der Optik, vom Ursprunge dieser Wissenschaft bis auf die gegenwärtige Zeit. Erster Theil. Von Aristoteles bis Newton*. Wiesbaden: Martin Sändig oHG, 1968.

Will, Michael: *Findbuch zu Jean Pauls Exzerpten*. Würzburg: Königshausen & Neumann, 2019.

Winkler, Thomas: *Werkgenetische Untersuchungen zu Joseph von Eichendorffs „Die Zauberei im Herbste". Versuch einer Ordnung der überlieferten Texte*. Hamburg: Kovač, 1996.

Winko, Simone: *Kodierte Gefühle. Zu einer Poetik der Emotionen in lyrischen und poetologischen Texten um 1900*. Berlin: Schmidt, 2003 (Allgemeine Literaturwissenschaft – Wuppertaler Schriften, 7).

Wuthenow, Ralph-Rainer: *Die gebändigte Flamme. Zur Wiederentdeckung der Leidenschaften im Zeitalter der Vernunft*. Heidelberg: Winter, 2000 (Beiträge zur neueren Literaturgeschichte, 178).

Zantwijk, Temilo van: „Ästhetische Anschauung. Die Erkenntnisfunktion der Kunst bei Schelling". In: Grave, Johannes; Locher, Hubert; Wegner, Reinhard (Hgg.): *Der Körper der Kunst. Konstruktionen der Totalität im Kunstdiskurs um 1800*. Göttingen: Vandenhoeck & Ruprecht, 2007 (Ästhetik um 1800, 5), Seite 132–161.

Zedler, Johann Heinrich: *Grosses vollständiges Universal-Lexicon aller Wissenschaften und Künste*. Halle, Leipzig: Johann Heinrich Zedler (17), 1732.

Zerbst, Marion; Waldmann, Werner: *DuMonts Handbuch Zeichen und Symbole. Herkunft, Bedeutung, Verwendung*. Köln: DuMont Monte, 2003.

Zeuch, Ulrike: *Umkehr der Sinneshierarchie. Herder und die Aufwertung des Tastsinns seit der Frühen Neuzeit*. Berlin: de Gruyter, 2013 (Communicatio, 22).

Ziemann, Andreas: „Der Raum der Interaktion – eine systemtheoretische Beschreibung". In: Krämer-Badoni, Thomas; Kuhm, Klaus (Hgg.): *Die Gesellschaft und ihr Raum. Raum als Gegenstand der Soziologie*. Opladen: Leske + Budrich, 2003 (Stadt, Raum und Gesellschaft, 21), Seite 131–153.

Internetquellen

Chang, Yi-Fang: *Social synergetics, social physics, and research of fundamental laws in social complex systems*. URL: https://arxiv.org/ftp/arxiv/papers/0911/ 0911.1155.pdf. Abgerufen am 13.10.2019 um 13:47.

Grimm, Jacob; Grimm, Wilhelm: *Deutsches Wörterbuch. Online-Version*. URL: woer- terbuchnetz.de/cgibin/WBNetz/wbgui_py?sigle=DWB&mode=Vernet- zung&hitlist=&patternlist=&lemid=GW07179#XGW07179, Registereintrag [Wärme]. Abgerufen am 20.08.2019 um 15:35.

Jean Paul: *Exzerpte & Register. Digitale Edition*. Hg. v. Christian Müller-Clausnitzer, Sabine Straub, Monika Vince und Michael Will. URL: www.jean-pail-portal.de. Quicklink: >Exzerpthefte online<. Abgerufen am 17.08.2019 um 12:57.

9. Abbildungsverzeichnis

10. Tabellenverzeichnis

11. Anhang

Anhang 1: Auswahl über zeitgenössische Theorien des Lichts, der Wärme und des Phlogistons, deren Verhältnis zueinander sowie die Theorien zur Verbrennung

	Wesen der Wärme	Wesen des Lichts	Wesen des Phlogistons	Verhältnis Wärme-Licht	Wesen des Feuers	Verbrennung
Lavoisier	Materielle Substanz: Calorique	Materielle Substanz: Lichtstoff	Nicht existent	Licht- und Wärmestoff identisch	Durch freie Feuermaterie hervorgerufen	Eine Gasart für Verbrennung verantwortlich
Crawford	Materielle Substanz: Wärmeprinzip	Materielle Substanz: Lichtstoff	Entzündlich machendes Prinzip	Licht und Wärme durch gleiche Ursache hervorgerufen	Wird von Licht und Wärme produziert	Vom Wärmeprinzip hervorgerufen
Deluc	Materielle Substanz: Feuermaterie	Materielle Substanz: Lichtstoff	Entzündlich machendes Prinzip	Zwei verschiedene Substanzen	Flüssigkeit, die von Licht und Feuermaterie produziert wird	Von Feuermaterie hervorgerufen
Gren	Materielle Substanz: Wärmestoff	Materielle Substanz: Lichtstoff	Zusammengesetzt aus Lichtmaterie und Wärmematerie; Entzündlich machende Grundsubstanz	Zwei verschiedene Substanzen	Wird von Licht und Wärme produziert	
Voigt	Materielle Substanz: zwei Wärmestoffe (männlicher und weiblicher Brennstoff)	Materielle Substanz: Lichtstoff	Entspricht dem männlichen Brennstoff als elementarer Substanz	Zwei verschiedene Substanzen	Durch Verbindung der beiden Brennstoffe und des Lichtstoffs hervorgerufen	
Boerhaave	Materielle Substanz: Wärmestoff	Materielle Substanz: Lichtstoff			Wird von Feuerteilchen produziert	Körper werden nicht in ihre Bestandteile zersetzt, sondern verbunden
Scheele	Materielle Substanz: Wärmestoff	Materielle Substanz: Lichtstoff	Entzündlich machendes Prinzip	Zusammensetzungen aus Phlogiston und Feuer-Luft	Wird von Feuer-Luft produziert	

	Wärme	Licht	Phlogiston	Verhältnis Licht/Wärme	Feuer	Verbrennung
Marat	Materielle Substanz: feurige Flüssigkeit	Materielle Substanz: Lichtstoff		Zwei verschiedene Substanzen mit hoher Verwandtschaft	Wird von feuriger Flüssigkeit in Verbindung mit Luft hervorgerufen; Licht und Wärme im Feuer verbunden	Körper werden nicht in ihre Bestandteile zersetzt, sondern verdichtet, Feuer- und Lichtmaterie werden nach der Verbrennung frei
Baader	Materielle Substanz: Wärmestoff		Ein die Wärmematerie enger bindendes Aneignungsmittel	Wärmestoff wird zu Licht; Licht als Modifikation der Wärme		
Schelling	Materielle Substanz: Wärmestoff	Materielle Substanz: Lichtstoff	Annahme von phlogistierten Körpern	Verschiedene Substanzen; Wärme als Modifikation des Lichts	Hervorgerufen durch Zurückstoßung der Wärmematerie	Licht und Wärme werden frei
Kant	Materielle Substanz: Wärmestoff = Äther	Materielle Substanz: Lichtstoff		Zwei verschiedene Substanzen mit hoher Verwandtschaft	Wird von Licht und Wärme produziert	
Maquer	Erzeugung von Wärme durch Vibrationen	Materielle Substanz: Lichtstoff (lichtzeugender Stoff)	Entzündlich machende Grundsubstanz	Licht wird in Bewegung gesetzt, zerlegt und es resultiert Wärme	Substanz des Lichts; Licht als feuriger Bestandteil	Licht und Wärme werden frei; Körper werden durch Verbrennung in ihre Bestandteile zersetzt
Descartes	Erzeugung von Wärme durch Vibrationen	Erzeugung von Licht durch Vibrationen	Entzündlich machendes Prinzip	Licht wird in Bewegung gesetzt und erzeugt Wärme	Zusammengesetzt aus kleinsten Teilchen, die sich schnell bewegen	Vom Feuerelement hervorgerufen

Anhang 2: Exposé zur soziophysikalischen Interpretation von Goethes *Wahlverwandtschaften* (1809)

Johann Wolfgang von Goethe (1749–1832) schuf mit seinem 1809 erschienenen Roman *Die Wahlverwandtschaften* ein soziales Experiment, das die Affinitätslehre von Torbern Olof Bergmann auf eine Gruppe von vier Figuren überträgt.[1] Mit dieser Transformation von Wissen auf das gesellschaftliche Leben realisiert der Autor Anfang des 19. Jahrhunderts ein Konzept, das erst während der Moderne vermehrte Anwendung findet.[2] Goethe entwirft in seinem Roman somit eine experimentelle Ästhetik, weil er im Sinne der Erfahrungsseelenkunde der Aufklärung nicht bloß das eigene Ich zum Objekt einer psychologischen Selbstanalyse betrachtet, sondern einen Selbstversuch auf eine komplexere Gruppenkonstellation überträgt. Gerade die im vierten Kapitel situierte Gleichnisrede parallelisiert die Reaktion von Kalkstein und verdünnter Schwefelsäure mit einer menschlichen Beziehung, bei der schrittweise die Trennung eines (Liebes-)Paares sowie Hinwendung zu einem neuen Partner erfolgt, sobald ein dritter Stoff, respektive eine dritte Figur, involviert ist:

> „Z[um] B[eispiel] was wir Kalkstein nennen ist eine mehr oder weniger reine Kalkerde, innig mit einer zarten Säure verbunden, die uns in Luftform bekannt geworden ist. Bringt man ein Stück solchen Steines in verdünnte Schwefelsäure, so ergreift diese den Kalk und erscheint mit ihm als Gips; jene zarte luftige Säure hingegen entflieht. Hier ist eine Trennung, eine neue Zusammensetzung entstanden und man glaubt sich nunmehr berechtigt, sogar das Wort Wahlverwandtschaft anzuwenden, weil es wirklich aussieht als wenn ein Verhältnis dem andern vorgezogen, eins vor dem andern erwählt würde."[3]

Eine weitere Konstellation entsteht, sobald zwei Moleküle beziehungsweise zwei Liebespaare sich scheiden und mit dem jeweils anderen Partner eine Verbindung eingehen, wodurch das Prinzip der *doppelten Wahlverwandtschaft* erfüllt ist:

> „Diese Fälle sind allerdings die bedeutendsten und merkwürdigsten, wo man das Anziehen, das Verwandtsein, dieses Verlassen, dieses Vereinigen gleichsam übers Kreuz, wirklich darstellen kann; wo vier, bisher je zwei zu zwei verbundene Wesen in Berührung gebracht, ihre bisherige Vereinigung verlassen und sich aufs neue verbinden. In diesem Fahrenlassen und Ergreifen, in diesem Fliehen und Suchen, glaubt man wirklich eine höhere Bestimmung zu sehen."[4]

---

[1] Vgl. Bergmann, *Dissertation on elective attractions*, 1968 [1775]. Eine vollständige Analyse der Wahlverwandtschaften unter dem Gesichtspunkt der Affinität nach Bergmann findet sich in: Adler, *Eine fast magische Anziehungskraft. Goethes „Wahlverwandtschaften" und die Chemie seiner Zeit*, 1987.

[2] Graczyk, „Das Geschlechterverhältnis als soziales Experiment. Aufklärung und Abklärung in Goethes Wahlverwandtschaften", 2009: 137.

[3] Goethe/Wiethölter/Brecht, „Die Wahlverwandtschaften", 2006 [1809]: 304.

[4] Ebd.: 305.

Ein derartiges Beziehungsexperiment illustriert die Plausibilität der Korrespondenz zwischen Naturwissenschaft und Liebe, weil beide strukturelle Gemeinsamkeiten aufweisen. Der Ausgang eines Experiments ist weitestgehend ungewiss, so wie im gleichen Zuge auch Liebesverhältnisse keiner Eindeutigkeit unterliegen. Sowohl die Naturwissenschaft als auch die Liebe sind hiermit durch eine Dynamik der radikalen Verunsicherung verbunden.[5] Insbesondere die Gleichnisrede markiert das Gelegenheitshafte und Goethes Interesse am ständigen Durch- und Überkreuzen von Wirkungen und Gegenwirkungen, wobei die genauen Abläufe und Ausgänge ungewiss bleiben und sich je nach Gelegenheit anders entfalten.[6] Die Protagonistin Charlotte aus Goethes Roman ist zwar der Auffassung, dass „der Mensch doch um so manche Stufe über jene Elemente [der Naturwissenschaft] erhöht"[7] sei, allerdings lässt sich eine derartige Beziehungsdynamik nicht nur mithilfe der Affinitätslehre nach Bergmann konstruieren, sondern auch mithilfe des neuartigen Ansatzes der Soziophysik, die eine neue Perspektive auf die Figurenkonstellation sowie deren Dynamiken garantieren kann. Soziophysikalische Modelle befassen sich generell mit der Beschreibung sozialer Systeme durch physikalische Gesetzesmäßigkeiten. Individuelle Entscheidungen und Handlungsoptionen erfahren wie auch physikalische Operatoren eine Informationskompression, damit eine vereinfachte Darstellung und somit Vorhersage menschlichen Verhaltens möglich ist.

Die Beziehungsdynamik innerhalb der Wahlverwandtschaften ist soziophysikalisch mithilfe der Verknüpfung zwischen dem Modell der regulären Mischungen und dem Index der Gruppenkohäsion beschreibbar. Bei dem Modell der regulären Mischungen vermischen sich Atome in Abhängigkeit von ihrer Bindungsstärke und ihrer Konfigurationsentropie, die als Affinität für die jeweiligen Nachbaratome gilt. Innerhalb eines binären Systems, bei dem lediglich zwei unterschiedliche Atomsorten vorhanden sind, können drei Mischungszustände auftreten. Entweder bilden sich Mischpaare AB beziehungsweise umgekehrt BA oder es entstehen Reinpaare AA oder BB. Für die Beschreibung der Figurenkonstellation innerhalb der *Wahlverwandtschaften* dient das dazugehörige Paarvertauschungsgesetz ε zwischen zwei Atomen A und B, welches wie folgt lautet:

$$\varepsilon = \varepsilon_{AB} - \frac{1}{2}(\varepsilon_{AA} + \varepsilon_{BB}) \tag{1}$$

Der Faktor ½ begründet sich damit, dass an jeder Bindung zwei Atome beteiligt sind. Je nachdem, ob der Minuend oder der Subtrahend aus der Gleichung überwiegt, entsteht eine geordnete Bildung von gleichen Atomsorten oder eine ungeordnete Struktur, bei der ungleiche Atomsorten nebeneinander existieren. Ein Sys-

---

[5] Lubkoll, „Wahlverwandtschaft. Naturwissenschaft und Liebe in Goethes Eheroman", 2003: 263.

[6] Ammann, *Schicksal und Liebe in Goethes „Wahlverwandtschaften"*, 1962: 40.

[7] Goethe/Wiethölter/Brecht, „Die Wahlverwandtschaften", 2006 [1809]: 305.

tem verbraucht die Paarvertauschungsenergie ε, sobald jeweils zwei Verbindungen aus der gleichen Atomsorte zwei Verbindungen aus ungleichen Atomen ersetzen. Falls $\varepsilon = 0$ macht es keinen Unterschied, ob sich Atome mit gleichem Nachbaratom oder ungleichem Nachbaratom vermischen. Für $\varepsilon < 0$ bilden sich bevorzugt Mischpaare, wobei das System zur Nahordnung tendiert, während sich für den umgekehrten Fall Paare aus gleichen Atomen mischen und das System daher zur Entmischung neigt.

In Anlehnung an das Modell der regulären Mischungen können bei der Interaktion zwischen zwei Individuen A und B drei mögliche Emotionsbereiche E auftreten. Für $E < 0$ können negative Emotionen entstehen, während für den umgekehrten Fall mit der Begegnung positive Gefühle verbunden sind. Für $E = 0$ begegnen sich die Personen mit Gleichgültigkeit.

Der Index der Gruppenkohäsion dient zur Ermittlung verschiedener Verhältnisse zwischen Individuen. Am sinnvollsten erscheint allerdings die Verwendung in der Dimension der Sympathie-Antipathie, sodass besagter Index die emotionale Integration und die durchschnittliche Anziehungskraft der Individuen untereinander bestimmt.[8] Zur Berechnung der Gruppenkohäsion K dient die nachfolgende Formel:

$$K = \frac{Zahl\ der\ gegenseitigen\ Wahlen}{Zahl\ der\ prinzipiell\ möglichen\ gegenseitigen\ Wahlen} \qquad (2)$$

Je höher der Wert für K ausfällt, desto höher ist dementsprechend die Maßzahl für die Anziehungskraft zweier Individuen. Die Affinität der Individuen steigt dabei mit zunehmender Merkmalsgleichheit. In Verbindung mit dem Modell der regulären Mischungen ist eine Bildung von vier verschiedenen Tendenzen möglich:

1) E_{AB}: *1. Paarbildung von Individuen mit unterschiedlichen Interessen und Merkmalen*
1) E_{BA}: *2. Paarbildung von Individuen mit unterschiedlichen Interessen und Merkmalen*
3) E_{AA}: *1. Paarbildung von Individuen mit gleichen Interessen und Merkmalen*
4) E_{BB}: *2. Paarbildung von Individuen mit gleichen Interessen und Merkmalen*

Diese Konstellation lässt sich auf die *Wahlverwandtschaften* übertragen. Aus dem anfänglichen Ehepaar Eduard und Charlotte entsteht durch die zeitlich begrenzte häusliche Aufnahme des befreundeten Hauptmanns und Ottiliens, der Nichte Charlottes, eine Viererkonstellation. Aus dieser Viererkonstellation ergibt sich zunächst eine Mischpaarbildung aus den Komponenten E_{AB} und E_{BA}, die nach außen hin durch gemeinsame Interessen gleich erscheinen, aber im Inneren Unterschiede aufweisen. In diesem Zusammenhang teilt Eduard mit dem Hauptmann zum einen gemeinsame Erlebnisse und zum anderen möchte Eduard dessen Profession für den Ausbau und die Vermessung des Geländes nutzen. Das zweite Mischpaar

---

[8] Vgl. Mayntz/Holm/Hübner, *Einführung in die Methoden der empirischen Soziologie*, 1972: 129.

bildet sich um Charlotte und Ottilie, die häusliche Pflichten verrichten und von Charlotte erzogen werden soll. Die Paarvertauschungsenergie ε liegt dementsprechend unter null, sodass energetisch ungünstige Zustände vorliegen. Diese resultieren daraus, dass die Gruppenkohäsion ebenfalls einen niedrigen Wert annimmt, da die beiden Mischpaare unterschiedliche Charaktereigenschaften, Interessen und Wertvorstellungen vertreten.

Die ersten Brüche innerhalb der Mischpaare sind bei den alltäglichen Arbeiten zu erkennen. Charlotte revidiert ihre anfänglich zurückhaltende Auffassung gegenüber dem Hauptmann und wurde „fast täglich Zeuge seines ernsten und bestimmten Sinnes"[9], was mit ihren Charakterzügen korreliert. So entsteht zwischen beiden ein „wechselseitiges Wohlwollen"[10], weil auch der Hauptmann ihre Meinung und Arbeiten immer mehr zu schätzen weiß. Eine ebenso stetige Hinwendung findet bei dem Verhältnis zwischen Eduard und Ottilie statt. Gerade die geringe Lebenserfahrung Ottilies korreliert mit Eduards kindlichem Gemüt: „Eduard hatte bei zunehmenden Jahren immer etwas Kindliches behalten, das der Jugend Ottiliens besonders zusagte."[11]

Das perfekte Zusammenspiel zwischen Eduard und Ottilie auf der einen beziehungsweise zwischen dem Hauptmann und Charlotte auf der anderen Seite kulminiert an zwei aufeinanderfolgenden Abenden, an denen die Paare jeweils ein Musikstück aufführen. Charlotte musste vor der Ankunft Ottilies ihren Musikstil an Eduard anpassen, aber dennoch gelang den beiden keine perfekte Harmonie. Anders verhält sich dieser Sachverhalt bei dem Duett mit Ottilie. Sie hat das Musikstück nicht nur für sich allein adaptiert, sondern bereits an die Spielweise von Eduard angepasst, sodass den beiden trotz der Mängel ein vollendetes Stück gelingt:

> „Die Zuhörenden waren aufmerksam und überrascht, wie vollkommen Ottilie das Musikstück für sich selbst eingelernt hatte, aber noch mehr überrascht, wie sie es der Spielart Eduards anzupassen wußte. Anzupassen wußte ist nicht der rechte Ausdruck: denn wenn es von Charlottens Geschicklichkeit und freiem Willen abhing, ihrem bald zögernden bald voreilenden Gatten zu Liebe, hier anzuhalten, dort mitzugehen; so schein Ottilie, welche die Sonate von jenen einigemal spielen gehört, sie nur in dem Sinne eingelernt zu haben, wie jener sie begleitete. Sie hatte seine Mängel so zu den ihrigen gemacht, daß daraus wieder eine Art von lebendigem Ganzen entsprang, das sich zwar nicht taktgemäß bewegte, aber doch höchst angenehm und gefällig lautete."[12]

Ein derartiges harmonisches Zusammenspiel lässt sich auch bei der Aufführung des Hauptmanns mit Charlotte erkennen. Zusammen konnten sie eines der

---

[9] Goethe/Wiethölter/Brecht 2006 [1809]: 319.
[10] Ebd.: 319.
[11] Ebd.: 320.
[12] Ebd.: 328.

schwersten Musikstücke perfekt und in vollster Harmonie aufführen, das „dem zuhörenden Paar zum größten Vergnügen gereichte."[13]

Entsprechend der Soziophysik liegt an dieser Stelle eine hohe Merkmalskorrelation zwischen den Figuren vor, weil sie nicht nur die gleichen Interessen und Werte vertreten, sondern diese auch perfekt zueinander passen, wie bei den abendlichen Musikaufführungen sichtbar und insbesondere hörbar. Diesem Sachverhalt verpflichtend, liegt an dieser Stelle eine sehr hohe Gruppenkohäsion vor und es findet infolgedessen eine Paarvertauschung statt, weil sich nun die Paare bilden, die durch die Merkmalsgleichheit eine größere Affinität zueinander haben. Wie bei dem physikalischen Vorbild bilden sich nun Paare aus gleichen Atomen, wodurch eine Paarvertauschungsenergie größer null und somit energetisch günstigere Zustände resultieren. Die Bildung eines Paares mit gleichen Interessen und Merkmalen ist auch physikalisch belegbar, weil für eine geordnete Struktur zuerst ungleiche Atome miteinander wechselwirken, bis eine Verbindung aus gleichen Atomsorten die ungleichen Strukturen substituiert.

Trotz des geordneten Zustands können in Abhängigkeit von der Temperatur bei energetisch günstigen Zuständen Mischungslücken entstehen. Auch Eduard empfindet vor den abendlichen Musikaufführungen „etwas lückenhaftes."[14] Dieses Lückenhafte ist bereits als Vorahnung Eduards zu werten und bezieht sich darauf, dass er nur mit Ottilie eine offizielle und anerkannte Liebesbeziehung führen kann, wenn er nicht mehr mit Charlotte verheiratet ist. Einen Ausweg sieht er somit nur in einer Scheidung. Die verlassene Charlotte soll sich schließlich nach dem Willen Eduards mit dem Hauptmann verbinden. Diese Vorstellung kann nur bis zu dem Punkt eintreten, solange die vier Figuren beisammen sind. Dies ändert sich allerdings als der Hauptmann das Anwesen verlässt und einen neuen Beruf antritt. Dieser Umstand korreliert ebenfalls mit dem von Eduard angesprochenen Lückenhaften, weil ein Atom aus dem Paarvertauschungsgesetz ausgeschieden ist. Damit sich zumindest eines der ursprünglichen Mischpaare erneut bildet, verlässt Eduard das Anwesen. Allerdings liegt zwischen den beiden Frauenfiguren bedingt durch die unterschiedlichen Merkmalsausprägungen wie zu Beginn ein energetisch ungünstiger Zustand vor, den nur das bei dem „doppelten Ehebruch" gezeugte Kind von Eduard und Charlotte kurzzeitig aufheben kann, weil sich die beiden Protagonistinnen gemeinsam um das Baby sorgen. Ein Missgeschick Ottiliens verursacht den Tod des Kindes, sodass sich das angespannte Verhältnis noch weiter durch ihre erheblichen Schuldgefühle verschlechtert. Sie beschließt auf der einen Seite, dass Eduard und Charlotte erneut ein Paar werden und auf der anderen Seite verweigert sie jegliche Nahrung und Kommunikation. Gerade der letzte Punkt der fehlenden Interaktion zwischen den Figuren führt auch soziophysikalisch zu einem sozialen Dilemma. Eine derartige Konfliktsituation tritt dann ein, wenn sich eine Per-

---

[13] Ebd.: 330.
[14] Ebd.: 329.

son komplett bei einem Gespräch außen vor hält.[15] Jede Person kann zwei Zustände während einer Interaktion annehmen. Entweder sie interagiert oder sie ver-
meidet jedes Gespräch. Allerdings begünstigt nur der erste Umstand einen erfolgreichen Austausch. Diese einfache und anschauliche Darstellung einer Kommuni-
kationsdynamik führte zu einer verbreiteten Anwendung innerhalb der Soziophysik, insbesondere in der sogenannten Spiel-Theorie.[16] Dieser Sachverhalt der
misslungenen Interaktion trifft auch auf die *Wahlverwandtschaften* zu, allerdings
mit einem deutlich drastischeren Ausgang, weil Ottilie schlussendlich stirbt. Auch
Eduard verweigert nach ihrem Tod ebenfalls jegliche Nahrung und Kommunikation mit Charlotte, sodass auch er den Tod erleidet. Ottilie und Eduard werden
nebeneinander beerdigt, sodass ihre zu Lebzeiten gewünschte körperliche Nähe
lediglich unter dem Vorbehalt einer vollständig entkörperlichen Beziehung denk-
bar ist.[17] Die *Wahlverwandtschaften* knüpfen daher auf der einen Seite an dem auf-
klärerischen Konzept nach authentischen Emotionen an und legitimiert sie auf der
Basis des Evidenten und Natürlichen.[18] Auf der anderen Seite sind die körperlichen Gefühle moralisch und gesellschaftlich nicht vertretbar, weil sie lediglich dem
jeweiligen Ehepartner zugehörig sein sollten. Folglich resultiert bedingt durch soziale Konventionen ein Destabilisieren und Auflösen der Liebesbeziehung.

Goethes Roman veranschaulicht eindeutig die Unhaltbarkeit des sozialen
Experiments, weil jegliche Objektivierung und Legitimation von Beziehungsstrukturen scheitert.[19] Entgegen der zugrundeliegenden Affinitätslehre resultieren keine dauerhaften harmonischen Beziehungsstrukturen zwischen den vier
Figuren. Im Sinne Beda Allemanns liegt somit eine „konstruktive Ironie"[20] vor,
die eine eindeutige Differenz zwischen Gleichnis und Handlungsentwicklung
präsentiert. Bedingt durch diese Diskrepanz berücksichtigt die Theorie der
quantitativen Verhältnisse nach Claude-Louis Berthollet äußere Umstände, die
das klassische Konzept der bereits um 1800 überholten Affinitätslehre nicht zur
Kenntnis nahm.[21] Dieses Prinzip der Kohäsion fungiert als Vorläufer für den

---

[15] Raub/Buskens/Corten, „Social dilemmas and Cooperation", 2015: 597.
[16] Die Spiel-Theorie stellt eine originäre mathematische Theorie dar, die Entscheidungssitu-
ationen zwischen zwei oder mehr Interaktionspartnern modelliert. Soziale Dilemmata beschreiben auch hier das Scheitern einer Interaktion.
[17] Nitschke, „Liebe und Körperlichkeit in L. Achim von Arnims «Gräfin Dolores» und in
Goethes «Wahlverwandtschaften»", 2012: 82.
[18] Ebd.: 71f.
[19] Lubkoll 2003: 266.
[20] Vgl. Allemann, „Zur Funktion der chemischen Gleichnisrede in Goethes *Wahlverwandtschaften*", 1973: 202.
[21] Gerade der Aspekt der Reaktionswärme ist ausschlaggebend für den Verlauf der Reaktion, wie Christoph Hoffmann in seinem Artikel anhand der Aktivitäten der Protagonisten
während den einzelnen Jahreszeiten belegt. Näheres dazu unter: Hoffmann, „„Zeitalter
der Revolutionen". Goethes *Wahlverwandtschaften* im Fokus des chemischen Paradigmenwechsels", 1993.

dargebotenen neuartigen Ansatz der Soziophysik, der die scheiternden Strukturen zwischen den Protagonisten aufzeigen und beschreiben kann. Das Modell
der Affinitätslehre erwies sich zwar auch als praktikabel, um die Verhältnisse der
vier Hauptfiguren zu illustrieren und ein soziales Gefüge vereinfacht mithilfe
von chemischen Reaktionen darzustellen. Allerdings intendiert der Begriff
„Wahlverwandtschaften" eine freie Wahl der Protagonisten, die dennoch nicht so
freiwillig erscheint, weil die Figuren ihren Leidenschaften und den äußeren
sozialen Strukturen unterliegen. Die Soziophysik kann diese Verhältnisse zwischen ihnen unvoreingenommener erklären, indem sie nicht die inneren Entscheidungen oder Leidenschaften berücksichtigt, sondern ganz rational Beziehungen und Dynamiken eines Systems, die sich aus vorgefertigten formelhaften
Konstrukten aus der Soziologie und der Physik ergeben. Zwar kann auch an
dieser Stelle der Kritikpunkt ansetzen, dass Menschen in ihren Entscheidungen
viel zu komplex für soziophysikalische Modelle sind. Allerdings bietet sie der
Forschung vereinfachte Annahmen und kann Szenarien besser vorausdeuten,
wenn „freiwillige" Entscheidungen keine Berücksichtigung finden.

Literaturverzeichnis

Primärliteratur

Bergmann, Torbern: *Dissertation on elective attractions*. Translated with an introduc-
tion by J. A. Schufle. New York, London: Johnson Reprint Corporation, 1968
[1775] (The source of science, 43).

Goethe, Johann Wolfgang von: „Die Wahlverwandtschaften" [1809]. In: ders., *Die
Leiden des jungen Werthers/Die Wahlverwandtschaften/Kleine Prosa/Epen*. In Zusam-
menarbeit mit Christoph Brecht herausgegeben von Waltraud Wiethölter.
Frankfurt am Main: Deutscher Klassiker-Verlag, 2006 (Sämtliche Werke, Briefe,
Tagebücher und Gespräche, 8), Seite 269–529.

Sekundärliteratur

Adler, Jeremy D.: *Eine fast magische Anziehungskraft. Goethes „Wahlverwandtschaften"
und die Chemie seiner Zeit*. München: C. H. Beck, 1987.

Allemann, Beda: „Zur Funktion der chemischen Gleichnisrede in Goethes Wahl-
verwandtschaften". In: Günther, Vincenz; Koopmann, Helmut; Pütz, Peter
(Hgg.): *Untersuchungen zur Literatur als Geschichte. Festschrift für Benno von Wiese*.
Berlin: Schmidt, 1973, Seite 199–218.

Ammann, Peter: *Schicksal und Liebe in Goethes „Wahlverwandtschaften"*. Dissertation.
Universität Basel, 1962.

Graczyk, Annette: „Das Geschlechterverhältnis als soziales Experiment. Aufklärung und Abklärung in Goethes *Wahlverwandtschaften*". In: Rudolph, Andre;
Stöckmann, Ernst (Hgg.): *Aufklärung und Weimarer Klassik im Dialog*. Tübingen:

M. Niemeyer Verlag, 2009 (Untersuchungen zur deutschen Literaturgeschichte, 35), Seite 135–146.

Hoffmann, Christoph: „„Zeitalter der Revolutionen". Goethes *Wahlverwandtschaften* im Fokus des chemischen Paradigmenwechsels". In: *Deutsche Vierteljahrsschrift für Literaturwissenschaft und Geistesgeschichte*, 67.1993 (3), Seite 417–450.

Lubkoll, Christine: „Wahlverwandtschaft. Naturwissenschaft und Liebe in Goethes Eheroman". In: Brandstetter, Gabriele (Hg.): *Erzählen und Wissen. Paradigmen und Aporien ihrer Inszenierung in Goethes „Wahlverwandtschaften"*. Freiburg: Rombach, 2003 (Rombach Wissenschaften, 96), Seite 261–278.

Mayntz, Renate; Holm, Kurt; Hübner, Peter: *Einführung in die Methoden der empirischen Soziologie*. 3. Aufl. Opladen: Westdeutscher Verlag, 1972.

Nitschke, Claudia: „Liebe und Körperlichkeit in L. Achim von Arnims «Gräfin Dolores» und in Goethes «Wahlverwandtschaften»". In: Pape, Walter; Arnold, Antje (Hgg.): *Emotionen in der Romantik: Repräsentation, Ästhetik, Inszenierung*. Salzburger Kolloquium der internationalen Arnim-Gesellschaft. Berlin, u. a.: De Gruyter, 2012 (Schriften der Internationalen Arnim-Gesellschaft, 9), Seite 69–84.

Raub, Werner; Buskens, Vincent; Corten, Rense: „Social dilemmas and Cooperation". In: Braun, Norman; Saam, Nicole (Hgg.): *Handbuch Modellbildung und Simulation in den Sozialwissenschaften*. Wiesbaden: Springer Verlag, 2015, Seite 663–689.

Anhang 3: Matrix über die Wissensbereiche und Subscriptiones der Wärme-Pictura

Kältesymbol	Eismaschine, Eiskeller		Eis, Wasserdampf; konservierend	Verflüssigen, Wasser	Kältesprengung	Geborgenheit, Idylle			Antagonismus, Kampf
Lichtsymbol	Lichtmesser	Allgegenwart, fluidum deferens		Glühen vs. Phosphoreszenz		Bewußtsein	Fernwirkung; Nahwirkung, Transport	Unter polaren Einflüssen stehend	Vorherrschaft, Dominanz
Vulkansymbol	Geologie		Magma, Lava	Inneres Feuer	Katastrophe	Plötzlichkeit			Ausbruch
Organismus-Symbol	Messbarkeit	Allgegenwart	Wandelbarkeit, Veränderbarkeit	Übertragung von Gefühlen, Empfindungen, Zuständen	Gefühle wie Zorn, Hass	Erlangung von Erkenntnis, Vernunft,	Freiheit	Unter polaren Einflüssen stehend	Innere Leidenschaften, Zügellosigkeit
Luftschiff-Symbol	Barometer	Dampf, Aufstieg	Dämpfe, Auftrieb		Dämpfe, Antrieb		Winde, Spontaneität	Willkürlichkeit	Antrieb; Unberechenbarkeit, Steuerlosigkeit
Farb-Symbol	Farbschema, Farbfiguren		Verschiedenheit der Farbbedeutung				blau		Intensivierung
Kollektivsymbol Wärme Pictura:	Apparatur Pyrometer, Feuersammler, Thermometer	Medium Luft; Dunst	Verschiedene Aggregatzustände	Erhitzen (Wärmeleitung)	Ausdehnen	Schmelzen	Äther	Repulsiv-, Attraktivkraft	Feuer, Flamme
Semant. Valenzen	quantitativ messbar	luftig, rein, leicht	fest, flüssig, gasförmig	erwärmen	vergrößern	verflüssigen	fein, heiter	polar	brennbar, heiß, leuchtend

	Elementare Soziokultur (=Alltag)	Flüchtigkeit		Geborgenheit	Erhöhter Platzbedarf			Anziehende und abstoßende Wirkung	Zerstörung; Begeisterung
Philosophie	Naturphilosophie, Empirie-Spekulation	Geist der Spekulation		Spekulation, Ideenübertragung		Erkenntnis, Vernunft	Metaphysik	Einschränkung durch Alltag	Freie Bewegung der Spekulation und Ideen
Poesie	Geniekult, Naturwissenschaftler		Ästhetische Zustände	Belebung des poetischen Gemüts	Bewegung des poetischen Gemüts	Bewegung des poetischen Gemüts	Poetische Freiheit	Einschränkung durch Alltag	Freie Bewegung der Phantasie
Religion	Physikotheologie	Gott		Heiliger Geist			Gott	Gott vs. Dämonie	Reinigung, Läuterung; Laster, Sünde
Kunst/Musik	Kunstwissenschaften		Poetisch vs. prosaisch	Erweckung des künstlerischen Gemüts		Erkenntnis/Vernunft	Synästhesie	Einschränkung durch Alltag	Entfaltung des künstlerischen Talents